Die Europäische Stadt nach Corona

AF173558

Tobias Just · Franziska Plößl
(Hrsg.)

Die Europäische Stadt nach Corona

Strategien für resiliente Städte und Immobilien

Hrsg.
Tobias Just
IRE I BS Immobilienakademie
Universität Regensburg
Regensburg, Deutschland

Franziska Plößl
IRE I BS Immobilienakademie
Universität Regensburg
Regensburg, Deutschland

ISBN 978-3-658-35430-5   ISBN 978-3-658-35431-2   (eBook)
https://doi.org/10.1007/978-3-658-35431-2

Die Deutsche Nationalbibliothek verzeichnet diese Publikation in der Deutschen Nationalbiblio-
grafie; detaillierte bibliografische Daten sind im Internet über http://dnb.d-nb.de abrufbar.

© Der/die Herausgeber bzw. der/die Autor(en), exklusiv lizenziert durch Springer Fachmedien
Wiesbaden GmbH, ein Teil von Springer Nature 2021
Das Werk einschließlich aller seiner Teile ist urheberrechtlich geschützt. Jede Verwertung, die
nicht ausdrücklich vom Urheberrechtsgesetz zugelassen ist, bedarf der vorherigen Zustimmung des
Verlags. Das gilt insbesondere für Vervielfältigungen, Bearbeitungen, Mikroverfilmungen und die
Einspeicherung und Verarbeitung in elektronischen Systemen.
Die Wiedergabe von allgemein beschreibenden Bezeichnungen, Marken, Unternehmensnamen
etc. in diesem Werk bedeutet nicht, dass diese frei durch jedermann benutzt werden dürfen. Die
Berechtigung zur Benutzung unterliegt, auch ohne gesonderten Hinweis hierzu, den Regeln des
Markenrechts. Die Rechte des jeweiligen Zeicheninhabers sind zu beachten.
Der Verlag, die Autoren und die Herausgeber gehen davon aus, dass die Angaben und Informationen
in diesem Werk zum Zeitpunkt der Veröffentlichung vollständig und korrekt sind. Weder der Verlag
noch die Autoren oder die Herausgeber übernehmen, ausdrücklich oder implizit, Gewähr für den
Inhalt des Werkes, etwaige Fehler oder Äußerungen. Der Verlag bleibt im Hinblick auf geografische Zuordnungen und Gebietsbezeichnungen in veröffentlichten Karten und Institutionsadressen
neutral.

Planung/Lektorat: Carina Reibold
Springer Gabler ist ein Imprint der eingetragenen Gesellschaft Springer Fachmedien Wiesbaden
GmbH und ist ein Teil von Springer Nature.
Die Anschrift der Gesellschaft ist: Abraham-Lincoln-Str. 46, 65189 Wiesbaden, Germany

Vorwort der Herausgeber

Immobilien werden für Jahrzehnte gebaut, Städte für Jahrhunderte. Daher laufen Stadtentwicklungsprozesse in der Regel sehr langsam ab, das feingliederige Regel- und Planungsgefüge lässt auch gar keine raschen Anpassungen zu. Doch manchmal kommt es zu schwerwiegenden Schocks, zu plötzlichen Veränderungen der zentralen Bestimmungsfaktoren, die zu einer Beschleunigung innerstädtischer Anpassungsprozesse führen. In der Vergangenheit waren dies häufig Naturkatastrophen, Kriege oder ansteckende Krankheiten.

Die Corona-Pandemie, die unser Leben seit Anfang des Jahres 2020 durch massive gesundheitliche Risiken und starke Beschränkungen in unserem Alltags- sowie Berufsleben prägt, könnte eine solche Zäsur darstellen. Die Tagesabläufe von Millionen Menschen veränderten sich umfänglich, wodurch sich neue Routinen und Gewohnheiten etablierten. Überall dort, wo neue Technologien bisher aus Bequemlichkeit oder Sorge nicht eingesetzt wurden, diese jedoch während der Lockdown-Phasen den Zugang zur Alltagskommunikation, zur Zusammenarbeit im Beruf oder für die Grundversorgung eröffneten, gerieten alte Pfadabhängigkeiten auf den Prüfstand. Videokonferenzen, Online-Handel oder VPN-Clients für Telearbeitsplätze, all dies gab es bereits vor der Pandemie. Doch die Notwendigkeit in den Jahren 2020 und 2021 intensivierte die Nutzung und schuf Erfahrungen, die – wenn sie positiv verliefen – nicht mehr reversibel sind.

Da jede Immobiliennutzung durch unser Alltags-, Freizeit- und Berufsleben geprägt ist, und weil unser Leben durch teils sehr spezifische Immobilien bestimmt ist, stand sehr früh die Frage im Raum, inwiefern die Pandemie das Leben in den Städten verändert und wie sich in der Folge die Nutzung von Gebäuden und das Gesicht von Städten anpassen wird. Gleichzeitig stellt sich die Frage, welche institutionellen oder technischen Veränderungen das Risiko künftiger Pandemien reduzieren können und welche Rolle hierbei Immobilien spielen werden. Dass es für abschließende Antworten auf solch weitreichende Fragen Mitte des Jahres 2021 noch zu früh ist, war seit Beginn dieses Forschungsprojektes absehbar. Doch Kommunalpolitiker, Akteure der Immobilienwirtschaft und letztlich jeder einzelne Haushalt können mit vielen Entscheidungen nicht warten bis alle Informationen vorliegen. Insofern war den Herausgebern und den Auftraggebern dieses Sammelbandes bewusst, dass die Suche nach Antworten eine Reise ist, die als möglichst große Reisegesellschaft unternommen werden sollte. Auf diese Weise können viele unterschiedliche Perspektiven in der nach wie vor von großer Unsicherheit geprägten Situation wie zusammengefügte Einzelteile eines Puzzles ein etwas klareres Ganzes ergeben.

Mit diesem Buch möchten wir den Lesern viele Blickwinkel eröffnen, um auf mögliche Auswirkungen der Pandemie für europäische Städte und deren Immobilien zu blicken. Gemeinsam mit den Product Councils des ULI Germany wurde ein umfangreicher Fragebogen auf Deutsch und Englisch erstellt, der von insgesamt 421 Teilnehmern im März und April 2021 beantwortet wurde. Die Einschätzungen werden durch sieben Interviews mit Praktikern der Immobilienwirtschaft ergänzt. Parallel dazu wurde durch Studierende der Universität Regensburg im Rahmen eines Masterseminars Literaturvorarbeit geleistet, um weitere Einschätzungen von akademisch und praxisnah arbeitenden Forschern zu erhalten. Angesicht der Komplexität und dem Maß an Unsicherheit waren sich Auftraggeber und Auftragnehmer rasch einig, dass es einer möglichst breiten und unabhängigen Expertise in Einzelthemenfeldern bedarf. Daher wurden die Auswertungen der Fragebögen und Interviews um zehn Beiträge von Wissenschaftlern aus Ökonomie, Stadtplanung, Architektur, Ingenieurswissenschaften und Arbeitsorganisation aus Europa, den USA und China ergänzt. Dies erforderte eine straffe Projektkoordination, eine enge Abstimmung zwischen Auftraggebern und Herausgebern sowie ein hohes Maß an Disziplin seitens aller Beitragenden, dieses Projekt innerhalb des engen Zeitrahmens umzusetzen.

Wir bedanken uns herzlich für die aufschlussreichen Beiträge der Autoren sowie die umfangreiche Teilnahme an der Befragung und den dafür vorgeschalteten Sitzungen mit den ULI Product Councils. Wir möchten uns auch für die Mitarbeit unserer IRE|BS-Studierenden bedanken, die mit viel Engagement die unterschiedlichen Themengebiete bearbeitet haben und vor allem bei Frau Ann-Kathrin Heinemann für die Unterstützung bei der Finalisierung des Sammelbandes. Und schließlich möchten wir uns bei unseren Ansprechpartnern beim ULI, insbesondere bei Frau Stephanie Baden, Frau Sabine Georgi, Frau Julia Heun und Herrn Michael Müller, für die angenehme Zusammenarbeit bedanken. Ebenso möchten wir uns bei den Unternehmen bedanken, deren finanzielle und inhaltliche Unterstützung dieses Projekt überhaupt erst ermöglicht hat (ABG Real Estate Holding GmbH & Co. KG, Allianz Real Estate GmbH, Berlin Hyp AG, Deutsche Wohnen

SE, Greenberg Traurig Germany LLP, Kaufland Dienstleistung GmbH & Co. KG
und Palmira Capital Partners GmbH).

Wir hoffen, dass dieser Band hilft, die Diskussion über die zukünftige Gestaltung
der Städte in Europa etwas zu strukturieren und dass die hier gebündelten Ideen,
Schlussfolgerungen und Analysen dazu beitragen, dass europäische Städte nach der
Pandemie lebenswerter, gesünder, jedoch deswegen nicht weniger wirtschaftlich
leistungsfähig werden als zuvor. Insofern bietet solch eine Zäsur auch die Chance,
überholte Pfadabhängigkeiten zu kappen. Allerdings möchten wir im Vorwort nicht
vorgreifen und wünschen viel Freude und spannende Erkenntnisse beim Lesen.

Tobias Just und *Franziska Plößl*

Vorwort

Nichts ist beständiger als der Wandel – aber wohin wandelt sich was? Als Organisation an der Schnittstelle zwischen Bauplanung, Stadt-, Quartiers-, Bestands- und Projektentwicklung sehen wir unsere Aufgabe darin, genauer hinzusehen, wenn der Wandel – wie unter einem Brennglas – schneller voranschreitet als gedacht. Die Corona-Pandemie wird mittlerweile in vielen Bereichen der Wirtschaft und Forschung als Art Turbo gesehen: Prozesse, die bereits begonnen hatten, vollzogen sich viel schneller. Die Unsicherheit der Marktteilnehmer ist groß – die Diskussionen reichen von Einschätzungen, dass es gar keine Büros mehr braucht, alle Menschen aufs Land wollen oder Co-Living und Co-Working aufgrund der hohen Ansteckungsgefahr keine Daseinsberechtigung hätten, bis hin zu der Auffassung, dass sich nicht viel ändern wird, da Europa heterogen ist und zum Teil durch seine Dominanz des Mittelstandes sehr viel krisenresistenter, aber manchmal eben auch Träger bei der Umsetzung von Innovationen ist. Wir wollten es genauer wissen – was muss passieren, damit unsere Städte auch morgen noch attraktiv sind, was sollte erhalten bleiben? Stirbt die Innenstadt oder bieten sich gerade dort neue Chancen? Werden Städte an Attraktivität einbüßen? Was ist der Beitrag von Dichte und wie müsste das Planungs- und Baurecht weiterentwickelt werden, um den Wandel gestalten zu können? All diese Fragen werden in diesem Buch adressiert und wissenschaftlich aufbereitet.

Wir danken daher der IRE|BS – vor allem Frau Franziska Plößl und Herrn Professor Tobias Just – für die Übernahme der Studie, der Konzeption, Durchführung und Auswertung der umfangreichen Befragung, der Koordination der Fachbeiträge, kurzum für dieses Buch, welches uns den Weg weisen wird: Für weitere Diskussionen mit der Branche, aber auch den Stadtverantwortlichen und schließlich der Stadtgemeinschaft. Ohne die großzügige Unterstützung sowie der inhaltlichen Beiträge unserer Partner ABG Real Estate Holding GmbH & Co. KG,

Allianz Real Estate GmbH, Berlin Hyp AG, Deutsche Wohnen SE, Greenberg Traurig Germany LLP, Kaufland Dienstleistung GmbH & Co. KG und Palmira Capital Partners GmbH wäre das Projekt nicht möglich gewesen – so können wir es gemeinsam mit den Kollegen in Europa und im globalen Kontext diskutieren.

Gemeinsam mit den ULI Product Councils haben wir die Fragebögen vorbereitet und freuen uns auf die Auswertung und Nutzung der vorliegenden Ergebnisse, um gemeinsam die Aufgabe der Transformation unserer Städte anzugehen – #bettertogether.

Sabine Georgi
Geschäftsführerin des ULI Germany/Austria/Switzerland

Verzeichnis der Autorinnen und Autoren

Gabriel M. Ahlfeldt ist Professor für Stadtökonomie und Raumentwicklung an der London School of Economics und leitet dort den Masterstudiengang in Real Estate Economics and Finance (REEF). Er ist Herausgeber von Regional Science and Urban Economics, Mitherausgeber des Journal of Regional Science, Mitglied des Centre for Economic Policy Research (CEPR), des Centre for Economic Performance (CEP), des Spatial Economics Research Centre (SERC) und des CESifo-Netzwerks. Bis 2021 hat Herr Ahlfeldt 44 Artikel in peer-referierten Fachzeitschriften veröffentlicht, darunter wirtschaftswissenschaftliche Fachzeitschriften wie Econometrica, Review of Economics and Statistics, Journal of the European Economics Association oder Economic Journal, sowie in einer Reihe von stadtökonomischen, wirtschaftsgeographischen, regionalwissenschaftlichen, stadtplanerischen und stadtwissenschaftlichen Fachzeitschriften (z. B. Journal of Urban Economics, Regional Science and Urban Economics, Journal of Economic Geography, Journal of Regional Science, Environment and Planning A, Regional Studies, Urban Studies, International Journal of Urban and Regional Research, u. a.).

Angelus Bernreuther ist seit 2017 bei Kaufland, aktuell verantwortlich für das Beziehungsmanagement zu institutionellen Investoren und zur Immobilienwirtschaft. Kaufland ist ein international tätiges Einzelhandelsunternehmen mit rund 1.300 Filialen in acht Ländern. Zuvor war er als Leiter der Standortforschung und internationale Kunden für die BBE Handelsberatung GmbH und in der Kommunalberatung tätig. Studium und Promotion im Fach Geographie an der Universität in Bayreuth sowie ein immobilienwirtschaftliches Zusatzstudium bei EIPOS an der TU Dresden legten den Grundstein seiner Tätigkeiten in der Marktforschung, Standortbewertung und Projektentwicklung bei Handelsimmobilien. Herr Bernreuther verfügt über eine langjährige Expertise in handels- und immobilienwirtschaftlichen Themen, referiert regelmäßig auf Leitkongressen zu aktuellen Herausforderungen und veröffentlicht Fachbeiträge zu diesen Themenbereichen.

Felipe Carozzi ist Assistant Professor für Stadtökonomie und Wirtschaftsgeografie an der London School of Economics. Er ist außerdem Leiter des PhD-Studiengangs in Wirtschaftsgeographie an der gleichen Institution. Er hat Arbeiten über Wohnungsmärkte, politische Ökonomie und Stadtökonomie veröffentlicht, darunter Artikel im Journal of Public Economics, Regional Science and Urban Economics, Journal of Urban Economics und Journal of the European Economic Association. Seine Promotion in Economics hat er im Jahr 2015 am CEMFI abgeschlossen.

Alexander Gelsin ist Mitgründer und Mitglied der Geschäftsführung der bee smart city GmbH und verantwortet die Bereiche Produkt sowie Forschung & Entwicklung. Nach seiner Promotion in Astrophysik an der Universität Heidelberg verantwortete er komplexe Beratungsmandate führender Bankhäuser und Unternehmen für Zahlungstechnologie mit Schwerpunkt auf Big Data Analysen, Simulationen und Produktentwicklung. Herr Gelsin analysiert und evaluiert den Smart City Markt seit seinem Aufenthalt bei der Europäischen Kommission in Brüssel im Jahre 2015. Als stellvertretender Leiter des Public Sector Consulting bringt er seine Expertise in kommunalen Strategieprozessen, durch Konzeption und Moderation von Workshops und Events, durch Umsetzung von Online-Partizipationsprozessen sowie in der Konzeption von Smart City Monitoring- und Evaluations-Rahmenplänen auf Basis weltweiter Standards ein. Herr Gelsin wirkt u. a. als Jury-Mitglied des „Intelligent Community Forum" (ICF) mit Sitz in New York City und ist Redner auf verschiedenen Technologie- und Smart City Konferenzen. Zudem lehrt er an der ITU-Academy zum Thema Smart & Sustainable Cities.

Sabine Georgi ist Executive Director beim Urban Land Institute für die DACH Region (Deutschland, Österreich, Schweiz). Die studierte Diplom-Betriebswirtin (BA Fachrichtung Immobilienwirtschaft) und Certified Real Estate Investment Analyst ist seit nunmehr 25 Jahren in der Immobilienwirtschaft tätig. Sie arbeitete als Country Managerin bei der RICS; beim ZIA Zentraler Immobilien Ausschuss als Abteilungsleiterin Immobilien- und Finanzmärkte sowie als Referentin. Zuvor beriet sie bei der Unternehmensberatung BBT Group Unternehmen der Wohnungs- und Immobilienwirtschaft und leitete den Marketingbereich. Ihre berufliche Laufbahn begann Frau Georgi beim Verband Berlin-Brandenburger Wohnungsunternehmen (BBU) als Referentin des Vorstandes. Während ihres Studiums absolvierte sie berufliche Stationen bei verschiedenen Unternehmen der Immobilienwirtschaft.

Bart Gorynski ist Mitbegründer und Geschäftsführer der bee smart city GmbH, die 2019 von der globalen Smart-City-Initiative der Vereinten Nationen (U4SSC) als ihr globales Smart City Partner-Netzwerk gewählt wurde. Er ist Autor verschiedener Publikationen zum Thema Smart City und Smart Region. Herr Gorynski wurde als Experte in die Smart City Initiative Stadt.Land.Digital des Bundesministeriums für Wirtschaft und Energie berufen und ist Dozent an diversen (inter-)nationalen Hochschulen und Universitäten zum Themenfeld Smart City und Smart Quartiere. Herr Gorynski hat mehr als 10 Jahre Berufserfahrung in der Immobilienbranche, im Bereich der offenen und kollaborativen Innovationsstrategien, in der Unternehmensstrategie sowie in der Smart-City- und Smarte-Quartiere-Beratung. Herr Gorynski hält einen Master of Business Administration, ist zertifizierter Investmentanalyst und zertifizierter Risikomanager. Vor der Gründung von bee smart city war er als Senior Manager bei Europas größtem Wohnungsunternehmen, der Vonovia, tätig.

Sara Hammerschmidt ist Senior Director beim Urban Land Institute und entwickelt dort Inhalte und Programme, die sich mit den Auswirkungen der bebauten Umwelt auf die öffentliche Gesundheit im Rahmen der Building Healthy Places Initiative befassen. Im Laufe ihrer Karriere hat sich Frau Hammerschmidt intensiv mit Themen beschäftigt, die an der Intersektion von Gesundheit und bebauter Umwelt liegen. Sie hat auf mehreren nationalen Konferenzen über die Themen Health Impact Assessment, die Rolle der Stadtplanung bei der Schaffung gesünderer Städte und Empfehlungen für die Einbeziehung der Gesundheit in alle Entscheidungsprozesse in der bebauten Umwelt gesprochen. Sie hat einen M.S. und Ph.D. in Community and Regional Planning von der University of Texas in Austin, bei welchen sich ihre Forschung auf die Entwicklung von Empfehlungen konzentrierte, wie Planungsabteilungen im ganzen Land Belange der öffentlichen Gesundheit in ihre Arbeit einbeziehen können. Außerdem hat sie einen B.S. in Industrial Operations and Engineering von der University of Michigan.

Julia Jarass hat in Berlin und Aix-en-Provence Geographie studiert und arbeitet seit 2011 am Institut für Verkehrsforschung des DLR. Ihre Dissertation hat sie 2017 mit dem Titel „Neues Wohnen und Mobilität" abgeschlossen. Frau Jarass ist stellv. Leiterin der transdisziplinären Forschungsgruppe „Die Verkehrswende als sozial-ökologisches Realexperiment (EXPERI)" und Koordinatorin der dort laufenden Realexperimente. Sie beschäftigt sich mit der Förderung aktiver Mobilität und der Transformation des öffentlichen Raums. Ihre Kompetenzen liegen in der partizipativen und transdisziplinären Forschung.

Tobias Just ist Inhaber des Lehrstuhls für Immobilienwirtschaft an der Universität Regensburg und Wissenschaftlicher Leiter der IRE|BS Immobilienakademie. Er studierte Volkswirtschaftslehre in Hamburg und Uppsala (Schweden). Im Jahr 1997 begann er an der Universität der Bundeswehr Hamburg zu arbeiten. Seine anschließende Dissertation wurde 2001 mit dem Wissenschaftspreis der Universität ausgezeichnet. Mehr als 10 Jahre lang arbeitete Herr Just bei Deutsche Bank Research. Er leitete dort das Team für Branchen- und Immobilienmarktanalyse und war Mitglied des konzernweiten Environmental Steering Committees der Deutschen Bank. Im Jahr 2006 war er Research Fellow am American Institute of Contemporary German Studies an der Johns Hopkins University. Herr Just veröffentlichte mehr als 200 Arbeiten in Fachzeitschriften und Büchern. Bis 2021 war er Präsident der Gesellschaft für immobilienwirtschaftliche Forschung (gif) und ist Herausgeber der ZIÖ – Zeitschrift für Immobilienökonomie. Im Jahr 2018 wurde er ehrenhalber zum Fellow der RICS gewählt.

Chris Kane ist Autor, Berater und Mitgründer von Six Ideas. Herr Kane FRICS, FRSA ist Portfolio-Experte, Non-Executive Director und Kommentator für Arbeitsräume und -plätze des 21. Jahrhunderts. Sein neuestes Buch, das bei Bloomsbury erschienen ist, ist „Where is my Office?". Six Ideas ist eine besondere Organisation, die die besten Strategen, Forscher und Denker zusammenbringt, um komplexe und scheinbar unmögliche Herausforderungen zu lösen, die an der Schnittstelle zwischen Technologie, Menschen, Kultur und Ort entstehen. Davor war er Head of BBC Workplace und Vice President CRE bei Walt Disney. Herr Kane kombiniert diese Rolle mit seiner Tätigkeit als Non-Executive Director, zu der derzeit die Elstree Film Studios gehören. Zuvor war er in den Vorständen von NHS Property Services, Reach2 Academy, Laganside Development Corporation und Network Homes.

Sascha Klaus ist seit 2016 Vorstandsvorsitzender der Berlin Hyp AG. Sein besonderes Augenmerk liegt sowohl auf der Digitalisierung als auch auf einer konsequent nachhaltigen ESG-Strategie der Bank, mit der er auch Impulse für die Branche setzen möchte. Nach zahlreichen verantwortungsvollen Positionen im In- und Ausland u. a. im Dresdner Bank/Commerzbank-Konzern übernahm der Betriebswirt (Absolvent der Frankfurt School of Finance & Management) zuletzt als Mitglied des Vorstands seit 2012 das gewerbliche Immobilienfinanzierungsgeschäft bei der Hypothekenbank Frankfurt (ehemals Eurohypo). Parallel war er in der Commerzbank Bereichsvorstand für das Thema „Non-Core Assets". Seine Laufbahn begann Herr Klaus 1990 mit einer klassischen Ausbildung im Deutsche Bank Konzern.

Annette Kröger ist CEO der Region North & Central Europe der Allianz Real Estate GmbH. In ihrer Rolle verantwortet sie die Immobilieninvestitionen der Allianz Gruppe innerhalb des Marktgebiets Deutschland, Österreich, CEE, Nordics, UK und Irland. Frau Kröger stieg 2009 im Investmentbereich in die Allianz Real Estate Germany ein. Nachdem sie 2011 die Leitung des Investment Management Teams und Verantwortung für die Akquisitionstätigkeit übernommen hatte, kamen in 2013 weitere Führungsaufgaben im Asset Management hinzu. Seit 2015 ist Frau Kröger CEO der Allianz Real Estate Germany GmbH. Darüber hinaus ist sie Mitglied des Executive Committees und des Investment Committees der Allianz Real Estate. Vor Ihrer Zeit bei der Allianz arbeitete Frau Kröger in der Real Estate Principal Investment Area von Goldman Sachs in London und Frankfurt, wo sie Immobilieninvestitionen im Namen der Whitehall Real Estate Funds tätigte. Ihr Studium mit Abschluss als Diplom-Kauffrau absolvierte Frau Kröger an der European Business School, Oestrich-Winkel. Darüber hinaus hat sie einen MBA Abschluss von der Georgia State University in Atlanta, USA.

Mathias Leidgeb ist Rechtsanwalt und Managing Partner bei Palmira Capital Partners, einem führenden europäischen Logistikimmobilien-Investment-Manager. Er war in verschiedenen leitenden Positionen bei DB Schenker, Stinnes AG, DB Deutsche Bahn AG, Bax Global und weiteren Unternehmen tätig.

Thomas Müller ist Mitgründer und Geschäftsführer der bee smart city GmbH, dem führenden globalen Smart-City-Netzwerk und leitet dort die Kommunalberatung und die Marketingabteilung. Mit 15 Jahren Berufserfahrung im öffentlichen Sektor ist Herr Müller ein Experte für die Entwicklung und Umsetzung von Smart-City-Strategien. Er ist Gastautor des Buches „Smart Cities, Smart Future: Showcasing Tomorrow" und spricht regelmäßig auf internationalen Smart City Veranstaltungen und Konferenzen. Außerdem ist er Gastdozent an der IRE|BS Immobilienakademie zu den Themen Smart City und Smarte Quartiere. Herr Müller hält ein Magister Artium in Wirtschaftsgeographie von der RWTH Aachen und einen Master of Business Administration in International Strategy and Sales Management von der Fachhochschule für Ökonomie und Management Essen (FOM Essen).

Christian A. Oberst hat Volkswirtschaftslehre in Münster und Rotterdam studiert. Im Anschluss war er zunächst am Institut für Siedlungs- und Wohnungswesen der Universität Münster tätig mit Studienaufenthalten beim Spatial Econometric Advanced Institute in Rom und an der Universität von São Paulo und dann sechs Jahre Postdoc am E.ON Energy Research Center der RWTH Aachen. Seit 2018 ist er Referent für Wohnungspolitik und Immobilienökonomik im Institut der

deutschen Wirtschaft und beschäftigt sich dort auch mit Themen der Regionalpolitik und -entwicklung. Zudem ist er seit 2015 ehrenamtlich Vorstandsmitglied
des International Network for Economic Research.

Elisabetta Pietrostefani ist Fellow in Geographic Data Science an der London
School of Economics und Research Affiliate am Institute for Global Prosperity,
University College London. Sie hat einen Doktortitel in Planungspolitik und Stadt-
ökologie von der London School of Economics. Ihre Forschung konzentriert sich
auf die Untersuchung urbaner Politiken in verschiedenen Regionen. Sie hat die
Auswirkungen von Verdichtungspolitik und Stadtentwicklung analysiert, Wohlbefinden und Benachteiligungen im Zusammenhang mit Verdrängungseffekten
bewertet und kürzlich informelle Arbeitsmärkte untersucht, um Strategien für den
Lebensunterhalt zu bewerten. Frau Pietrostefani hat in wirtschaftsgeographischen
und planungswissenschaftlichen Fachzeitschriften wie dem Journal of Urban Economics und Progress in Planning veröffentlicht und an mehreren UN-Berichten
zu Stadt- und Migrationsstudien mitgearbeitet.

Franziska Plößl ist wissenschaftliche Mitarbeiterin und Promovendin an der
International Real Estate Business School/Universität Regensburg. Frau Plößl hat
Immobilienwirtschaft (M.Sc.) an der Universität Regensburg und International Real
Estate (M.Sc.) an der Florida International University studiert und als Jahrgangs-
beste abgeschlossen. Sie hat zu diversen Themen, u. a. CREM, Pflegeimmobilien
und Megatrends, im immobilienwirtschaftlichen Bereich veröffentlicht.

Sandro Provenzano ist Doktorand in Wirtschaftsgeographie an der London
School of Economics. Seine Forschungsschwerpunkte sind Stadt- und Entwick-
lungsökonomie sowie Spatial Big Data. Vor seiner Promotionszeit absolvierte er
zwei Masterstudiengänge in Wirtschaftswissenschaften (Stockholm School of
Economics) und Internationaler Wirtschaftspolitik (Sciences Po Paris). Darüber
hinaus arbeitete er als Berater für 505 Economics, als externer Datenanalyst bei
eXplain, als Forschungspraktikant bei der Deutschen Bundesbank und bei der
CESifo Group München.

Sefi Roth ist Assistant Professor für Umweltökonomie am Department of Geography and Environment an der London School of Economics. Er ist außerdem
Associate des Grantham Research Institute on Climate Change and the Environment und Research Affiliate am IZA. Seit 2020 ist Herr Roth der Leiter des MSc
in Umweltökonomie und Klimawandel an der LSE und Mitglied des UK Clean
Air Programme Steering Committee.

Christian Schede ist Founding Chairman Germany der amerikanischen Wirtschaftskanzlei Greenberg Traurig. Als Co-Chair der globalen Real Estate Praxisgruppe ist er auf die Begleitung von komplexen M&A-Transaktionen für die Immobilienwirtschaft sowie die Bereiche Infrastruktur, Energie und Transportwesen spezialisiert. Er berät große nationale und internationale institutionelle Investoren, Private Equity Fonds, Immobilienunternehmen, Infrastrukturfonds sowie Finanzierer, Projektentwickler, Investmentmanager und Regierungseinrichtungen. Herr Schede wird von zahlreichen Anwaltsverzeichnissen als führender Berater der Immobilienbranche gewürdigt. So führt ihn Chambers and Partners im Band 1 der besten Immobilienanwälte in Deutschland. Der Markt nimmt ihn als „kompetent, fokussiert und sehr kooperativ" (JUVE, 2021), als „Top-Dealmaker" und „Führungspersönlichkeit in der Immobilienbranche" mit „hoher emotionaler Intelligenz für Situationen und Menschen" (The Legal 500, 2021) wahr. Mandanten empfehlen Schede als „Experten auf seinem Gebiet" und „Top Anwalt" (Chambers and Partners 2021).

Julia Schuppan ist Diplom-Soziologin und hat im Fachbereich integrierte Verkehrsplanung zum Thema „Lebensereignisse und Mobilität" an der Technischen Universität Berlin promoviert. Sie ist seit 2019 am DLR in der Abteilung „Mobilität und urbane Entwicklung" tätig und befasst sich mit individuellen Anforderungen und städtischen Auswirkungen urbaner Mobilitätsinnovationen. Ihre methodischen Kompetenzen liegen in mixed-methods-Ansätzen der quantitativen und qualitativen Sozialforschung.

Tom Soreq leitet seit 2021 als Geschäftsführer der ABG Development GmbH den Standort Mitte in Frankfurt am Main. Tom Soreq verfügt über eine mehr als 20-jährige Erfahrung im Bereich der Projektentwicklung und Realisierung komplexer Bauvorhaben. Nach seinem Studium des Bauingenieurwesens (1997) begann er seine berufliche Karriere bei dem Bauunternehmen Wayss & Freytag Ingenieurbau AG und war dort langjährig projektleitend für Großprojekte im Infrastrukturbereich und später geschäftsführend für die autobahnplus A8 GmbH für das erste PPP A-Modell Deutschlands tätig (Public Private Partnership Autobahnausbaumodell). Anschließend verantwortete er seit 2011 bei Tishman Speyer Properties Deutschland GmbH diverse Großprojekte als Senior Director Design & Construction.

Guido Spars ist Stadt- und Immobilienökonom und leitet das Fach- und For-schungsgebiet Ökonomie des Planens und Bauens an der Fakultät Architektur und Bauingenieurwesen der Bergischen Universität Wuppertal. Ab September 2021 wird Herr Spars der Gründungsdirektor der Bundesstiftung Bauakademie in Berlin.

Kerstin Stark hat einen Magister in Soziologie, Politikwissenschaft und Philo-sophie und im Fachbereich Stadtplanung zum Thema Mobilitätsbenachteiligung und sozial verträgliche und nachhaltige Mobilität promoviert. Sie ist seit 2017 am Institut für Verkehrsforschung des DLR tätig und befasst sich hier schwerpunkt-mäßig mit den Wirkungen von und Anforderungen an Mobilitätsinnovationen sowie der Governance im Bereich Verkehr. Methodische Schwerpunkte bilden die qualitative Sozialforschung und partizipative Erhebungsformate sowie mixed methods-Ansätze.

Henrik Thomsen studierte Ingenieurwesen und erwarb 2002 zusätzlich den Ab-schluss Immobilienökonom an der European Business School. Er war von 1992 bis 2008 unter anderem für Drees & Sommer und DB Station & Service tätig und betreute dort verschiedene Quartiers- und Projektentwicklungsprojekte, wie die Errichtung der Botschaften der Nordischen Länder in Berlin. 2008 bis 2014 leitete Herr Thomsen den Berliner Standort der CA Immo Deutschland, ab 2013 zusätzlich die konzernweite Projektentwicklungstätigkeit. Von 2014 bis 2019 war er Geschäftsführer der Groth Development. Seit 2019 ist er Mitglied des Vorstands der Deutsche Wohnen und verantwortet die Bereiche Neubau- und Bestandsin-vestitionen, Technische Infrastruktur und Digitalisierung.

Bing Wang ist Associate Professor in Practice of Real Estate and the Built Environ-ment an der Harvard University GSD. Sie ist Mitvorsitzende der Fakultät für das Real Estate Management Executive Programm zwischen der Harvard Business School und der Harvard GSD und leitet die Weiterbildung der GSD für Führungskräfte im Immobilienbereich, d. h. das Advanced Management Development Program. Frau Wang erwarb ihren Doktortitel und Master-Abschluss in Harvard und ihren B. Arch. an der Tsinghua University. Sie schafft eine Verbindung zwischen den Bereichen Immobilien und Design. Zu ihrer Berufserfahrung: Frau Wang arbeitete als Investmentberaterin für Lehman Brothers, gründete ein Architekturbüro und zwei Private-Equity-Immobilienfirmen, mit Citigroup, Starwood Capital, Cargill und Rockpoint als institutionelle Aktionäre. Ihre Veröffentlichungen umfassen Fachzeitschriftenbeiträge, Buchkapitel und Bücher: Understanding China's Real Estate Markets: Development, Finance, and Investment (2021), The Architectural Profession of Modern China (2011), Prestige Retail Design and Development (2014)

und Global Leadership in Real Estate and Design (2015). Sie ist im Lenkungsaus-
schuss des Harvard China Fund, in den Vorständen der Chinese Society of Urban
Studies, der School of Architecture by Frank Lloyd Wright und ist ein gewähltes
Vorstandsmitglied der American Real Estate Society.

Silke Weidner studierte Raum- und Umweltplanung an der TU Kaiserslautern
und war anschließend als Projektleiterin in verschiedenen Planungsbüros tätig
bevor sie ihren Weg zurück in die Wissenschaft fand. 2004 promovierte sie an der
Wirtschaftswissenschaftlichen Fakultät der Universität Leipzig und hatte im Anschluss die Juniorprofessur „Urban Management" inne. Seit 2009 ist sie Leiterin
des Fachgebietes Stadtmanagement und seit 2016 des Institutes Stadtplanung an
der Fakultät Architektur, Bauingenieurwesen und Stadtplanung der BTU Cottbus-
Senftenberg. Zudem führt sie seit 2004 als Geschäftsführende Gesellschafterin
mit einem Kollegen das Planungs- und Beratungsbüro |u|m|s| Stadtstrategien in
Leipzig. Ihre Interessens- und Themenschwerpunkte sind die nachhaltige und
integrierte Stadtentwicklungsplanung – auch im Bezugsfeld Europa –, Transformation und Strukturwandel in Klein- und Mittelstädten, hier insbesondere in den
Innenstädten. Sie lehrt, forscht und arbeitet in den Kontexten zu den jeweiligen
Prozessen, Akteuren und Instrumenten. Darüber hinaus ist sie in zahlreichen
Gremien, Beiräten, Jurys etc. aktiv und ist Mitglied der Deutschen Akademie
für Städtebau und Landesplanung (DASL), der Architektenkammer Sachsen, der
Vereinigung der Stadt-, Regional- und Landesplanung (SRL), der Gesellschaft für
immobilienwirtschaftliche Forschung e. V. (gif) sowie des Wissensnetzwerkes
Stadt + Handel e. V.

Guido Wiese ist Architekt und seit Januar 2014 Geschäftsführer der ABG Development GmbH. Herr Wiese verfügt über eine mehr als 25-jährige Erfahrung
im Bereich der Projektentwicklung und Realisierung komplexer Bauvorhaben.
Während und nach seinem Studium begann er seine berufliche Karriere bei Drees
& Sommer. Vor seiner Tätigkeit bei der ABG Development GmbH war er von 2000
bis 2013 bei LIP Ludger Inholte Projektentwicklung GmbH und verantwortete
dort als Geschäftsführer diverse Großprojekte.

Rong Zhou ist Wissenschaftler, Kritiker und Kurator für zeitgenössische chinesische
Architektur, Urbanisierung und Kunst im öffentlichen Raum. Er promovierte an
der School of Architecture der Tsinghua University und ist dort Associate Professor.
Seinen Master of Design erwarb er an der Harvard University Graduate School of
Design (GSD). Herr Zhou ist Vice President an der Urban Design and Innovation
Academy der Central Academy of Fine Arts in Peking, Gastprofessor am Visual

Art Innovation Institute, Associate Editor bei World Architecture, Redaktions-
mitglied mehrerer internationaler und inländischer Fachmedien, Gründer des
We-media World Knowledge LeiFeng und Gründer des Sanlian Lifeweek Magazine
Humanistic City Award.

Inhalt

**Teil V   Implikationen für Handels- und Logistikimmobilien:
Cities to supply**

Teil VI   Zehn Kernbotschaften für resiliente Städte und Immobilien

Teil I
Strategien für resiliente Städte und Immobilien

Herausforderungen für europäische Städte nach der Corona-Pandemie

Tobias Just und Franziska Plößl

Zusammenfassung

In diesem Kapitel werden die Funktionen von Städten und die Verschiebungen innerhalb dieser Funktionen im Zuge der Corona-Pandemie erläutert. Solche Funktionsverschiebungen traten schon bei vergangenen Epidemien (oder auch anderen Schocks) ein und führten zu Anpassungsmaßnahmen in der Stadtentwicklung. Aus einer europaweiten Befragung von Immobilienprofessionals kann abgeleitet werden, dass die aktuelle Gesundheitskrise durch die erwartete höhere Wohnflächennachfrage eher ein Außenwachstum als eine Nachverdichtung der Städte nach sich ziehen dürfte. Zu den Herausforderungen für die Städte zählen u. a. die Neugestaltung öffentlicher Räume und die Umnutzung von Bestandsimmobilien sowie der zu einer Neustrukturierung, sprich Stärkung, von Quartieren notwendige Umbau von Verkehrsinfrastrukturen; dies erfordert eine engere Zusammenarbeit von privaten und öffentlichen Akteuren. Für Immobilienmarktakteure wird eine Einschätzung zu den unterschiedlichen Anpassungslasten und -chancen der einzelnen Assetklassen gegeben.

© Der/die Autor(en), exklusiv lizenziert durch
Springer Fachmedien Wiesbaden GmbH, ein Teil von Springer Nature 2021
T. Just und F. Plößl (Hrsg.), *Die Europäische Stadt nach Corona*,
https://doi.org/10.1007/978-3-658-35431-2_1

1   Einführung

Städte gibt es seit Jahrtausenden. In vielen Quellen wird Jericho als älteste Stadt der Welt mit einem Alter von zehn- bis zwölftausend Jahren genannt. Dies ist strittig, da eine Siedlung im Neolithikum nicht jene Funktionen bereitstellte, die wir in späteren Jahrtausenden mit Städten verbinden. Es handelte sich um frühe Siedlungen mit nur wenigen hundert Einwohnern, die später zu Städten wuchsen. Dieses Wachstum erfolgte zunächst in der Region, die als der „Fruchtbare Halbmond" bezeichnet wird; also einer Region, die sich vom Persischen Golf in einer halbmondförmigen Wölbung oberhalb der Syrischen Wüste bis hinunter in den heutigen Libanon, Israel, Palästina und Jordanien erstreckt. Auch der Südosten der heutigen Türkei lässt sich dazuzählen, denn auch hier entstanden frühe Städte.

Die Städte wuchsen rasch, denn ihre Vorteile lockten immer mehr Menschen an: Vor sechstausend Jahren zählte Uruk im heutigen Irak 5.000 Einwohner. Die Stadt Ur, ebenfalls im heutigen Irak, zweitausend Jahre später bereits 100.000 Menschen. Um Christi Geburt sollen sowohl Alexandria im heutigen Ägypten als auch Rom als erste Städte die Millionengrenze erreicht haben. Die chinesischen Städte Kaifeng und Hangzhou zählten rd. tausend Jahre später zu den historischen Millionenstädten. Doch der Blick auf die Millionenstädte darf nicht den auf die globale Entwicklung versperren: Auch in Nord-, Mittel- und Südamerika sowie in Afrika entstanden schnell wachsende Städte. In Europa erlebten Städte mit der Renaissance ihr erneutes Erstarken: Sie wurden zu den wirtschaftlichen und damit auch politischen Machtzentren Europas.

Doch der quantitative Urbanisierungsprozess erfuhr erst im Zuge der Industrialisierung und des starken Bevölkerungswachstums in den letzten zweihundert Jahren seine wahre Beschleunigung; zunächst in Europa und später in allen Erdteilen: Um das Jahr 1800 lebten nicht mehr als 7 % der Weltbevölkerung in Städten. In Italien waren es damals schon 14 %, in England gut 20 %. Nur einhundert Jahre später lebten bereits 16 % der Weltbevölkerung in Städten, in England und Wales waren es fast zwei von drei Menschen (siehe Abb. 1). Für das Deutsche Reich werden für die Jahrhundertwende fast 30 % der Einwohner als Stadtbevölkerung ausgewiesen. Die Industrialisierung Deutschlands erfolgte vergleichsweise spät, war dann aber von starker Intensität geprägt, was wiederum zu einem rapiden Anstieg der Urbanisierungsquote um über 20 Prozentpunkten innerhalb von hundert Jahren führte. Die Nachkriegsjahrzehnte in Japan sowie die vergangenen vier Jahrzehnte in China waren von einer doppelt so schnellen Entwicklung wie in Deutschland des 19. Jahrhunderts geprägt. Auch in West-Europa verlangsamte sich die Entwicklung erst in der zweiten Hälfte des 20. Jahrhunderts (Chandler, 1987; Chandler *et al.*, 1974; Galka, 2016; Modelski, 2003; Morris, 2011).

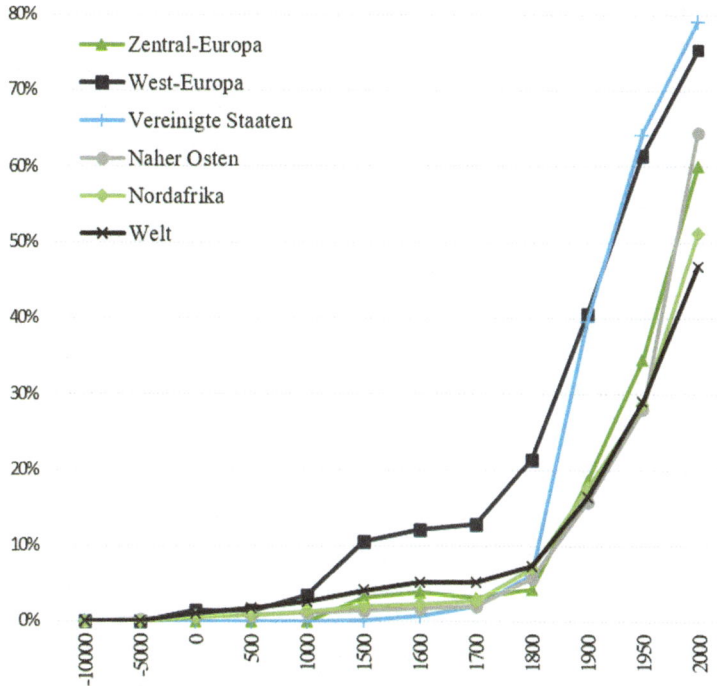

Abb. 1   Urbanisierung der letzten 12.000 Jahre
Quelle: Ritchie und Roser (2019)

Für das Jahr 2007 weist die Statistik der UN Population Division (2021) zum ersten Mal in der Geschichte aus, dass mehr Menschen in Städten als auf dem Land lebten. Burdett und Sudjic (2007) sprechen von „the endless city" und fassen damit die Ergebnisse einer Konferenzserie zusammen, die unter dem Namen „Urban Age" durch die Metropolen der Welt tourte. Glaeser (2011) spricht vom Triumpf der Stadt und bezeichnet Städte im Untertitel seines Buches als die großartigste Erfindung der Menschheit.

Gemäß gängigen Vorausberechnungen wird diese Entwicklung auch in den nächsten Jahrzehnten anhalten. Für das Jahr 2050 erwartet die UN Population Division, dass fast 70 % der Menschheit in Städten leben wird. Dies wäre angesichts des anhaltenden Weltbevölkerungswachstums ein weiterer Anstieg der in Städten lebenden Menschen um 2,3 Mrd. Selbst in West-Europa, für das die UN Population Division bis 2050 einen leichten Bevölkerungsrückgang erwartet, würde bei einem

Anstieg der Urbanisierungsquote die Zahl der Menschen in Städten um weitere 7 Prozentpunkte (auf 87 %) um 14 Mio. ansteigen.[1]

Allerdings konnten bei diesen Vorausberechnungen die Pandemie für den weiteren Urbanisierungsprozess nicht berücksichtigt werden. Es stellt sich die Frage, ob die Pandemie eine Zäsur für diesen Prozess bedeuten könnte, sowohl mit Blick auf das Wachstum der Städte als auch auf qualitative Veränderungen innerhalb der Urbanisierung. Die Autoren in diesem Buch suchen also Antworten auf die folgenden Fragen: Erstens, wird sich der Urbanisierungsprozess verlangsamen? Zweitens, kommt es zu Akzentverlagerungen zwischen den Nutzungen in und den Funktionen von Städten? Drittens, wie könnten privatwirtschaftliche und politische Akteure diese Veränderungen zur Minderung von Anpassungslasten und zur Vorbereitungen für künftige Pandemien gestalten, um zugleich lebenswertere Städte zu schaffen? Viertens, welche Implikationen haben diese Dynamiken für Immobilienmarktakteure und unsere bebaute Umwelt?

2   Vorgehen in dieser Studie

Keine dieser Fragen lässt sich abschließend beantworten, denn der weitere Verlauf der Pandemie gilt weiterhin als unsicher (Sommer 2021). Daher nähern sich die Autoren in diesem Buch den Antworten von unterschiedlichen Seiten: Zum einen wurde von März bis April 2021 eine Umfrage unter europäischen Immobilienmarktprofessionals durchgeführt. Der Fragebogen mit insgesamt 51 Fragen wurde von 421 Teilnehmern auf Deutsch oder Englisch beantwortet. Die Teilnehmer mussten hierbei nicht alle Fragen beantworten, sondern konnten die Felder auswählen, für die sie am qualifiziertesten antworten konnten.[2] Die Teilnehmer stammen überwiegend aus dem deutschsprachigen Raum, und die meisten sind zwischen 40 und 60 Jahren alt (59,23 %). Die Hälfte aller Befragten lebt in Kernstädten und 66,59 % arbeiten dort. Ein Fünftel der Befragten arbeitet im Immobilieninvestmentbereich und ein weiteres Fünftel als Projektentwickler, Architekt oder Stadtplaner.

---

1   Diese Angaben beruhen auf der jeweils mittleren Variante der UN Population Division. West-Europa besteht gemäß der Einteilung der UN aus den Staaten Österreich, Belgien, Frankreich, Deutschland, Liechtenstein, Luxemburg, Monaco, den Niederlanden und Schweiz.

2   Der Frageblock zur Assetklasse Wohnen wurde von 64,61 % der Teilnehmer beantwortet, jener zu Büros von 63,90 %, jener zum Handel von 42,76 %, jener zur Logistik von 25,89 % und der Frageblock zu Hotels von 17,10 %. Die Teilnehmer konnten mehrere Frageblöcke auswählen.

Zweitens wurden Forschende aus den Fachbereichen der Stadtplanung, der Architektur, der Regional- und Immobilienökonomie, der Verkehrswissenschaft und der Arbeitsorganisationslehre um ihre Einschätzungen zu einzelnen Themengebieten gebeten. Ergänzend leisteten Studierende der Universität Regensburg in einem Literaturseminar Vorarbeit, um weitere Einschätzungen von Forschern zu erhalten. Drittens zeigen Immobilienprofessionals ihre Sicht auf Marktentwicklungen und mögliche Handlungsnotwendigkeiten in Form von Interviews auf.

Dieses Vorgehen ermöglicht, viele Aspekte aus unterschiedlichen Perspektiven zu beleuchten. Die Pluralität der Sichtweisen zeigt mitunter die Komplexität sowie die Unsicherheit der aktuellen Situation, könnte aber genau dort belastbare Zukunftsperspektiven ermöglichen, wo die Analysten aus unterschiedlicher Richtung zu einem ähnlichen Schluss kamen. Die Unsicherheit kann durchaus als ein erstes Ergebnis der Untersuchung gewertet werden; erfordert doch ein hohes Maß an Unsicherheit offenbar mehr Flexibilität der Handelnden und der Institutionen.

3 Funktionen von Städten

Um mögliche Funktionsverschiebungen von Städten im Zuge der Pandemie analysieren zu können, lohnt es zu verstehen, warum Städte in den letzten Jahrtausenden überhaupt solch eine Erfolgsgeschichte schreiben konnten. Offenbar überwiegen die Vorteile der größeren Bevölkerungsdichte in urbanen Räumen deren Nachteile (Ahlfeldt und Pietrostefani, 2019).[3]

Letztlich lassen sich die Vorteile von Städten drei ökonomischen Gesetzmäßigkeiten/Effekten zuordnen: Erstens ermöglichen Städte *Größenvorteile*. Wichtige öffentliche Güter wie Sicherheit, einige Verwaltungsleistungen, leitungsgebundene Infrastruktur, Kulturgüter oder Ausbildung und Forschung lassen sich einfacher und kostengünstiger in dichteren Räumen anbieten als in zersiedelten Strukturen.

Stadtmauern sorgten über Jahrhunderte für effektiven und effizienten Schutz, und es lassen sich mit deutlich geringeren Ausgaben pro Kopf für Verkehrs- oder leitungsgebundene Infrastruktur Menschen versorgen als auf dem Land. Opernhäuser und Theater sind beispielsweise betriebswirtschaftlich häufig defizitär, doch dieses Defizit wäre ohne ein großes Einzugsgebiet möglicher Besucher noch viel

---

3   Es ist unmöglich, die umfangreiche Literatur zu den Vor- und Nachteilen von Städten in solch einem kurzen Einführungskapitel abzubilden. Interessierte Leser finden wertvolle Vertiefungen in Quigley (1998), Glaeser (1998), Glaeser (2011) sowie Ahlfeldt und Pietrostefani (2019).

größer. Auch für rein privatwirtschaftlich bereitgestellte Güter bieten Städte Größenvorteile, sowohl in der Produktion durch den besseren Zugang zu Arbeitskräften und Kapital sowie im Konsum, z. B. weil ein reichhaltigeres gastronomisches oder kulturelles Angebot möglich ist. Anbieter können sich stärker spezialisieren, und dadurch werden Vorteile der Arbeitsteilung erzielt. In Dorfgemeinschaften gibt es möglicherweise nur eine Person, die sich in Rechtsfragen auskennt, in großen Städten gibt es Fachexperten für jedes Teilsegment des Öffentlichen und Privaten Rechts. Ähnliches gilt für nahezu jede gewerbliche und dienstleistende Tätigkeit.

Zweitens ermöglichen Städte niedrige *Transaktionskosten*. Märkte und Messen waren für Jahrhunderte zentrale und physische Treffpunkte von Menschen, um Güter, Dienstleistungen und Informationen auszutauschen. Je mehr Menschen zusammenkamen, umso intensiver wurde dieser Austausch und der Wettbewerb zwischen den Anbietern. Und wenn ein Unternehmen MitarbeiterInnen mit spezifischen Fähigkeiten sucht, findet das Unternehmen diese eher in einer großen Stadt als in Dorfgemeinschaften. Die höhere Wettbewerbsintensität erzwingt nicht nur kurzfristig niedrigere Preise, sondern motiviert, neue Produkte und Prozesse zu entwickeln.

Die Produktionskosten für eine Vielzahl von privaten und öffentlichen Gütern sind in Städten also niedriger als auf dem Land. Der dritte und langfristig wichtigste Faktor für den Erfolg von Städten dürften *externe Effekte* darstellen, die eben nicht über Marktpreise abgegolten werden, sondern quasi ungeplant zu neuen Ideen und Produkten führen. Ein Theaterstück mag zunächst unterhalten, und dafür zahlen die Besucher ihr Entgelt. Doch als Folge könnte eine Besucherin eine Idee für ein Buch, ein Musikstück oder ein Produkt bekommen: Menschliche Kreativität wird durch Interaktion und Vernetzung verstärkt, sorgt für Erfindungen, Innovationen, also neue Produkte und bessere Prozesse. Es sind die vielen Inspirationen, Begegnungen und Perspektiven in einer Stadt, die das Innovationspotenzial jenseits der rein im Unternehmen steuerbaren Größe ermöglicht. Die gesteigerte Kreativität sorgt aber nicht nur für Produktivitätssteigerungen und ermöglicht somit höhere Einkommen, sondern sie schafft gleichzeitig Annehmlichkeiten, die man sich mit diesen höheren Einkommen leisten kann: Kunst, Kultur und Erlebnisse. Und auch diese Annehmlichkeiten ziehen Menschen an (Brueckner *et al.*, 1999; Schäfer und Just, 2018). Johnson (2010) veranschaulicht dies in seiner Matrix wichtiger Innovationen der letzten sechshundert Jahre. Im 15. und 16. Jahrhundert wurden die meisten Erfindungen und Innovationen von Einzelpersonen (meistens in einem nicht-marktlichen Umfeld) geschaffen. Erfindungen als Gemeinschaftsleistung von Netzwerken gab es zwar auch damals – und wahrscheinlich wären auch die Einzelerfindungen ohne die vielfachen Inspirationen in Städten nicht möglich gewesen – doch sie bildeten eher die Ausnahme als die Regel. Dies änderte sich in den folgenden Jahrhunderten zunehmend. Heute sind Netzwerkerfindungen und

Leistungen, die nur als Gruppenleistung entstehen, die Regel. Johnson nennt u. a. den Computer, die Arbeiten an Klimamodellen oder die Kernforschung. Dies liegt an der durch die Komplexität der Aufgabe erzwungenen notwendigen Arbeitsteilung, dem höheren Kapitalbedarf und der erforderlichen Geschwindigkeit, mit der eine Durchsetzung gegenüber möglichen Wettbewerbern heute erfolgen muss.

Damit diese externen Effekte starke Wirkungen entfalten können, ist ein hohes Maß an Freiheit notwendig: Meinungs- und Bewegungsfreiheit, Freiheit von Güter- und Kapitalverkehr etc. Gemäß des Diktums von Acemoglu und Robinson (2019) lassen sich diese Freiheiten möglicherweise in Städten einfacher gewährleisten als auf (national-)staatlicher Ebene. Städter würden demnach leichter innerhalb des schmalen Erfolgskorridors zwischen den Kräften eines starken Staates und den Kräften von gesellschaftlichen Werten, Vorurteilen, also dem, was Acemoglu und Robinson die Kraft der Gesellschaft nennen, bleiben können. Dies kommt in der deutschen Redewendung „Stadtluft macht frei" idealtypisch zum Ausdruck. Innerhalb dieses schmalen Korridors kann dann durch freie Akteure ein passgenaues Bündel aus öffentlichen Gütern des „gefesselten Leviathans" und privaten Gütern einer freien Gesellschaft entstehen.

Diese Überlegungen lassen sich in Abbildung 2 zu vier wesentlichen Versorgungsvorteilen mit öffentlichen und privaten Gütern in Städten zusammenführen.[4]

In frühen Städten stand der *Schutzaspekt* im Mittelpunkt, vor allem der physische Schutz vor äußerer Gewaltanwendung. Erste *Versorgungsleistungen* in Städten und *Annehmlichkeiten*, wie gemeinsame Erlebnisse bei kultischen Handlungen stifteten weitere Nutzen. Rasch entstanden die ökonomischen Vorteile, wie Marktplätze und Messen, aus denen handwerkliche und später industrielle Spezialisierung hervorgingen. Wenn dann noch ein (relativ) hohes Maß an *Freiheit* gewährleistet werden konnte, verstärkte dies über erzielte Netzwerkeffekte weitere wirtschaftliche Vorteile, und dies zog Talente von außerhalb an.

Die Pandemie veränderte in jedem der vier Hauptfelder (Schutz/Sicherheit, Materielle Versorgungsleistungen, Annehmlichkeiten und Freiheit) und auch in den Beziehungen zwischen den darunter liegenden Feldern die Rahmenbedingungen – zumindest zeitweise. Sehr viele Menschen erlebten die Lockdown-Phasen mit den damit verbundenen Mobilitätseinschränkungen als gravierende Unsicherheit und als massive Beschränkung der Freiheit, letztendlich wurde damit die soziale Interaktion

---

4 Hierfür haben wir die strenge Logik ökonomischer Gutskategorien durchbrochen, um später mögliche Implikationen für Immobilienmärkte besser veranschaulichen zu können. Letztlich lassen sich alle skizzierten Kästchen auf die drei ökonomischen Effekte von Größenvorteilen, reduzierten Transaktionskosten und (positiven) externen Effekten zurückführen und auch Schutz/Sicherheit und Freiheit könnten in die Gutstypen von privaten und öffentlichen Gütern eingruppiert werden.

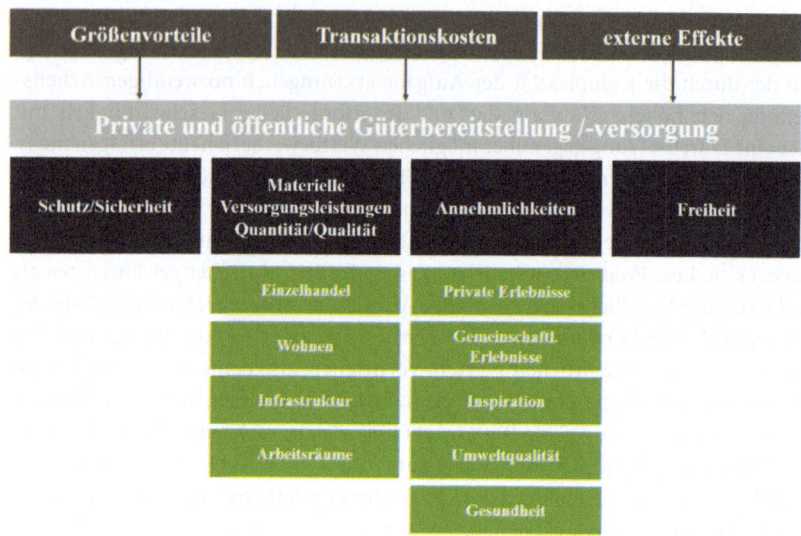

Abb. 2   Versorgungsvorteile in Städten (prä Corona)
Quelle: eigene Darstellung in Anlehnung an Glaeser (1998); Quigley (1998)

und die Annehmlichkeiten in Städten erheblich eingeschränkt. Gerade in den für Einzelhandel und Freizeit vorgesehenen Räumen der Städte kam es zu massiven Rückgängen der Bewegungen (siehe Kap. 20 – Just und Plößl, 2021). Gemeinsame Erlebnisse wurden auf Mindestmaße begrenzt, entweder freiwillig oder durch staatliche Macht erzwungen. Ganze Branchen konnten ihre Dienste nicht oder nur deutlich reduziert anbieten (Hotel- und Gastronomiebetriebe, Friseure, Künstler, Veranstaltungsbetriebe etc.), der Informationsaustausch wurde erschwert und in vielen Fällen kam es zu erheblichen Störungen in den Wertschöpfungsketten (siehe Kap. 7 – Oberst, 2021).

4   Erfahrungen mit Epidemien und Pandemien

Die Bedeutung der einzelnen Felder sowie die Beziehungen zwischen den Feldern der Städte (siehe Abb. 2) wurden in den vergangenen Jahrhunderten immer wieder verändert. Stadtbewohner wurden wiederholt von Epidemien (z. B. Pest oder Cholera) heimgesucht, und auf diese Schocks erfolgten Reaktionen von städtischer Seite. Letztlich sorgte der Schock dafür, dass die Kosten der Bevölkerungsdichte zunahmen. Solche Kosten sind typischerweise Lärm und Schmutz, lange Verkehrswege, Kriminalität und gesundheitliche Beeinträchtigungen. In Pandemien erhält der letzte Punkt erhebliches Gewicht und kann alle Vorteile dominieren, wenn nicht angemessen reagiert wird (siehe Kap. 4 – Plößl und Just, 2021). Reaktionen auf Pandemien veränderten die Stadtstrukturen, und die Qualitäten von Gebäuden und Quartieren wurden aufgewertet. Wenn dies angemessen gelang, blieben Miet- und Preisreaktionen überschaubar. Kam es jedoch nicht zu angemessenen Anpassungsmaßnahmen, wirkten Epidemien mitunter Jahrzehnte nach.

Francke und Korevaar (2021) berechneten für das Jahr eines Ausbruchs nur geringe Kauf- als auch Mietpreisrückgänge (Pest in Amsterdam und Cholera in Paris), vor allem mittel- bis langfristig, wenn die Epidemien für umfangreiche Sanierungsprogramme, u. a. bei Wohngebäuden und der Infrastruktur, sorgten und wenn viele Menschen aus dem Umland zuwandern konnten. Durch diese Anpassungen erholten sich die Preise in den darauffolgenden Jahren wieder, führten jedoch gleichzeitig zu Verdrängungseffekten. Lebten in einer Stadt wie Hamburg vor der Cholera-Epidemie des 19. Jahrhunderts die meisten Einwohner in der Innenstadt, so wurden vor allem die Arbeiterfamilien nach den Stadtumbauprogrammen und den damit verbundenen Aufwertungen in das Umland gedrängt, und es hielten mehr gewerbliche Immobiliennutzungen an zentralen Standorten Einzug. Andere Entwicklungen zeigten sich beispielsweise beim Cholera-Ausbruch in London, der in manchen Vierteln zu einem anhaltenden niedrigen Preisniveau führte (Ambrus et al., 2020). Dies könnte auf die unzureichenden stadtplanerischen Maßnahmen zurückgeführt werden. Letztlich wurde also der Zusammenhang zwischen Städtebau, Hygiene und Epidemiologie bereits bei früheren Infektionskrankheiten erkannt.

Die Anpassungen früherer Erfahrungen müssen jedoch nicht zwangsläufig geeignete Antworten auf die heutige Situation sein, denn zum einen unterscheiden sich die Übertragungswege von Corona und beispielsweise von Cholera und zum anderen profitieren Städter heute von den Verbesserungsmaßnahmen der zurückliegenden Jahrhunderte. Wang und Zhou (2021, Kap. 5) zeigen anhand der Strategien chinesischer Großstädte seit dem Ausbruch der Corona-Pandemie, welche organisatorischen und technologischen Maßnahmen als Reaktionen in China ergriffen wurden. Dort erleichtern zum einen nach außen abgeschlossene Wohnkomplexe die Eindämmung des Virus; die urbane Governance-Struktur lokaler Viertel bildet räumlich und institutionell ein einzigartiges System. Zum anderen bremst die zunehmende Privatisierung der Immobilienverwaltung in Verbindung mit dem Einsatz neuer technologiegestützter Überwachungssysteme die Ausbreitung von Krankheiten. Nicht alle dieser Maßnahmen lassen sich in europäischen Städten umsetzen, doch die Logik aus technologischer Nachverfolgung gepaart mit kleinteiligen Verwaltungsstrukturen sind übertragbar.

5   Stadtentwicklung nach Corona

Städte veränderten häufig ihre Strukturen: nach kriegerischen Auseinandersetzungen, Naturkatastrophen oder Krankheiten. Verglichen mit den Zäsuren früherer Jahrhunderte stellt die Pandemie einen eher schwachen Einschnitt in die Freiheiten und Lebensgewohnheiten der Menschen in Europa dar. Denn ungeachtet der zum Teil drakonischen, freiheitsbeschränkenden Maßnahmen in den Jahren 2020 und 2021 war das Mortalitätsrisiko insgesamt gering, die Entwicklung von Einkommens- und Vermögenspositionen der meisten Haushalte günstiger als in früheren Krisen und die Bereitschaft und Möglichkeit staatlicher Institutionen hinreichend groß, um Belastungen für die Bevölkerung abzufedern. Carozzi *et al.* (2021, Kap. 9) zeigen in ihrem Beitrag, dass das Mortalitätsrisiko während der Corona-Pandemie nur in der ersten Welle in den Städten höher ausfiel als auf dem Land. Die Analyse bezog sich dabei auf die Intensitäten für die Vereinigten Staaten auf Kreisebene und für das Vereinigte Königreich auf der Ebene der Kommunalverwaltungen. Auch für deutsche Kreise lässt sich zeigen, dass die Mortalitätsraten in Stadtkreisen nicht höher waren als in Landkreisen. Doch diese Analyseebene ist gegebenenfalls zu grobkörnig: Betrachtet man die Quartiersebene, dann lassen sich auch für die Pandemie Hinweise finden, dass das Infektionsrisiko mit höherer Dichte korreliert (Endt *et al.*, 2021). Gerade einkommensschwache Haushalte in beengten Verhältnissen schienen dem Infektionsgeschehen stärker ausgesetzt gewesen zu sein als Haushalte, die in Quartieren mit vergleichsweise lockerer Bebauungsdichte leben. Folgt die Verdrängung dem Infektionsgeschehen, würden also (wieder einmal) vor allem einkommensschwache Haushalte an die Ränder der Städte gedrängt, wo es bei einem begrenzten Haushaltsbudget etwas mehr Fläche und besseren Zugang zu Grünflächen gibt.

Je stärker die Dichtevorteile einer Stadt im Zuge der Pandemie reduziert würden, desto heftiger würde der Fortzug aus den Städten ausfallen. Ahlfeldt und Pietrostefanie (2021, Kap. 8) modellieren die möglichen Effekte anhand einer Extremkonstellation, bei der alle Dichtevorteile einer Stadt verschwinden. Die Folge wäre ein langfristig heftiger Rückgang des Bruttoinlandsprodukts in Großstädten und eine starke Verlagerung der Bevölkerung von größeren in kleinere Städte. Weil aber auch die Dichtevorteile, also die Produktivität, in kleineren Städten verschwindet, würde dort zwar die Zahl der Einwohner steigen, nicht aber die Wirtschaftsleistung. Diese würde auch in kleineren Städten abnehmen, aber nicht in diesem Ausmaß. Diese hypothetische Modellrechnung ist natürlich keine Prognose, sie illustriert aber die Wirkungsrichtung von soziodemografischen und wirtschaftlichen Verschiebungen.

Die zukünftige Stadtplanung wird bemüht sein müssen, aus dem Funktionenbündel einer Stadt (siehe Abb. 2) einen neuen Mix zusammenzustellen, sodass den schwindenden Vorteilen und den gestiegenen Nachteilen neu geschaffene Vorzüge entgegengesetzt werden. Daher ist es unwahrscheinlich, dass es nach der pandemischen Ausnahmesituation zu keinerlei Anpassung der Stadtstrukturen kommen wird. Dies ist nach den Einschätzungen der in diesem Band zu Wort kommenden Experten und der befragten Immobilienprofessionals weniger mit den direkten Anpassungen an den pandemischen Schock als vielmehr mit der Beschleunigung von Prozessen verbunden, die bereits vor der Pandemie erkennbar waren (wie auch bei früheren Epidemien). Hierbei handelt es sich um eine Interaktion gesellschaftlicher und technologischer Prozesse. Es wird in Zukunft häufiger das realisiert, was auch vorher schon technisch möglich, aber wenig erprobt war und daher an Akzeptanzproblemen scheiterte. Dies kann dann die Art zu arbeiten, zu wohnen und zu konsumieren betreffen; hier könnten sich neue Gewohnheiten verfestigen und damit neue Stadt- und Immobilienstrukturen erfordern.

In der Befragung erwarteten mehr Befragungsteilnehmer, dass die Städte etwas stärker nach außen wachsen werden und dass Nachverdichtung zwar wichtig bleibt, jedoch den gesamten Veränderungsdruck, der ähnlich wie in Hamburg und Paris im Zuge der Cholera-Epidemien durch höhere (Wohn-)flächennachfrage entsteht, nicht alleine bedienen kann (siehe Abb. 3).

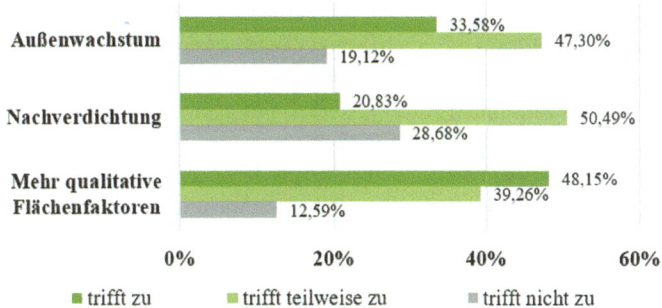

Abb. 3   Städte werden stärker als bisher nach außen wachsen

Anmerkungen: eigene Datenerhebung zur Beurteilung der Aussagen: „Städte werden nach der Pandemie stärker als bisher nach außen wachsen.", „Städte werden nach der Pandemie stärker als bisher durch Nachverdichtung wachsen." und „In den nächsten Jahren nach der Pandemie geht es vor allem um qualitative und weniger um quantitative Flächenfaktoren."; 3,89 % / 3,89 % / 3,80 % aller Teilnehmer trafen keine Angabe.

Verbunden mit der Frage, wo diese Zusatznachfrage bedient werden kann, ist die Einschätzung sowohl der befragten Immobilienprofessionals als auch mehrerer Autoren, dass die qualitativen Veränderungen wichtiger sind als die quantitativen. Weidner (2021, Kap. 2) zeigt beispielsweise, dass bei innerstädtischen Immobilien die Mischnutzung sowohl in horizontaler als auch in vertikaler Sortierung verstärkt erfolgen sollte. Durch den Umbau von Objekten entsprechend der neuen Bedürfnisse entsteht die Quartiersidee damit auch innerhalb von Gebäuden. Dabei kann die Aufstockung von Gebäuden als Anreiz für private Eigentümer dienen, um ehemals ertragsstarke Flächen (z. B. internationale Handelsketten) in unter Umständen weniger ertragreiche Flächen (z. B. Handwerk) umzubauen. Auch Hammerschmidt (2021, Kap. 3) betont, dass öffentliche Bereiche derart umgestaltet werden sollten, dass mehr körperliche Bewegung, Freizeit und Erholung, soziale Verbundenheit und wirtschaftlicher Wohlstand ermöglicht werden. Es geht somit um die Umverteilung des innerstädtischen Raums hin zu mehr Freizeit- und Naherholungszwecken. Wie dies zu aktiverer Mobilität der Städter führt, zeigen Jarass *et al.* (2021, Kap. 6). Da im Zuge der Pandemie ein Anstieg des (motorisierten) Individualverkehrs zu verzeichnen war und weil dies – falls persistent – einen massiven Zielkonflikt mit klimapolitischen Zielen bedeuten würde, wäre eine deutliche Reduktion durch-schnittlicher innerstädtischer Wegstrecken zu initiieren. Dies gelingt am ehesten durch den Aufbruch bestehender Stadtstrukturen, bei denen Stadtquartiere stark einzelnen Funktionen und Nutzungen zugeordnet werden und einer Entwicklung hin zu einem Netzwerk aus quasi-autarken Quartieren, bei denen ein Großteil des Verkehrs im Quartier (z. B. mit dem Fahrrad) erfolgen könnte. Dies darf aber nicht nur für wenige ausgewählte Quartiere, sondern möglichst viele gelten, da es sonst zu Selektionsprozessen kommen könnte.

Entsprechend entstehen die größten Herausforderungen gemäß den Befragungs-teilnehmern in der Neugestaltung öffentlicher Räume und in der Umnutzung von Bestandsimmobilien (detaillierte Ausführung im nachfolgenden Abschnitt). Damit diese beiden Kernherausforderungen gemeistert werden können, müsste nicht nur das Planungsrecht flexibilisiert, sondern auch mehr privates und öffentliches Kapital investiert werden (siehe Abb. 4).

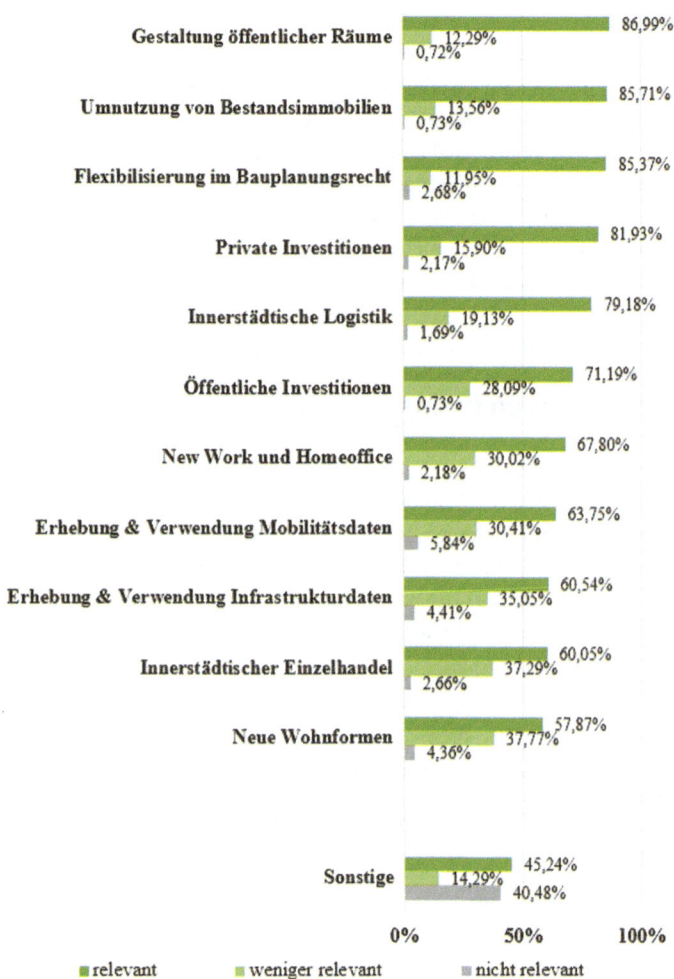

Abb. 4   Relevanz für die künftige Stadtentwicklung

Anmerkungen: eigene Datenerhebung zur Frage „Bitte bewerten Sie die Relevanz folgender Bereiche für die künftige Stadtentwicklung."; 1,43 % / 1,90 % / 2,61 % / 1,43 % / 1,90 % / 1,90 % / 1,90 % / 2,38 % / 3,09 % / 1,90 % / 1,90 % / 90,02 % aller Teilnehmer trafen keine Angabe; häufigste Nennungen für Sonstige: Mobilität & Verkehr, Nachhaltigkeit.

Überall dort, wo das erwartbare Außenwachstum an neue Gebietskörperschaften stößt, entsteht nicht nur Reibung, sondern auch die Chance auf eine Kooperation. Spars (2021, Kap. 10) zeigt auf, dass solche Städtepartnerschaften sowohl im Kleinen als auch im Großen eine mögliche Erweiterung des Handlungsspielraums geben können, und somit die geforderte Flexibilisierung erleichtert werden kann. Er zeigt auch, dass der Weg zu diesen Partnerschaften mühsam ist und dass die entscheidenden Fragen nicht immer als erstes angegangen werden können. Dennoch dürfte es gerade in den Metropolräumen engere Kooperationen zwischen benachbarten Städten und Gemeinden geben müssen als bisher.

6   Implikationen für Immobilienmarktakteure

Die befragten Immobilienprofessionals rechnen überwiegend nicht mit einer „kurzfristigen" Normalisierung der Immobilienmärkte. Doch was ist kurzfristig? Über 80 % der Befragungsteilnehmer erwarten, dass die Folgewirkungen der Pandemie mindestens ein Jahr nach deren Ende nicht abgeschlossen sein werden. Fast ein Viertel der Teilnehmer hält es für wahrscheinlich, dass die Anpassungsprozesse mindestens drei Jahre dauern werden (siehe Abb. 5).

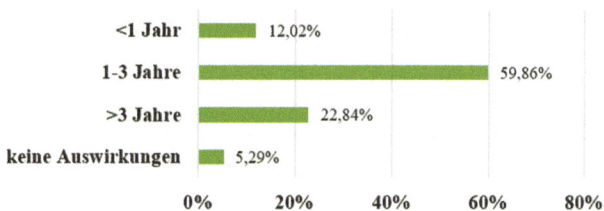

Abb. 5   Auswirkungen in der Immobilienbranche in den nächsten 3 Jahren spürbar
Anmerkungen: eigene Datenerhebung zur Frage „Wie lange wird es dauern bis die Auswirkungen der Pandemie in der Immobilienbranche spürbar sind (z. B. Veränderungen in der Stadtplanung oder bei Bauvorschriften)?"; 1,19 % aller Teilnehmer trafen keine Angabe.

Gemessen an den zuvor skizzierten erwartbaren Veränderungen der Stadtstrukturen dürfte sich diese Einschätzung allenfalls auf eine Rückkehr zu Mietwachstum und höheren Flächenabsorptionen beziehen. Es ist unwahrscheinlich, dass sich die Stärkung von Quartieren, die Durchmischung von Stadtteilen und Gebäuden oder die Neugestaltung von Verkehr, innerhalb weniger Jahre vollziehen kann. Kam es in der Folge früherer Pandemien zu Veränderungen von Stadtstrukturen, dauerten diese Anpassungen deutlich länger als zehn Jahre. Dies impliziert somit weitreichende Rückwirkungen für die Immobilienmärkte.

Die Anpassungslasten und -chancen verteilen sich aber unterschiedlich auf die Assetklassen: Das Wohnungsmarktsegment und Gesundheitsimmobilien sowie die Logistikbranche gehen eher gestärkt aus der Pandemie hervor, da diese Assetklassen derzeit als stabile Core-Segmente bewertet werden. Gerade für Logistik ist das Ergebnis bemerkenswert: Zwar wurden Logistikimmobilien bereits in den letzten Jahren verstärkt nachgefragt, doch als Core – also besonders risikoarm – wurden sie vor der Pandemie nicht bezeichnet.

Umgekehrt hat die Pandemie für Hotels oder Handelsimmobilien Risiko-merkmale offengelegt, die zuvor weitgehend in der Risikoanalyse unberücksichtigt blieben. Diese Immobilienklassen werden nun eher als opportunistische und nicht mehr als risikoarme Investments charakterisiert (siehe Abb. 6).

Aus der Befragung geht hervor, dass mit einem signifikanten Anstieg der Wohnungsnachfrage gerechnet wird. Weil diese Flächenzusatznachfrage nur unzureichend innerhalb der Kernstädte befriedigt werden kann und weil gleichzeitig mehr Freiraum im Umfeld der Wohnungen gesucht werden könnte, dürfte dieser Nachfragezuwachs eher das Außenwachstum der Städte bewirken als die reine Verdichtung. Dieses Außenwachstum ermöglicht mehr Freiflächen und erzwingt gleichzeitig zusätzliche Betreuungs- und Versorgungsangebote sowie innovative Mobilitätskonzepte, damit die innerstädtischen öffentlichen Angebote ebenso erreicht werden können, denn nicht alle Leistungen einer Stadt lassen sich innerhalb von Quartieren ermöglichen (siehe Kap. 11 – Just und Plößl, 2021). Dennoch bedeutet ein erhöhter Flächenverbrauch pro Wohneinheit neue Herausforderungen, da Wohnen bereits vor der Pandemie für einkommensschwache Haushalte weniger erschwinglich wurde. Im Neubau ließe sich dem durch eine effiziente Flächenausnutzung in Form flexibler Grundrissplanungen begegnen. Dies betonen auch Tom Soreq von der ABG Development (siehe Kap. 14) und Henrik Thomsen von der Deutsche Wohnen SE (siehe Kap. 13). Für Bestandsimmobilien ist dies oft nicht ökonomisch, der Druck nach außen bleibt damit groß. Weiterhin akzentuieren sie, dass der nachpandemische Umbau der Städte auch erforderlich macht, dass der energetischen Ertüchtigung von Gebäuden mehr Augenmerk geschenkt wird. Gorynksi et al. (2021, Kap. 12) zeigen in ihrem Beitrag auf, wie die digitale Transformation zu intelligenten und nachhaltigen Städten und Quartieren vorangetrieben werden kann und dass hierfür ebenfalls die enge Zusammenarbeit zwischen Verwaltung, Wirtschaft, Wissenschaft und Zivilgesellschaft notwendig ist.

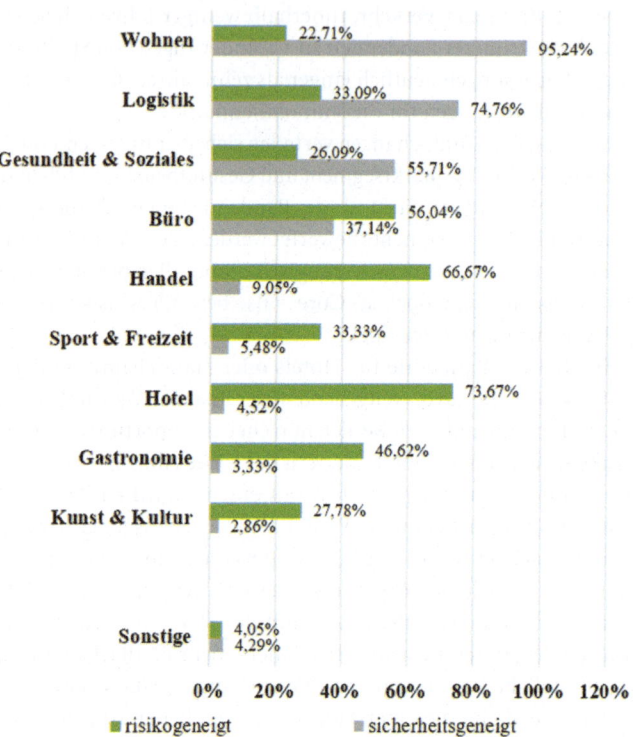

Abb. 6 Wohnen und Logistik im Fokus von sicherheitsgeneigten Investoren

Anmerkungen: eigene Datenerhebung zur Frage „Welche Assetklassen stehen nach der Pandemie im Fokus von folgenden Investorentypen?"; Mehrfachauswahl möglich; 1,66 % aller Teilnehmer trafen keine Angabe; häufigste Nennungen für Sonstige vor der Pandemie: Rechenzentren & Forschung, Lebensmitteleinzelhandel; häufigste Nennungen für Sonstige nach der Pandemie: Rechenzentren & Forschung, Lebensmitteleinzelhandel, Einrichtungen für öfftl. Hand.

Für die Hotelbranche hingegen wird eine starke Konsolidierung erwartet; gerade Geschäftsreisen dürften nach Einschätzung der Befragungsteilnehmer über einen längeren Zeitraum eingeschränkt werden. Stärker auf Freizeittourismus zielende Hotels – sowohl in den Kernstädten als auch auf dem Land – dürften früher aus der Krise zurückfinden. Die Betroffenheit dieser Branche unterstreichen auch Guido Wiese und Tom Soreq von der ABG Development in ihrem gemeinsamen Interview (siehe Kap. 14).

Aus der Umfrage geht für Büroimmobilien hervor, dass die qualitativen Veränderungen schwerer wiegen als die quantitativen Nachfrageanpassungen, denn die Flexibilität der Büroflächen wird der bestimmende Faktor. Dies gilt vor allem für Kernstädte und zunehmend auch für das Umland (siehe Kap. 15 – Plößl und Just, 2021). Dass es in den Arbeitswelten zu weitreichenden Veränderungen gekommen ist und sich neu entstandene Strukturen nachhaltig etablieren werden, es aber nicht zum „Ende der Büros" in den Städten kommen wird, zeigen die Interviews mit Annette Kröger von Allianz Real Estate (siehe Kap. 17), Sascha Klaus der Berlin Hyp AG (siehe Kap. 18) und Christian Schede von Greenberg Traurig (siehe Kap. 19). Alle drei kennzeichnen zum Teil deutliche Verschiebungen in den Funktionen von Büros und verweisen gleichzeitig darauf, dass gemeinsame Räumlichkeiten für das Schaffen eines Unternehmensgeistes, für kreative Arbeitsprozesse sowie für schnelle und reibungsarme Kommunikation wertvoll sind. Das Büro verliert ein Stückweit die Funktion als Produktionsort klar definierter Prozesse mit konkretem Ergebnis und wird stärker zur Interaktionsfläche. Für kreative und soziale Prozesse sind andere Flächen erforderlich als für reine Erledigungen. Für die Transformation der Arbeitswelt kennzeichnet zudem Kane (2021, Kap. 16) die Handlungsmöglichkeiten für Entwickler und Investoren, Corporate Real Estate und Facility Manager als auch für Flächenanbieter.

Für Einzelhandelsflächen erwarten die Befragten schließlich starke Nachfragerückgange, weil die Pandemie zu einer Verstärkung des Wettbewerbsdrucks durch Online-Anbieter führte und damit neue Gewohnheiten und Pfadabhängigkeiten schuf. Lebensmittelhändler, Fachmarktzentren und Discounter sind jedoch weitgehend von diesem Anpassungsdruck ausgenommen. Angelus Bernreuther von Kaufland diskutiert im Interview die künftige Rolle des Lebensmittelhandels in Städten und u. a. Mixed-Use-Konzepte zur Anpassung von Einzelhandelsstandorten (siehe Kap. 21). Dass gerade der klassische innerstädtische Einzelhandel an Sogkraft einbüßt, liegt daran, dass das Internet typische Konsumvorteile der Innenstadt teilweise zu deutlich geringeren Transaktionskosten ermöglicht. So ist mit der digitalen Handelswelt geradezu eine zweite, virtuelle Stadt unter die physische Stadt eingezogen, und es entsteht eine neue Arbeitsteilung zwischen diesen zwei unterschiedlichen Welten. Die physische Einzelhandelswelt sollte sich auf die Vorteile des Haptischen und von Erlebnissen konzentrieren und diese Unique Selling Proposition deutlicher herausstellen (siehe Kap. 20 – Just und Plößl, 2021). Auch hier büßt die Versorgungsfunktion der Stadt ein, und es entsteht Raum für Soziales und Interaktion. Dies ermöglicht Innovationen, permanente Erneuerung, und die Handelsfunktion kann als Kuppelprodukt erfolgen. Dies wäre sogar gegenüber dem Internet transaktionskosten- und ressourcenschonend. Der Handel würde sich mit der Stadt verändern, nicht aus der Stadt verschwinden.

Im Interview mit Mathias Leidgeb von Palmira Capital Partners werden die Verschiebungen im stationären- und Online-Handel deutlich und wie sich dies auf die künftige Versorgung von Städten, insbesondere die Last-Mile-Logistik, auswirkt (siehe Kap. 22). So haben sich Logistikimmobilien im Zuge der Pandemie zum „neuen Core-Segment" entwickelt. Auch von den Befragungsteilnehmern wird in allen Regionen ein starkes Flächenwachstum für Logistikimmobilien prognostiziert. Eine der großen Herausforderungen für die Städte besteht in den nächsten Jahren darin, den Flächenüberhang für den Handel und die Flächenknappheit für die Logistik gleichzeitig zu überwinden.

7   Funktionsverschiebungen

Aus den Ausführungen der Interviewpartner, der Autoren und der Befragungsteilnehmer lässt sich ein Bild zusammenfügen, in dem die in Abbildung 2 skizzierten nachgefragten Bündel aus öffentlichen und privaten Gütern in Städten im Zuge des Schocks angepasst werden (müssen). Während der Lockdown-Phasen konnten Städte ihre Größenvorteile in vielen Fällen schlechter ausspielen als zuvor, da Kommunikations-, Abstimmungs- und Verhandlungsprozesse durch Internetdienste übernommen wurden. Gleichzeitig wurden viele Transaktionen, nicht nur im Einzelhandel und in der Gastronomie, sondern auch zahlreiche Bürotätigkeiten durch Internetleistungen substituiert. Dies hat die technologische Durchdringung der Alltagswelt beschleunigt. Auch die externen Effekte, die in Städten durch das physische Zusammenkommen von Menschen, ihren Ideen und Produkten, entstehen, wurden teilweise durch Netzdienstleistungen ersetzt. Auch dieser Prozess ist noch nicht abgeschlossen.

Im Zuge der Lockdowns sowie der epidemiologischen und hygienischen Schutzmaßnahmen gab es massive Freiheitsbeschränkungen; viele Menschen machten sich (zu Recht) Sorgen um ihre Unversehrtheit, und es gab erhebliche Einschränkungen gerade bei den Annehmlichkeiten des städtischen Lebens und der direkten Bedürfnisbefriedigung im stationären Einzelhandel (siehe Abb. 7).

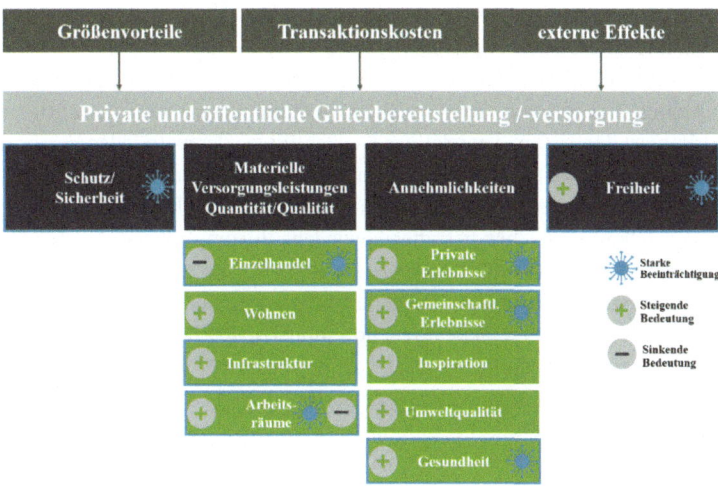

Abb. 7   Versorgungsvorteile in Städten (post Corona)
Quelle: eigene Darstellung in Anlehnung an Glaeser (1998); Quigley (1998)

In sehr vielen Lebensbereichen dürfte es zu kräftigen Nachholeffekten kommen, wenn die Restriktionen vollständig aufgehoben werden. Doch überall dort, wo die Bedürfnisbefriedigung nicht am direkten physischen Austausch liegt, sondern wo die zuvor gewohnten Strukturen „nur" eine möglicherweise vorübergehend transaktionskosteneffiziente Form der Güterübergabe darstellen, kann es zu dauerhaften Verschiebungen in der Bedürfnisbefriedigung kommen. Sprich, wenn sich Menschen an den Online-Konsum gewöhnt und gelernt haben, dass dies für manches effizient ist, dann werden sie nicht wieder zurück in eine alte Einzelhandelswelt zurückwechseln. Sie werden dies gleichwohl tun, wenn der Einzelhandel Zusatzangebote bietet, die eine physische Interaktion erfordern, wenn es mehr um erlebtes Einkaufen als um Versorgungskaufen geht oder aber wenn es gelingt, den stationären Einzelhandel transaktionskosteneffizienter zu gestalten. Dies könnte z. B. längere Öffnungszeiten bedeuten oder kürzere Warteschlangen an Einkaufskassen. Unterdessen gibt es getestete technische Lösungen, die eine (nahezu) vollständige Automatisierung in einer steigenden Zahl von Einzelhandelsläden ermöglichen. Letztlich ließe sich damit die Hoffnung verbinden, dass dies den stationären Einzelhandel wettbewerbsfähiger macht, weil zum einen ja die Transportkosten für die letzte Meile durch den Kunden selbst im wahrsten Sinne des Wortes getragen werden und zum anderen, weil ein hoher Automatisierungsgrad im stationären Einzelhandel längere Öffnungszeiten rechtfertigen könnte.[5]

Insgesamt dürfte es nach der Pandemie zu einer Verschiebung zwischen den in Abbildung 7 skizzierten vier Angeboten in Städten kommen. Die deutlichsten Auswirkungen dürfte es in den relativen Gewichtungen der materiellen Versorgung und dem Angebot an Annehmlichkeiten geben: Einige Raumangebote für die materielle Bedürfnisbefriedigung werden weniger stark nachgefragt werden. Dies könnte Einzelhandelsflächen betreffen sowie jene Büroräumlichkeiten, bei denen es in erster Linie um einen Ort ging, der Präsenz für die Erledigung weitgehend individueller Arbeiten erforderte, bei denen der Austausch zwischen den Mitarbeitern weniger wichtig war. Solche fast schon industriellen Dienstleistungen lassen sich ortsunabhängig durchführen. Dies war auch vor der Pandemie in vielen Fällen möglich, es fehlte aber das organisatorische Know-how, die arbeitsorganisatorische Bereitschaft oder das technische Equipment. Die Pandemie hat den Übergang von einer industriell geprägten zu einer post-industriell geprägten, ortsunabhängigeren Büroorganisation erleichtert. Büroflächen, bei denen der Austausch zwischen Arbeitskräften wichtig, das Arbeitsergebnis offen und zufällige Begegnungen wichtig sind, werden eher stärker als weniger nachgefragt werden. Hier kommt es gleichzeitig zu Gewinnern und Verlierern im Angebot von Arbeitsräumlichkeiten.

8   Schlussbemerkungen

Die Pandemie hat für Millionen Europäer einen massiven Unsicherheitsschock bedeutet. Der gewohnte (städtische) Alltag wurde für viele Monate unterbrochen, erst allmählich zeigt sich auch als Ergebnis erfolgreicher Impfkampagnen eine graduelle Rückkehr zu etwas mehr vorpandemischer Normalität. Allerdings erfolgt die Rückkehr nicht geradlinig und auch nicht reibungslos, denn das Infektionsgeschehen ist selbst in Ländern mit hoher Impfquote bisher nicht unter Kontrolle. In Entwicklungs- und Schwellenländern fehlt der Impfschutz noch auf absehbare Zeit, sodass dort mit weiteren Wellen und daher nicht mit einer vollständigen

---

5   Es bleibt offen, ob diese Argumentation dem Gesetzgeber reicht, denn die technischen Lösungen werden zumindest zunächst eher größeren Unternehmen offenstehen. Für kleine Händler dürfte sich die Investition in vielen Fällen nicht lohnen. Würde man Öffnungszeiten an fehlendes Personal im Laden koppeln, könnte eine Asymmetrie entstehen, die zu weiterer Konzentration im stationären Einzelhandel führen könnte. Dies würde dem Ziel einer innovativeren, flexibleren und unterhaltsameren Erlebniswelt im Weg stehen können.

Normalisierung des Reiseverkehrs zu rechnen ist. Es ist daher wahrscheinlicher, dass das post-pandemische Normal nicht einfach dem vorpandemischen entspricht, sondern dass einige Anpassungen weit in die Zukunft reichen werden.

In der Umfrage wurde wiederholt betont, dass es in vielfacher Hinsicht mehr Flexibilität bedarf: und zwar in Genehmigungsprozessen, in Gebäude- und in Vertragsstrukturen. Genau diese Umstellung auf ein höheres Maß an Flexibilität dürfte die größte Umsetzungshürde darstellen, vor allem, weil gleichzeitig betont wird, dass es eine engere Zusammenarbeit von privaten und öffentlichen Akteuren erfordert, sowohl hinsichtlich der Kapitalbeschaffung als auch des Know-hows. Wir stehen erst am Anfang von Lernprozessen. Um diese Lernprozesse über Stadtgrenzen hinweg zu beschleunigen, ist ein intensiver Wissens- und Erfahrungsaustausch notwendig, damit erfolgreiche Best Practices schnell kopiert werden können. Auch hier sind Städtenetzwerke und Netzwerke für Städtevertreter hilfreich.

Literatur

Acemoglu, D. und Robinson, J. A. (2019), *The Narrow Corridor: States, Societies, and the Fate of Liberty*, Penguin Books, United States of America.

Ahlfeldt, G. M. und Pietrostefani, E. (2019), The economic effects of density. A synthesis, *Journal of Urban Economics*, 111. Jg., S. 93–107.

Ambrus, A., Field, E. und Gonzalez, R. (2020), Loss in the Time of Cholera: Long-Run Impact of a Disease Epidemic on the Urban Landscape, *American Economic Review*, 110. Jg., Nr. 2, S. 475–525.

Brueckner, J. K., Thisse, J.-F. und Zenou, Y. (1999), Why is central Paris rich and downtown Detroit poor? An amenity-based theory, *European Economic Review*, 43. Jg., Nr. 1, S. 91–107.

Burdett, R. und Sudjic, D. (Hg.) (2007), *The endless city*, Phaidon Press, London.

Chandler, T. (1987), *Four Thousand Years of Urban Growth: An Historical Census*, St. David's Univ. Press, Lewiston, NY.

Chandler, T., Fox, G. und Winsborough, H. H. (1974), *3000 Years of Urban Growth*, Elsevier Science, Burlington.

Endt, C., Fischer, L., Grefe-Huge, C., Klack, M. und Tröger, J. (2021), Das sind die Corona-Hotspots in deutschen Großstädten. Exklusive Daten zu Inzidenzen einzelner Stadtteile zeigen: Sozial benachteiligte Menschen trifft das Coronavirus am stärksten – mit Ausnahme einer Stadt, Die Zeit, 01.06.2021, verfügbar unter https://www.zeit.de/wissen/2021-05/soziale-ungleichheit-corona-infektionen-aermere-stadtteile-datenanalyse-soziale-brennpunkte (Zugriff am 24. Juni 2021).

Francke, M. und Korevaar, M. (2021), Housing Markets in a pandemic: Evidence from historical outbreaks, *Journal of Urban Economics*, 123. Jg., S. 103333.

Galka, M. (2016), From Jericho to Tokyo: the world's largest cities through history – mapped, The Guardian, 12/06/2016, verfügbar unter https://www.theguardian.com/cities/2016/dec/06/world-largest-cities-mapped-through-history-data-viz.

Glaeser, E. (1998), Are Cities Dying?, *Journal of Economic Perspectives*, 12. Jg., Nr. 2, S. 139–160.

Glaeser, E. (2011), *Triumph of the city: How Our Greatest Invention Makes Us Richer, Smarter, Greener, Healthier, and Happier*, Penguin Press, New York.

Johnson, S. (2010), *Where Good Ideas Come From: The Natural History of Innovation*, Riverhead Books, New York.

Modelski, G. (2003), *World Cities: -3000 to 2000*, Faros 2000, Washington, DC.

Morris, I. (2011), *Why The West Rules – For Now: The Patterns of History and What They Reveal About the Future*, Profile Books, London.

Quigley, J. M. (1998), Urban Diversity and Economic Growth, *Journal of Economic Perspectives*, 12. Jg., Nr. 2, S. 127–138.

Ritchie, H. und Roser, M. (2019), Urbanization, Our World in Data, verfügbar unter https://ourworldindata.org/urbanization#urbanization-over-the-past-12-000-years (Zugriff am 24. Juni 2021).

Schäfer, P. und Just, T. (2018), Does urban tourism attractiveness affect young adult migration in Germany?, *Journal of Property Investment & Finance*, 36. Jg., Nr. 1, S. 68–90.

UN Population Division (2021), 2019 Revision of World Population Prospects. United Nations, Department of Economic and Social Affairs, Population Dynamics, verfügbar unter https://population.un.org/wpp/ (Zugriff am 24. Juni 2021).

Teil II
Implikationen für die Stadtentwicklung

Stadtplanerische Aspekte der resilienten Stadt

Silke Weidner

Zusammenfassung

Der Aufsatz nimmt durch die Corona-Pandemie ausgelöste ebenso wie bereits länger beobachtete Probleme europäischer Städte in den Blick. Die Pandemie wird als Auslöser und Katalysator herangezogen, um zentrale Handlungsfelder der Stadtplanung – Innenstädte & Einzelhandel, Wohnen, Arbeiten & Leben im Quartier, Öffentliche Plätze & Begegnungsflächen außerhalb des direkten Wohnumfeldes, Verkehrswende & veränderte städtische Mobilität sowie die Neujustierung der Raumordnung thesenartig mit einer Zustandsbeschreibung sowie Ansatzpunkten zur Veränderung durch unterschiedliche Akteure durchzuspielen. Zusammenführend wird das Leitbild der Nachhaltigen Stadtentwicklung erläutert, welches zu resilienten, widerstandsfähigen und krisentauglichen Städten führen kann. Die 2020 verabschiedete Neue Leipzig-Charta zur transformativen Kraft der Städte für das Gemeinwohl wird als entsprechendes politisch-strategisches Rahmendokument vorgestellt sowie die Bezugspunkte zu den Handlungsfeldern, deren Herausforderungen wie Potenziale herausgearbeitet.

© Der/die Autor(en), exklusiv lizenziert durch
Springer Fachmedien Wiesbaden GmbH, ein Teil von Springer Nature 2021
T. Just und F. Plößl (Hrsg.), *Die Europäische Stadt nach Corona*,
https://doi.org/10.1007/978-3-658-35431-2_2

1   Einführung

Zur Corona-Pandemie mit ihren Folgen für Stadtentwicklung und Immobilienwirtschaft sowie zum gesellschaftlichen Zusammenleben wurde seit ihrem Ausbruch
Vieles mehr oder weniger spontan verfasst. Erste teils dramatische Analyseergeb-
nisse und Prognosen geben Ausblicke aus verschiedenen disziplinären Hinter-
gründen im Sinne von „ein einfaches Zurück in den Vor-Krisenmodus wird es
kaum geben" (Schneidewind *et al.*, 2020: 3) oder Hinweise, dass wir dem „größten
Stresstest für unser Zusammenleben" (Nassehi, 2020) unterworfen sind. Zahlreiche
AutorInnen (darunter ILS, 2020; Wuppertal Institut, 2020; v. Lieben, 2020) sind
sich dabei einig, dass die Pandemie ein „Brandbeschleuniger" ist. Sie wirkt wie ein
„Brennglas", „Teilchenbeschleuniger" oder „Katalysator" und zeigt, was bereits weit
vorher angelegt war. Als „Trendverstärker für bereits ablaufende Prozesse", so die
Akademie für Raumentwicklung in der Leibniz-Gemeinschaft (ARL, 2021: 3), oder
„unfreiwilliger Feldversuch Corona" (Hall, 2021) deckt die Pandemie Schwachstellen auf, die bekannt waren und nun, wie im Zeitraffer, der Gesellschaft vor Augen
geführt werden. Das Bundesinstitut für Bau-, Stadt- und Raumordnung (BBSR)
konstatiert entsprechend, dass für die Städte keine neue Zeitrechnung beginnt –
vielmehr rücken Themenfelder und deren Herausforderungen wie Potenziale in
den Fokus, die schon lange für eine zukunftsfähige Stadtentwicklung relevant sind:
Digitalisierung, Klimawandel, Stadtgrün, Wohnen, Arbeiten oder Mobilität (BBSR,
2020). Zahlreiche AutorInnen gehen noch einen Schritt weiter und betonen, dass
die Krise als Chance begriffen werden kann, sogar muss (u. a. Sappelt, 2020), da
höchst relevante Themen nunmehr gesellschaftliche Akzeptanz sowie einen höheren
Stellenwert in politischen und fachlichen Diskursen erfahren. Statements titeln
entsprechend mit „don't waste the crisis" (BDA, 2020/2021). „Von der Chance für
eine Umkehr bis zu Sehnsucht nach Wandel" (Reckwitz, 2020) scheint nun Vieles
möglich. Es steht augenscheinlich eine Neuorientierung in einer Art Zeitenwende
an, bei der die Bewältigung der Krise Veränderungsprozesse anstößt und so „als
Impuls für bereits anvisierte Weichenstellungen genutzt werden" kann (BBSR, 2021).
    Die momentane Erwartungshaltung gegenüber einer zukünftigen Anpassung
von Stadtsystemen ist womöglich auch deshalb groß, weil zurückliegende, ähnlich
gelagerte Krisenereignisse in Europa zu epochalen Veränderungen führten: Die
Cholera-Epidemie im 19. Jahrhundert brachte – durch Robert Koch erkannt und
umgesetzt – die Wasserfilterung hervor. Diese bildete einen enormen Fortschritt für
die Hygiene- und Gesundheitsbedingungen der Stadtbevölkerung (FG Städtebau,
TU Dortmund, 2021). Übergreifend kann das Gartenstadt-Konzept von Howard
und Posener (2015) als damalige neue Leitidee für die Siedlungsplanung genannt
werden. Die Spanische Grippe zu Beginn des 20. Jahrhunderts war der Auslöser für

das seither verfolgte Leitbild von ‚Licht, Luft, Sonne' im Städtebau. Im Zuge dessen entstand die Charta von Athen (CIAM, 1933), die mit Zeilen- und Punktbebauung völlig andere Siedlungsstrukturen und entsprechende Freiflächen mit sich brachte als bis dahin bekannt. Post-pandemische Stadtplanung fand damals statt und wird als solche auch heute diskutiert. Es ist ein dramaturgischer Zufall, aber auch in dieser Pandemie wurde eine Charta für ein gemeinsames Europäisches Stadtentwicklungsverständnis unter stark veränderten Rahmenbedingungen verabschiedet, die Nachhaltigkeit und Gemeinwohl besonders herausstellt: Die Neue Leipzig-Charta zur transformativen Kraft der Städte für das Gemeinwohl (BMI, 2020).

Auch Naturkatastrophen haben sich immer wieder als Motor von Entwicklung erwiesen. Nimmt man die derzeit im allgemeinen Diskurs zu Unrecht ins Hintertreffen geratene, weitere Herausforderung unserer Gesellschaft, den Umgang mit dem Klimawandel, hinzu, spricht dies umso mehr für eine notwendige Trendumkehr anstelle von behutsamem Nachsteuern in der Stadtplanung. Die teilweise Vulnerabilität des Zusammenlebens in den gewohnten und geschätzten urbanen Strukturen ist offenkundig, doch die Bewältigungs- und Anpassungsfähigkeit der städtischen Systeme stößt zumindest in ihren kritischen Infrastrukturen an ihre Grenzen. Als nicht pandemiebedingte Herausforderungen zu nennen sind hier beispielsweise die Flüchtlingskrise mit den Integrationsproblemen, wiederkehrende Hitzesommer mit Reaktionen wie Fridays-for-Future-Demonstrationen ebenso wie spezifische Großstadtthemen (z. B. immens steigende Boden- und Mietpreise) oder Themen des ländlichen Raums zu alternativer Landwirtschaft und Stoffkreisläufen. Somit stellte sich die Frage nach dem Charakter und dem Bild der ‚Stadt der Zukunft' in einem Gesamtgefüge von Gesellschaft und Raum bereits vor der Pandemie. Insofern gilt, dass Krisenzeiten sich auch in der Stadt- und Raumplanung dafür eignen, bis dato „Normales" auf den Prüfstand zu stellen und Konsens zum Umjustieren zu erlangen (vgl. auch Heinig, 2020; Kunzmann, 2021).

Die transformative Kraft der Städte wurde bereits vor einigen Jahren themenübergreifend im sogenannten WBGU-Gutachten (Wissenschaftlicher Beirat der Bundesregierung ‚Globale Umweltveränderungen') beschrieben (WBGU, 2016). Nunmehr nimmt auch die erwähnte, im November 2020 von allen FachministerInnen der Europäischen Mitgliedstaaten verabschiedete Neue Leipzig-Charta sowohl Krisen, wie die Pandemie, als auch die Kraft des Transformativen der Städte in Bezug auf die Disziplin der Stadtplanung in den Fokus: „Es gilt, eine hochwertige Stadtplanung und einen guten Städtebau zu stärken, die zum Wohlergehen aller beitragen. So können kompakte, sozial und wirtschaftlich gemischte Städte mit gut ausgebauten Infrastrukturen und einem gesunden Stadtklima entstehen, die den Menschen die Möglichkeit zur Identifikation bieten. Dafür ist ein ganzheitliches

Verständnis von qualitativ hochwertiger Baukultur als Grundlage von integrierten Planungs- und Gestaltungsprozessen notwendig." (BMI, 2020: 3).

2   Stadtplanerische Aspekte im weiteren Sinne

Die europäische Stadt wird nach der Pandemie respektive ab Auftreten des Corona-Virus mit allen bekannten Folgen mutmaßlich eine andere werden, aber in welchen Belangen und in welchem Maße? Aus Sicht der Stadtplanung und -entwicklung gibt es einige Ansatzpunkte – sowohl im Blick zurück (historisch und zeitgemäß analytisch) als auch nach vorn. Sie berücksichtigen beides, die vielzitierte Brandbeschleunigung als auch die zu ergreifenden Chancen. Hier kann zwischen Aspekten, die tatsächlich neu hinzugekommene Anforderungen darstellen (bestehendes Erkenntnis- und Analysedefizit), und solchen, für die nunmehr die Zeit reif scheint, Gehör zu finden und realisiert zu werden (Umsetzungsdefizit), differenziert werden. Um diese Unterscheidung beispielhaft zu illustrieren: Zahlreiche Qualitätsaspekte sind als Richtwerte bzw. Empfehlungen seit Jahr(zehnt)en übergeordnet oder lokal gesetzt, wie empfohlene Grünflächenanteile pro BewohnerIn[1] – wenn auch (meist) nicht heruntergebrochen auf den unmittelbaren und typologischen Quartiers- wie Nachbarschaftsbezug. Weitere Aspekte zeigen sich erst aufgrund der aktuellen Situation, wie etwa eine pro Mehrfamilienhaus zu fordernde ‚Balkonquote'. Noch andere finden ihren Weg von der Theorie in die Praxis, wie die sogenannte 15-Minuten-Stadt von Moreno (Moreno *et al.*, 2021), die derzeit intensiv leitbildhaft in Paris und anderen Großstädten diskutiert wird. Bezüglich eines strategischen, vorausschauenden Handelns könnten nun als neue Anforderungen Vulnerabilitätsuntersuchungen und Resilienzkonzepte aufgeführt werden.

3   Thesen und Handlungsfelder im engeren Sinne

Der Baukasten zentraler stadtplanerischer Aufgabenfelder lässt sich nach den klassischen Funktions- und Handlungsfeldern sowie den jeweils maßgeblich

---

1   Mehrere Städte haben eigens definierte Richtwerte: München z. B. mit 20 m² öffentliche Grünfläche pro EinwohnerIn und 10 m² private Grünfläche pro EinwohnerIn (davon 2 m² auf dem Dach) oder Nürnberg mit 20 m² pro EinwohnerIn im Geschosswohnungsbau; es gibt (noch) keine bundesweiten Richt- oder Orientierungswerte.

beherbergenden Stadtbausteinen durchdeklinieren. So werden im Folgenden einerseits die jeweilige Situationsbeschreibung mit Ursachen und Gegebenheiten, andererseits die daraus resultierenden Ansprüche notwendiger Vorgehensweisen und Ideen zur Umsetzung dargelegt. Da themenübergreifende Grundelemente nachhaltiger Stadtplanung, wie Nutzungsmischung und kurze Wege, nicht sektoral betrachtet oder bearbeitet werden können, werden sie im Folgenden überwiegend thematisch behandelt.

Die Pandemie als Treiber ....

... für veränderte Innenstädte und Handelssituationen

In der Pandemie war die überwiegende Zahl der Einzelhandelseinrichtungen mehr oder weniger geschlossen. Noch extremer war die Situation im Gastgewerbe. Geschlossene Läden und Gaststätten in monofunktional ausgerichteten Innenstädten, hier vor allem Haupteinkaufsstraßen, führten zu unbekannter Leere. So zeigte die Pandemie hier auf besonders eklatante Weise, was es bedeutet, zu lange auf einen maßgeblichen Funktionsanker, den (filialisierten) Einzelhandel, gesetzt zu haben und damit stark anfällig für Veränderungen bei einzelhandelsrelevanten Bestimmungsfaktoren zu sein.

Die aktuelle Situation regt hier eine erfreulich breite Diskussion um ein altes Thema mit neuer Dimension an: Der Handel ist und wird auch in Zukunft eine Leitfunktion von Innenstädten sein, seine ökonomische Kraft lässt in der bisher bekannten Form jedoch deutlich nach und gibt dabei Raum für Neues, respektive Altes in neuem Gewand. Bereits weit vor Pandemiebeginn haben sich aufgrund eines veränderten Einkaufsverhaltens die Handelsplätze zunehmend vom physischen Marktplatz auf virtuelle Plattformen und deren Online-Angebot verschoben und damit die stationären Handelslagen geschwächt. Pandemiebedingt, temporär zunächst, spitzte sich dies zu. Allen Prognosen zufolge auch mit dauerhafter Auswirkung: So werden u. a. 50.000 Ladenschließungen vorwiegend im Textilhandel erwartet (HDE, 2021; IFH, 2020). Nicht nutzbare Läden, Gastronomieeinrichtungen sowie Beherbergungsstätten haben gezeigt, dass sie den Kristallisationspunkt Innenstadt alleine, weitgehend monofunktional, nicht mehr aufrechterhalten können. Besonders betroffen waren Zentren und deren Haupteinkaufslagen von (international) tourismusintensiven Städten. Auch hier haben ExpertInnen (Taylor and Francis, 2019) seit den 2010er Jahren vor sog. Overtourism, Hotelifizierung, Eventisierung und Kommerzialisierung als nicht nachhaltige, eindimensionale Codierung der Innenstädte und bewusste Vernachlässigung der Belange der ortsansässigen Bevölkerung gewarnt. Ein verändertes Reiseverhalten wird mindestens kurz- bis mittelfristig Bestand haben und folglich werden weiterhin verringerte Innenstadtfrequenzen aus diesen Quellen generiert. Die Einzugsbereiche der Städte ziehen sich global wie lokal zusammen. Auch der ruhende Kulturbetrieb trägt zu dieser Entwicklung bei. Aufgrund von überwiegend am Standort Innenstadt vorzufindender Hochkultur und entsprechend kommunaler bzw. staatlicher Trägerschaft wird hier für die Zeit nach der intensiven Pandemie-Phase zunächst keine so große Veränderung erwartet. Hinzu kommt die geringere Bedeutung durch – nutzt man die Begrifflichkeiten aus dem Einzelhandel – aperiodischen, speziellen Bedarf bei den hochkulturellen Angeboten.

So entstehen nicht nur im pandemiebedingten ökonomischen Abschwung größere Funktions- und Besatzlücken in den entsprechenden Lagen, die Handlungsbedarf mit sich bringen: Zuvorderst muss die verlorengegangene und nun wieder ausgerufene Mischnutzung in horizontaler wie vertikaler Sortierung innerstädtischer Immobilien verfolgt werden (siehe auch Abb. 1). Besonderes Augenmerk verdienen die Erdgeschosszonen. Sie könnten partiell z. B. aus der Verwertungslogik der Immobilieneigentümer herausgenommen und querfinanziert werden (vgl. z. B. Paris: Hier kauft die Stadt diese Zonen partiell und vermietet an Händler, um die Versorgung sicherzustellen). Es gilt hier, mittels unterschiedlicher Maßnahmen den Sprung vom jahrelangen Lippenbekenntnis zur tatsächlichen Handlungsmaxime zu meistern. Stadtentwicklung und -planung sind dabei auch weiterhin gefordert, genau zu erfassen, welche Folgen wo (Standorte) und in welchen Kausalitäten (Kopplungsaktivitäten) auftreten, anstatt generelle Dystopien bzw. Allgemeinrezepte zu formulieren. So haben beispielsweise manche Kleinstädte den filialisierten Textileinzelhandel längst verloren, sie trifft diese pandemiebedingte Ausprägung im Vergleich zu den Großstädten kaum. Deren Innenstädte weisen längst andere Herausforderungen und auch Möglichkeiten auf. Basierend auf einer detaillierten Kenntnis und Auswertung, auch von Mietpreisen und anderen Immobilienmarktdaten, kann die Mischnutzung dann orchestriert werden. Soziale (z. B. Bildungs- und Alteneinrichtungen), kulturelle Infrastruktur und Wohnnutzung für verschiedene Ansprüche tragen ebenso wie veränderte Einzelhandelseinrichtungen, Handwerk, urbane Produktion und Dienstleister, die bis dato aufgrund der Miet-/Kaufpreise in der Innenstadt Räume oder Werkstätten nicht nutzen konnten, dazu bei, die Innenstadt vielfältig, damit weniger verwundbar und nachhaltig attraktiv zu gestalten. Veränderte Wohn-, Arbeits- und Produktions- wie Betriebsmodelle bieten die Ausgangspunkte.

Ein solches Zielbild erfordert die dringende Notwendigkeit für die Mitwirkung vielfältiger (lokaler) Akteure sowie deren Zusammenhalt in Allianzen – durch die Pandemie existiert dafür nun augenscheinlich mehr Offenheit. Ergänzend benötigt jede Stadt einen/eine RegisseurIn, IntendantIn, eine Führungspersönlichkeit also, die eine Vision für die jeweilige Innenstadt hat, sowie Motivations- und Überzeugungskraft mitbringt. Eine solche zentrale Position bedarf der Finanzierung durch die gesamte Akteurskonstellation. Ihre formale Anbindung an die Stadtverwaltung, City-Vereinigungen, Verbände oder Kammern (IHK) ist jeweils entsprechend vorhandener Situationen und Strukturen zu entscheiden. Neben solch informellen Ansätzen müssen zudem einige Neuarretierungen im Bereich von Bau- und Planungs- sowie Immissionsschutzrecht stattfinden.

Die Innenstädte tragen mit herausgehobener Stellung eine hohe Identitätslast für die Gesamtstadt, entsprechend sind hier besondere Maßnahmen gerechtfertigt. Von breiter Interessenschaft werden demzufolge bundesweite Innenstadtinitiativen gefordert und angelegt (u. a. Beirat Innenstadt des BMI), um Anreize zu setzen. In Diskussion sind neben Genanntem Ansätze wie das Auflegen von Innenstadtfonds (u. a. DStGB, HDE), Vereinfachungsmöglichkeiten zur Umnutzung von Leerständen gemäß Zweckentfremdungsverordnung, Gewerbemietenbegrenzungen u. v. m.

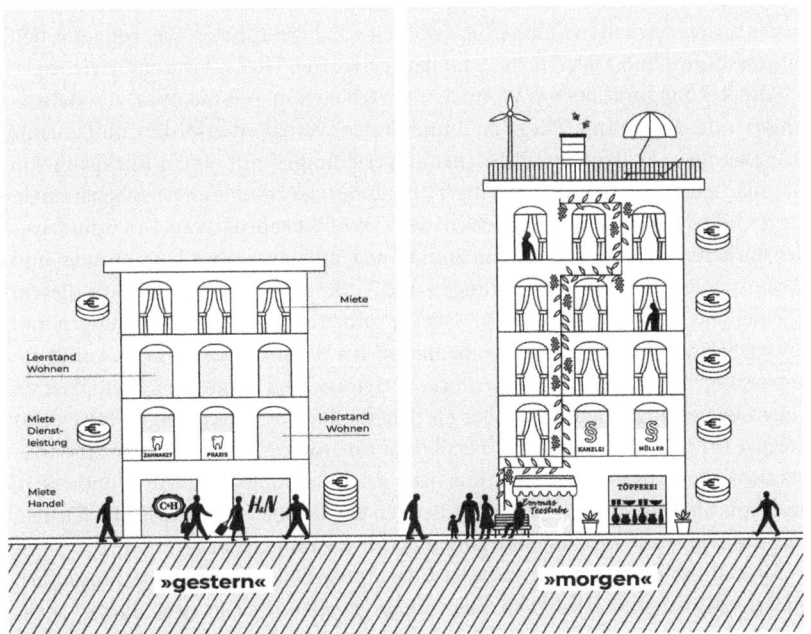

Abb. 1 Infografik Innenstadtimmobilie gestern und morgen
Quelle: superpixel/BTU

Die Pandemie hat verdeutlicht, welche Maßnahmen generell und nach ortsspezifischem Ansatz nötig und möglich werden und dass der Gesellschaft die ‚Stadt der Begegnung' fehlte. Ein stadtplanerisches Vorgehen gemäß den genannten Ansätzen könnte in diesem Themenfeld helfen, vom vielfach proklamierten Tod der Zentren unter Berücksichtigung der nunmehr erlangten Erkenntnisse zur Wiedergeburt der Innenstädte zu führen.

… für ein anderes Wohnen, Arbeiten und Leben im Quartier

Neben den Innenstädten geraten weitere Stadtbausteine ins Visier. Auch monofunktional angelegte Wohnquartiere oder Büroparks bringt die Pandemie aktuell und absehbar auch in künftigen Zeiten an ihre Funktionsgrenzen. In Wohnquartieren, die abrupt als Wohn- und Arbeitsort in Einem fungieren mussten, fehlt vielerorts die Pausen- und Mittagsversorgung ebenso wie der (Frei-)Raum für kurze ‚Breaks' mit Entspannungs- und Bewegungsmöglichkeiten. Demgegenüber herrscht in Bürovierteln nicht nur in den entsprechenden Immobilien Leere, sondern auch in der unserer Arbeitswelt inhaltlich wie zeitlich zugeordneten Gastronomie, den Fitnessstudios und anderen vor- und nachgelagerten Dienstleistungsbetrieben.

Die Rekonfiguration von Wohnen und Arbeiten mit Homeoffice, von Betreuung (Home-Schooling, Pflege etc.) und Freizeitverhalten erfordert umfassende Anpassungen. Es deuten sich Flächenumverteilungen mit einem Rückgang von Büroflächen(-bedarf) bei gleichzeitiger Zunahme oder zumindest der Stagnation (in Deutschland auf bereits hohem Niveau) des Wohnflächenbedarfs an. Das Erfordernis der stärkeren Durchmischung von Funktionen mit entsprechenden Gebäude- und Wohntypologien sowie Ausstattungen und Verknüpfungen wird auch in diesem Themenfeld unumgänglich. Diese Aspekte sollten in zukünftigen Planungen und Entwicklungen eines Nachweises bedürfen. Im Wohnobjekt werden Grundrissanpassungen benötigt, die Homeoffice, Betreuung und deren Gleichzeitigkeit an einem Ort ermöglichen, nicht aber als dauerhaftes und durchgängig festgelegtes Format für immer, sondern mit Flexibilität für womöglich zeitnah erneut anstehende Anpassungsbedarfe. Der Ruf nach solch nutzungsflexiblen Grundrissen, auch mit Sharing-Möglichkeiten im Bereich der flexiblen Gemeinschaftsflächen, ist nicht neu – bis zur Pandemie fand dieser nur kaum Gehör.

Spezialimmobilien für SeniorInnen oder Studierende sind bereits so projektiert, anderweitig haben sich lediglich Baugruppen gemäß ihren Lebensqualitätsansprüchen Wohnraum – meist in Großstädten – so geschaffen, dass sowohl Isolation bei Ruhebedarf als auch Zusammenkunft zur Wahrnehmung sozialer Kontakte möglich sind. Der viel zitierte Trend von Co-Living und Co-Working bekommt im Zuge der Pandemie und deren Erfordernisse einen neuen Impuls.

Es gilt aber auch hier, dass neu zu eruieren ist, welche Ansprüche an zukünftige Wohnformen – durch verstärkte Nutzungsverlagerung am Wohnort und im weiteren Aktionsradius – für alle Haushalte in ihren jeweiligen Unterschiedlichkeiten im Quartier bestehen. Entsprechende private (Balkone, Loggien, grüne Zimmer, Terrassen, Gemeinschaftsflächen auf Dächern etc.) wie öffentliche Freiflächenangebote und -gestaltungen (siehe unten) sind neben der Nutzungsmischung im Quartier zu bedenken. Durch die geschärfte Wahrnehmung des unmittelbaren Wohnumfeldes, des eingeengten Aktionsradius in der Nachbarschaft, erfährt das Quartier eine maximale (Shenker, 2020), auch psychologische Aufladung, wenn es alles Lebensnotwendige (inkl. Angebote für Nahversorgung, Kultur, Soziales und Gesundheit) bieten muss. So spricht Schnur von „Postmodernen Nachbarschaften" als Anknüpfungspunkt zur Beschreibung der grundlegenden Veränderung der sozialen Welt; eine nachbarschaftliche Lebensweise, die dezidiert keiner Vorfestlegung von Identitäten folgt und damit mit klaren Kategorien und Einstufungen von der Moderne abweicht (Schnur, 2020: 1). Scheuermann bezeichnet Quartiere im Hinblick auf zukünftige Planung als „Keimzellen und Herzstück nachhaltiger Stadtentwicklung", in denen „bürgerschaftliches Engagement stattfinden" wird und die „Labore für die urbane Zukunft" sein werden und müssen (Scheuermann, 2020).

Im Zuge der Pandemie und dem (Wieder-)Erkennen der immensen Bedeutung von Grünflächen und öffentlichen Plätzen als Begegnungsort hat sich das bestehende Konfliktfeld zwischen baulicher Innenverdichtung und Freiflächensicherung zugespitzt. Seuchenprävention und urbane Dichte widersprechen sich zunächst nicht, wie der Vergleich der Infektionszahlen von großstädtischen und dünner besiedelten Regionen und Städten weltweit nachweist (Florida *et al.* 2020: 6-10, siehe auch Kap. 8 – Ahlfeldt und Pietrostefani, 2021 oder Kap. 9 – Carozzi *et al.*, 2021). Die ansteigende Kritik an existierenden urbanen Dichten ist demnach zu eng, auch im Rückblick auf zurückliegende Städtebau- und Stadtplanungsepochen. Es werden Wohndichten in der Gegenüberstellung (vgl. gut illustrierte Zusammenschau: NVK 2018: 6-7) diskutiert, die zum einen die beliebte Gründerzeitstruktur mit geschlossenem Blockrand (ca. 150 Wohneinheiten (WE)/ha) anführen, zum anderen aber Freiflächenbedarfe formulieren, die eher einem Schlüssel von 50 WE/ha und damit der Zeilenbebauung im Mehrfamilienhaussektor gleichkämen. Zu diskutieren ist deshalb vielmehr der oben beschriebene veränderte Nutzungsanspruch (Qualität statt Quantität). Um erprobte qualitätsvolle Elemente der europäischen Stadt, wie die kurzen Wege, zu gewährleisten und trotzdem attraktive und ausreichende Freiflächen zu bieten, ist der Kennwert der Nutzungsdichte dem der Siedlungs- oder Wohnungsdichte unbedingt vorzuziehen.

Weitere Ansätze, wie der in Berlin geltende Biotopflächenfaktor, der u. a. zu Dachbegrünungen führt, können ergänzt werden. Sie sind Trittsteine in dieser Denkrichtung, bedürfen allerdings einer inhaltlichen Weiterentwicklung und eines konkreten Vollzugs. Auch diesbezüglich sollte der Pandemieverlauf in den Städten unterschiedlicher Größen und Dichten zunächst konsequent ausgewertet werden. In Analyse und Planung sind dann weitere „Obsoleszenzen und Redundanzen" (Rettich, 2021: 8) in Betracht zu ziehen, die durch nicht-pandemiebedingte Aufgabe von Nutzungen und Flächenverringerung (Shopping-Malls, Autohäuser, Friedhöfe etc.) entstehen. Zentrales Anliegen der Stadtplanung bleibt in diesem Themenfeld die Gewährleistung einer adäquaten Nutzungsdichte sowie die Verfolgung der sogenannten doppelten Innenentwicklung (Flächen- und ökologischer Ausgleich von baulicher Verdichtung), um attraktive Lebensräume zu gewährleisten.

… einer neuen Wertschätzung von öffentlichen Plätzen/ Räumen und Begegnungsflächen außerhalb des direkten Wohnumfeldes

Ein Kernelement des europäischen Stadtmodells (Siebel, 2004) sind die öffentlichen Stadträume mit ihrer Bedeutung für das städtische Zusammenleben. Die Pandemie und die daraus folgende Verringerung der Aktionsradien hat verdeutlicht, dass neben einem ausreichenden und qualitätsvollen Grün- und Freiflächenangebot im unmittelbaren Wohnumfeld Flächen für den übernachbarschaftlichen Austausch (sog. Third Places, Oldenburg und Brisset, 1982) vielerorts fehlen bzw. nicht adäquat angelegt sind. Die Nachfrage der Bevölkerung nach Bewegung im Freiraum und somit nach nutzbaren Flächen, Parks, Gärten und Natur hat Umfragen zufolge stark zugenommen (Forsa, 2020) – verstärkt auch durch Reiseverbote und eigene Monolokalität.

Der bedarfs- und ortsbezogene Planungsansatz (BMI, 2020) mit Berücksichtigung und Anwendung der Grundprinzipien Offenheit, Zugänglichkeit und (fußläufige) Erreichbarkeit, Aneignungsfähigkeit, Rückzugsmöglichkeit genauso wie partielle Bespielbarkeit war bei Stadt- und Freiraumplanungen zu lange in den Hintergrund geraten. Andere Kriterien, wie niedrige Herstellungs- und Bewirtschaftungskosten (Pflege und Sauberkeit) sowie eine Top-down-Planung und Gestaltung, dominierten stattdessen vielerorts.

Nun besteht die Notwendigkeit und auch die Chance, die Gestaltung des öffentlichen Stadtraums neu auszurichten. Benötigt werden im Sinne der Angebots- und Nutzungsvielfalt multicodierte und damit mehrfach nutzbare (nach Saison, Tageszeiten o. ä.) Flächen für Sport, Spiel, Aufenthalt, Ruhe und Erholung sowie

vielfältige Kommunikationsbereiche. Lage und Umfeld (Einzugsgebiet, Sozial-
struktur, unmittelbare Randbebauung) sollten anstelle von unspezifischen und
gängigen Gestaltungsmustern den Rahmen setzen. Von Lieben bezeichnet diese
Kombination treffend als „Zusammenlebensraum" (v. Lieben, 2020), der bis hin
zu gemanagten Angeboten (urbanes Gärtnern o. ä.) reichen kann. Gute Beispiele
solcher Ansätze setzen schon seit Längerem Städte in Spanien (Barcelona) und
vor allem Dänemark (Kopenhagen) um. Sie sind mit diesen (z. b. landschaftspark
superkilen oder israel plads in Kopenhagen) weit näher an den formulierten Anforderungen, als es in Deutschland überwiegend der Fall ist: Prozessgestaltung zum
iterativen Mitwirken, kollektiven Stadtmachen etc. sind dabei zentral adressiert.
Diskussions- wie Projektansätze, die den Menschen in den Mittelpunkt stellen
und auf Umsetzung fokussiert sind, finden sich im Planungsdiskurs unter viel-
fältigen Bezeichnungen und Ausprägungen: Beispielsweise der Tactical Urbanism
(Lydon und Garcia, 2015) als Ansatz für ein reaktionsschnelles Planungssystem
mit kurzfristiger Umsetzung und intensiver Bürgerbeteiligung. Hierbei steht die
Aktion im Vordergrund. Oder das selbstverantwortliche Stadtmachen, auch als
Do-it-yourself (DIY)-Urbanism bezeichnet, wobei spontane Ortsaneignungen der
Bevölkerung im Mittelpunkt stehen, die ihre Stadt mitgestalten möchte. In diesem
Handlungsfeld sind das Was und Warum meist gut analysiert, es besteht jedoch
eher ein Umsetzungsdefizit. Getrennte fachliche Zuständig- und Verantwortlich-
keiten, aber auch mangelnde Bedeutsamkeit in Abwägungsverfahren haben zu
dieser Situation beigetragen.

Die deutlichen Erkenntnisse aus der Pandemie könnten helfen, in der Verwaltung themenübergreifende Projektgruppen zu bilden und Planungen sowie
Entscheidungen zusammen mit weiteren Stakeholdern aus der Zivilgesellschaft
zu treffen. Ein Verschneiden von strategischer Planung und schneller, konkreter
Umsetzung sollten Ziel sein.

Beim stadt- und freiraumplanerischen Handeln ist eine weitere Dimension
zu berücksichtigen. Zu den ästhetischen Ansprüchen und den mannigfaltigen
Nutzungs- und Aneignungsbedarfen durch die Bevölkerung kommt der Aspekt
der Ressourcenorientierung hinzu (z. B. hinsichtlich grün-blauer Infrastrukturen
[Schwammstadtprinzip, städtische Kühlung etc.]). Hier ist weniger die Pandemie
der Treiber als der Klimawandel sowie generell ein wachsender Nachhaltigkeits-
anspruch in Planung und Gesellschaft. Die Berücksichtigung sogenannter Öko-
systemleistungen mit ihren naturkulturellen Leistungen (Neumann, 2020) und
dem Gesundheitsfaktor könnten den Wert von Stadtgrün kalkulierbar machen
und womöglich einen guten Ansatz darstellen, um u. a. auch die Immobilienwirtschaft zu adressieren.

...für eine Verkehrswende mit veränderter städtischer Mobilität

Die Forderung respektive der Bedarf Abstand zu halten, um das Infektionsgeschehen zu mindern, hat zu zwei Ausprägungen geführt, die das Verkehrsverhalten definitiv kurzfristig, möglicherweise aber auch längerfristig beeinflussen können: Zu Ungunsten des ÖPNV entstand – und hält an – dessen Stigmatisierung sowie der zunächst parallele Anstieg der Pkw-Nutzung relativ zur Anzahl der Fahrten; gleichzeitig nahmen zurückgelegte Fuß- und Radverkehrsstrecken in Menge und Streckenlänge zu, obwohl die Infrastruktur vielerorts nicht entsprechend für diese Zusatzstrecken geeignet ist (siehe hierzu auch Kap. 6 – Jarass *et al.*, 2021). Um diese Konkurrenzlage in die ökologisch sinnvolle Richtung aufzulösen und endgültig das Planungsideal der autogerechten Stadt abzulösen, muss zunächst der ÖPNV attraktiver gestaltet werden. Dies bedeutet eine Image- ebenso wie eine tatsächliche Aufwertung im Fuhrpark, von Frequenzen und Taktungen sowie nachhaltigen Antriebssystemen. Positive temporäre Konzepte, wie Pop-up Radwege, Möglichkeiten der alternativen Verkehrsraumnutzung u. ä. sollten nach der Pandemie durch verstetigte Maßnahmen ersetzt werden, um den Anschub der Verkehrswende vorzunehmen. Eine Kombination aus verschiedenen Transportmitteln sowie ausreichend und qualitätsvollem Platz für unterschiedliche Arten und Geschwindigkeiten der Fortbewegung bzw. des Aufenthaltes gehen damit einher. Verbunden mit dem oben erläuterten, neuen Quartiergedanken und dem 15-Minuten-Stadt-Konzept sind Fuß- und Radverkehren sowie Sharing-Modellen im fließenden wie ruhenden Modus besondere Aufmerksamkeit zu widmen und deren Flächen neu und fair aufzuteilen (Wilde und Klinger, 2017). Als Grundlage für die zahlreichen Maßnahmen können alternative städtische Verkehrskonzepte dienen. Sie sollten in der Lage sein, sich neuformierende Verkehrsströme durch zunehmende Digitalisierung und smarte Technologie mit einer Umverteilung von Flächenzuweisungen und Raumzuschnitten abbilden zu können und damit die Grundlage für die stadtplanerische Implementierung zu bilden.

Im Gegensatz zu den vorgenannten Themenfeldern steht hier weniger ein Abrufen und Neujustieren von bereits entwickelten Ideen an, vielmehr fehlen überzeugende Konzepte und Realisierungen noch weitgehend. Denn weder dem Klimawandel noch der Pandemie ist es bisher gelungen, eine radikale Änderung der gesamtgesellschaftlichen Haltung pro Verkehrswende auszulösen. Zudem gilt es auch im Mobilitätsbereich, das sektorale Denken aufzubrechen und die Aktivitäten wie Zuständigkeiten im öffentlichen Raum insgesamt, Straßenräume dazu zählend, bereichsübergreifend zu koordinieren (Baukulturbericht, 2020).

... für eine Neujustierung der Raumordnung

Lediglich angerissen werden kann an dieser Stelle schlussendlich das Handlungsfeld der überörtlichen Raumordnung. Sie adressiert die Bundes-, Landes- und
Regionalplanung. Um die aufgezeigten Bedarfe der Städte und Ansätze der Stadtplanung konfliktarm umsetzen zu können, bedarf es zudem des großmaßstäblichen
Mit- und Vordenkens. So ist im Diskurs um städtebauliche Dichten, funktionale
Verflechtungsbeziehungen und veränderte Ansprüche an Wohnumgebung, Freizeitgestaltung und nachhaltige Lebensweisen beispielsweise die Rolle von Klein-
und Mittelstädten post-pandemisch mitzudenken. Diese Städte können, weit mehr
als es heute der Fall ist, als Anker im Raum dienen und somit eine neue Balance
zwischen Stadt und Land respektive Wachstum und Schrumpfung schaffen. Auch
dafür gab es bereits erste Anzeichen vor der Pandemie (Weidner, 2020b). Eine
Trendumkehr erfordert jedoch eine weit andere Ausstattung mit attraktiver Infrastruktur sowie einem Besatz an zeitgemäßen Wohnformen, sozialen wie technischen Versorgungsangeboten und guter Anbindung an die Metropolenräume und
Großstädte. Ansätze für verstärkte interkommunale Kooperation, das Anerkennen
von Arbeitsteiligkeit und das Denken in Kreislaufwirtschaftsprozessen gehören
ebenso zu diesem Handlungsfeld. Das Gesamtgefüge Groß-, Mittel-, Kleinstadt
und Dorf ist in diesem Themenfeld neu zu justieren und in den Diskursen um das
Zentrale-Orte-Prinzip, gleichwertige Lebensbedingungen etc. zu berücksichtigen
(siehe Abb. 2 zu abstrakten Aufgaben-, Funktions- und Identitätszuschreibungen
sowie Zusammenhängen).

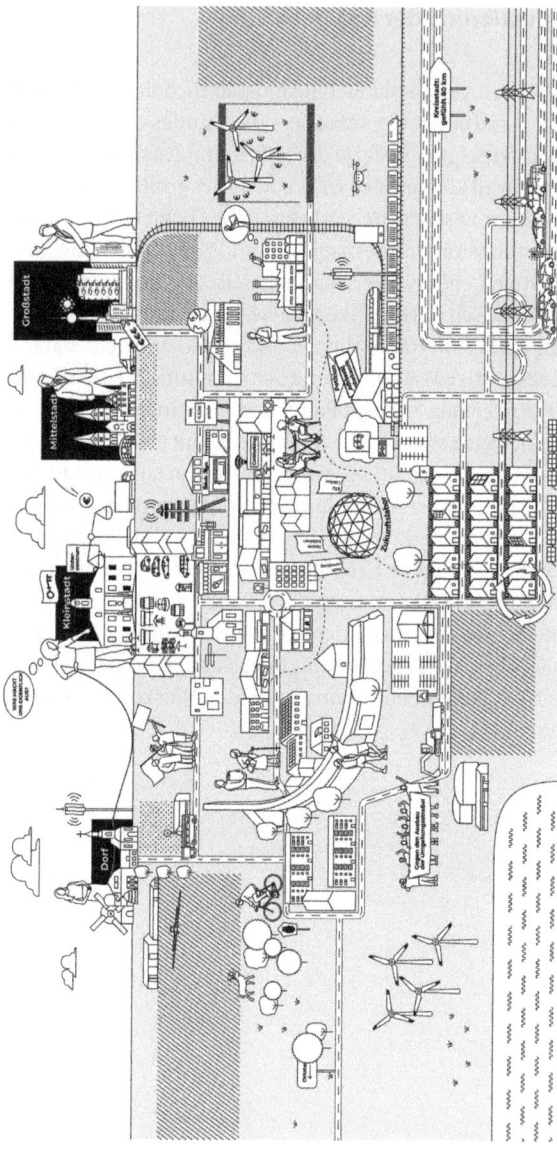

Abb. 2 Infografik Raum-, Siedlungs- und Funktionszusammenhänge
Quelle: Studio Amore/BTU

4 Leitbild Nachhaltige Stadtentwicklung: Resiliente, robuste, widerstandsfähige und krisentaugliche Städte

Die aufgezeigten Themen- und Handlungsfelder sind mit ihren jeweiligen Ansätzen eingebettet zu betrachten. Stadtplanung versteht sich per se als Querschnittsdisziplin, die multisektoral handelt und sich dem Leitbild der Nachhaltigkeit seit ca. 20 Jahren verpflichtet fühlt. Diese Leitbildperspektive scheint gerade auch in der Pandemie bzw. post-Corona Gültigkeit zu haben – mit anders prononcierten Subthemen womöglich, wie Resilienz, Robustheit (Stadtbauwelt, 2020) und Subsistenz. Manche WissenschaftlerInnen oder PraktikerInnen nennen zudem neue Megatrends wie z. B. Konnektivität (Horx, 2021), die sich auch subsumieren lassen. Andere halten an weiteren bestehenden Leitbildern fest, wie der Smart-City, dann jedoch mit weit mehr Anteilen an sozialer und ökologischer Smartness. Sie korrigieren somit von meist technischer respektive technologischer Ausrichtung auf smart im ursprünglichen Wortsinn. Dies stellt eine Weiterentwicklung von Bestehendem insofern dar, dass der Mensch selbst, durch die Pandemieerfahrung, in diesen Zielbildern und Utopien von Stadtplanung wieder mehr in den Mittelpunkt rückt.

Die Leipzig-Charta von 2007 stellte bereits die Nachhaltigkeit in den Mittelpunkt ihrer Botschaften zur strategischen Stadtentwicklung. Die Neue Leipzig-Charta stellt nun das Gemeinwohl prominent in den Vordergrund, ohne das Leitbild der Nachhaltigkeit abzulösen. Vielmehr hängt die angestrebte, handlungsfeldübergreifende Krisenfestigkeit sehr eng mit dem Dreiklang der Nachhaltigkeit europäischer Städte zusammen: Kommunen mit einer prosperierenden Wirtschaft, einer sozialen und gerechten Stadtgesellschaft sowie umwelt- und klimagerechten Lösungen für Wohnen, Arbeiten, (Fort-)Bewegen und Erholen (BMI, 2020) werden als robust verstanden.

Der Resilienzbegriff, der im nationalen wie europäischen Dialog der zahlreichen beteiligten Stakeholder bei der Erarbeitung der Neuen Charta diskutiert und abgewogen wurde (Weidner, 2020a), fand letztlich keinen Eingang in das Strategiedokument. Sie formuliert stattdessen offen, „Städte und Städtesysteme sollen flexibel und in der Lage sein, auf externe disruptive Ereignisse sowie auf dauerhafte Belastungen reagieren zu können. Um die städtische Widerstandsfähigkeit zu stärken und somit passgenau auf sich verändernde Rahmenbedingungen reagieren zu können, sollten Städte voneinander und aus vergangenen Ereignissen lernen. Auch eine (…) Umsetzung der gerechten, grünen und produktiven Dimension tragen zur Entwicklung robuster Strukturen bei." (BMI, 2020: 3). Mit dem integrierten, partizipativen, ortsbezogenen Ansatz, der auf einen Mehr-Ebenen-Dialog aufbaut und das Gemeinwohl in den Blick nimmt, formuliert die Charta zudem Prinzipien, die Städten helfen, anpassungsfähig und resilient zu werden. Durch Ko-Kreation und -Produktion sollen soziale Innovationen entstehen, gekoppelt mit eigenem Verantwortungsbewusstsein und Identitätsbildung (BMI, 2020). Auch dies ist nichts gänzlich Neues, die o. g. Ansätze des DIY-Urbanism/Selfmade Urbanism sind bekannt. Die Charta appelliert aber, dies auf eine nächste Ebene zu heben, auch innerhalb des bereits umfangreichen Instrumentenkoffers der Stadtplanung.

Städte können nicht vollständig krisensicher gemacht werden, das lehrt die Geschichte, aber womöglich krisentauglicher. Die verschiedenen Stadtbausteine, ob Innenstadt oder Quartier, zentral oder am Stadtrand, müssen auch planerisch in die Lage versetzt werden, universelle Raumeigenschaften zu bieten, sodass eine bedarfsgerechte, auch wechselnde, Anpassung erfolgen kann. Aus stadtplanerischer Sicht steht nun an, von der noch andauernden Krisenbewältigung zu dieser konzeptionellen Krisenvorsorge zu gelangen. Anzugehen sind die erkannten strategischen Herausforderungen der nachhaltigen räumlichen Entwicklung, die weitere unerwartete Ereignisse und ihre Folgen in formellen Planungen und informellen Handlungskonzepten kurz-, mittel- und langfristig antizipiert (ARL 2021). Dies sollte – auch das ist ein Lerneffekt – nicht absolut auf ein konkretes Zielbild ausgerichtet, sondern szenarienbasiert geschehen. So formuliert es auch die Neue Leipzig-Charta: „Vorausschauende und präventive Politiken, Konzepte und Projekte sollten dabei verschiedene Szenarien beinhalten. Dies ermöglicht es, Herausforderungen im Umwelt- und Klimabereich vorherzusehen; ebenso wie wirtschaftliche Risiken, soziale Veränderungen und Gesundheitsprobleme." (BMI, 2020: 3).

Um all dies zu gestalten, kommt ein weiteres Kernelement der 2020er Charta zum Tragen: Die Stärkung der Handlungsfähigkeit von Kommunen. Die Pandemie hat diesbezüglich gezeigt, dass auf lokaler, kommunaler Ebene kurzfristig und spezifisch reagiert werden kann und muss. Dies ist soweit schlüssig; ein zentrales Risiko für die aufgeführten mittel- und langfristigen Ansätze liegt aber in den finanziellen Folgen der Pandemie (Heinig, 2020; Bunzel und Kühl, 2020). Der finanzielle Rahmen für Stadtplanung als kommunale Aufgabe der Selbstverwaltung, von Planungshoheit, wird u. a. durch den erwarteten Einbruch des Gewerbesteueraufkommens (DIFU/ZEW, 2020) enger werden und schränkt das Aktionsvermögen ein.

5   Zusammenfassung und Ausblick

Durch die Pandemie steht die unmittelbare bebaute Umgebung für jede(n) Einzelne(n) im Fokus wie selten zuvor. Antworten auf die Fragen ‚Wie wohnen, arbeiten, leben wir?', ‚Wo kaufen wir ein, verbringen unsere Freizeit oder den Urlaub?' sind sehr zentral geworden. Damit bewegen die Themen Immobilienwirtschaft, Architektur, Stadtplanung und Infrastruktur die Menschen mehr denn je. Das ist ein Nährboden für innovative und gemeinschaftliche Stadtplanung. Die aktuellen Herausforderungen bieten somit die Chance, grundlegende Parameter der städtebaulichen Entwicklung wie Nutzungsdichte, Funktionsmischung, kurze Wege, Quartiersversorgung, Freiraum und öffentlicher Raum zu überdenken und neu zu verhandeln. Es bedarf nicht nur, sondern es entsteht Raum für Experimente, die vorher kaum oder nicht möglich bzw. gewünscht waren. Temporär in der Pandemie eingeübte Veränderungen in z. B. der Organisation von Räumen und Flächen im Kontext neuer Arbeits- und Wohnweltenarrangements haben sich teils so gut bewährt, dass deren Weiterführung sorgfältig geprüft werden sollte.

Die meisten Herausforderungen sind erkannt. Da die Pandemie manche Entwicklung oder Anzeichen beschleunigt, verstärkt bzw. auch neu aufgeworfen hat, passen bereits entwickelte Ideen und Lösungen aber nicht mehr exakt oder gehen noch nicht weit genug. Vor diesem Hintergrund muss Stadtplanung die Gelegenheit bekommen, in den verschiedenen Handlungsfeldern vom Wissen zum Handeln zu gelangen. Dazu benötigt die Disziplin mit allen ihren Akteuren kurzfristig den Raum, die Unterstützung und das Wohlwollen für Experimente. Burgdorff fasst aus kommunaler Praxissicht für das Ad-hoc-Handeln in der Pandemie zusammen, dass Stadtplanung nun „schnell sein muss, damit die Tristesse sich nicht verfestigt" (Burgdorff, 2021). Und um dabei stetig und mit aller Offenheit zu lernen, wird eine neue Fehlerkultur benötigt.

In der Literatur haben Dreiklänge zu neuen Stadtqualitäten Konjunktur. So titeln Studien mit „Stadt der Zukunft. Intelligent, resilient & nachhaltig" (Raum, 2020) oder „näher – öffentlicher – agiler" (Schneidewind et al., 2020). Die Ausblicke sind dabei erwartungsvoll und zielen auf ein ‚Bessermachen' ab, wie manches Zitat übermittelt: „Nachnutzung der Ruinen der modernen Gesellschaft" (Maak, 2020).

Das BMI startete im Rahmen der Nationalen Stadtentwicklungspolitik (NSP) einen Aufruf und fördert seit 2021 13 Pilotprojekte für die Post-Corona-Stadt (bis 2023 3,5 Mio.). Innovative und beispielgebende Lösungen für krisenfeste Stadt- und Quartiersstrukturen sollen damit in den Themenfeldern „Solidarische Nachbarschaft und Wirtschaften im Quartier", „Öffentlicher Raum, Mobilität und Stadtstruktur" und „Integrierte Stadtentwicklungsstrategien unter Berücksichtigung von Resilienzaspekten" erprobt werden (BBSR, 2021). Ein Memorandum „Urbane Resilienz – Wege zur robusten, adaptiven und zukunftsfähigen Stadt" (BMI, 2021) führt die Leipzig-Charta auf nationaler Ebene fort und erläutert Ansprüche und Möglichkeiten urbaner Resilienz. Zahlreiche weitere Einzelexperimente und -projekte unter vielfältiger Trägerschaft sind ebenfalls auf dem Weg.

Stadtplanung muss also auch in und nach der Pandemie nicht gänzlich neu erfunden werden. Eine Auseinandersetzung mit Erkanntem, das Verstehen von Reaktionsmustern, das Aushandeln entsprechender Handlungsansätze und die konsequente Anwendung der vorhandenen Instrumentarien sollten einerseits ausreichen, um experimentelle Wohn- und Arbeitsformen mit innovativen Freiraum- und Gemeinschaftsangeboten sowie klimaneutralen Energie- und Mobilitätskonzepten zu kombinieren und so lebenswerte und nachhaltige Städte zu sichern. Die konsequente Umsetzung dessen ist aber andererseits Herausforderung genug, um ein besseres Gelingen zu erreichen. Wie in den einzelnen Themenfeldern angedeutet, sind fundierte, aktuelle Analysen und Evaluationen, interdisziplinär gemeinsam getroffene Ableitungen und strategisches wie operatives Sofort-Handeln im ortsbezogenen Abgleich Grundlage für gute Planung und Gestaltung. Die Integration von weiteren Prozesselementen, wie breite Beteiligung, Ko-Produktion (BMI, 2020), sind zusätzliche Bedingung für das Gelingen. Denn ein erfolgsversprechendes Vorgehen bei den komplexen Aufgaben fußt auf kollektiver Intelligenz und kreativer Zusammenarbeit in neuen Kooperationsstrukturen. Ebenso bedarf es rechtlicher und faktischer Nachjustierungen. Im Gesamtprozess dürfen auch angemessene Abwägungs- und Aushandlungsprozesse der Stadtplanung nicht zu kurz kommen (DIFU, 2020).

Literatur

Akademie für Raumentwicklung in der Leibniz-Gemeinschaft (Hrsg.) (ARL) (2020), Raumordnung: Anwalt für gleichwertige Lebensverhältnisse und regionale Entwicklung – eine Positionsbestimmung, Positionspapier aus der ARL 115, Hannover.
Akademie für Raumentwicklung in der Leibniz-Gemeinschaft (ARL) (Hrsg.) (2021), SARS-CoV-2-Pandemie: Was lernen wir daraus für die Raumentwicklung?, Positionspapier aus der ARL 118, Hannover, https://nbn-resolving.org/urn:nbn:de:0156-01189.
Bund Deutscher Architekten (BDA) (2020/2021), Don't Waste the Crisis, mehrfolgiges digitales BDA-Denklabor 2020/2021.
Bundesministerium des Innern, für Bau und Heimat (BMI) (2021), Nationale Stadtentwicklungspolitik|Memorandum Urbane Resilienz, 4. Entwurf in der Fassung vom 09.04.2021.
Bundesministerium des Innern, für Bau und Heimat (BMI) (2020), Neue Leipzig-Charta. Die transformative Kraft der Städte für das Gemeinwohl.
Bundesinstitut für Bau-, Stadt- und Raumforschung (BBSR) (2021), Corona und Stadtentwicklung. Neue Perspektiven in der Krise? Informationen zur Raumentwicklung (IzR) Ausgabe 4/2020, Franz Steiner Verlag.

Bundesinstitut für Bau-, Stadt- und Raumforschung (BBSR) (2020), BMI und BBSR fördern Projekte für die Post-Corona-Stadt, https://www.bbsr.bund.de/BBSR/DE/startseite/topmeldungen/2020-foerderung-nationale-stadtentwicklung.html.

Bundesstiftung Baukultur (2020), Baukulturbericht „Öffentliche Räume" 2020/2021, Potsdam.

Bunzel, A. und Kühl, C. (2020), Stadtentwicklung in Coronazeiten – eine Standortbestimmung, (Difu-Sonderveröffentlichung), Berlin.

Burgdorff, F. (2021), Statement Panel Online-Netzwerkkonferenz Baden-Württemberg am 28.01.2021.

Deutsches Institut für Urbanistik (Difu), Leibniz-Zentrum für Europäische Wirtschaftsforschung (ZEW Mannheim) (2020), Kommunale Antworten auf die globale Corona-Krise: Finanzen, Innovationskraft und Lebensqualität verbessern, Kurzexpertise im Auftrag des Deutschen Städtetages.

FG Städtebau & Bauleitplanung, Fakultät Raumplanung, TU Dortmund (2021), Entwurf „Die Post-Pandemische Stadt – Transformation von Wohnen und Arbeiten", hochschulübergreifende Winterschule der Nationalen Stadtentwicklungspolitik März 2021 in Dortmund, Stand 05.04.2021, http://postpandemische-stadt.de/.

Florida, R., Rodriguez-Pose, A. und Storper, M. (2020), Cities in a Post-COVID World, Papers in Evolutionary Economic Geography # 20.41, Utrecht University.

Forsa Politik- und Sozialforschung GmbH (2020), Zufriedenheit mit den städtischen Grünflächen, Ergebnisse einer repräsentativen Befragung unter Bewohnern von Großstädten.

Grabow, B. (2021), Nachhaltige Stadtentwicklung in (Nach)Corona-Zeiten, in *Stadt und Raum* 1/2021, 42. Jg., S. 7–14.

Hall, O. (2021), Die Provinz wird unterschätzt, KAP-Forum März 2021.

HDE (2021), HDE-Umfrage bei den Mitgliedsunternehmen Einzelhandel (n=912), KW 14/2021.

Heinig, S. (2021), Stadtentwicklung nach Corona. Eine kommunale Perspektive, in *SRL Vereinigung für Stadt-, Regional- und Landesplanung*, PLANERIN Heft 3_20, S. 9–11.

Howard, E. und Posener, J. (2015), *Gartenstädte von morgen: Ein Buch und seine Geschichte*, Bauwelt-Fundamente, Birkhäuser-Verlag.

IFH Köln (2020), Handelsszenarien 2030, Köln.

Kunzmann, K. R. (2021), Was bleibt nach Corona? Urbane Digitalisierung zur Freude des Smart-City-Fangemeinde, in *SRL Vereinigung für Stadt-, Regional- und Landesplanung*, PLANERIN Heft 1_21, S. 43–45.

Lydon, M. und Garcia, A. (2015), *Tactical Urbanism: Short-Term Action for Long-Term Change*, Washington D.C.

Maak, N. (2020), in ttt – titel thesen temperamente: Die Zukunft unserer Städte – Architektur nach Corona, ttt online gesendet 14.08.2020, YouTube https://www.youtube.com/watch?v=pUrXv0uRBDE (Zugriff am 28. Dezember 2020).

Moreno, C., Allam, Z., Chabaud, D., Gall, C. und Pratlong, F. (2021), Introducing the "15-Minute City": Sustainability, Resilience and Place Identity in Future Post-Pandemic Cities, *Smart Cities*, 4. Jg., Nr. 1, S. 93–111.

Nachbarschaftsverband Karlsruhe (NVK) (Hrsg.) (2018), Beispiele für Wohndichten, Karlsruhe.

Neumann, K. (2020), Wieviel Grün müssen wir uns leisten? Rechenexempel: mehr Kosten oder mehr Nutzen, *Stadt und Raum*, 41. Jg., Heft 5/2020, S. 262–267.

Oldenburg, R. und Brissett, D. (1982), The third place, *Qualitative Sociology*, online 5(4), S. 265–284.

Raum, C. 2020), Stadt der Zukunft. Intelligent, resilient & nachhaltig, Reflex Verlag, verfügbar unter www.stadt-der-zukunft-info.de.

Reckwitz, A. (2020), in ttt – titel thesen temperamente: Die Zukunft unserer Städte – Architektur nach Corona, ttt online gesendet 14.08.2020, YouTube https://www.youtube.com/watch?v=pUrXv0uRBDE (Zugriff am 28. Dezember 2020).

Rettich, S. (2021), Neues Leitbild? Altes Leitbild! Nachhaltigkeit benötigt Substrategien – und die Stadt muss flexibler werden, in *SRL Vereinigung für Stadt-, Regional- und Landesplanung*, PLANERIN Heft 1_21, S. 5–8.

Sappelt, S. (2020), Eine Frage der Haltung, in *Müller + Busmann: polis Magazin für Urban Development: „Rebirth" 04/2020*, S. 14–15.

Scheuermann, R. (2020), Lehren aus Corona: Resiliente Städte haben ein intaktes Immunsystem, in Transforming Cities: Urbane Systeme im Wandel, Die Wissensplattform, verfügbar unter www.transforming-cities.de/ (Zugriff am 10. Februar 2021).

Schneidewind, U., Baedeker, C., Bierwirth, A., Caplan, A. und Haake, H. (2020), Näher – Öffentlicher – Agiler. Eckpfeiler einer resilienten „Post-Corona-Stadt" (Zukunftsimpuls Nr. 14), Wuppertal Institut für Klima, Umwelt, Energie gGmbH.

Schnur, O. (2020), Kiez und Corona. Nachbarschaft im Krisen-Modus – ein Kommentar, vhw werkSTADT Nr. 40.

Siebel, W. (2004), *Die Europäische Stadt*, edition Suhrkamp.

Shenker, J. (2020), Cities after coronavirus: how Covid-19 could radically alter urban life, The Guardian, 26.03.2020, www.theguardian.com/world/mar/26/life-after-coronavirus (Zugriff am 29. Juni 2020).

Stadtbauwelt (2020), Robust. Klima, Verkehr, Gesellschaft: alles ist im Wandel. Wie halten unsere Städte stand?, Heft 227.

Taylor and Francis Group (Hrsg.) (2019), Tourism Planning & Development, 16. Jg., Nr. 4, Special Issue.

Von Lieben, M. (2020), Stadtentwicklung – Wie die Corona-Pandemie unsere Städte verändert, Deutschlandfunk online, 18.07.2020, https://www.deutschlandfunk.de/stadtentwicklung-wie-die-corona-pandemie-unsere-staedte.724.de.html?dram:article_id=480836 (Zugriff am 21. Dezember 2020).

Weidner, S. (2020a), Die Neue Leipzig-Charta 2020. Ein Kurzabriss zum Entstehungsprozess, in *SRL Vereinigung für Stadt-, Regional- und Landesplanung*, PLANERIN HEFT 06_2020, Berlin, S. 13–15.

Weidner, S. (2020b), *Provinzstädte als Anker im Raum*, in Krajewski, C. und Wiegandt, C.-C., Land in Sicht. Ländliche Räume in Deutschland zwischen Prosperität und Peripherisierung, S. 143–156.

Wilde, M. und Klinger, T. (2017), Städte für Menschen – Transformationen urbaner Mobilität, *Aus Politik und Zeitgeschichte*, 67. Jg., H. 48, S. 32–38.

Wissenschaftlicher Beirat der Bundesregierung, Globale Umweltveränderungen (WBGU) (2016), Der Umzug der Menschheit: Die transformative Kraft der Städte (WBGU-Hauptgutachten), WBGU Berlin.

Das zwingende Erfordernis gesundheitlicher Chancengleichheit und die Rolle der bebauten Umwelt

Sara Hammerschmidt

Zusammenfassung

Die Auswirkungen der Corona-Pandemie haben in Städten auf der ganzen Welt Menschen dafür sensibilisiert, dass die öffentliche Gesundheit durch die Gestaltung unserer bebauten Umwelt – alle Gebäude, Räume und Systeme, die von Menschen geschaffen, verändert oder genutzt werden – seit Jahrhunderten beeinflusst wurde und auch heute immer noch wird. Die Forschung zeigt, dass die bebaute Umwelt eine Rolle bei der Zunahme chronischer Krankheiten spielt, und dass Experten für Raumplanung, einschließlich Stadtplanern, Designern und Entwicklern, die Verantwortung für die Gestaltung tragen, um positive Auswirkungen auf die Gesundheit zu begünstigen. Die Bereiche der öffentlichen Gesundheit und der Stadtplanung sind gemeinsam entstanden, um die im 19. und frühen 20. Jahrhundert vorherrschenden Infektionskrankheiten zu bekämpfen, und dieselben Akteure müssen auch weiterhin zusammenarbeiten, um den Trend zu chronischen Krankheiten wie Fettleibigkeit, Diabetes und Herzkrankheiten entgegenzuwirken. Da die Gesundheit nicht gleichermaßen über alle Bevölkerungsgruppen hinweg gewährleistet ist, sondern spezifische Bevölkerungsgruppen überproportional häufig von chronischen Krankheiten und Corona-bedingten Todesfällen betroffen sind, muss die Schaffung gesunder Gebäude und Städte, die für alle Menschen nutzbar sind, Priorität in der Raumplanung haben.

© Der/die Autor(en), exklusiv lizenziert durch
Springer Fachmedien Wiesbaden GmbH, ein Teil von Springer Nature 2021
T. Just und F. Plößl (Hrsg.), *Die Europäische Stadt nach Corona*,
https://doi.org/10.1007/978-3-658-35431-2_3

1   Einleitung

Die Welt steht vor einer Gesundheitskrise von gewaltigem Ausmaß. Die Corona-
Pandemie hat gezeigt, dass Infektionskrankheiten nach wie vor eine Bedrohung
für die globale Gesundheit sind. Die Schwere der Erkrankung ist von Mensch zu
Mensch unterschiedlich und verursacht Angst und Stress für Menschen auf der
ganzen Welt. Zwangsquarantäne und Lockdowns haben zu Einschränkungen der
Mobilität geführt, und wenngleich ein bewegungsfreier, aber trotzdem in Verbindung zu Anderen stehender Lebensstil aufgrund des technologischen Fortschritts
über das letzte Jahrzehnt ermöglicht wurde, so hat die Pandemie die Inaktivität und
das Gefühl der Isolation für viele Menschen verschärft. Darüber hinaus sind im
Laufe der Zeit bereits Anstiege der Raten chronischer Erkrankungen, einschließlich
Übergewicht, Diabetes, Asthma und kardiovaskulärer Erkrankungen, weltweit verzeichnet worden, wobei diese auf Faktoren wie Bewegungsmangel zurückzuführen
sind (WHO, 2017, 2018, 2020a, 2020b; Asher *et al.*, 2020).

Es gibt viele zusammenhängende Faktoren, die den Gesundheitszustand eines
Individuums beeinflussen, wie etwa die familiären und häuslichen Verhältnisse,
der sozioökonomische Status, der Zugang zur Gesundheitsversorgung, genetische
und verhaltensbedingte Faktoren, der Zugang und Verzehr von ungesunden Nahrungsmitteln, das Maß an körperlicher Bewegung, die Wohnungsverhältnisse, der
soziale Zusammenhalt sowie die Luftqualität in Innenräumen und im Freien. Es gibt
jedoch Hinweise darauf, dass die bebaute Umwelt — d. h. alle Gebäude, Bereiche
und Systeme, die vom Menschen geschaffen, verändert oder genutzt werden — eine
entscheidende Rolle bei der Zunahme chronischer Krankheiten spielt (Perdue *et
al.*, 2003; Frumkin *et al.*, 2004; Sallis *et al.*, 2012).

Die bebaute Umwelt beeinflusst die physische, soziale und psychische Gesundheit
der Bevölkerung, zum Teil durch eine Einschränkung der Möglichkeiten für körperliche Bewegung, des sozialen Zusammenhalts sowie des sicheren und bequemen
Zugangs zu Verkehrsmitteln, zu gesunden Nahrungsmitteln, zu Krankenhäusern
und Kliniken. Aufgrund dieser Beziehungen zwischen der bebauten Umwelt und
der menschlichen Gesundheit ist es von entscheidender Bedeutung, dass Diszipli-
nen, die Entscheidungen in Bezug auf die bebaute Umwelt treffen (einschließlich
der Immobilienentwicklung, der Architektur und Landschaftsgestaltung sowie
der städtebaulichen Planung), eng mit Fachpersonen des Gesundheitswesens zusammenarbeiten, um sicherzustellen, dass die menschliche Gesundheit ein Faktor
ist, der die Entscheidungen über die Flächennutzung lenkt und beeinflusst.

2   Gesundheitsauswirkungen und Flächennutzung sind untrennbar miteinander verbunden

Chronische Erkrankungen gehören seit vielen Jahren zu den häufigsten Todesursachen, da viele Infektionskrankheiten, die in der Vergangenheit tödlich waren, mit der Einführung von Impfstoffen von Anfang bis Mitte des 20. Jahrhunderts als beinahe ausgerottet galten. Die Projektentwicklung und die städtebauliche Planung haben im Verlauf des 20. Jahrhunderts zur Ausdehnung der städtischen Gebiete beigetragen, insbesondere in den Vereinigten Staaten und etwas später auch in vielen Städten Asiens, Lateinamerikas und Afrikas; dies hat zu einer verminderten Nutzung des Fahrrads und zu weniger Fußwegen für notwendige Besorgungen geführt, insbesondere als das eigene Auto zunehmend beliebter und erschwinglicher geworden ist. Viele Amerikaner verließen die Innenstädte zugunsten der Vororte, die aus ihrer Sicht ruhiger und sauberer waren und welche die Möglichkeit für größere Häuser und mehr Platz boten. Diese „weiße Flucht" aus den Innenstädten trug zu Ungleichheiten in den Lebensbedingungen zwischen Bevölkerungsgruppen verschiedener Herkunft bei, was auch zu bedeutenden gesundheitlichen Ungleichheiten geführt hat. Durch die Wohnungs- und Steuerpolitik in den Vereinigten Staaten wurde der Eigenheimerwerb in den Vorstädten für die Arbeiterklasse gefördert, während sich der öffentliche Wohnungsbau für Bevölkerungsschichten mit niedrigerem Einkommen auf die Innenstadtbereiche konzentrierte. Europäische Städte haben hingegen seit dem Zweiten Weltkrieg den Wohnungsbau für Bewohner gemischter Einkommensniveaus gefördert; diese waren breiten Teilen der Bevölkerung zugänglich und nicht nur auf die Innenstadtbereiche konzentriert, sondern über die Städte verteilt (Pietro, 1999). Während Ungleichheiten in Bezug auf die gesundheitlichen Auswirkungen auf der ganzen Welt weitverbreitet sind, hat man sich in den Vereinigten Staaten darauf konzentriert, die Ungleichheiten aufgrund von ethnischer Herkunft zu verringern; in Europa hingegen wird ein breiterer Ansatz verfolgt, wobei der Schwerpunkt im Wesentlichen auf sozioökonomischen Faktoren, einschließlich Bildungsniveau und Einkommen, liegt (Docteur and Berenson, 2014).

Die Unterschiede in der Gesundheit und Lebenserwartung von Menschen auf der ganzen Welt werden durch eine Reihe von Faktoren beeinflusst. Diese Faktoren werden als soziale Determinanten der Gesundheit bezeichnet, d. h. die Umgebung, in die wir hinein geboren werden, in der wir leben, arbeiten, lernen, spielen und älter werden (ODPHP, 2021). Dazu gehören auch der Zugang zu Bildung, Arbeitsplätzen und Gesundheitsversorgung sowie Einkommensverhältnisse, das soziale und gemeinschaftliche Umfeld sowie Faktoren der bebauten Umwelt, einschließlich des Zugangs zu gesunden Nahrungsmitteln, Wohnraum und Verkehrsmitteln. Die

Robert Wood Johnson Foundation, die größte philanthropische Organisation in den Vereinigten Staaten, die sich ausschließlich mit dem Thema Gesundheit befasst, hat eine Kartografie der Lebenserwartung nach Stadtbezirken bzw. Postleitzahlen aufgestellt; diese zeigt in Städten der gesamten Vereinigten Staaten erhebliche Unterschiede in der Lebenserwartung zwischen Neugeborenen, die nur wenige Kilometer voneinander zur Welt kommen (RWJF, 2020). Diese Unterschiede lassen sich häufig auch nach ethnischer Herkunft kartografieren. Im Jahr 2019 wurde in der Stadt Chicago eine Differenz von 30 Jahren in der Lebenserwartung zwischen verschiedenen Stadtbezirken, und damit die größte Differenz für alle Städte in den Vereinigten Staaten festgestellt: Während der Bezirk Streeterville eine Lebenserwartung von 90 Jahren hatte, hatte der nur etwa 14 Kilometer weiter südlich gelegene Bezirk Englewood eine Lebenserwartung von nur 60 Jahren; Streeterville hat eine größtenteils (zu über 70 %) weiße Bevölkerung, während Englewood eine mehrheitlich (zu über 90 %) schwarze Bevölkerung vorweist (Schencker, 2019). Postleitzahlenkartografien für die gesamten Vereinigten Staaten zeigen ähnliche Daten, sodass viele Forscher auf diesem Gebiet feststellten, dass die Postleitzahl eines Einwohners häufig eine bessere Prognose über dessen Gesundheit ermöglicht als sein genetischer Code. Einem im Februar 2021 in der New York Times veröffentlichten Bericht zufolge soll sich der Unterschied in der Lebenserwartung zwischen schwarzen und weißen Amerikanern insgesamt während der Pandemie auf sechs Jahre vergrößert haben; das ist die größte Differenz in über 20 Jahren (Tavernise and Goodnough, 2021). Vermutlich spielen umweltbedingte Faktoren eine Rolle bei diesen Auswirkungen.

Die Verringerung chronischer Erkrankungen, mit besonderem Schwerpunkt auf den Unterschieden in den verschiedenen sozioökonomischen Bevölkerungsgruppen, ist zur Milderung der Auswirkungen künftiger Pandemien von großer Bedeutung. Die Pandemie hat offensichtlich überproportional schwere Auswirkungen für People of Color und für Menschen lateinamerikanischer Herkunft gezeigt, die ohnehin bereits eine größere Wahrscheinlichkeit für chronischen Erkrankungen aufweisen (Oregon Health & Science University, 2020).

Während die Gründe für die von Mensch zu Mensch unterschiedliche Schwere der Corona-Symptome, und weshalb die Infektion in manchen Fällen sogar zum Tod führt, in medizinischen Fachkreisen noch nicht eindeutig erforscht worden sind, so scheint eine hohe Wahrscheinlichkeit zu bestehen, dass Menschen mit bestimmten Gesundheitszuständen oder Vorerkrankungen, wie Fettleibigkeit oder Diabetes, erhöhten Risiken von schweren Krankheitsverläufen ausgesetzt sind (CDC, 2021). Stadtplaner und Projektentwickler können einen Beitrag zur Reduzierung der chronischen Erkrankungsquoten leisten, indem sie sicherstellen, dass unsere Städte und Gebäude in einer solchen Weise konzipiert werden, dass sie

Praktiken einer gesunden Lebensweise (z. B. Treppensteigen anstatt den Fahrstuhl zu nehmen, oder zur Arbeit, zur Schule oder zum Supermarkt zu laufen) für alle Menschen ermöglichen.

3   Die Rolle und die unerlässliche Notwendigkeit von Stadtplanern und Projektentwicklern für die öffentliche Gesundheit

Die Stadtentwicklung, die sich im Wesentlichen mit der Flächenentwicklung und mit Flächennutzungsmustern in einer Stadt oder Region befasst, war anfänglich eng mit dem Bereich der öffentlichen Gesundheit zur Bekämpfung der Probleme im Zusammenhang mit Infektionskrankheiten in den Städten des 19. Jahrhunderts verknüpft. Beide Bereiche arbeiteten zusammen, um Verbesserungen der menschlichen Gesundheit durch Eingriffe in die bebaute Umwelt herbeizuführen; und da die Reformen im Bereich des Wohnungsbaus und der Hygiene im frühen 20. Jahrhundert zu Verringerungen der Infektionsraten führten, schlugen die beiden Bereiche andere Richtungen ein. Im Bereich der öffentlichen Gesundheit lag der Schwerpunkt auf der Immunisierung und auf den Verhaltensweisen des Individuums, wie Rauchen, Ernährung und körperliche Bewegung. Im Bereich der Stadtplanung folgte man dem Konzept der Zoneneinteilung als Mittel zur Bekämpfung städtischer Probleme, und wenngleich man mit der Zoneneinteilung auch unter anderem den Schutz der öffentlichen Gesundheit durch Flächennutzungsmuster bezwecken wollte, so diente dieser Ansatz hauptsächlich einer Trennung der Wohlhabenden von den am stärksten Benachteiligten durch die ungerechte Methode der ausschließenden Zoneneinteilung. Im späteren Verlauf des 20. Jahrhunderts wurden gesundheitsrelevante Überlegungen erneut in den Bereich der städtebaulichen Planung einbezogen, indem man sich wieder schwerpunktmäßig mit der Umwelthygiene und der Einführung bedeutender Umweltplanungsvorschriften befasste, einschließlich des National Environmental Policy Act (NEPA) im Jahr 1969 und des Clean Air Act im Jahr 1970. Bei diesen Gesetzen lag der Schwerpunkt jedoch weitestgehend auf der Hygiene und Gesundheit der natürlichen Umgebung und nicht auf den Auswirkungen der Umweltverschmutzung auf die menschliche Gesundheit.

Bis zum späten 20. Jahrhundert hatten sich beide Bereiche in Forschung und Praxis aufgeteilt, nicht nur voneinander, sondern auch von ihrer ursprünglichen Absicht des Schutzes der menschlichen Gesundheit durch Eingriffe in die bebaute Umwelt. Im frühen 21. Jahrhundert gab es jedoch eine Wiederbelebung von

Forschung und Zusammenarbeit zur Überwindung dieser Trennungen und zum Aufzeigen von Möglichkeiten und Strategien zur Abmilderung der gegenwärtigen Gesundheitsprobleme, die mit der Art und Weise zusammenhängen wie unsere Städte geplant, entworfen und gebaut sind.

Fachleute aus beiden Bereichen müssen bewusster zusammenarbeiten, um derzeitige Prozesse kritisch und ganzheitlich zu analysieren und politische Maßnahmen und Pläne zur Förderung von Gerechtigkeit und Gesundheit zugunsten der Bevölkerung vorzuschlagen. In derselben Weise wie sich bei der öffentlichen Gesundheit ein Prinzip der Prävention anstelle der Behandlung etabliert hat, entwickelt sich für die Flächenplanung allmählich eine Denkweise weg von dem Konzept der separaten Flächennutzungen, welche dem Auto eine vorrangige Bedeutung einräumt, hin zu einer neuen Erkenntnis der Bedeutung kompakter Orte, in denen sich Entfernungen bequem zu Fuß zurücklegen lassen. Ein solches Konzept dient dem Wirtschaftswachstum und der ökologischen Nachhaltigkeit und wird durch Bewegungen wie Smart Growth und New Urbanism gefördert. Die Bebauungsmuster in den Vereinigten Staaten waren im 20. Jahrhundert viel weniger kompakt als in europäischen Städten, was auf mehrere Faktoren zurückzuführen ist, wie die Verfügbarkeit von Land und die Verbreitung von Autos (Pietro, 1999). Mittlerweile wird die Stadtpolitik, einschließlich der Zoneneinteilung und der Parkplätze vieler Städten in den Vereinigten Staaten, wo große Autostellplätze und Wohngebiete mit Einfamilienhäusern vorherrschend sind, zur Förderung einer größeren Vielfalt von Verkehrs- und Wohnformen reformiert. In den Vereinigten Staaten ist die Bewegung für gesunde Städte noch relativ neu, nach dem weitverbreiteten Erfolg der Bewegung für nachhaltige Entwicklung. In europäischen Städten hingegen gibt es seit mehr als drei Jahrzehnten einen Rahmen, nämlich das Gesunde-Städte-Netzwerk des Regionalbüros für Europa der Weltgesundheitsorganisation (WHO), das in den späten 80er Jahren begründet wurde und das 100 Städte mit einer Vision der Schaffung gesünderer städtischer Umgebungen, die die Gesundheit und das Wohlergehen derjenigen, die sie nutzen, unterstützen (WHO, 2021) vereint. Die Vereinigten Staaten können von der kompakten Entwicklung und der Unterstützung eines multimodalen Verkehrssystems, das in europäischen Städten die Norm ist, lernen.

Zur Realisierung der Verbesserungen der bebauten Umwelt, durch die gesündere Städte mit gerechteren Lebensbedingungen gewährleistet werden, sollten alle Sektoren einen Beitrag leisten, und sie müssen mit Experten aus dem Gesundheitssektor als Partner zusammenarbeiten, um sicherzustellen, dass Bedenken hinsichtlich der Gesundheit von Projekten jeder Größenordnung angemessen behandelt werden. Entwickler und Designer können Prinzipien für eine gesunde Entwicklung von Anfang an in Projekte einbeziehen, beispielsweise nach Empfehlungen von Bewertungssysteme, wie BREEAM und dem International WELL Building Institute, sowie auf der Grundlage von faktischen Berichten, wie dem *Building Healthy Places Toolkit* vom Urban Land Institute. Öffentliche Funktionsträger und Bedienstete des öffentlichen Sektors, einschließlich Städteplaner, können politische Maßnahmen, die dem Engagement und der Gesundheit der lokalen Bevölkerung eine vorrangige Bedeutung einräumen, befürworten und umsetzen; sie können bewusste Investitionen in die öffentliche Infrastruktur, wie Verkehrssysteme und Parks, die den Bewohnern gerechter dienen, vornehmen; und sie können die Gesundheit als einen grundlegenden Wert für die lokale Bevölkerung in die städtebauliche Generalplanung einbeziehen. Kein Sektor trägt die alleinige Verantwortung zur Gewährleistung, dass unsere Städte im Hinblick auf eine bessere Gesundheit für alle geplant und entwickelt werden. Es bedarf vielmehr der partnerschaftlichen Zusammenarbeit, Bildung, Zielstrebigkeit und politischen Willen. Um eine Umkehr von Trends bei chronischen Erkrankungen herbeizuführen, die überproportionale Auswirkungen auf Personen mit geringem Einkommen und People of Color haben, muss die vorrangige Einbeziehung der Gesundheit ebenso zur Norm werden wie die Priorisierung der ökologischen Nachhaltigkeit.

4   Veränderungen der bebauten Umwelt zur Vorbeugung infektiöser und chronischer Erkrankungen

Die Pandemie hat gezeigt, dass hochinfektiöse Krankheiten keineswegs der Vergangenheit angehören. Entwickler, Designer, Stadtplaner und öffentliche Amtsträger sind dabei, vorübergehende — und manchmal sogar dauerhafte — Veränderungen von Gebäuden, Straßen und Parks vorzunehmen, um den Erfordernissen, die aus der Pandemie erwachsen sind, gerecht zu werden. Die Planung von Gebäuden und die Gebäudetechnik werden dahingehend angepasst, dass die Verbreitung von luftübertragbaren Viren verringert oder gar verhindert wird. So werden verbesserte Lüftungs- und Filtersysteme zum Schutz der Luftqualität in Innenräumen in einer Welt, in der die Menschen im Durchschnitt 90 % ihrer Zeit innen verbringen, mit großer Wahrscheinlichkeit zu einem Standard werden.

Doch insbesondere während einer Zeit der Lockdowns und der Anordnungen, zu Hause zu bleiben, suchen die Menschen Freiflächen in ihrer Nähe. Der gerechte Zugang zu Parks und Freiflächen ist sogar noch kritischer, da es klare Hinweise dafür gibt, dass das Risiko der Virusübertragung in Außenbereichen geringer ist als in Innenräumen (Bulfone *et al.*, 2021). In einer Welt der physischen Distan-

zierung, bei einem zugleich angeborenen Bedürfnis nach Nähe und Verbunden-
heit, werden öffentliche Flächen in Städten auf der ganzen Welt auf innovative
Weisen, die körperliche Bewegung, Freizeit und Erholung, soziale Verbundenheit
und wirtschaftlichen Wohlstand ermöglichen, umgestaltet; denn dies sind alles
Faktoren, die zu einer gesunden Lebensweise beitragen und helfen, chronischen
Erkrankungen vorzubeugen.

In Städten auf der ganzen Welt sind Straßen — manchmal vorübergehend,
manchmal dauerhaft — zu Außenbereichen von Cafés und Restaurants oder Ein-
kaufszonen umfunktioniert worden; oder sie werden im Rahmen der städtischen
Infrastruktur zur Motivation der Bürger umgestaltet, mehr Wege mit dem Fahrrad
oder zu Fuß zurückzulegen. In Dublin, Irland, und in Montreal, Kanada, sind einige
Straßen zum Teil zu vorübergehenden Fuß- und Radwegen ausgewiesen worden;
einige dieser neuen Routen werden möglicherweise dauerhaft bleiben. In Dublin
wurden bis Dezember 2020 über zehn Kilometer geschützte Radwege und 627
m² neue Fußgängerzonen geschaffen. In Montreal werden durch das „Safe Active
Transportation Circuits"-Programm Stadtviertel und vier Stadtparks durch Fuß-
und Radwege miteinander verbunden. In Seattle im US-Bundesstaat Washington
sind mit dem „Stay Healthy Streets"-Programm rund 40 Kilometer Straßen an 13
Orten komplett für den Autoverkehr gesperrt worden; und der Bürgermeister hat
beschlossen, dass einige dieser Straßensperrungen dauerhaft beibehalten werden
sollen (siehe Kap. 6 – Jarass *et al.*, 2021).

Zusätzlich zur Umwandlung von Straßen erweitern Städte und Unternehmen
auch den Zugang zu Parks und stellen dabei sicher, dass diese ohne Bedenken be-
sucht werden können. Eine Kunstorganisation in Elblag, Polen, hat ihren Rasen
zum Teil wie ein Schachbrettmuster gemäht und ihn so in einen Park verwandelt,
der das räumliche Abstandhalten ermöglicht. Im Domino Park im New Yorker
Stadtteil Brooklyn wurden mit weißer Kalkfarbe dreißig „Kreise für Begegnungen
mit räumlichem Abstand" eingezeichnet, jeder davon mit einer Größe von 2,4 m
Durchmesser und 1,8 m Abstand voneinander.

Der Nutzen von Parks und Grünflächen ist während der Pandemie sogar noch
offensichtlicher geworden. In Städten wie San Francisco, Kalifornien, und Atlanta,
Georgia, hat man Golfplätze öffentlich zugänglich gemacht, um ausgedehntere
Grünbereiche für die Öffentlichkeit zur Verfügung zu stellen, sodass die Bewohner
zusätzliche Flächen für Spaziergänge und Picknicks nutzen und sich bedenkenlos
im Freien bewegen konnten, als andere öffentliche Parks zu Beginn geschlossen
waren. Und in Singapur, wo die Bewohner während der Pandemie mehr Zeit in
Freiräumen verbracht haben und die Fahrradverkäufe sprunghaft angestiegen
sind, ist die Erweiterung der städtischen Grünflächen zu einer Priorität für die
Stadt geworden (ULI, 2021).

Wenn Projektentwickler, Stadtplaner und Architekten Flächen besser planen, um in der Corona-Zeit sicherere Alternativen bereitzustellen (z. B. durch die Planung attraktiver Treppenhäuser als Alternative zu überfüllten Fahrstühlen; oder der Ausbau des öffentlichen Verkehrsnetzes und die Verkehrsberuhigung von Straßen, um die städtischen Bewohner zu motivieren, mehr Wege per Fahrrad oder zu Fuß auf Straßen zurückzulegen, die sonst möglicherweise zu gefährlich wären), wird dies auch direkte Auswirkungen auf die chronischen Erkrankungsraten weltweit haben. Und indem sichergestellt wird, dass diese Vorteile gerecht unter Stadtvierteln verteilt werden — unter vorrangiger Berücksichtigung derjenigen, die von jeher am stärksten wirtschaftlich benachteiligt sind — können sie dazu beitragen, die Unterschiede in den Raten chronischer Erkrankungen zu verringern und somit bessere Lebensräume für alle zu schaffen.

Literatur

Asher, M. I., García-Marcos, L., Pearce, N. E. und Strachan, D. P. (2020), Trends in worldwide asthma prevalence, *European Respiratory Journal*, 56. Jg., Nr. 6, S. 2002094.

Bulfone, T. C., Malekinejad, M., Rutherford, G. W. und Razani, N. (2021), Outdoor Transmission of SARS-CoV-2 and Other Respiratory Viruses: A Systematic Review, *The Journal of infectious diseases*, 223. Jg., Nr. 4, S. 550–561.

Center for Disease Control and Prevention (CDC) (2021), People with Certain Medical Conditions, verfügbar unter https://www.cdc.gov/coronavirus/2019-ncov/need-extra-precautions/people-with-medical-conditions.html (Zugriff am 10. März 2021).

Docteur, E. und Berenson, R. A. (2014), *In Pursuit of Health Equity: Comparing U.S. and EU Approaches to Eliminating Disparities: Timely Analysis of Immediate Health Policy Issues*, Robert Wood Johnson Foundation and Urban Institute, verfügbar unter https://ssrn.com/abstract=2462922.

Frumkin, H., Frank, L. und Jackson, R. (2004), *Urban Sprawl and Public Health: Designing, Planning, and Building for Healthy Communities*, Island Press, Washington, DC.

Office of Disease Prevention and Health Promotion (ODPHP) (2021), Social Determinants of Health, verfügbar unter https://www.healthypeople.gov/2020/topics-objectives/topic/social-determinants-of-health (Zugriff am 10. März 2021).

Oregon Health & Science University (2020), New review confirms disproportionate impact of COVID-19 on Black, Hispanic populations. Primary factor is heightened risk of exposure, transmission, verfügbar unter https://www.sciencedaily.com/releases/2020/12/201203173424.htm (Zugriff am 10 März 2021).

Perdue, W. C., Gostin, L. O. und Stone, L. A. (2003), Public Health and the Built Environment: Historical, Empirical, and Theoretical Foundations for an Expanded Role, *The Journal of Law, Medicine & Ethics*, 31. Jg., Nr. 4, S. 557–566.

Pietro, S. N. (1999), Are Europe's Cities Better?, verfügbar unter https://www.brookings.edu/articles/are-europes-cities-better/ (Zugriff am 10. März 2021).

Robert Wood Johnson Foundation (RWJF) (2020), Life Expectancy: Could where you live influence how long you live?, verfügbar unter https://www.rwjf.org/en/library/interactives/whereyouliveaffectshowlongyoulive.html.

Sallis, J. F., Floyd, M. F., Rodríguez, D. A. und Saelens, B. E. (2012), Role of Built Environments in Physical Activity, Obesity, and Cardiovascular Disease, *Circulation*, 125. Jg., Nr. 5, S. 729–737.

Schencker, L. (2019), Chicago's lifespan gap: Streeterville residents live to 90. Englewood residents die at 60. Study finds it's the largest divide in the U.S., verfügbar unter https://www.chicagotribune.com/business/ct-biz-chicago-has-largest-life-expectancy-gap-between-neighborhoods-20190605-story.html (Zugriff am 10. März 2021).

Tavernise, S. und Goodnough, A. (2021), A Grim Measure of Covid's Toll: Life Expectancy Drops Sharply in U.S., verfügbar unter https://www.nytimes.com/2021/02/18/us/covid-life-expectancy.html (Zugriff am 10. März 2021).

Urban Land Institute (ULI) (2021), *Adapting Local Public Spaces in a Global Pandemic*, Urban Land Institute, Washington, DC.

World Health Organization (WHO) (2017), Cardiovascular diseases (CVDs), verfügbar unter https://www.who.int/news-room/fact-sheets/detail/cardiovascular-diseases-(cvds).

World Health Organization (WHO) (2018), Noncommunicable diseases, verfügbar unter https://www.who.int/news-room/fact-sheets/detail/noncommunicable-diseases (Zugriff am 10. März 2021).

World Health Organization (WHO) (2020a), Diabetes, verfügbar unter https://www.who.int/news-room/fact-sheets/detail/diabetes (Zugriff am 10. März 2021).

World Health Organization (WHO) (2020b), Obesity and overweight, verfügbar unter https://www.who.int/news-room/fact-sheets/detail/obesity-and-overweight (Zugriff am 10. März 2021).

World Health Organization (WHO) (2021), WHO European Healthy Cities Network, verfügbar unter https://www.euro.who.int/en/health-topics/environment-and-health/urban-health/who-european-healthy-cities-network (Zugriff am 10. März 2021).

Erfahrungen mit der Cholera in Paris und Hamburg

Franziska Plößl und Tobias Just[1]

Zusammenfassung

Schon in vergangenen Jahrhunderten führten Epidemien zu weitreichenden Veränderungen in europäischen Städten. Der Beitrag zeigt anhand von Paris und Hamburg wie der Ausbruch der Cholera im 19. Jahrhundert das jeweilige Stadtbild nachhaltig prägte. Stadtplanerische Maßnahmen, wie u. a. neu geschaffene Verkehrsinfrastruktur, der Bau von Wasserfiltrationsanlagen und Kanalisationssystemen, geringere Wohnraumbelegungen und insbesondere der Bau sanitärer Anlagen, führten dort zu Aufwertungen von Gebäuden, aber gleichzeitig auch zu Verdrängungseffekten in den Innenstädten.

1 Ein besonderer Dank gilt Frau Monika Kellner und Herrn Manuel Kolb, die uns im Rahmen des Literaturseminars an der IRE|BS International Real Estate Business School, Universität Regensburg durch ihre Literaturrecherche unterstützt haben.

© Der/die Autor(en), exklusiv lizenziert durch
Springer Fachmedien Wiesbaden GmbH, ein Teil von Springer Nature 2021
T. Just und F. Plößl (Hrsg.), *Die Europäische Stadt nach Corona*,
https://doi.org/10.1007/978-3-658-35431-2_4

1   Einleitung

Infektionskrankheiten stellen die Raum- und Stadtplanung nicht erst seit der Corona-Krise vor große Herausforderungen: Im 17. und 19. Jahrhundert setzten nach den Ausbrüchen von Pest, Cholera oder Typhus grundlegende Veränderungen hin zu lebenswerteren und gesünderen Städten ein. Die große Armut mittelalterlicher Städte erzwang hohe Bevölkerungsdichten und mangelhafte hygienische Zustände, und dies ermöglichte die Ausbreitung von Seuchen. Die Stadtentwicklung des frühen 20. Jahrhunderts brachte geringere Wohnraumbelegungen, größere Abstände zwischen Gebäuden und sanitäre Infrastrukturen nach Europa. Die Verbreitung des Corona-Virus zwingt die Stadtentwicklung erneut, sich der Hygiene europäischer Städte anzunehmen (Friesecke, 2020; Roesler, 2020).

2   Paris und die Cholera

Ansteckende Krankheiten waren in früheren Jahrhunderten für einen Großteil der Todesfälle in europäischen Städten maßgeblich, und dies implizierte erhebliche wirtschaftlichen Schäden. Die Anpassungsreaktionen einer Stadt wie Paris, die auf eine Geschichte von über 2000 Jahren blickt, hilft einzuschätzen, wie stark ein einziges Infektionsgeschehen zur Veränderung einer Stadt beitragen kann. Paris bietet sich auch deswegen als Analyseobjekt an, weil für das Jahr 1832 belastbare Immobilienmarktdaten, sogar auf Quartiersebene, aus den Stadtarchiven gewonnen werden konnten und da anders als 1870 (Pocken) oder 1918 (Spanische Grippe) nicht auch Kriege für die Übersterblichkeit sorgten (Francke und Korevaar, 2021).

Gemäß Francke und Korevaar (2021) waren die zentral gelegenen und ärmeren Quartiere am stärksten von der Cholera betroffen. Während des Ausbruchs im Jahr 1832 wurden insgesamt mehr als 18.000 Todesfälle bei rd. 785.000 Einwohnern gezählt, im Jahr 1849 mehr als 15.000 bei rd. 1 Mio. Einwohnern (Demographia, 2021). Die Mortalität der Cholera-Pandemien in Paris war somit mehr als 10-mal höher als die der Corona-Pandemie in europäischen Städten. Die engen Gassen und zum Teil katastrophale hygienische Zustände wirkten stark beschleunigend, und dieser Zusammenhang wurde bereits 1832 erkannt (Châteauneuf, 1834) und 1849 erneut bestätigt: In den Bezirken der Arbeiterklasse wurde eine Vielzahl an Todesfällen verzeichnet, während die Infektionen in der historischen Altstadt zurückgegangen waren (Le Mée, 1998).

Trotz der massiven Übersterblichkeit erlebte Paris eine Welle des Zuzugs, da durch die Industrialisierung bei gleichzeitig steigender Produktivität der Landwirtschaft und sinkenden innerstädtischen Geburtenraten ein Mangel an Arbeitskräften herrschte (Schirmacher, 1908). Dies führte zu massiv überbelegten Wohnungen und begünstigte die Ausbreitung der Krankheit (Ruckstuhl und Ryter, 2020). Als Reaktion auf die Missstände wurde den Einwohnern „Wasser, Luft und Schatten" versprochen. Hierfür wurde unter anderem das Kanalisationssystem sowie das Wasserverteilungsnetz ausgebaut, öffentliche Brunnen wurden gegraben und Straßen verbreitert (Park, 2018). Diese Maßnahmen zeigten beim erneuten Ausbruch im Jahr 1849 ihre Wirkung: Insbesondere in den zentralen Bezirken kam es zu geringeren Mortalitätsraten. Dies ebnete zudem den Weg für die „Haussmannisierung" von Paris – ein umfangreiches, öffentliches Arbeitsprogramm, das noch heute die urbane Identität und das Stadtbild prägt. Drei Viertel der innerstädtischen Bauten wurden neu errichtet, kleine Straßen und Sackgassen wichen breiten Sichtachsen, und große Mehrfamilienhäuser – Pariser Haussmann-Häuser – wurden zur Verbesserung der Wohnbedingungen geschaffen (Park, 2018; Ulrich, 2017).

Diese Aufwertungen bedeuteten hohe Investitionskosten für die Immobilieneigentümer, die stark steigende Mieten nur dann ermöglichten, wenn ein anderes Nutzerklientel in die neuen Wohnungen einzog. Als Folge davon wurden ärmere Bevölkerungsschichten zunehmend von zahlungskräftigen Haushalten aus der Pariser Innenstadt verdrängt (Guerrieri et al., 2013). Den Berechnungen von Francke und Korevaar (2021) zufolge, gaben die Immobilienkaufpreise im Jahr einer (typischen) Epidemie bei stark rückläufigem Transaktionsvolumen um 5,5 % nach. Im Folgejahr sanken die Preise um weitere rd. 4 %. Die Mieten sanken in diesen zwei Jahren etwa halb so stark wie die Kaufpreise (2,9 % im ersten Jahr des Ausbruchs und 2,4 % im Folgejahr). Bei genauerer Analyse wird deutlich, dass es unterschiedliche Dynamiken gab: In den besonders betroffenen Stadtquartieren fielen die Hauspreise um rd. 7 % stärker als in weniger betroffenen Quartieren. Allerdings stiegen die Kaufpreise in den betroffenen Quartieren vor der Epidemie auch deutlich stärker, da die Zuwanderung der Industriearbeitskräfte vor allem in die hoch verdichteten Innenstadtbezirke erfolgte. Eine ähnliche Entwicklung gab es auch vor und im Zuge der Epidemie von 1849. Die Preise erholten sich jeweils im auf die Epidemie folgenden Jahrzehnt (Francke und Korevaar, 2021).[2]

---

2 Aggregierter Einfluss von Epidemien auf Haus- und Mietpreise in Paris (Cholera) und Amsterdam (Pest), siehe hierzu auch den Online-Appendix von Francke und Korevaar (2021) oder Francke und Korevaar (2020), „Housing Markets in a Pandemic: Evidence from Historical Outbreaks", verfügbar unter SSRN: https://ssrn.com/abstract=3566909.

3   Hamburg und die Cholera

Robert Koch, damaliger Direktor des Preußischen Instituts für Infektionskrankheiten in Berlin, beschreibt die hygienischen Zustände in Hamburg im Jahr 1892 mit den Worten: „Ich habe noch nie solche ungesunden Wohnungen, Pesthöhlen und Brutstätten für jeden Ansteckungskeim angetroffen wie in den sogenannten Gängevierteln (…). Meine Herren, ich vergesse, daß ich mich in Europa befinde!" (Stupperich, 1997).

Die Hafenstadt erlebte seit 1822 mehrere kleinere Cholera-Epidemien bis zum letzten großen Ausbruch im Jahr 1892 mit insgesamt 16.596 Erkrankungen und mehr als 8.600 Todesfällen (Klessmann, 1981) – bei einer Einwohnerzahl von damals rd. 325.000 Personen (Statistisches Amt für Hamburg und Schleswig-Holstein, 2021). Zunächst konzentrierten sich die Fälle auf die dicht besiedelten Armenviertel nahe dem Hafen, bevor sich die Krankheit auf das ganze Stadtgebiet ausbreitete. Auch in Hamburg wurde ein negativer Zusammenhang zwischen der Erkrankung bzw. der Sterblichkeit und dem Einkommen der Bürger festgestellt (Evans, 2005). Dies wird darauf zurückgeführt, dass wohlhabende Haushalte u. a. Wasser abkochen und ihre Wohnungen sterilisieren konnten, und dass Dienstboten für Erledigungen zur Verfügung standen. Zum Teil mangelte es zudem an elementaren Informationen, da gerade arme Haushalte die Aushänge nicht lesen konnten (Institut für Hygiene und Umwelt, 2009).

Um 1890 lebten die meisten Arbeiter in der Innenstadt, besonders dicht besiedelt waren die eingangs von Robert Koch beschriebenen Gängeviertel. In Haushalten, denen pro Person eine Fläche von weniger als 10 m² zur Verfügung stand, lag die Todesrate bei 1,72 %, wohingegen diese bei einer Wohnfläche von über 50 m² pro Person nur bei etwa 0,96 % lag (Wischermann, 1983). Die Wohnsituation der arbeitenden Bevölkerung war nicht nur geprägt von Überbelegungen der Wohnungen, sondern auch von einer mangelnden sanitären Infrastruktur (Evans, 2005).

Der Infektionsweg über das Wasser wurde von Robert Koch vermutet, da sich das Verbreitungsgebiet der Cholera mit dem Wasserversorgungsgebiet deckte (Koch, 1893), und die entsprechende Bedeutung der Wasserfiltration zur Senkung der Sterblichkeit wurde u. a. von Kesztenbaum und Rosenthal (2017) und Knutsson (2020) bestätigt. So sorgte die Epidemie für die Beschleunigung der Fertigstellung einer sich im Bau befindlichen Sandfiltrationsanlage im Jahr 1893, nach welcher es zu keinem Ausbruch mehr kam. Dieser Bau kostete die Stadt 22,6 Mio. Mark, im Vergleich betrugen die wirtschaftlichen Verluste durch die Epidemie 430 Mio. Mark (Vögele *et al.*, 2016). Auch im Gesundheitswesen folgten Reformen, u. a. mit der Gründung des „Hygienischen Instituts", welches für die Prüfung von Trink- und Abwasser, für die Seuchenprävention, für Desinfektionsmaßnahmen und für die Überprüfung der Qualität der Lebensmittel zuständig ist (Institut für Hygiene und Umwelt, 2009).

Weitere Vorschriften zur Verbesserung der Wohnverhältnisse reichten von Bestimmungen zur Wasserversorgung sowie der Luft- und Lichtzufuhr, wie beispielsweise einer Mindestfläche von 6 m² für Lichthöfe, zur baulichen Separierung von Toiletten bis zur Begrenzung von Kellerwohnräumen. Dies verschärfte allerdings die Wohnungsnot, zudem der Kleinwohnungsbau zunehmend unrentabel wurde. In den Folgejahren wurden zunehmend größere Wohnungen gebaut, die sich aber nur eine Minderheit der Bewohner leisten konnten. Um der anhaltenden Wohnungsnot entgegen zu wirken, trat 1902 das Gesetz zur Förderung des Baus kleiner Wohnungen in Kraft, sodass bis 1906 über 10.000 Kleinwohnungen errichtet wurden (Wischermann, 1983). Durch die weitreichenden Sanierungsmaßnahmen veränderte sich das Stadtbild grundlegend: Anstelle von neuem Wohnraum entstanden teils Handels- und Verwaltungsgebäude und zudem wurde Platz für eine neue Verkehrsinfrastruktur geschaffen (Schubert, 2013). Daraus folgten auch in Hamburg Verdrängungseffekte: Lebten 1867 noch 59 % der Bevölkerung in der Innenstadt, so waren es 1919 nur noch 11 %. Im Zuge dessen stiegen die Mieten innerhalb von 20 Jahren bis 1912 um etwa 35 %; Arbeiter wurden in die Vororte gedrängt (Wischermann, 1983).

4   Schlussbemerkungen

Die immobilienwirtschaftlichen Anpassungsdynamiken der Infektionskrankheiten des 19. und 21. Jahrhunderts zeigen einige Parallelen als auch Unterschiede. Aus vergangenen Epidemien lässt sich festhalten, dass Miet- und Kaufpreise für Wohnflächen während und nach dem Ausbruch einer Seuche einen kurzfristigen Rückgang zu verzeichnen hatten, letztere davon allerdings stärker betroffen waren. Dieser Abwärtstrend trat dabei verstärkt in zentralen und sozial schwächeren Bezirken mit hohen Mortalitätsraten auf. Allerdings erholte sich auch dort das Miet- und Kaufpreisniveau innerhalb weniger Jahre schnell.

Die Epidemien fungierten als Katalysatoren für umfängliche Sanierungsprogramme, welche die Stadtbilder bis heute prägen. Zugleich schufen sie ein „Verständnis für den Zusammenhang von Städtebau, Hygiene und Epidemiologie" aus denen sowohl medizinische als auch städtebauliche Innovationen getrieben wurden (Roesler, 2020). Die Bedeutung der Hygiene für den wissenschaftlichen Städtebau zeigte sich also bereits in den 1870er Jahren aus der Forderung nach „Mehr Licht und mehr Luft" für die Stadtbewohner (Rodenstein, 1992). Bestimmten vor der

Corona-Krise die Frage nach bezahlbarem Wohnraum oder Nachhaltigkeitsziele stadtpolitische Themen, so werden diese verstärkt um epidemiologische Fragestellungen ergänzt. Damit entsteht ein starker Zielkonflikt zwischen dem Wunsch, bzw. der Notwendigkeit, nach mehr Fläche und Freiraum einerseits und dem Wunsch nach erschwinglichem Wohnraum in (relativ) zentraler Lage andererseits. In den hier skizzierten früheren Pandemien resultierten aus diesem Konflikt häufig Verdrängungseffekte, gefolgt von einem starken Außenwachstum der Städte. Gleichzeitig wurden die Städte im Zuge der Aufwertungen lebenswerter.

Literatur

Châteauneuf, L. F. B. (1834), Rapport sur la marche et les effets du choléra-morbus dans Paris et les communes rurales du d´epartement de la Seine, par la commission nommé, anné 1832, *Imprimerie royale.*

Demographia (2021), Ville de Paris: Population & Density from 1600, verfügbar unter http://demographia.com/dm-par90.htm (Zugriff am 25. Juni 2021).

Evans, R. J. (2005), *Death in Hamburg: Society and Politics in the Cholera Years,* Penguin Books, New York.

Francke, M. und Korevaar, M. (2021), Housing Markets in a pandemic: Evidence from historical outbreaks, *Journal of Urban Economics,* 123. Jg., S. 103333.

Friesecke, F. (2020), Stadtplanung und Raumentwicklung in Zeiten vor und nach Corona, *zfv – Zeitschrift für Geodäsie, Geoinformation und Landmanagement,* 154. Jg., Nr. 3, S. 144–149.

Guerrieri, V., Hartley, D. und Hurst, E. (2013), Endogenous Gentrification and Housing Price Dynamics, *Journal of Public Economics,* 100. Jg., Nr. C, S. 45–60.

Institut für Hygiene und Umwelt (2009), Cholera in Hamburg – die Katastrophe beginnt, verfügbar unter http://epub.sub.uni-hamburg.de/epub/volltexte/2009/2870/.

Kesztenbaum, L. und Rosenthal, J.-L. (2017), Sewers' diffusion and the decline of mortality: The case of Paris, 1880–1914, *Journal of Urban Economics,* 98. Jg., Nr. C, S. 174–186.

Klessmann, E. (1981), *Geschichte der Stadt Hamburg,* 1. Auflage, Hoffmann und Campe, Hamburg.

Knutsson, D. (2020), The Effect of Water Filtration on Cholera Mortality, *Research Institute of Industrial Economics,* Working Paper Series 1346.

Koch, R. (1893), Die Cholera in Deutschland während des Winters 1892 bis 1893, *Zeitschrift für Hygiene und Infektionskrankheiten,* 15. Jg., S. 89–165.

Le Mée, R. (1998), Le choléra et la question des logements insalubres à Paris (1832-1849), *Population (French Edition),* 53. Jg., Nr. 1/2, S. 379.

Park, S.-Y. (2018), *Ideals of the Body: Architecture, Urbanism, and Hygiene in Postrevolutionary Paris.,* University of Pittsburgh Press.

Rodenstein, M. (1992), „Mehr Licht, mehr Luft" – wissenschaftliche Hygiene und Stadt-entwicklung in Deutschland im 19. Jahrhundert, *Berichte zur Wissenschaftsgeschichte*, Nr. 15, S. 151–162.

Roesler, S. (2020), Epidemiologie und Stadtplanung haben eine gemeinsame Geschichte und auch Zukunft, Neue Zürcher Zeitung, 03.04.2020, verfügbar unter https://www.nzz.ch/feuilleton/epidemiologie-und-stadtplanung-haben-eine-gemeinsame-geschichte-und-auch-zukunft-ld.1549809.

Ruckstuhl, B. und Ryter, E. (2020), Seuchen beschleunigten schon immer den Fortschritt. Cholera, Typhus und Pocken: Wie die Epidemien im 19. Jahrhundert den Ausbau des öffentlichen Gesundheitswesens gebracht haben, verfügbar unter https://www.tagblatt.ch/leben/seuchen-beschleunigten-schon-immer-den-fortschritt-ld.1209982 (Zugriff am 13. Januar 2021).

Schirmacher, K. (1908), Die Ausländer und der Pariser Arbeitsmarkt. Gibt es auf dem Arbeitsmarkt in Paris eine Arbeitsteilung nach Nationalitäten?, *Archiv für Sozialwissenschaft und Sozialpolitik*, 27. Jg., S. 234–259.

Schubert, D. (2013), *Stadtsanierung, Stadtumbau und Stadterneuerung in Hamburg – Aus der Geschichte lernen?*, Altrock, U; Kunze, R; Schmitt, G. und Schubert, D. (Hrsg.), Das Ende der Bedeutsamkeit – Jahrbuch Stadterneuerung 2013, Unversitätsverlag der TU Berlin, Berlin.

Statistisches Amt für Hamburg und Schleswig-Holstein (2021), Bevölkerung, verfügbar unter https://www.statistik-nord.de/zahlen-fakten/bevoelkerung (Zugriff am 25. Juni 2021).

Stupperich, A. (1997), Meine Herren, ich vergesse, daß ich in Europa bin! Hamburg zur Zeit der Cholera-Epidemie 1892, *Praxis Geschichte*, 4. Jg., S. 23–27.

Ulrich, S. (2017), Und er erschuf Paris, Süddeutsche Zeitung, 16.06.2017, verfügbar unter https://www.sueddeutsche.de/stil/stadtgeschichte-und-er-erschuf-paris-1.3544845.

Vögele, J., Knöll, S. und Noack, T. (Hg.) (2016), *Epidemien und Pandemien in historischer Perspektive*, Springer Fachmedien Wiesbaden, Wiesbaden.

Wischermann, C. (1983), *Wohnen in Hamburg vor dem Ersten Weltkrieg*, in Teuteberg, H. und Borscheid, P. (Hrsg.), Studien zur Geschichte des Alltags, Band 2, Münster.

Urbane Form, Wohnviertel-Governance und Immobilienmanagement
Chinesische Städte im Kampf gegen eine Pandemie

Bing Wang und Rong Zhou

Zusammenfassung

Der Erfolg bei der Bekämpfung einer Pandemie wie Corona erfordert globale Zusammenarbeit. Jedoch sind die lokale Führungsebene und effiziente Abläufe die wichtigsten Faktoren, die dazu beitragen, Leben zu retten und die städtische Normalität wiederherzustellen. Dieser Artikel untersucht die ineinandergreifenden Beziehungen zwischen urbaner Form, Wohnviertel-Governance und einem privatwirtschaftlichen Immobilienmanagement und betrachtet die dynamischen Auswirkungen, die diese Beziehungen auf die urbane Resilienz chinesischer Städte bedeutet. Der Artikel stellt drei effektive urbane Ansätze vor, die Chinas Kampf gegen die Pandemie erleichterten: Die formale Qualität der urbanen Form und die gemischten Nutzungseigenschaften chinesischer Städte tragen zur urbanen Resilienz bei; eine territoriale, institutionelle Struktur mit Rasterverwaltung ermöglichte die Übernahme von Verantwortung und bildete eine effektive Staat-Gesellschaft-Synergie mit umfassender öffentlicher Beteiligung; und schließlich bot die kürzlich entstandene privatwirtschaftliche Branche der Immobilienverwaltungen in Verbindung mit eingesetzter Technologie Vorteile bei der Eindämmung des Corona-Virus. Zusammengefasst hat die Art und Weise, wie Städte und Stadtteile räumlich geformt, verwaltet und finanziell betrieben wurden, dazu beigetragen, Leben zu retten und ein widerstandsfähiges, multidimensionales urbanes Umfeld zu schaffen.

© Der/die Autor(en), exklusiv lizenziert durch
Springer Fachmedien Wiesbaden GmbH, ein Teil von Springer Nature 2021
T. Just und F. Plößl (Hrsg.), *Die Europäische Stadt nach Corona*,
https://doi.org/10.1007/978-3-658-35431-2_5

1   Einleitung

Der Ausbruch der Corona-Pandemie im Jahr 2020 hat viele Städte abrupt aus ihrer
Normalität gerissen und hat etablierte soziale und wirtschaftliche Systeme weltweit bedroht. Diese schmerzliche Erfahrung hat zu der ernüchternden Erkenntnis
geführt, dass die Pandemie unsere kollektiven Verwundbarkeiten aufgedeckt und
potenzielle Schadensspiralen ausgelöst hat, die die Fragilität der globalen physischen
Vernetzung zum Ausdruck bringt. Die Frage, wie kurz- und langfristig urbane
Resilienz aufgebaut werden kann, hat im Rahmen der Stadtplanung entscheidende
Bedeutung erlangt. Nur wenn wir uns damit befassen, welche Ansätze und Strategien bei der Bekämpfung der Pandemie wirksam waren, können wir beginnen, die
Auswirkungen der Krise auf die bebaute Umwelt zu verstehen und daraus zu lernen.

Manche Städte waren in der Pandemiebekämpfung erfolgreicher als andere.
Trotz der hohen Bevölkerungsdichte gab es in den meisten ostasiatischen Metropolen im Vergleich zu ihren internationalen Pendants weniger Infektionsfälle und
Todesopfer. Mit seinen 1,4 Mrd. Einwohnern war China eines der ersten Länder, das
Mitte 2020 allmählich und vorsichtig seine regulären wirtschaftlichen Aktivitäten
wieder aufnehmen konnte. Die Mehrheit der Menschen ist in der Zwischenzeit in
die (berufliche) Normalität zurückgekehrt.

Dieser Beitrag untersucht einige beobachtete „urbane Ansätze", die für die
Widerstandsfähigkeit der chinesischen Städte im Kampf gegen die Pandemie von
Bedeutung waren. Die städtischen Siedlungsformen, die Governance-Struktur
der Viertel und die privatisierte Immobilienverwaltung trugen alle effektiv zur
Eindämmung des Virus bei und halfen, die Städte in China vor Corona zu schüt-
zen. Obwohl diese kombinierten urbanen Ansätze nicht immer leicht in anderen
sozialen und politischen Kontexten repliziert werden können, liefern sie wichtige
Denkanstöße, da anhand dieser die Wechselwirkungen zwischen urbaner Form,
Governance und gemeinsamen Anstrengungen des privaten und öffentlichen
Sektors in Zeiten des Notstands deutlich werden.

Der Rest des Beitrages ist wie folgt gegliedert. In Abschnitt 2 wird erörtert,
wie nach außen geschlossene Wohnkomplexe in chinesischen Großstädten die
Eindämmung des Virus erleichterten. Abschnitt 3 veranschaulicht die Governance-Struktur urbaner Viertel. Die Kombination aus urbaner Form und lokaler
Governance-Struktur eines Viertels bildet räumlich und institutionell ein einzigartiges urbanes System in chinesischen Städten. Abschnitt 4 befasst sich mit der
zunehmenden Privatisierung der Immobilienverwaltung in Verbindung mit der
Verwendung eines neuen technologiegestützten Überwachungssystems zur Ver-
hinderung der Ausbreitung ansteckender Krankheiten. Abschnitt 5 enthält eine
Zusammenfassung.

2   Urbane Form: Geschlossene Wohnkomplexe und Viertel mit Mischnutzung

Vor der Pandemie waren nach außen geschlossene Wohnkomplexe in China ein umstrittenes Thema. Bei diesen Gemeinschaften, die in den meisten chinesischen Städten verbreitet sind, handelt es sich in der Regel um Wohnkomplexe, die von Mauern, Zäunen oder grünen Hecken umgeben sind und häufig über Personal verfügen, das die Eingänge zur Gemeinschaft bewacht, um Außenstehenden den Zugang zu erschweren (Wang und Pojani, 2020). Während diese städtische Siedlungsform ihren historischen Ursprung in der traditionellen geschlossenen chinesischen Hofsiedlungstypologie und den in den 1950er und 1960er Jahren errichteten Wohnkomplexen für Arbeitseinheiten hat, sind moderne geschlossene Wohnkomplexe aufgrund ihrer sichereren, saubereren, kontrollierteren Umgebung und Abgeschlossenheit nach außen für die mittleren und oberen Einkommensschichten attraktiv. Seit den 1990er Jahren sind die meisten neu gebauten Großwohnsiedlungen in chinesischen Städten, insbesondere in den Tier-1- und Tier-2-Städten, geschlossene Wohnkomplexe. Die physischen Ausmaße dieser Gemeinschaften sind in der Regel groß und umfassen 2.000 – 3.000 Haushalte (Wang und Pojani, 2020).

Diese Art der Wohnbebauung, die oft als „sealed residential quarter or neighbourhood" (versiegeltes Quartier oder Wohnviertel) bezeichnet wird, wurde 2016 zum Gegenstand einer hitzigen landesweiten öffentlichen Debatte. Das Gremium für Stadtarbeit der Zentralregierung veröffentlichte ein Dokument, das ein Ende der geschlossenen Wohnquartiere durch Öffnung nach außen forderte. Bestehende Mauern und Zäune sollten in diesem Zuge abgerissen werden. Obwohl das Dokument die Absicht verfolgte, die räumliche Fragmentierung der Stadtstruktur zu verringern, um die daraus resultierenden Verkehrsstaus zu reduzieren und eine offenere und lebendigere physische urbane Umgebung zu fördern, löste es einen landesweiten öffentlichen Protest aus. Das Arbeitsdokument der Regierung wurde nie zu einer offiziellen Richtlinie und die anhaltende Spannung zwischen der Regierung und den Bewohnern der Siedlungen wurde – völlig unerwartet und als reine Folgeerscheinung – durch das Auftauchen von Corona abrupt beendet. Denn in der Pandemie zeigte sich, dass die räumliche Anordnung geschlossener Gemeinschaften einen Vorteil bei der Bekämpfung der Pandemie und der Schaffung städtischer Resilienz darstellte, der ohne die Pandemie unerkannt geblieben wäre.

Der deutlichste Vorteil eines geschlossenen Wohnkomplexes bei der Eindämmung einer ansteckenden Krankheit wie Corona liegt in der räumlichen Ausrichtung nach innen, die durch den eingeschränkten Zugang erleichtert wird. Die Tore, Mauern, Zäune und Hecken ziehen eine klare physische Grenze zwischen der Gemeinschaft und der städtischen Umgebung. Durch die begrenzte Anzahl von

Toren können geschlossene Gemeinschaften die Zugangsbeschränkungen leicht verstärken, indem Fahrzeuge und Fußgänger, die die Gemeinschaft betreten wollen, kontrolliert werden. Während der Pandemie wurde die übliche Ausweiskontrolle an den Toren um die Überprüfung der Körpertemperatur erweitert. Vor allem nach der Einführung einer Kontaktverfolgungsanwendung auf Mobiltelefonen wurde jedem Nichtbewohner, der Fieber hatte oder keinen gültigen „grünen Code"[1] auf seinem Mobiltelefon vorweisen konnte, der Zutritt zu den Gemeinschaften verweigert. Währenddessen mussten Bewohner, die einen „gelben Code" vorwiesen, sich in Selbstisolation begeben und durften ihre individuellen Wohneinheiten nicht verlassen. Diese Trennung der Bewohner einer geschlossenen Gemeinschaft von der ansonsten chaotischen und hektischen urbanen Umgebung ermöglichte die Nachverfolgung des Virus, dämmte unnötige Bewegungen der Bevölkerung ein und verringerte die Übertragungsrate.

Darüber hinaus erleichtert das innerhalb der geschlossenen Wohnanlage oft in eine Richtung verlaufende Verkehrsnetz und die Fußgängerwege, die zu getrennten Gebäudeeingängen führen, die räumliche Steuerung des Bewegungsflusses der Bewohner. Sie leisten somit einen wichtigen Beitrag zur notwendigen sozialen Distanz. Gerade die Abtrennung der Wohnsiedlungen von der städtischen Umgebung, die normalerweise den Hauptkritikpunkt an den geschlossenen Wohngemeinschaften darstellt, fungierte während der Pandemie als Schutzschild und schaffte einen Puffer zwischen der individuellen Privatsphäre des Wohnsitzes und der Öffentlichkeit der Stadt. Die oft üppig begrünten Außenbereiche der Gemeinschaften innerhalb der Mauern boten den Bewohnern während der Pandemie eine physische und psychische Enklave und einen Platz für das tägliche Leben an der frischen Luft und im Freien.

Aus städtebaulicher Sicht trug die auf Mischnutzung ausgerichtete Form der chinesischen Städte ebenfalls zur Eindämmung der Virusübertragung bei. Das städtebauliche Prinzip der Mischnutzung scheint größtenteils mit dem Konzept der „15-Minuten-Stadt" übereinzustimmen, das von der Bürgermeisterin von Paris, Anne Hidalgo, im Jahr 2020 nach dem Ausbruch von Corona popularisiert wurde (O'Sullivan und Bliss, 2020). In den meisten chinesischen Metropolen basierte das alte, vor den 1990er-Jahren entstandene Stadtgefüge auf einer fußläufigen Wohnviertelplanung, in der das private Auto noch kein gängiges Transportmittel war (Wang, 2010). Die meisten alltäglichen Grundbedürfnisse der Menschen – Bildung,

---

1   Bewohner, die einen grünen Code vorweisen konnten, bekamen ungehinderten Zugang zu den öffentlichen Bereichen der jeweiligen Anlage. Ein gelber Code deutete auf möglichen Kontakt mit einer infizierten Person hin und verpflichtete Personen zur Selbstisolation. Ein roter Code deutete auf eine Infektion mit Corona hin.

Einkaufen, Freizeit, Gesundheit und Kultur – befinden sich in einem Umkreis von 15 bis 20 Gehminuten von der Haustür entfernt.

Sogar in den heutigen großen, geschlossenen Wohnkomplexen der chinesischen Städte verlangt die Planungsbehörde von den Bauträgern oft, dass sie je nach Anzahl der Bewohner Kindergärten, Grund- und Mittelschulen, Einzelhandelsgeschäfte und Restaurants in die Nachbarschaft als Teil der gesamten Siedlungsentwicklung einbetten. Während der Pandemie trug dieses Prinzip des gemischt genutzten Wohnviertels dazu bei, die Notwendigkeit von Fahrten quer durch die Stadt zu reduzieren und die Bevölkerungsbewegungen zu lokalisieren. Tatsächlich wurde durch die Pandemie bis zu einem gewissen Grad die gesellschaftliche Wahrnehmung hinsichtlich der optimalen Stadtstruktur verändert; war der Trend der letzten Jahre noch von Zersiedelung und starker Pkw-Nutzung geprägt, scheint ein Bewusstseinswandel eingetreten zu sein. Die Stadterneuerung, die sich auf die Verbesserung der Design- und Bauqualität bestehender städtischer Strukturen und die Schaffung einzigartiger urbaner Erfahrungen konzentriert, findet in China seit der Rückkehr zum regulären Leben nach der Pandemie großen Anklang. Im Gegensatz dazu steht der, möglicherweise kurzfristige, Trend der Abwanderung in die Vorstädte, wie er in den USA zu beobachten ist (Wang, 2017; 2020).

3   Städtische Verwaltung und netzbasiertes Management

Das dezentrale chinesische Pandemie-Management fand seinen Ursprung und seine Förderung unter anderem in der institutionellen Struktur der Wohnviertel chinesischer Großstädte. In der traditionellen ostasiatischen Kultur ist die Familie die Grundzelle der Gesellschaft, der Kollektivismus bildet hierbei die Wurzeln des Zusammenhalts. In den abgelegenen ländlichen Gebieten Chinas war dieser neben der Familie vor den 1940er Jahren auf eine Clan-Struktur begrenzt. Zwischen den 1950er und den 1970er Jahren weitete er sich auf ganze Kommunen aus, und in den letzten Jahrzehnten erstreckte er sich über ganze Dorfgemeinschaften. Im städtischen China fungierten vor den 1980er Jahren Arbeitseinheiten zusammen mit Nachbarschaftsorganisationen als Verkörperung des städtischen Kollektivismus und bildeten institutionalisierte städtische Regierungsstrukturen.

In jüngerer Zeit, seit die Privatisierung der Wirtschaft zum Motor der Produktivität der chinesischen Gesellschaft wurde (Wang, 2021), sind in den etablierten territorialen sozialen Netzwerken chinesischer Städte, Nachbarschaftsorganisationen nach wie vor die einzigen dominanten städtischen Governance- und Verwaltungs-

einheiten. Nachbarschaftsorganisationen haben zwei verschiedene Formen: Sogenannte *Street Offices* und *Residents Committees*, die gemeinsam die grundlegende
Ebene der städtischen Governance in allen chinesischen Städten bilden, während
die Street Offices einen höheren administrativen Status innehaben und die Residents
Committees bei ihrer Organisation und dem Aufbau von Institutionen anleiten und
unterstützen. In Städten mit einer Einwohnerzahl zwischen 50.000 und 100.000
haben Street Offices und Residents Committees kein politisches Wahlrecht und
sind somit keine offizielle Regierungsebene, sondern verfügen über lediglich auf
das Wohnviertel bezogene Verwaltungsfunktionen (Wu, 2002).

Das Vorhandensein von ortsbezogenen Street Offices und Residents Committees
in den Städten diente als Basisstruktur für die netzbasierte Verwaltung während der
Pandemie. Nach der anfänglichen Verwirrung und der Ungewissheit, ob das Virus
von Mensch zu Mensch übertragbar sei, gründeten die chinesischen Zentralbehör-
den am 25. Januar 2020 die Central Leading Group for Covid-19 Prevention and
Control als oberstes Entscheidungsgremium in Pandemiebelangen (He *et al.*, 2020).
Seitdem wurden in vielen Städten, zusätzlich zur Einrichtung des obersten Mechanis-
mus für Notfallreaktionen im Bereich der öffentlichen Gesundheit, entsprechende
Governance-Teams eingerichtet, die für die Abwicklung von pandemiebezogenen
Verwaltungsangelegenheiten verantwortlich sind und schnell auf Ereignisse reagieren
müssen. Dieses Governance-Team umfasste in den meisten Städten Vertreter der
Stadtverwaltung, des Bezirks, des Wohnviertels, des Resident Committees und des
Street Offices und bildete ein auf die öffentliche Gesundheit in ganz China konzent-
riertes effektives vertikales Management- und Entscheidungssystem (Wei *et al.*, 2020).
Auf jeder Verwaltungsebene wurde spezielles Personal für die Pandemieprävention
und -bekämpfung entsprechend der geografischen Lage und des territorialen Gel-
tungsbereichs bestimmt. Darüber hinaus wurden die Zuständigkeitsbereiche vieler
Residents Committees durch GIS-Kartierung in kleinere „Netze" unterteilt, wobei
jedes Netz einige Wohngebäude mit 300 bis 500 Haushalten umfasst (Wei *et al.*,
2020). Gemeinschaften und Wohnviertel wurden so zum Eckpfeiler der städtischen
Corona-Prävention; Street Offices und Residents Committees fungierten als Binde-
glied zwischen den einzelnen Haushalten sowie den verschiedenen Ebenen, der
Regierungszuständigkeit. Sie unterstützten bei der Durchführung von Aktivitäten,
wie das Management der Corona-Tests der Bewohner sowie der Überwachung der
häuslichen Quarantäne innerhalb der Gemeinschaft. Street Offices und Residents
Committees sind die Akteure auf lokaler Ebene sowie die wichtigsten Ausführenden
bei der Umsetzung des öffentlichen Gesundheitsplans und der uneingeschränkten
Beteiligung der Öffentlichkeit an der Bekämpfung der Pandemie.

Das netzbasierte Managementsystem war bei der Kontrolle und Prävention von
Corona effektiv. Jedem Netz war ein konkretes Wohnviertelteam zugeordnet, das

aus Vertretern der Bezirksregierungen, der Street Offices und der Residents Committees sowie aus Freiwilligen und Hauseigentümervereinigungen und nicht zuletzt aus Immobilienverwaltungen bestand (Zhang, 2020). Die Mitglieder des Netzes waren dafür verantwortlich, innerhalb des zugewiesenen Wohnviertels zweimal täglich öffentlich zugängliche Orte mit hohem Risiko, wie Flure und Aufzüge, zu reinigen und zu desinfizieren, um die Verbreitung von Corona einzudämmen. Sie waren auch dafür verantwortlich, täglich durch Telefon-, Videoanrufe und Textnachrichten übertragene Daten zu sammeln. Dies beinhaltete die 14-tägige Kontakthistorie von Personen, die positiv auf Corona getestet wurden und die sich innerhalb ihres Netzes befanden. Weitere Daten, die gesammelt wurden, waren die Anzahl der Verdachtsfälle, Diagnoseergebnisse und die Zahl der geklärten Fälle/ Todesfälle sowie eine Auflistung der möglichen Symptome und des allgemeinen Gesundheitszustands derjenigen, die unter häuslicher Quarantäne standen. Das Personal lieferte Letzteren ohne Körperkontakt täglich Lebensmittel wie Eier, Fleisch, Reis und Gemüse (Wei *et al.*, 2020). Ein weiterer wichtiger Aspekt ist, dass das netzbasierte Team bei Notfällen den Betroffenen half, mit möglichen öffentlichen Einrichtungen und Regierungsressourcen zu kommunizieren.

Die 2020 ausgebrochene Pandemie wurde zu einem Testfall für die Effektivität der städtischen Verwaltungsstruktur und des netzbasierten Notfallmanagementsystems in China. Diese Effektivität basierte auf den gemeinsamen Bemühungen mehrerer Akteure, darunter Regierungsbehörden, lokale Freiwillige, Nachbarschaftsinitiativen und private Unternehmen, die für die Immobilienverwaltung verantwortlich sind.

4   Privatisiertes professionelles Immobilienmanagement und Einsatz von Technologie

Ein weiterer wichtiger Akteur zur Eindämmung der Virusübertragung in China sind die privatisierten Immobilienverwaltungen. Die steigende Bedeutung der Immobilienverwaltung zur Sicherstellung einer für Viren weniger anfälligen Umgebung wurde häufig von jenen ignoriert, die auch der Kraft privatisierter Unternehmen in Chinas Wirtschaft und Gesellschaft wenig Aufmerksamkeit schenken.

Die erste privatisierte Immobilienverwaltungsgesellschaft in China wurde 1981 in Shenzhen gegründet. Im Jahr 1994 wurde mit dem Erlass der *Administrative Measures for Urban Newly Built Residential Communities Property Managements* durch das nationale Bauministerium ein Schritt zur Legalisierung dieses Sektors eingeleitet. Danach durchlief dieser Teilsektor der Immobilienbranche eine Phase schnellen Wachstums, die mit seiner Professionalisierung und gesetzlichen Regulierung einherging. Im Jahr 2003 verkündete der Staatsrat die Verordnung Nr. 379 *The Property Management Regulations* und damit die landesweite Legalisierung der Immobilienbranche (Yuan, 2019). Die Expansion von Gewerbeimmobilien, die durch Chinas rasante Urbanisierung in den letzten vier Jahrzehnten ausgelöst wurde, hat einen großen Markt für die Immobilienverwaltungsbranche geschaffen. Bis Ende 2020 erreichte der Gesamtwert der Immobilien, die in China professionell verwaltet werden, 1 Billion RMB (umgerechnet 130,73 Mrd. EUR)[2], was knapp die Hälfte des Marktes ausmacht (Zhao, 2020).

Damit hat das Potenzial dieses Sektors vor allem Private-Equity-Investoren und Kapitalmarktakteure angezogen. Allein im Jahr 2020 wurden 20 Immobilienverwaltungsunternehmen an den Börsen in Hongkong, Shanghai und Shenzhen notiert. Durch die Kapitalmarktaktivierung kam es zu einer raschen Konsolidierung des Sektors und zu einem heftigen Wettbewerb um Marktanteile (Wang und Just, 2021). Dementsprechend standardisierten börsennotierte Unternehmen im Bereich der Immobilienverwaltung zeitnah ihre Dienstleistungen. Der Ausbruch der Pandemie bot ein Testfeld für eine verbesserte Dienstleistungsqualität und eine Chance für die Marktdurchdringung. Neben den konventionellen Dienstleistungen, zu denen die Aufrechterhaltung der Sicherheit, die Sauberkeit der gemeinsam genutzten Bereiche und die Begrünung gehören, wurden von den Immobilienverwaltungsunternehmen zunehmend so genannte Mehrwertdienste angeboten, die über die traditionelle Immobilienverwaltung hinausgehen (Wong, 2021). Diese beinhalten z. B. die Reinigung einzelner Wohnungen, Babysitting oder Seniorenbetreuung innerhalb der Gemeinschaft.

Schon bald nach dem öffentlichen Lockdown in China demonstrierte die Branche ihre tragende Rolle im Kampf gegen die Pandemie, indem wichtige Branchenvertreter ihr Prinzip mit Slogans wie „*The front line of virus treatment is medical treatment, and the front line of epidemic prevention is property management.*"[3] popularisierten. Dreiunddreißig der Top-100-Immobilienverwaltungsunternehmen, die mehr als 2,5 Mrd. m[2] in fast 400 Städten und Landkreisen in 31 Provinzen in ganz China verwalten, gründeten eine gemeinsame Forschungsgruppe und brachten umfassende Richtlinien zur Epidemieprävention für Chinas Wohn- und Gewerbeimmobilien auf den Weg. Die Richtlinien wurden von der Branche weithin angenommen und enthielten Einzelheiten zur Implementierung eines Inspektions- und Meldesystems

---

2   Der verwendete Umrechnungskurs betrug 7,65 Chinesische Renminbi (RMB) für einen
    Euro (EUR).

3   „Die vorderste Linie der Virusbehandlung ist die medizinische Behandlung, und die
    vorderste Linie der Epidemieprävention ist die Immobilienverwaltung."

innerhalb der einzelnen Verwaltungseinheiten, Leitlinien zur Präventions- und Kontrollplanung, Zielvorgaben zur gemeinsamen Ressourcenplanung in epidemiologischen Notfallsituationen und Weisungen zum Desinfektionsmanagement der öffentlichen Bereiche der Gemeinschaft und der Kontaktstellen der Bewohner bzw. Büromieter. Während des Lockdowns und auch nachdem die regulären wirtschaftlichen und sozialen Aktivitäten in den chinesischen Städten weitgehend zurückgekehrt sind, nehmen professionelle Immobilienverwaltungsunternehmen weiterhin wichtige Aufgaben wahr und unterstützen durch ihr tägliches Tun die Gesellschaft bei der Eindämmung des Virus. Viele Immobilienverwalter erstellen und liefern weiterhin einen täglichen Desinfektionsbericht für die Gemeinschaft und veröffentlichen mindestens einmal täglich maßgebliche Informationen zur epidemischen Entwicklung sowie Präventions- und Kontrollmaßnahmen über Firmen-Plattformen, WeChat-Gruppen[4] und APP-Bulletin-Boards. Sie bieten weiterhin eine 24-Stunden-Überwachung von Personen, die die Gemeinschaften betreten, durch Überprüfung der Identität, der Temperatur und der Gesundheitserklärungen. Die meisten Gemeinschaften haben einheitliche Post- und Paketabgabestellen eingerichtet und Immobilienverwalter zugewiesen, die diese beaufsichtigen, sodass die Bewohner (oder Mieter, wenn es sich um Bürogebäude handelt) Sendungen zu vereinbarten Zeiten abholen können, um persönliche Begegnungen zu vermeiden. Neben der Grunddesinfektion haben die Immobilienverwaltungen vielen Gemeinschaften auch innovative neue Schutzmethoden zur Verfügung gestellt, wie die Einrichtung von Desinfektionsstationen oder Schuhsohlen- und Rad-Desinfektionsteppichen an Fußgänger- und Fahrzeugeingängen. In einigen Gemeinschaften konnten die Bewohner entscheiden, ob sie ihre täglichen Einkäufe von Mitarbeitern der Immobilienverwaltung an die Tür geliefert bekommen wollten, die Gesichtsmasken und Handschuhe trugen und zweimal wöchentlich auf das Virus getestet wurden.

Immobilienverwaltungsfirmen waren entscheidend daran beteiligt, die Rückkehr zur Präsenzarbeit in den Büros in China zu erleichtern. Es wurde ein spezielles Seuchenpräventionsteam eingerichtet, das eine einheitliche Seuchenpräventionsschulung für das Servicepersonal durchführte. Diejenigen, die ihre Aufgaben bei der Seuchenpräventions- und -bekämpfungsarbeit nicht gemäß den Richtlinien erfüllten, wurden zur Rechenschaft gezogen. Die Immobilienverwaltungen kontrollierten den Zutritt zu Parkplätzen streng und überwachten die Körpertemperatur

---

4   WeChat ist die beliebteste mobile soziale Mehrzweckplattform in China. WeChat wurde von Tencent entwickelt und vereint in einer Plattform viele Funktionen, die auf Facebook, Twitter und LinkedIn verfügbar sind, einschließlich Messaging, soziale Medien, Online-Telefonkommunikation und mobile Zahlungsanwendungen. Erstmals im Jahr 2011 veröffentlicht, wurde WeChat 2018 mit mehr als 1 Milliarde aktiven Nutzern zur weltweit größten unabhängigen mobilen App.

aller Mitarbeiter, die das Parkhaus betraten. Die Hochfrequenz-Desinfektion von gemeinsam genutzten Bereichen wurde in Büro-Lobbys, Aufzügen, Waschräumen, zentralen Klimaanlagen, Gemeinschaftszonen und Parkplätzen durchgeführt. Viele weitere Dienstleistungen wurden von Immobilienverwaltern erbracht, um die Rückkehr in die Büros zu erleichtern, was zur frühzeitigen Wiederaufnahme der regulären wirtschaftlichen Aktivitäten in China beitrug.

Ein besonderer Unterschied in Bezug auf die Bekämpfung der Corona-Pandemie im Vergleich zum schweren akuten Atemwegssyndrom (SARS) vor 18 Jahren in China war die zusätzliche Rolle, die der privatwirtschaftliche Immobilienverwaltungssektor spielte, der meist in der Form börsennotierter Unternehmen agierte und durch institutionelles Kapital unterstützt wurde. Obwohl ähnliche Maßnahmen wie die Isolierung von Patienten, das Aufspüren und die Quarantäne von engen Kontakten der Infizierten und die groß angelegte Informationsverbreitung, einschließlich der rechtzeitigen Berichterstattung über den Status der Epidemie und der wissenschaftlichen Anleitung zur Präventionskontrolle, zu den wirksamen Maßnahmen gehörten, die bei der Überwindung von SARS eingesetzt wurden, war der aktive privatisierte Immobiliensektor in den Jahren 2002 und 2003 fast nicht existent. Das Engagement und die detaillierte Begleitung durch die Immobilienwirtschaft in einer Krisenzeit waren beispiellos. Angesichts der Ausweitung der Mittelschicht des Landes und der anhaltenden Urbanisierung sind die Vitalität und das Geschäftspotenzial des Sektors innerhalb der Immobilienbranche vielversprechend. Insbesondere mit Unterstützung der Kapitalmarktakteure kann die fortschreitende Konsolidierung der Branche dazu beitragen, das Wachstum durch Skaleneffekte voranzutreiben oder die Preissetzung zu verbessern, selbst wenn sich der Verkauf neuer Häuser verlangsamt (Wong, 2021).

Ein weiterer Schlüsselfaktor in der Pandemiebekämpfung ist der technologische Fortschritt, der sowohl Regierung als auch privatisierten Immobilienverwaltungen half, die Übertragung des Virus einzudämmen. Die Strategien, die sich auf frühzeitige Überwachung, Tests, Kontaktverfolgung und strenge Quarantäne konzentrierten, brachten den Einsatz moderner Technologien mit sich. Besonders wichtig waren die Echtzeit-Verfolgung, Live-Updates verschiedener Online-Datenbanken und die rechtzeitige Berichterstattung epidemiologischer Entwicklungen.

Die zunehmende Verfügbarkeit und Nutzung von Künstlicher Intelligenz während der Pandemie ermöglichte es den Regierungen, eine entscheidende Infrastruktur für die Corona-Verfolgung zu entwickeln. Im Januar 2021 waren insgesamt 49 Corona-Tracking-Apps (CTAs) in 48 verschiedenen Ländern im Einsatz. China war hierbei das erste Land, das CTAs als Mittel zur Eindämmung des Virus einsetzte. Im Februar 2020 rollte China landesweit die App „Health Code" aus, um Personen mit Corona-Symptomen zu identifizieren und ihre Bewegungen zu verfolgen. Jedem registrierten Benutzer eines gültigen Mobiltelefons wurde ein Echtzeit-Gesundheitscode zugewiesen – in Form eines roten, gelben oder grünen QR-Codes auf dem Telefon. Die Regierung sammelte Informationen über die Daten des Mobiltelefons, einschließlich des Standorts des Benutzers, der letzten Kontakte, des selbstberichteten Gesundheitszustands und der Reisegeschichte (Kostka, 2021). Obwohl die Verwendung der App aufgrund von Bedenken hinsichtlich des Schutzes der Privatsphäre kritisiert wurde, wurde sie von vielen als effektives Instrument zur Identifizierung von Menschen mit Corona-Symptomen und zum Schutz der öffentlichen Gesundheit befürwortet.

Durch die Verbesserung der öffentlichen Gesundheitsaufklärung und der effizienteren Nutzung der Kommunikationskanäle, erleichterten technologische Neuerungen die Kommunikation der Behörden mit der Bevölkerung. Die Gesundheitsbehörden nutzten seit Februar 2020 mehrere Social-Media-Plattformen, um die Öffentlichkeit in Echtzeit über das Virus zu informieren und Unklarheiten zu beseitigen. In kleinerem Maßstab führten viele Gemeinschaften KI-Technologien zur Gesichtserkennung ein, einschließlich Wärmebildaufnahmen am Eingangstor der Viertel, um Personen mit erhöhten Temperaturen zu identifizieren (Ting *et al.*, 2020). Die Anwendung künstlicher Intelligenz in der Verwaltung wurde in großem Umfang umgesetzt, einschließlich intelligenter elektronischer Zugangskontrollsysteme, um den Bewohnern oder Mietern das kontaktlose Betreten von Gebäuden zu ermöglichen. Des weiteren wurde die intelligente Lieferung und Verteilung von frischen Lebensmitteln, täglichen Verbrauchsgütern und anderen Materialien über E-Commerce abgedeckt; und der sinnvolle Einsatz von medizinischen Ressourcen in der Gemeinschaft, Online-Konsultation durch medizinische Teams und die Betreuung Kranker und Genesener innerhalb der Gemeinschaft gewährleistet.

Die Pandemie schuf nicht nur einen unerwarteten Kontext für die Koordination und das Datenmanagement sowohl auf kommunaler als auch nationaler Ebene, sondern bot auch eine Gelegenheit für die effektive Umsetzung von Strategien, die darauf abzielen, zeitgemäße digitale Technologien zu übernehmen und sie in die öffentliche Politik und die Gesundheitssysteme zu integrieren.

5   Zusammenfassung

Die Pandemie hat viele Aspekte des täglichen Lebens auf globaler Ebene verändert. Dieser Beitrag untersuchte das Zusammenspiel zwischen der physischen Form der Stadt, der Governance-Struktur der Wohnviertel und der privatisierten Verwaltung von Immobilieneigentum im Hinblick auf ihren Einfluss im Rahmen der Bekämpfung der Pandemie.

Die Komplexität des urbanen Lebens und der städtischen Umgebung kann nie von einer einzigen Dimension aus betrachtet werden. Die räumliche Gestaltung einer Stadt, ihre Verwaltung und ihre Finanzstrukturen sind dicht miteinander verwoben, sie beeinflussen das tägliche Leben, und erzählen lebendige Geschichten, die Teil der Historie werden. Die Geschichte von Corona ist tragisch mit vielen Toten; die vorherrschende politische Spaltung, soziale Isolation und wirtschaftliche Ungleichheit prägten diese finsteren Tage. Doch innerhalb dieser tragischen Entwicklung entstanden auch Optimismus, Führungsstärke und gemeinsame Bemühungen, das Virus zu bekämpfen und eine bessere Zukunft zu gestalten. Inmitten all der emotionalen Bewegungen ist es wichtig, darüber nachzudenken, was wir gemeinsam durchgestanden haben, und aus den Schwierigkeiten, aber auch aus den Erfolgen zu lernen. Nur wenn wir uns auf diese Aspekte besinnen, können wir es in Zukunft besser machen.

In diesem Beitrag wurden mehrere wichtige Punkte angesprochen. Die Kriterien zur Beurteilung der Qualität urbaner Gestaltung sind nie statisch. Während nach außen geschlossene, urbane Wohnkomplexe in China vor der Pandemie umstritten waren und für ihre Isolation vom Stadtgefüge kritisiert wurden, wiesen sie formale Vorzüge auf, indem sie sich aufgrund ihrer Abgeschlossenheit und ihrer überschaubaren Größe als widerstandsfähige städtische Einheiten erwiesen.

Besonders in China, wo die Mischnutzung seit langem ein städtisches Merkmal ist, das aus einer fußgängerorientierten Ära mit nur wenigen Privatautos stammt, konnten verschiedene Lebensbedürfnisse und Funktionen leicht in einem Umkreis von 15 bis 20 Minuten erfüllt werden, wodurch die Bevölkerungsströme lokalisiert und die Ausbreitung des Virus eingedämmt werden konnte. Die Forderung der Regierung, die geschlossenen Wohnkomplexe zu „öffnen", war aufgrund des starken Widerstands der Anwohner nicht umgesetzt worden. Nach den Erfahrungen in der Pandemie könnte diese Form der städtischen Gemeinschaft bei den Anwohnern auf noch größeren Zuspruch stoßen.

Ein weiterer Aspekt, der zur Effektivität chinesischer Städte im Rahmen der Bekämpfung der Pandemie beigetragen hat, ist die territoriale sowie institutionelle Struktur, die durch ein Netzmanagement erleichtert wird. Innerhalb der Regierungsbürokratie bildete sie ein lineares vertikales Managementsystem, das Rechenschaft an die Regierung ablegte. Noch wichtiger war jedoch, dass die kooperativen Bemühungen der lokalen Regierungsbehörden, privaten Immobilienverwaltungsunternehmen, der Freiwilligen und der Vertreter der Gemeinschaften den Menschen halfen, Ansteckungen zu verhindern und das Virus zu kontrollieren. Diese kooperative Beziehung bildete eine unerwartete „Staat-Gesellschaft-Synergie" im Kontext der Bekämpfung der Pandemie und schaffte einen Hintergrund, der eine umfassende Beteiligung der Öffentlichkeit zum nötigsten Zeitpunkt unterstützte. Es bedarf weiterer Forschung, um zu untersuchen, ob diese Synergie in einer Krisenzeit kurzfristig aufgebaut werden kann oder ob sie historisch tiefgreifende institutionelle und normative Grundlagen erfordert (Evans, 1996).

Der Einsatz von Technologie ist zwar effektiv, stellt aber vermutlich auch den problematischsten Aspekt in der Pandemiebekämpfung in chinesischen Städten dar. Die Pandemie bot einen Kontext, in dem Künstliche Intelligenz landesweit erprobt werden konnte, und in einem nie da gewesenen Maß eingesetzt wurde. Die Nützlichkeit von KI beim Aufbau eines öffentlichen Gesundheitsnetzwerks wurde validiert, aber es gibt Grauzonen, vor allem in Bezug darauf, welche personenbezogenen Daten erhoben werden dürfen, und wie die Verwendung solcher Daten geregelt werden kann (Wang, 2019).

Kurz gesagt: Solange das Virus global nicht vollständig kontrolliert ist, kann die Menschheit noch keinen Sieg beanspruchen. In China hat eine Kombination aus den vorhandenen geschlossenen Wohnkomplexen, dem dezentralisierten städtischen Verwaltungssystem in Form lokaler Residents Committees mit vernetztem Management und dem in jüngerer Zeit entstandenen privatwirtschaftlichen Immobilienverwaltungssektor in Verbindung mit Technologie dazu beigetragen, dass die Ausbreitung des Virus vergleichsweise effektiv eingedämmt werden konnte. Die individuellen und kollektiven Erfolge und Misserfolge in der Pandemiebekämpfung können helfen zu verstehen, in welchen Bereichen weitere Forschung betrieben werden muss, mit dem Ziel in Zukunft eine bessere Stadtstruktur – mit größerer Resilienz und Anpassungsfähigkeit – zu schaffen.

Literatur

Evans, P. (1996), Government action, social capital and development: Reviewing the evidence on synergy, *World Development*, 24. Jg., Nr. 6, S. 1119–1132, doi: 10.1016/0305-750X(96)00021-6.

He, A. J., Shi, Y. und Liu, H. (2020), Crisis governance, Chinese style: distinctive features of China's response to the Covid-19 pandemic, *Policy Design and Practice*, 3. Jg., S. 242–258. doi:10.1080/25741292.2020.1799911.

Kostka, G. (2021), Covid-19 Contact Tracing Apps: Why They Are so Popular in China, *Merics*, verfügbar unter https://merics.org/en/short-analysis/covid-19-contact-tracing-apps-why-they-are-so-popular-china (Zugriff am 13. März 2021).

O'Sullivan, F. und Bliss, L. (2020), The 15-Minute City—No Cars Required—Is Urban Planning's New Utopia, *Bloomberg City*, 12. November, verfügbar unter https://www.

bloomberg.com/news/features/2020-11-12/paris-s-15-minute-city-could-be-coming-to-an-urban-area-near-you (Zugriff am 13. Mai 2021).

Ting, D. S. W., Carin, L., Dzau, V. und Wong, T. Y. (2020), Digital technology and COVID-19, *Nature Medicine*, 26. Jg., S. 459–461, doi: 10.1038/s41591-020-0824-5.

Wang, B. (2010), Cities in Transition: Episodes of Spatial Planning in Modern China, in Crossing Borders: International Exchange and Planning Practices, Patsy H. and Robert U. (Hrsg.), London, New York: Routledge, Chap. 5, S. 95–115, doi:10.4324/9780203857083.

Wang, B. (2017), The design of real estate: A framework for value creation, in *Routledge Companion to Real Estate Development*, Graham S., Erwin H. und Richard P. (Hrsg.), London: Routledge, Kap. 25, S. 338–352, doi:10.4324/9781315690889-25.

Wang, B. (2019), Technology and the Future of Our Cities, *Journal of Urban Technology*, 26. Jg., Nr. 4, S. 79–83, doi: 10.1080/10630732.2019.1637605.

Wang, B. (2021), The Evolving Real Estate Market Structure in China, in *Understanding China's Real Estate Markets: Development, Finance, and Investment*, Bing W. und Just T. (Hrsg.), Cham: Springer International Publishing, S. 9–19, doi:10.1007/978-3-030-49032-4_2.

Wang, B., und Just, T. (2021), Understanding China's Real Estate Markets: A Brief Introduction, in *Understanding China's Real Estate Markets: Development, Finance, and Investment*, Bing W. und Just T. (Hrsg.), Cham: Springer International Publishing, S. 1–6, doi: 10.1007/978-3-030-49032-4_2.

Wang, B. und Roulac, S. (2020), Housing Post COVID-19 In the United States, *The Property Chronicle*, 4. September, verfügbar unter https://www.propertychronicle.com/housing-post-covid-19-in-the-united-states/ (Zugriff am 18. Mai 2021).

Wang, H., und Pojani, D. (2020), The Challenge of Opening up Gated Communities in Shanghai, *Journal of Urban Design*, 25. Jg., Nr. 4, S. 505–22, doi: 10.1080/13574809.2019.1625707.

Wei, Y., Ye, Z., Cui, M., und Wei, X. (2020), COVID-19 Prevention and Control in China: Grid Governance, *Journal of Public Health*, 26. September, doi: 10.1093/pubmed/fdaa175.

Wong, J. (2021), Chinese Management Companies are Suddenly Hot Property, *Wall Street Journal*, 11. Januar, verfügbar unter https://www.wsj.com/articles/chinese-management-companies-are-suddenly-hot-property-11610362256 (Zugriff am 18. Mai 2021).

Wu, F. (2002), China's Changing Urban Governance in the Transition Towards a More Market-oriented Economy, *Urban Studies*, 39. Jg., S. 1071–1093, doi: 10.1080/00420980220135491.

Yuan, H. (2019), Industry Report – Real Estate, *Securities Research Report*, 16. Mai, Hua Chuang Securities.

Zhang, Y., Zhao, Q. und Hu, B. (2020), Community-based prevention and control of COVID-19: Experience from China, *American Journal of Infection Control*, 48. Jg., Nr. 6, S. 716–717, doi: 10.1016/j.ajic.2020.03.012.

Zhao, K. (2020), Industry Report, *Securities Research Report*, 29. Juli 2019, China Merchants Securities.

Wie Corona das Mobilitätsverhalten verändert und was das für den nachhaltigen Stadtverkehr bedeutet

Julia Jarass, Julia Schuppan und Kerstin Stark

Zusammenfassung

Durch die Corona-Pandemie hat sich das Mobilitätsverhalten drastisch verändert. Viele Wege sind durch die Beschränkungen im Alltag reduziert worden, der ÖPNV wurde als gemeinschaftliches Verkehrsmittel gemieden und stattdessen hat eine Verlagerung auf den privaten Pkw sowie auf das Zufußgehen und Radfahren stattgefunden. Dieser Beitrag analysiert zunächst die Entwicklungen und Auswirkungen der Pandemie auf die Mobilität. Anschließend zeigt der Beitrag, welche neuen Wege die Verkehrspolitik und -verwaltung geht, um sich in der Krise zu behaupten. Dabei werden innovative Maßnahmen vorgestellt, die einige Städte während der Pandemie umgesetzt haben, um eine pandemieresiliente und gesunde Mobilität zu fördern. Abschließend werden konkrete Ideen abgeleitet, wie die Pandemie als Chance für eine nachhaltige urbane Mobilität genutzt werden kann.

© Der/die Autor(en), exklusiv lizenziert durch
Springer Fachmedien Wiesbaden GmbH, ein Teil von Springer Nature 2021
T. Just und F. Plößl (Hrsg.), *Die Europäische Stadt nach Corona*,
https://doi.org/10.1007/978-3-658-35431-2_6

1   Einleitung

Durch die Corona-Pandemie hat sich der Alltag und damit auch das Mobilitätsverhalten drastisch verändert. Aufgrund der Beschränkungen im öffentlichen Leben, der Verlagerung der Arbeit ins Homeoffice, soweit dies möglich ist, und dem Gebot, Kontakte zu anderen Menschen möglichst zu reduzieren, hat die Mobilität der Bevölkerung zum einen deutlich abgenommen, zum anderen hat der Individualverkehr – insbesondere das Fahrrad und das private Fahrzeug – einen Aufschwung erlebt. Die Pandemie ist ein Stresstest für die Verkehrspolitik und -verwaltung und ebenfalls für die Mobilitätsanbieter. Zu den Herausforderungen zählen sinkende Fahrgastzahlen und Einnahmerückgänge im öffentlichen Nahverkehr, die Aussicht auf eine vermehrte Pkw-Nutzung mit negativen Folgen für die Erreichung der Verkehrs- und Klimaziele, die Herausforderung, Alternativen zum öffentlichen Personennahverkehr (ÖPNV) und privater Pkw-Nutzung zu schaffen, ebenso wie Gelegenheiten zur pandemiegerechten Begegnung im öffentlichen Raum.

Als Antwort auf die Herausforderungen, wurden im Frühjahr/Sommer 2020 auch die Verkehrsinfrastrukturen in vielen Städten mit Hilfe provisorischer Maßnahmen angepasst, um die erhöhte Nachfrage der Fahrradnutzung aufzufangen. Durch kurzfristig eingerichtete Pop-up Infrastrukturen, nicht nur in Deutschland, hat sich das Bild einiger Städte innerhalb kurzer Zeit verändert. Allerdings wurden die Umgestaltungen oft nur punktuell umgesetzt. Somit stellt sich die Frage, welche Bedeutung die Pandemie künftig für einen nachhaltigen Verkehr in Städten haben wird. Könnten Mobilitätsroutinen durchbrochen und nachhaltiges Mobilitätsverhalten, wie etwa Zufußgehen, Radfahren und flexible Mobilitätslösungen wie die Kombination des Rad- und öffentlichen Verkehrs im Alltag verankert werden? Inwiefern geht die Nutzung öffentlicher Verkehrsmittel zurück und wie kann eine Reaktivierung erreicht werden? Und welchen Stellenwert hat der eigene Pkw in der Zeit der Pandemie erhalten und welche Tendenz lässt sich hierfür ableiten? Konkret stellt sich die Frage, ob die Förderung nachhaltiger und gesunder Mobilität und das Zurückdrängen des motorisierten Individualverkehrs in den Städten durch die Pandemie verstärkt oder möglicherweise pausiert werden und somit ein Wendepunkt in der Stadtplanung erkennbar ist.

Es liegen bereits Daten zur Änderung des Mobilitätsverhaltens durch Corona vor, allerdings gibt es nur wenig kleinräumige Untersuchungen auf der Ebene der Städte. Im Folgenden wird daher versucht, den Fokus auf Städte zu lenken, gleichzeitig werden allgemeine Trends aufgezeigt. Dabei werden Aussagen für den Privatverkehr gemacht. Eine Gesamtbilanz für die Nachhaltigkeit von Verkehr in Städten ist demnach nicht möglich, weil beispielsweise der Lieferverkehr im Folgenden ausgeklammert wird.

2 Weniger Mobilität – Verschiebung der Verkehrsmittelnutzung

Eine nicht repräsentative Stichprobe auf der Basis von Mobilitätstrackinginformationen zeigt während des ersten Lockdowns im Frühjahr 2020, dass sich die zurückgelegten Tagesstrecken deutlich reduzierten, wobei die aufgewandte Zeit nicht in gleichem Ausmaß abnahm (infas/MotionTag, 2020). Das lag auch an einer Verschiebung der Verkehrsmittelnutzung: Insbesondere der öffentliche Verkehr, also Busse und Bahnen, wurden von den Menschen fast vollständig gemieden. Dagegen gewann die Nutzung aktiver Verkehrsmittel sowie des privaten Pkw an Bedeutung (infas/MotionTag, 2020). Eine Untersuchung des Deutschen Zentrums für Luft- und Raumfahrt (DLR) bestätigt diese Dynamik auch für Metropolen und Großstädte in Deutschland. In Abbildung 1 sind die Mobilitätstypen dargestellt, die auf der Einteilung der allgemeinen Nutzungshäufigkeit der verschiedenen Verkehrsmittel basieren.

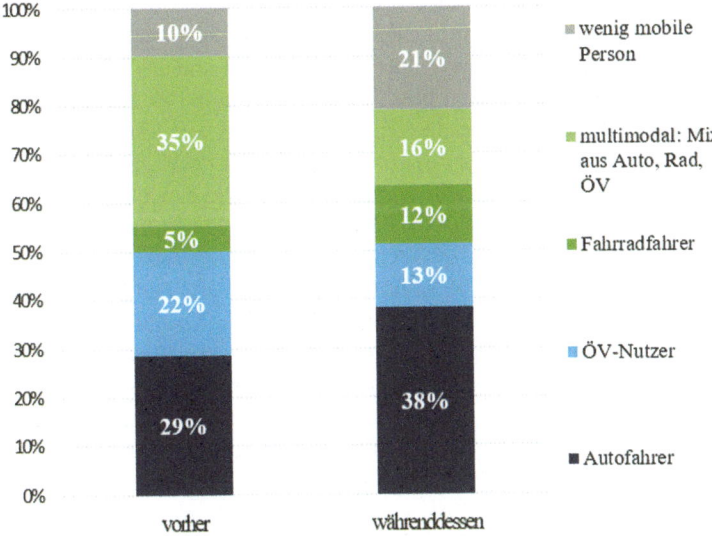

Abb. 1 Mobilitätstypen (basierend auf der allgemeinen Nutzungshäufigkeit der Verkehrsmittel) vor und während des ersten Lockdowns im Frühjahr 2020 in Metropolen und Großstädten

Anmerkungen: n=367; eigene Auswertung der Daten der DLR-Studie zu Mobilität und Corona (DLR-Verkehr, 2020)

Im Vergleich zur Zeit vor dem ersten Lockdown, nahmen die Anteile der Auto-fahrerInnen und FahrradfahrerInnen deutlich zu, wohingegen die Anteile von NutzerInnen des öffentlichen Verkehrs – sowohl in Reinform als auch im Mix mit anderen Verkehrsmitteln – deutlich sanken. Dieser Effekt milderte sich jedoch über den Sommer und Herbst ab: Die Verkehrsnachfrage hat wieder zugenommen und die Wege zu Fuß und mit dem Rad haben abgenommen (WZB, 2020).

3 Öffentlicher Verkehr in Städten – der große Verlierer der Krise?

Der öffentliche Verkehr wird oft als Rückgrat der Verkehrswende beschrieben: In Vor-Pandemiezeiten beförderte er deutschlandweit täglich 30 Mio. Menschen (VDV, 2021). Nach Zahlen des Verbands deutscher Verkehrsunternehmen (VDV) würden aufs Jahr gerechnet zusätzliche 86,5 Mrd. mit dem Pkw zurückgelegte Kilometer anfallen, würden die Fahrgäste aus dem öffentlichen Verkehr umsteigen (VDV, 2021). Bereits vor der Pandemie stand der öffentliche Verkehr unter Druck: Abhängig von Subventionierung und der Haushaltslage der jeweiligen Kommunen war dieser in vielen Kommunen bereits unterfinanziert und das Angebot auf das Mindestmaß der Daseinsvorsorge beschränkt. Hinzu kommt die Herausforderung durch neue Mobilitätsanbieter, die Teile des Geschäfts vom klassischen ÖPNV hin zu ihren flexiblen Angeboten wegzunehmen drohen (Stark *et al.*, 2019). In der Diskussion steht daher, wie flexible Mobilitätsangebote in den klassischen ÖPNV integriert werden können und der öffentliche Verkehr insgesamt attraktiver ge-macht werden kann.

Die Pandemie verschärft die Situation für den öffentlichen Verkehr weiter. Im bisherigen Verlauf der Pandemie zeigt sich laut den Angaben der Verkehrs-unternehmen deutschlandweit ein Rückgang der Fahrgastzahlen im öffentlichen Fern- und Nahverkehr von bis zu 80 %, und für die Jahre 2020 und 2021 wird mit einem Verlust von insgesamt 7 Mrd. EUR gerechnet (VDV, 2021). Die genauen Zahlen variieren je nach Quelle und Stadt, aber allgemein zeigen sich die Rück-gänge in Abhängigkeit der Verhängung und Lockerung der Maßnahmen zur Pandemiebekämpfung.

Die Fahrgastrückgänge stehen in Zusammenhang mit verschiedenen Ein-flussfaktoren: So entfallen durch das vermehrt genutzte Homeoffice regelmäßige Wege, die sonst von vielen ArbeitnehmerInnen mit dem ÖPNV zurückgelegt werden. Dazu kommen geschlossene Gaststätten oder Kultureinrichtungen, die viele der sonst unternommenen Freizeitwege überflüssig machen. Insgesamt zeigt sich verkehrsmittelübergreifend eine abnehmende Verkehrsnachfrage (Covid-19 Mobility Project, 2021; Nobis *et al.*, 2020). Nicht nur die Anzahl der Wege, auch ihre Länge hat abgenommen. Die Menschen waren und sind vermehrt im näheren Umkreis unterwegs, denn die trotz Beschränkungen verbliebenen Aktivitäten, z. B. Einkaufen oder Spazierengehen, lassen sich auch zu Fuß oder mit dem Fahrrad erledigen. Dies legen Befragungen (Nobis, 2021) sowie Untersuchungen auf Basis von Bewegungsdaten nahe (Covid-19 Mobility Project, 2021; infas, 2020; WZB, 2020). Insgesamt lässt sich festhalten, dass die Anlässe, den ÖPNV zu nutzen, weniger geworden sind.

Ein weiterer Einflussfaktor für die Fahrgastrückgänge ist die gesunkene Akzeptanz und Nutzungsbereitschaft von öffentlichen Verkehrsmitteln. Das Gebot des *Social Distancing* steht im Konflikt mit stark ausgelasteten Bussen und Bahnen, wie sie besonders zu Stoßzeiten die Realität sind. Es besteht die Sorge vor erhöhter Ansteckungsgefahr. Waren überfüllte Busse und Bahnen auch vor der Pandemie unangenehm, ist das Unwohlsein bei vielen nun weiter angestiegen (Nobis *et al.*, 2020). Die in der Folge vielerorts frühzeitig eingeführte Maskenpflicht im ÖPNV soll der Sorge vor Ansteckung begegnen, jedoch wird trotz vermehrter Kontrollen die flächendeckende Befolgung bemängelt (Nobis, 2021). Inwieweit das Infektionsrisiko im ÖPNV tatsächlich wesentlich bzw. gegenüber anderen möglichen Orten erhöht ist, ist noch nicht abschließend untersucht. Dennoch gibt es überzeugende Hinweise, insbesondere aus Studien zur Aerosolausbreitung, dass dies nicht der Fall ist (DB Systemtechnik GmbH; DLR, 2020; Kriegel *et al.*, 2020). Nichtsdestotrotz wird das Risiko vielfach als erhöht wahrgenommen und Fahrten im ÖPNV daher vermieden (WZB, 2020). Ein Versuch, das Vertrauen in die Sicherheit des ÖPNV kommunikativ wiederherzustellen, ist die Kampagne des VDV „#BesserWeiter" mit Fokus auf die Einhaltung der Maskenpflicht. Weitere Maßnahmen seitens der Politik sowie der Verkehrsunternehmen beziehen sich auf die Verringerung der Auslastung in den einzelnen Fahrzeugen durch eine erhöhte Taktung, sowie eine Verschärfung der Maskenpflicht von Alltags- zu medizinischen Masken. Inwieweit solche Maßnahmen den Eindruck nicht eher bekräftigen, dass der ÖPNV doch als besondere Infektionsquelle zu betrachten ist, bleibt offen.

Zu der Sorge, dass der öffentliche Verkehr seine Rolle in der Verkehrswende einbüßen könnte, kommen mögliche soziale Folgen, wenn immer weniger Menschen den ÖPNV nutzen. Zumindest in großen Städten konnte der ÖPNV in Deutschland bisher als demokratisches Verkehrsmittel bezeichnet werden, weil hier Menschen aus verschiedenen sozialen Schichten zusammenkommen. Wie Untersuchungen zeigen, ändert sich das seit Beginn der Pandemie. Personen mit niedrigem Einkommen nutzen teilweise sogar vermehrt den ÖPNV, während der Anteil der Personen mit mittleren und höheren Einkommen unter den ÖPNV-NutzerInnen im Vergleich zu vorher abnimmt (WZB, 2020). Es deutet also einiges darauf hin, dass besonders jene weiterhin den ÖPNV nutzen, die keine Alternative haben. In der englischsprachigen Literatur spricht man von den „captive transit riders" oder den „transit dependent", die meist aus finanziellen Gründen keine andere Wahl haben als mit dem öffentlichen Verkehr zu fahren. Profiteure des Fahrgastrückgangs sind dagegen Individualverkehrsmittel: das Fahrrad, vor allem aber auch der private Pkw (Nobis, 2021; WZB, 2020).

Der nachteiligen Entwicklung stehen aber auch Chancen für den ÖPNV gegenüber, wenn die Krise als Gelegenheit für Reformen und Wandel genutzt wird. Auch ohne Pandemie tragen die Überfüllung zu Stoßzeiten, mangelnde Sauberkeit der Fahrzeuge und mangelnde Vernetzung verschiedener Mobilitätsangebote zu einer reduzierten Attraktivität des ÖPNV bei. Bereits vor der Pandemie stand bei vielen Verkehrsunternehmen die Beseitigung der klassischen Schwachstellen des ÖPNV auf der Agenda – mittels intermodaler Angebote in Mobilitätsstationen und übergreifenden Buchungssystemen, mittels Zukunftstechnologien wie der Automatisierung, durch die Ergänzung flexibler und bedarfsgerechter Angebote. In der Pandemie zeigen sich nun insbesondere Lösungsansätze und Gelegenheiten für das Problem des nachfrageorientierten Kapazitätsmanagements, für den Ausbau des E-Ticketing sowie für bedarfsgerechtere Tarifmodelle. Von einigen Städten ist bekannt, dass die Verkehrsbetriebe die Auslastung in ihren Fahrzeugen messen und die Daten als Grundlage für die Angebotsplanung machen (z. B. Berlin oder Bremen). Auch die Deutsche Bahn setzt die Auslastungsmessung und Kommunikation dazu verstärkt ein, um KundInnen eine Entscheidungsgrundlage für die Wahl einer Zugverbindung zu geben. Zusammenfassend bestehen in einem Digitalisierungsschub Chancen für den öffentlichen Verkehr durch eine datengestützte Angebotsplanung, die sich an der echten Verkehrsnachfrage orientiert und so Überfüllungen besser vermeiden kann, sowie eine stärkere Sensibilität für die Bedürfnisse und Anforderungen der Fahrgäste.

4   Anstieg der Pkw-Nutzung als Rückzug ins Private

Mit Beginn der Pandemie und dem einsetzenden Lockdown im März 2020 ist das Wegaufkommen allgemein um rund 40 % zurückgegangen (Schlosser *et al.*, 2020). Die Verlagerung von Arbeit ins Homeoffice, Kurzarbeitsregelungen und fehlende Aufträge für Gewerbetreibende haben vor allem Dienst- und Arbeitswege und die hier anteilig dominierende Pkw-Nutzung (Nobis und Kuhnimhof, 2019) drastisch reduziert. In dichten urbanen Räumen wurde in der Folge für kurze Zeit erlebt, welche spürbaren Effekte ein reduzierter Pkw-Verkehr für eine bessere städtische Luft und geringere Lärmemissionen hat: Geringere Feinstaubwerte in der Luft führten schon in den ersten zwei Wochen des Lockdowns zu weniger vorzeitigen Todesfällen und Asthma bei Kindern (MPG, 2020), unbefahrene Straßen wurden spontan von FußgängerInnen genutzt und die städtische Aufenthaltsqualität stieg für einen Moment im ersten Lockdown.

Schon Anfang Juni war die Mobilität auf dem Niveau vor dem Lockdown, jedoch ist eine Veränderung der Wegearten festzustellen (Schlosser *et al.*, 2020). So werden weniger lange Distanzen zurückgelegt und die durchschnittliche Wegestrecke pro Person liegt um rund ein Drittel unter dem Wert von 2017 (WZB, 2020; Schlosser *et al.*, 2020). Die somit gestiegene Nahmobilität verlagert sich zudem auf den Pkw, sodass dessen Nutzung im Herbst 2020 einen starken Aufschwung erlebt. Allein 55 % aller Wege werden im Oktober 2020 – im Vergleich zu 49 % im Oktober des Jahres 2017 – mit dem Pkw zurückgelegt (WZB, 2020). Besondere Bedeutung kommt der Verringerung des Mitfahreranteils von 8 % auf 6 % bei und damit die Rückentwicklung zur alleinigen statt geteilten Pkw-Nutzung (ebd.). Auch die zunächst stark eingebrochenen Fahrtenbuchungen im Carsharing konnten bereits Mitte Juni 2020 zu ungefähr 90 % des Vorjahreswertes zurückkehren (mobility institute berlin & SHARE NOW, 2020).

Die gestiegene Pkw-Nutzung profitiert dabei noch stärker als der gestiegene Radanteil von der Vermeidung öffentlicher Verkehrsmittel und den veränderten Wegzwecken. Im Herbst 2020 sind 41 % einstiger NutzerInnen von Bus und Bahn auf den privaten Pkw umgestiegen (WZB, 2020). Die NutzerInnen unterscheiden sich vor allem in ihrem sozioökonomischen Status, denn den Umstieg vollziehen vor allem Personen mit mittleren und höheren Einkommen (WZB, 2020). Das heißt, dass der Anteil an Personen mit niedrigem Einkommen in Bus und Bahn steigt. Mit dieser Entwicklung gehen mögliche Wechselwirkungen zwischen individuellen Erreichbarkeiten und Gerechtigkeit im Zusammenhang mit sozialer Teilhabe einher. Das Ziel einer alle Gesellschaftsschichten einschließenden Verkehrswende steht damit zunehmend in Frage.

Insgesamt wurden während der Pandemie weniger Neuwagen weltweit verkauft. Gleichzeitig zeigt sich, dass nach den Lockerungen im Dezember 2020 im Vergleich zum Dezember des Vorjahres ein Zuwachs bei Neuzulassungen gemeldet wurde (Kraftfahrtbundesamt, 2021). Dies deutet darauf hin, dass sich die Verkaufszahlen schnell erholen. Der Anteil der Haushalte, die sich erstmalig ein Fahrzeug anschaffen, ist dabei vermutlich hoch. Denn bedingt durch die Pandemie vermissen rund ein Drittel der Personen in Haushalten ohne Auto ein eigenes Fahrzeug und 6 % planen, aufgrund der Pandemie eines anzuschaffen (Nobis *et al.*, 2020). Personen, die überlegen, sich einen privaten Pkw anzuschaffen sind dabei zu 45 % Menschen unter 35 Jahren, von denen 79 % zuvor noch nie eines besessen haben (Capgemini Research Institute, 2020) und damit genau jene Altersgruppe, die bislang davon überzeugt war, auch kein eigenes Auto besitzen zu müssen, da sie durch Carsharing zeit- und ortsunabhängig Zugang zu Fahrzeugen jeder Größe haben können.

Das Problem: Befindet sich ein Pkw erst einmal im privaten Besitz, werden Zusatzfahrten angeregt und damit steigt die Wahrscheinlichkeit erhöhter negativer Externalitäten an (Nobis und Kuhnimhof, 2018). Die höhere Nutzung führt potenziell zur Verfestigung von Autonutzungsroutinen, die schwer durch ein anderes Verkehrsmittel aufgelöst werden können. Dabei zeigt sich, dass die höhere Pkw-Nutzung vor allem aus einer Variation bereits bestehender Mobilitätsroutinen entspringt. So werden ursprünglich multimodale Verkehrsteilnehmende – also Menschen, die im Alltag mit mehreren Verkehrsmitteln unterwegs sind – in der Corona-Krise zu monomodalen Verkehrsteilnehmern und greifen dabei vorrangig auf das Auto zurück (Nobis, 2021).

Dabei sind vielfältige Gründe für eine stärkere Pkw-Nutzung in der Pandemie denkbar. Erstens haben sich Emotionen zum eigenen Fahrzeug verändert; allein 32 % der Personen ohne privaten Pkw vermissen einen solchen (Nobis *et al.*, 2020). Der Pkw scheint hierbei das Transportmittel mit subjektiv als wichtig bewerteten Vorteilen zu sein, wie der besseren Einhaltung von Abstand und Hygiene sowie Gesundheitsaspekten, die öffentlichen und geteilten Verkehrsmitteln abgesprochen werden. Das einstige Argument für eine sinnvolle Verkehrswende und der Reduktion ineffektiver Alleinfahrten wandelt sich zum wahrgenommenen Vorteil in Pandemiezeiten. Dies kann zudem die Automobilindustrie aufgreifen und Gesundheits- und Wellnessfeatures von Fahrzeugen betonen, flexible Bezahl- und Finanzierungsmöglichkeiten für Menschen in unsicheren wirtschaftlichen Lagen anbieten und „green cars" für die umweltbewusste jüngere Zielgruppe anpreisen und somit den gesellschaftlichen Wandel adressieren (Capgemini Research Institute, 2020). Zweitens erfüllt der Pkw neben dem Zweck der flexiblen Beweglichkeit auch Bedürfnisse, die bedingt durch die Pandemie in den Vordergrund treten. Das Auto wird zum Rückzugsort in einen privaten Raum, welcher Alleinsein, Erholung sowie Schutz und Sicherheit vor Lärm und Emissionen, Viren und Hitze bietet. Drittens wirken sich Effekte einer neuen Zeitflexibilität bezogen auf Arbeitszeiten und -orte durch gestiegene Möglichkeiten von Homeoffice und Telearbeit auf die zeitliche Konzentration zu morgendlichen und nachmittäglichen Spitzen im innerstädtischen Verkehr aus. Die größere zeitliche Verteilung autofahrender Personen in der Stadt erhöht den Komfort staureduzierten Fahrens und der stressfreieren Parkplatzsuche. Viertens verschwindet zunehmend der mit einer ökologischen Verkehrswende verbundene moralische Rechtfertigungsdruck der individuellen Pkw-Nutzung. Dies wird zudem unterstützt durch Empfehlungen von Politikern sowie von Verwaltungsvorschriften zu Dienstreiseregelungen für den Pkw und gegen Bus und Bahn.

Das eigene Fahrzeug ist durch die Pandemie für viele Menschen zu einem (wieder) verstärkt genutzten Verkehrsmittel, auch für nahräumliche Mobilität, geworden. Dabei scheinen sich autoorientierte Alltagsroutinen zu verfestigen (DLR, 2020). Damit werden langfristig gesteckte Ziele der Verkehrswende gefährdet.

5 Aktive Mobilität – Resilient in Krisen und Zukunft für eine nachhaltige Mobilität

Radfahren und Zufußgehen haben in der Pandemie einen Aufschwung erlebt. Das Institut für angewandte Sozialwissenschaft hat beispielsweise durch Mobilitätstracking festgestellt, dass Wege zu Fuß und mit dem Fahrrad im April 2020 zugenommen haben. Die Unterwegszeit zu Fuß und mit dem Rad ist von unter 20 Min. am Tag auf durchschnittlich 25 Min. gestiegen (infas/Motiontag, 2020). Beide Fortbewegungsmöglichkeiten finden an der frischen Luft statt, sodass das Ansteckungsrisiko gering ist, und weil Abstände zu anderen Verkehrsteilnehmern gewahrt werden. Zudem fördert die regelmäßige Bewegung die Gesundheit und stärkt das Immunsystem (WHO, 2010).

Erfahrungen aus Städten weltweit zeigen, dass der Radverkehr und das Zufußgehen zugenommen haben, auch wenn insgesamt durch Beschränkungen des öffentlichen Lebens weniger Wege zurückgelegt wurden. Da private Treffen an der frischen Luft sicherer sind als in geschlossenen Räumen, wird dies oftmals auch mit einem Spaziergang verbunden. Laut einer ADAC-Umfrage im Jahr 2020 zur Einstufung des Ansteckungsrisikos bei unterschiedlichen Tätigkeiten, wurde das Spazierengehen mit Abstand als Tätigkeit mit dem geringsten Ansteckungspotenzial wahrgenommen. 75 % der Befragten (n=2.061) sehen (überhaupt) keine hohe Gefahr, sich beim Spazierengehen anzustecken, wohingegen beispielsweise bei der Nutzung öffentlicher Verkehrsmittel etwa die Hälfte der Befragten ein (sehr) hohes Risiko sieht (ADAC, 2020).

5.1 Aktive Mobilität als resiliente Mobilität

Aktive Mobilität ist eine resiliente Form der Mobilität und stellt die Basis der Mobilität dar. Sie ist leicht zu realisieren, kostengünstig und kommt im Notfall ohne Infrastruktur aus. Dies wird insbesondere nach Krisen oder Naturkatastrophen ersichtlich. So hat das Fahrrad beispielsweise nach schweren Erdbeben in Japan im Jahr 2011 und Mexiko-Stadt 2017 einen Aufschwung erlebt, da für viele Pendler das Fahrrad zum schnellsten und flexibelsten Verkehrsmittel auf zum Teil zerstörten Straßen und beeinträchtigten Schienennetzen wurde (z. B. New York Times, 2011). Die Ölkrise der 1970er Jahre führte zu Einschränkungen des motorisierten Verkehrs, sodass hier ebenfalls das Fahrrad als widerstandsfähiges Verkehrsmittel Zuspruch erfuhr (Klein *et al.*, 2020). Auch in der Corona-Krise gewinnt die aktive Mobilität an Bedeutung. Dies ist zum Teil auch dadurch zu erklären, dass die Mobilität stärker auf das direkte Wohnumfeld bezogen ist und längere Wege – wie Arbeits- und Freizeitwege – wegfallen.

5.2   Exkurs: Radverkehr während der Pandemie in Berlin

Die in Berlin kleinräumig verteilten Zählstellen des Radverkehrs ermöglichen eine Betrachtung des Radverkehrs pro Tag und über das Jahr hinweg und erlauben eine Analyse unterschiedlicher Standorte. Im Folgenden werden die Daten für die innere Stadt von Berlin (entspricht etwa dem Berliner S-Bahnring) dargestellt. Abbildung 2 zeigt die Daten von neun innerstädtischen Zählstellen für die Jahre 2019 und 2020. Um eine klarere Datenstruktur erkennbar zu machen, sind pro Tag die gleitenden Mittelwerte der letzten sieben Tage dargestellt. Insgesamt zeigt sich, dass der Radverkehr an den innerstädtischen Zählstellen im Jahr 2020 deutlich zugenommen hat. Vor dem Hintergrund, dass sich die Anzahl der Wege im ersten Lockdown im März 2020 reduziert hat, ist der stetige Anstieg des Radverkehrs im Frühjahr 2020 besonders interessant. Die Daten weisen darauf hin, dass während der Pandemie das Fahrrad als individuelles Verkehrsmittel an Bedeutung gewonnen hat. Dies wird auch dadurch gestützt, dass der Absatz von Fahrrädern angestiegen ist. Obwohl während des ersten Lockdowns 2020 Fahrradgeschäfte in den meisten Bundesländern schließen mussten und die Lieferketten zum Teil durch Einschränkungen in China und anderen Teilen Asiens unterbrochen waren, rechnet der Zweirad-Industrie-Verband damit, dass zwischen Januar und Juni 2020 etwa 3,2 Mio. Fahrräder und E-Bikes verkauft wurden, 9,2 % mehr als im Vorjahreszeitraum (ZIV, 2020).

Abb. 2 Anzahl der vorbeifahrenden Fahrräder an neun innerstädtischen Zählstellen in Berlin in den Jahren 2019 und 2020

Anmerkungen: Gleitender Mittelwert der jeweils letzten sieben Tage (n=20.245.063); eigene Darstellung, Daten: Senatsverwaltung für Umwelt, Verkehr und Klimaschutz 2020

5.3   Die Diskussion um die Verteilung des öffentlichen Raums lebt auf

Während der ersten Phase des Lockdowns haben die leeren Straßen deutlich aufgezeigt, dass der Großteil des öffentlichen Raums in Städten aktuell zugunsten des motorisierten Individualverkehrs verteilt ist. Während kaum Pkws auf den Straßen waren, war es teilweise auf Fußwegen und in Parks schwierig, den Mindestabstand einzuhalten. Radwege waren oft nicht ausreichend, um der gestiegenen Nachfrage gerecht zu werden. Um sicheres Radfahren und Zufußgehen zu ermöglichen, wurden daher in vielen Städten weltweit (temporär) neue Radwege geschaffen und Fußwege ausgeweitet. In Bogotá, Barcelona und Berlin wurden beispielsweise im Sommer 2020 zügig neue Radwege eingerichtet. Innerhalb kurzer Zeit wurde entlang von mehrspurigen Hauptstraßen, jeweils eine Spur provisorisch als Radweg ausgewiesen. Für unterschiedliche deutsche Kommunen zeigt eine Befragung von Sinus (2020), dass 70 % der Befragten die Einrichtung der Radwege sehr positiv bzw. eher positiv bewerten. Diese hohe Zustimmung liegt über alle Altersgruppen sowie über unterschiedlich große Städte hinweg vor. In einigen Städten wurden die sogenannten Pop-up Radwege für einen temporären Zeitraum eingerichtet, in anderen Städten wie Berlin, werden die Radwege beibehalten, da sie den bereits zugrunde liegenden Planungen und Konzepten entsprechen.

Zudem wurden im Sommer 2020 mehr öffentliche Räume für den Aufenthalt und das Zufußgehen geschaffen (z. B. Montréal, Dublin, Sydney, Brüssel). Um Mindestabstände einzuhalten, mangelnder Bewegung vorzubeugen und Aufenthaltsmöglichkeiten zu schaffen, wurde der öffentliche Raum stärker beansprucht und von Kommunen entsprechend umverteilt. In Berlin wurden beispielsweise temporäre Spielstraßen eingerichtet (siehe Abb. 3), die es ermöglichten, sonntags die Straße zum Aufenthalt und Spielen in der Nachbarschaft zu nutzen. Hier wurden die AnwohnerInnen bei der Gestaltung und Einhaltung der Regelungen einbezogen. Erst durch dieses Engagement wurde es möglich, insgesamt 19 Spielstraßen auszuweisen und über den gesamten Sommer 2020 zu betreuen. Gleichzeitig konnte hierdurch erprobt werden, wie eine Umgestaltung des öffentlichen Raums akzeptiert wird und ausgestaltet werden soll. Durch Diskussionsversammlungen in der Nachbarschaft wurden Ideen gesammelt und Sorgen thematisiert. Einige der temporären Spielstraßen werden nun in permanente Stadtplätze und Fußgängerzonen umgewandelt.

Abb. 3   Temporäre Spielstraßen in Berlin-Kreuzberg
Quelle: Jarass (2020)

5.4   Temporäre Projekte verstetigen und aktive Mobilität stärken

Der Vorteil der Pop-up Infrastrukturen ist, dass sie zügig umgesetzt und dann getestet werden können. In iterativen Schritten kann die provisorisch geschaffene Infrastruktur entsprechend angepasst werden, um erst in einem nächsten Schritt strukturell-bauliche Veränderungen vorzunehmen. Dadurch kann die Stadtgestalt innerhalb relativ kurzer Zeit und mit Hilfe kostengünstiger Maßnahmen angepasst werden. Inwiefern die Städte auch künftig von dieser „neuen Form" der Stadt- und Verkehrsplanung Gebrauch machen, ist noch fraglich und wird aktuell am DLR Institut für Verkehrsforschung im Rahmen einer Befragung der Verwaltungen in Deutschland untersucht. Pop-up Infrastrukturen haben zwar während der Pandemie medial viel Aufmerksamkeit genossen und scheinen auch innerhalb der Bevölkerung größtenteils positiv angenommen zu werden, allerdings sind es punktuelle Maßnahmen, die nur in einigen Stadtteilen bzw. Städten umgesetzt wurden.

6   Der Einfluss der Pandemie auf die städtische Mobilität

Durch die Pandemie hat sich die Mobilität in Städten verändert. Pendelwege zum Arbeitsplatz fallen durch Homeoffice Regelungen teilweise weg, Freizeitwege finden seltener statt und insgesamt gibt es einen Fokus auf das nahräumliche Wohnumfeld. Die Veränderung der Wegeziele führt auch zu einer Verschiebung der Verkehrsmittelnutzung.

Der ÖPNV gilt als Rückgrat der Verkehrswende, steht aber während und womöglich auch nach der Pandemie unter großem Druck. Fahrgastzahlen gehen stark zurück und die Sorge ist, dass sich die Nutzungszahlen auch nach der Pandemie nicht vollständig erholen. Durch die Pandemie entfallen einige Anlässe, den ÖPNV zu nutzen, hinzukommt aber auch eine gesunkene Akzeptanz und Nutzungsbereitschaft. Neben den Risiken bestehen aber auch Chancen für den ÖPNV: Ein Digitalisierungsschub in Form von vermehrter datengestützter Angebotsplanung, die sich an der echten Verkehrsnachfrage orientiert und so Überfüllung vermieden werden kann, sowie durch eine stärkere Sensibilität für die Bedürfnisse und Anforderungen der Fahrgäste.

Die Nutzung des privaten Fahrzeuges profitiert in der Pandemie vom gestiegenen Wunsch der Menschen nach Privatheit, Sicherheit und Hygiene. Zusätzlich hat die Vermeidung öffentlicher Verkehrsmittel und die veränderten Wegezwecke und Reduktion von Zielen mit langen Distanzen, vor allem durch den Wegfall langer Pendel- und Arbeitswege, zu einem Anstieg der privaten Pkw-Nutzung geführt. Zudem steigt der Wunsch nach einem eigenen privaten Fahrzeug. Die Gefahr besteht, dass die Bemühungen der Verkehrswende bezüglich einer reduzierten Automobilität sowie geringerem Pkw-Besitz in Städten durch die Pandemie zurückgeworfen werden.

Durch den Fokus auf das nahräumliche Wohnumfeld während der Pandemie und durch die erhöhte Nachfrage nach „individueller" und gesunder Mobilität erleben Radfahren und Zufußgehen einen Aufschwung. Die gestiegene Nachfrage nach aktiver Mobilität als resiliente Mobilitätsform wurde zudem in einigen Stadtteilen bzw. Städten durch die zügige Schaffung von Pop-up Infrastrukturen begleitet. Hierdurch sind innerhalb von kurzer Zeit neue Radwege, Fußgängerzonen oder Spielstraßen entstanden. Die provisorisch angelegten Umgestaltungen wurden zum Teil bereits verstetigt, sind allerdings nur auf wenige Orte begrenzt. In jedem Fall haben sie aber gezeigt, wie rasche Veränderungen der Stadtgestalt möglich sind und damit weltweit Resonanz erhalten und Vorbilder für schnelles und flexibles Verwaltungshandeln generiert.

7   Chancen der städtischen Mobilität nach der Pandemie

Das Mobilitätsverhalten ist stark durch Routinen geprägt, weshalb es so schwierig ist, Verhaltensänderungen unter gleichbleibenden Umständen umzusetzen. In der Forschung sind biografische Umbrüche und besondere Lebensereignisse bekannt, nach denen das Mobilitätsverhalten häufig geändert wird: Renteneintritt, Umzug, Familiengründung (z. B. Jones und Ogilvie, 2012; Bamberg, 2006). Ähnlich könnte sich auch die Pandemie auswirken. Eingespielte Routinen, mit Bus und Bahn zur Arbeit oder ins Kino zu fahren, könnten verdrängt werden, wenn in der Pandemie neue Routinen, wie z. B. die Nutzung eines Pkws oder die abnehmende Akzeptanz öffentlicher Verkehrsmittel, gebildet werden. Eine Rückkehr zum Mobilitätsverhalten vor Corona scheint derzeit unwahrscheinlich.

Die einschneidenden Veränderungen der Mobilität in Städten können aber auch als Triebfeder für eine Neuaufstellung des Umweltverbunds genutzt werden. Um die Veränderungen durch die Pandemie als Chance für eine nachhaltige urbane Mobilität zu nutzen, gilt es, folgende Aspekte zu berücksichtigen:

• Es sollten alle Verkehrsmittel des Umweltverbunds entsprechend gefördert und ausgebaut werden, anstatt beispielsweise nur das Fahrrad „als Gewinner der Krise" zu stärken. Eine **Zusammenführung der Verkehrsmittel des Umweltverbunds** ist für eine nachhaltige Zukunft unerlässlich, dabei sollte zum einen der öffentliche Nahverkehr neu aufgestellt und stärker an den Bedürfnissen der NutzerInnen ausgerichtet werden (z. B. flexibel und digital buchbar, von Tür zu Tür-Dienste).

- Zum anderen sollte der **Aufschwung aktiver Mobilität** und die **Umverteilung des öffentlichen Raums** fortgeführt und anhand übergreifender Konzepte ausgeweitet werden. Dadurch, dass möglicherweise auch in Zukunft die Mobilität durch wegfallende Pendelwege – z. B. bedingt durch flexibles Arbeiten und Homeoffice – stärker auf das nahe Wohnumfeld ausgerichtet sein wird, könnte eine Rückeroberung des öffentlichen Raums stattfinden. Auch für Freizeit- und Naherholungszwecke kann die Wiederentdeckung des lokalen Umfelds andauern, die durch die Pandemie aufgrund der wegfallenden Urlaubsreisen eingetreten ist.

- Die gestiegene Attraktivität aktiver Mobilität und damit auch die **auflebende Diskussion um den öffentlichen Raum** und gleichzeitig die „Rückbesinnung" auf das private Fahrzeug können die Konflikte um die Beanspruchung des knappen öffentlichen Raums in Städten verstärken. Inwiefern Gelegenheiten im öffentlichen Raum zum Rückzug und zu ansteckungsfreien Begegnungen geschaffen werden können und somit das eigene Fahrzeug nicht zum Symbol des Rückzugs ins Private wird, hängt auch davon ab, wie sich die Stadt- und Verkehrsplanung aufstellt. Hier setzen auch die weltweit bekannt gewordenen provisorischen Umgestaltungen, wie Pop-up Radwege, temporäre Spielstraßen oder umgewidmete Parkplätze an, welche die Aufenthaltsqualität im Nahraum erhöhen und die Abstandsregeln im öffentlichen Raum ermöglichen. Zugleich eröffnen die Pop-up Infrastrukturen ein „Gelegenheitsfenster" für die Verkehrswende, da sie die Relevanz städtischer Erholungsräume und gesteigerter urbaner Aufenthaltsqualitäten aufzeigen und deutlich machen, welche verkehrspolitischen Entscheidungen notwendig sind und welche Rolle die Zivilgesellschaft bei der provisorischen Umgestaltung der Stadt einnehmen kann und will. Nicht zuletzt durch den Fokus auf das nahräumliche Umfeld während der Pandemie, wird möglicherweise eine **lokale Identifikation der Menschen mit dem Umfeld** verstärkt, wodurch das zivilgesellschaftliche Engagement aktiviert wird.

- Insgesamt erfordern die mobilitätsbedingten Auswirkungen der Pandemie ein **zügiges Handeln von Verwaltung, Politik und Zivilgesellschaft**, um einerseits aktivierte Potenziale zu nutzen und andererseits Neuausrichtungen (des öffentlichen Nahverkehrs) anzustoßen. Hierbei muss darauf geachtet werden, dass die durch die Krise wahrgenommenen Beschränkungen nicht zu Rebound-Effekten in der städtischen Mobilität auf der Nutzerseite führen. Gleichzeitig kann das Erleben von unmittelbaren Verhaltensänderungen und politischen Entscheidungen – bedingt durch die Krise – auch für die Umsetzung weiterer Maßnahmen zur Verkehrswende hilfreich sein.

Literatur

ADAC (2020), Corona und Mobilität: Mehr Homeoffice, weniger Berufsverkehr, verfügbar unter https://www.adac.de/verkehr/standpunkte-studien/mobilitaets-trends/corona-mobilitaet/.

Bamberg, S. (2006), Is a residential relocation a good opportunity to change people's travel behavior? Results from a theory-driven intervention study, in *Environment and Behavior*, 38. Jg., Nr. 6, S. 820–840.

Capgemini Research Institute (2020), COVID-19 and the automotive consumer: How can automotive organizations re-engage consumers and reignite demand?, verfügbar unter https://www.capgemini.com/de-de/wp-content/uploads/sites/5/2020/04/COVID-19-Automotive-3.pdf.

Covid-19 Mobility Project (2021), Current Mobility, verfügbar unter https://www.covid-19-mobility.org/current-mobility/.

DB Systemtechnik GmbH; Deutsches Zentrum für Luft- und Raumfahrt e. V., Institut für Aerodynamik und Strömungstechnik (2020), Untersuchungen zur Ausbreitungswahrscheinlichkeit von Aerosolen im Fahrgastraum von Schienenfahrzeugen, verfügbar unter https://www.dlr.de/content/de/downloads/2020/kurzfassung-abschlussbericht-luqas.pdf?__blob=publicationFile&v=2.

DLR-Verkehr (2020), DLR-Befragung: Wie verändert Corona unsere Mobilität?, 05.05.2020, verfügbar unter https://verkehrsforschung.dlr.de/de/news/dlr-befragung-wie-veraendert-corona-unsere-mobilitaet (Zugriff am 26.01.2021).

DLR (2020), Dritte DLR-Befragung: Wie verändert Corona unsere Mobilität?, verfügbar unter https://verkehrsforschung.dlr.de/de/news/dritte-dlr-befragung-wie-veraendert-corona-unsere-mobilitaet (Zugriff am 16.02.2021).

infas, MotionTag, WZB (2020), Unsere Alltagsmobilität in der Zeit von Ausgangsbeschränkungen, Quarantäne und wiedererlangter Routinen. Ergebnisse aus Beobachtungen per repräsentativer Befragungen und ergänzendem Mobilitätstracking bis Ende Mai Ausgabe 29.05.2020. Zurück zur Normalität?, verfügbar unter https://www.bmbf.de/files/infas_Mobilit%C3%A4tsreport_20200610.pdf.

infas, MotionTag (2020), Unsere Alltagsmobilität in der Zeit von Ausgangsbeschränkung oder Quarantäne – alles anders oder nicht? Ergebnisse aus Beobachtungen per Mobilitätstracking, Bonn und Berlin, verfügbar unter https://www.infas.de/fileadmin/user_upload/PDF/Tracking-Report_No1_infas-Motiontag_09042020.pdf.

Jones, C. und Ogilvie, D. (2012), Motivations for active commuting: a qualitative investigation of the period of home or work relocation, in *International Journal of Behavioral Nutrition and Physical Activity*, S. 1–12.

Klein, T., Köhler, D. und Stein, T. (2020), Radverkehr im Ausnahmezustand – Mit Rückenwind aus der Krise?, in Difu (2020): Berichte. Stadt und Krise – Gedanken zur Zukunft. Sonderheft, verfügbar unter https://difu.de/sites/default/files/media_files/2020-06/Berichte-Sonderheft_Juni-2020_Stadt-und-Krise_final_WEB_klein.pdf.

Kraftfahrtbundesamt (2021), Pressemitteilung Nr. 04/2021 – Fahrzeugzulassungen im Januar 2021, verfügbar unter https://www.kba.de/DE/Presse/Pressemitteilungen/2021/Fahrzeugzulassungen/pm04_2021_n_01_21_pm_komplett.html;jsessionid=2576C99FE1909058D-DA408C0FA06215E.live11292?nn=3033666 (Zugriff am 15.02.2021).

Kriegel, M., Buchholz, U., Gastmeier, P., Bischoff, P., Abdelgawad, I. und Hartmann, A. (2020), Predicted Infection Risk for Aerosol Transmission of SARS-CoV-2, 2020.2010.2008.20209106, doi:10.1101/2020.10.08.20209106 %J medRxiv.

mobility institute Berlin & SHARE NOW (2020), Mehr Schutz, weniger Stau – Die Rolle des Carsharing in Zeiten von Corona, verfügbar unter https://mobilityinstitute.com/wp-content/uploads/2020/06/Die-Rolle-des-Carsharing-in-Zeiten-von-Corona_mib_sharenow_V1.01.pdf (Zugriff am 15.02.2021).

Max-Planck-Gesellschaft (MPG) (2020), Corona-Sperren: Saubere Luft rettet Leben, verfügbar unter https://www.mpg.de/14756742/corona-lockdown-luftverschmutzung.

New York Times (2011), Out of Disaster, a Burst of Enthusiasm for Bicycling, verfügbar unter https://www.nytimes.com/2011/04/18/business/global/18iht-rbog-bicycle-18.html.

Nobis, C. (2021), Covid-19: Veränderungen des Mobilitätsverhaltens, Earth System Knowledge Platform [eskp.de], 8. doi:10.48440/eskp.065, verfügbar unter https://www.eskp.de/energiewende-umwelt/covid-19-veraenderungen-des-mobilitaetsverhaltens-9351113/.

Nobis, C., Eisenmann, C., Kolarova, V., Winkler, C. und Lenz, B. (2020), Mobilität in Zeiten der Pandemie, *Internationales Verkehrswesen*, 72. Jg., Nr. 3, S. 94–97.

Nobis, C. und Kuhnimhof, T. (2018): Mobilität in Deutschland – MiD Ergebnisbericht, Studie von infas, DLR, IVT und infas 360 im Auftrag des Bundesministers für Verkehr und digitale Infrastruktur (FE-Nr. 70.904/15), Bonn, Berlin.

Schlosser, F., Maier, B. F., Hinrichs, D., Zachariae, A. und Brockmann., D. (2020), COVID-19 lockdown induces structural changes in mobility networks – Implication for mitigating disease dynamics, verfügbar unter https://www.pnas.org/content/pnas/117/52/32883.full.pdf (Zugriff am 16.02.2021).

Senatsverwaltung für Umwelt, Verkehr und Klimaschutz (2020), Ergebnisse der automatischen Radzählstellen Stundenwerte (Jahresdateien von 2012–2020), dl-de/by-2-0, Lizenztext unter www.govdata.de/dl-de/by-2-0, verfügbar unter https://www.berlin.de/sen/uvk/_assets/verkehr/verkehrsplanung/radverkehr/weitere-radinfrastruktur/zaehlstellen-und-fahrradbarometer/gesamtdatei_stundenwerte.xlsx.

Sinus (2020): Fahrrad-Monitor Deutschland Corona-Befragung 2020. Ergebnisse einer repräsentativen Online-Befragung, verfügbar unter https://www.bmvi.de/SharedDocs/DE/Anlage/StV/fahrrad-monitor-deutschland-corona-befragung-2020.pdf?__blob=publicationFile.

Stark, K., Gade, K. und Heinrichs, D. (2019), What Does the Future of Automated Driving Mean for Public Transportation?, *Transportation Research Record*, 2673. Jg., Nr. 2, S. 85–93, doi:10.1177/0361198119827578.

VDV (04.02.2021), Die ÖPNV-Bilanz des Corona-Jahres 2020, Pressemeldung, verfügbar unter https://www.vdv.de/presse.aspx?id=458fc281-0ec8-4de5-a676-ecdad74ee0ad&mode=detail&coriander=V3_3b54cbe9-78af-6705-2be8-80bc0e42ea52.

VDV (2021), Daten & Fakten zum Personen- und Schienengüterverkehr, verfügbar unter https://www.vdv.de/daten-fakten.aspx.

World Health Organization (2010), Global recommendations on physical activity for health.

WZB (2020), Mobilitätsreport 03, verfügbar unter https://www.infas.de/neuigkeit/die-mobilitaet-und-corona-schneller-als-gedacht-zurueck-zur-normalitaet/.

ZIV (2020), Fahrrad- und E-Bike-Industrie trotzen der Corona-Krise. Stimmungsbarometer für das 1. Halbjahr 2020., verfügbar unter https://www.ziv-zweirad.de/fileadmin/redakteure/Downloads/PDFs/PM_2020_02.09._Fahrradmarkt_Stimmungsbarometer_1._HJ_2020.pdf.

Erhalt wirtschaftlicher Strukturen als eine Hauptherausforderung der Stadtentwicklung

Christian A. Oberst

Zusammenfassung

Beim Erhalt wirtschaftlicher Strukturen ist zwischen konjunkturellen und strukturellen Herausforderungen zu unterscheiden. Kurzfristig sollte der Fokus auf dem Abfedern der finanziellen Auswirkungen der notwendigen Eindämmungs- und Schutzmaßnahmen liegen. Aus der konjunkturellen Hilfe in der Ausnahmesituation sollte jedoch keine dauerhafte strukturkonservierende Förderung unrentabler Sektoren und Segmente erwachsen. Im Idealfall werden Maßnahmen getroffen, die mit adäquaten Hilfsmaßnahmen kurzfristig die wirtschaftlichen Strukturen erhalten und deren zeitliche Begrenzung dazu führt, dass die Maßnahmen insgesamt günstiger sind als bei einer dauerhaften Förderung bestimmter Branchen und Standorte, selbst wenn es zum Teil kurzfristig zu ineffizienten Mitnahmeeffekten kommt. Langfristig ist ungewiss, wie die Erfahrungen der Corona-Pandemie das zukünftige Verbraucher- und Nutzerverhalten verändern und welche strukturellen Veränderungen sich daraus ergeben. Auch historische Erfahrungen sind nur bedingt auf das heutige digitale Zeitalter übertragbar. Derzeit erscheint ein Szenario mit weiter steigendem Anteil des Online-Handels mit einhergehender hoher Marktkonzentration von Händlern und Lieferdienstleistern wahrscheinlich. Ein diskriminierungsfreier Zugang zu Plattformen für die Abwicklung des Online-Handels ist eine zentrale Voraussetzung für den Erhalt wettbewerblicher Wirtschaftsstrukturen. Für die Stadtentwicklung bringt ein stark zunehmender Online-Handel weitere Herausforderungen, unter anderem bei der innerstädtischen Flächenentwicklung und der Aufstellung neuer Mobilitätskonzepte, mit sich. Außerdem könnte die Pandemie den bestehenden Binnenwanderungstrend ins Umland der Großstädte verstärken.

© Der/die Autor(en), exklusiv lizenziert durch
Springer Fachmedien Wiesbaden GmbH, ein Teil von Springer Nature 2021
T. Just und F. Plößl (Hrsg.), *Die Europäische Stadt nach Corona*,
https://doi.org/10.1007/978-3-658-35431-2_7

In der Corona-Pandemie überstürzen sich die Ereignisse, epidemiologisch, aber auch gesellschaftlich, politisch und wirtschaftlich. Ein übergreifender Aspekt ist die hohe Unsicherheit, beginnend mit der anfänglichen epidemiologischen Unsicherheit zu den Verbreitungswegen des Virus, Effektivität von Behandlungs- methoden und Eindämmungsmaßnahmen und der erwarteten Dauer der Krise sowie der unterschiedlichen sozialen und ökonomischen Betroffenheit, bis hin zu ungewissem langfristig verändertem Verbraucher- und Nutzerverhalten und den damit verbundenen strukturellen Auswirkungen der Pandemie, die unter anderem auch das Stadtbild verändern können.

Beim Erhalt wirtschaftlicher Strukturen ist zwischen konjunkturellen und strukturellen Herausforderungen zu unterscheiden. Darüber hinaus sind unter- schiedliche Betroffenheiten, etwa nach Standort, Branche oder Segment, zu be- rücksichtigen. Auch die gesamtwirtschaftliche Ausgangssituation und zeitgleich stattfindende überlagernde Entwicklungs- und Transformationsprozesse sind bei Analysen und Maßnahmengestaltung zu berücksichtigen. Je nach Teilaspekt sind unterschiedliche staatliche Ebenen bei den Maßnahmen gefordert.

Kurzfristig sollte der Fokus bei Maßnahmen zum Erhalt wirtschaftlicher Strukturen vor allem auf dem möglichst schnellen Abfedern der teilweise extremen finanziellen Auswirkungen der notwendigen Eindämmungs- und Schutzmaß- nahmen liegen. Diese Aufgabe fällt in erster Linie den höheren politischen Ebenen zu, in Deutschland also Bund und Ländern, und ist keine originäre Aufgabe der Stadtentwicklung. Der Erfolg bzw. Misserfolg der übergeordneten konjunkturellen Maßnahmen beeinflusst jedoch den zukünftigen strukturellen Handlungsbedarf und -spielraum der Stadtentwicklung.

Geeignete Eindämmungsmaßnahmen in der Pandemie zum gesundheitlichen Schutz sind gesellschaftlich notwendig und sinnvoll, jedoch für betroffene Unter- nehmen mit Härten verbunden. Da jede Zeitverzögerung und inkonsequente Um- setzung der Maßnahmen eine exponentiell höhere Betroffenheit nach sich ziehen kann, sollte eine adäquate und schnelle finanzielle Entschädigung der betroffenen Unternehmen die zukünftige Akzeptanz und schnelle Umsetzung von Schutzmaß- nahmen fördern. Idealerweise sollten lediglich die Unternehmen Hilfszuwendungen erhalten, deren finanzielle Notsituation auf die Eindämmungsmaßnahmen zurück- zuführen ist und nicht auf Probleme, die bereits zuvor bestanden. Da jede Art an Bedarfsprüfung Zeit und Verwaltungsaufwand erfordert, ist zwischen effizientem Einsatz öffentlicher Gelder und möglichst bedarfsgerechter Förderung auf der einen Seite sowie schneller unbürokratischer und damit effektiver Hilfe auf der anderen Seite abzuwägen. Die Stadtentwicklung dürfte bei den kurzfristigen konjunkturellen Maßnahmen eine untergeordnete Rolle spielen und lediglich in den begrenzten Maßen ergänzend wirken, zum Beispiel beim Erhalt von Angebotsstrukturen, die für die nachhaltige Stadtentwicklung von besonderer Bedeutung sind und bei der allgemeinen Hilfe nicht ausreichend berücksichtigt wurden (zum Beispiel Kulturangebote oder Anbieter von innovativen Mobilitätskonzepten) sowie bei der Unterstützung, Koordination oder Umsetzung von Zwischennutzungskonzepten (zum Beispiel Einrichtung von Impfzentren auf Messegeländen).

Die noch anstehende politische Herausforderung wird darin bestehen, dass aus der konjunkturellen Hilfe in der Ausnahmesituation zukünftig keine dauerhafte strukturkonservierende Förderung unrentabler Branchen und Segmente erwachsen wird. So wurde etwa in der Krise häufig die Sicherung der Innenstädte als Einzelhandelsstandorte gefordert. Kurzfristig ist eine solche Maßnahme durch eine mögliche überproportionale Betroffenheit nachvollziehbar, mittel- bis langfristig sollte jedoch entscheidend sein, ob der gesellschaftliche Nutzen des Erhalts der Innenstädte als Einzelhandelsstandorte größer ist als die damit verbundenen Kosten. Das heißt, wenn die Menschen sich zukünftig verstärkt Waren liefern lassen oder lediglich abholen, bedarf es mehr zentrumsnaher Lagerflächen und urbaner Zustellungsmodelle, aber eben weniger stationärer Einzelhandelsflächen – insbesondere auch in den Innenstädten. Ob die freiwerdenden Flächen dann für Sozial- und Kultureinrichtungen, Gastronomie, Büros oder Wohnungen genutzt werden, sollte vor allem von der Präferenz und damit letztlich Zahlungsbereitschaft der Bevölkerung abhängen. Aufgrund der hohen Unsicherheit bei der zukünftigen Nutzungspräferenz erscheint es sinnvoll, in der Stadtentwicklung verstärkt auf flexiblere Flächennutzungskonzepte zu setzen. Darüber hinaus könnten kooperativ und integrativ gemanagte Standortkonzepte eine wichtige Rolle spielen. Bei diesen wird kooperativ ein vielfältiges Angebot ermöglicht, indem auch weniger rentable Angebote gemeinsam erhalten werden, um die Attraktivität des Gesamtstandortes zu steigern. Die gemanagten Standortkonzepte könnten auch in Zusammenarbeit mit der verbandlichen Selbstverwaltung der regionalen Wirtschaft oder lokalen Interessengemeinschaften organisiert werden.[1]

Bei der Interpretation von aktuellen Entwicklungs- und Betroffenheitsindikatoren ist zu beachten, dass die Pandemie in Deutschland im Frühjahr 2020 konjunkturell auf eine wirtschaftliche Situation am Ende einer langen und dynamischen Wachstumsphase traf. So befand sich die Industrieproduktion bereits seit ihrem Hochpunkt im Mai 2018 im Abschwung. Zu Beginn der Pandemie brachen dann zunächst Industrieproduktion und globaler Warenhandel ein, die sich jedoch schneller erholten als von der Finanzkrise (vgl. SVR, 2020).

Mit Blick auf die wirtschaftlichen Aktivitäten in den Städten überlagerte sich der Pandemiebeginn mit möglichen Trendwenden am Immobilienmarkt. Nach-

---

1   Detailliertere Überlegungen zum kooperativen Management von Einzelhandelsimmobilien finden sich unter anderem bei Dascher und Daminger (2018).

dem in den 2010er Jahren die Mieten für Wohn- und Gewerbeimmobilien in den Groß- und Universitätsstädten nahezu zehn Jahre lang stetig gestiegen waren, deutete sich 2019 zumindest ein langsames Ende des Immobilienbooms an (vgl. Henger, 2019; Oberst und Voigtländer, 2020). Einerseits sollten nach einem langen wirtschaftlichen Aufschwung die meisten Kommunen und Unternehmen finanziell gut gerüstet sein, andererseits standen auch ohne Auswirkungen der Pandemie schon viele notwendige und herausfordernde Anpassungsprozesse an – die im Folgenden unter strukturellen Herausforderungen erörtert werden. Gerade Kommunen und Unternehmen, die im Aufschwung keine finanziellen Reserven aufbauen konnten, dürften in der jetzigen Lage besonders unter Druck geraten und auf Unterstützung durch Bund und Länder angewiesen sein.

Bei den Unternehmen dürften neben den von den Eindämmungsmaßnahmen besonders betroffenen Branchen wie der Gastronomie, der Veranstaltungs- und Tourismusbranche auch neugegründete Unternehmen und Unternehmen in von besonders hoher Wettbewerbsintensität geprägten Märkten nicht über die notwendigen finanziellen Rücklagen verfügen. Beispielsweise sind die Umsätze des Gastgewerbes im April 2020 und ab November 2020 im Vergleich zum Vorjahresmonat um bis zu 87 Prozentpunkte gefallen (vgl. Abb. 1). Die hier angenommene besondere Betroffenheit für neugegründete Unternehmen und wettbewerbsintensive Branchen erscheint naheliegend, kann jedoch mit aggregierten Branchenstatistiken nicht abgebildet werden, da dort üblicherweise nicht nach solchen Unternehmens- und Branchenmerkmalen differenziert wird. Der Erhalt gerade dieser gewünschten innovativen und wettbewerblichen Marktstrukturen ist ein legitimes Ziel für die Erhaltungsmaßnahmen wirtschaftlicher Strukturen. Darüber hinaus dürften vor allem Unternehmen, die in zentraler städtischer Lage angesiedelt sind, besonders stark durch hohe Mietzahlungen oder Hypotheken belastet sein. Kurzfristige finanzielle Beihilfen können auch hier sinnvoll sein. Hingegen verschiebt eine gesetzlich vorgeschriebene Stundung der Mietzahlung die Liquiditätsprobleme lediglich von Mietern auf Vermieter. Vor dem Hintergrund des vorangegangenen langen Immobilienaufschwungs mag es naheliegend erscheinen, dass Vermieter über die notwendigen finanziellen Reserven verfügen. Vermieter können jedoch selbst von der Krise anderweitig betroffen sein und müssen zumeist Kapitaldienst bei Banken leisten. Gestundete Mietausfälle fehlen bei der Bedienung des Darlehens und können zu Verstößen gegen vereinbarte finanzielle Anforderungen, sogenannte Financial Covenants, führen, wodurch mitunter ein Kündigungsgrund für die Darlehen vorläge. Das Vorhandensein finanzieller Reserven dürfte auch bei Vermietern je nach Lage, Assetklasse, Portfoliogröße, Kauf- und Finanzierungsbeginn höchst unterschiedlich sein und ebenso unterschiedlichen Förderbedarf mit sich bringen. Wie bei Mietern stünde auch bei Vermietern die bereits beschriebene

Abwägungsentscheidung zwischen bedarfsgerechter Förderung und effektiver Hilfe an. Die Stundung von Mietzahlungen hat jedoch noch einen weiteren Nachteil – sie ist missbrauchsanfälliger, da die Vermieter weniger Möglichkeiten bei der Bedarfsprüfung haben als die öffentliche Hand. Bevor Maßnahmen Liquiditätsprobleme lediglich von Mietern auf Vermieter verschieben und von dort gegebenenfalls durch weitere Maßnahmen weiter auf die Darlehensgeber (Banken), erscheint es sinnvoller, mit Erhaltungsmaßnahmen am Anfang der Wirkungskette anzusetzen. Unbedachte gesetzliche Regelungen könnten hier sogar privat vereinbarte Kompromisse torpedieren. Der Erfolg der konjunkturellen Erhaltungsmaßnahmen wird sich maßgeblich auf das zukünftige Stadtbild auswirken, findet aber weitgehend nicht im Rahmen der Stadtentwicklung statt.

Strukturell trifft die Pandemie die verschiedenen Wirtschaftssektoren in den Städten in höchst unterschiedlichen Phasen ihrer Entwicklung und Transformation. Diese Prozesse umfassen unter anderem den digitalen Wandel, den klimagerechten und ökologisch nachhaltigen Stadtumbau sowie die demografische Entwicklung mit alternder und schrumpfender Bevölkerung, letzteres vor allem in Klein- und Mittelstädten im ländlichen Raum. Von der digitalen Transformation sind alle Branchen und Regionskategorien betroffen, wobei die Ausgangssituationen jedoch unterschiedlich sind. Die Büromärkte verändern sich unter anderem durch neue Möglichkeiten und Bedarfe des Arbeitens im Homeoffice und flexibler Büroflächennutzung (Stichwort Co-Working-Konzepte). Diese Veränderung muss nicht mit einer quantitativen Flächenreduzierung einhergehen, sondern kann sich auch in einer qualitativ veränderten Flächennutzung äußern, wie zusätzlichen Kommunikationsflächen oder alternativen Standorten etwa in gut erreichbaren Stadtrand-/Umlandlagen. Aus der Pandemieerfahrung könnte auch ein Trend zu mehr Bürofläche je Arbeitnehmer folgen. Kurzfristig könnte unter dem Eindruck der Pandemie der zukünftige quantitative Bedarf an Büroflächen unterschätzt werden, denn nur wenige Unternehmen wollen bisher Büroflächen reduzieren (vgl. Stettes und Voigtländer, 2021). Im Einzelhandel äußert sich der digitale Wandel vor allem anhand der abnehmenden Bedeutung des stationären Handels zugunsten des zunehmenden Online-Handels (vgl. Engels und Rusche, 2019) und den damit verbundenen neuen Bedarfen an urbanen Logistikkonzepten (zentrumsnahe Lagerflächen und Zustellungsmodelle).

Wie genau die Erfahrungen der Pandemie das zukünftige Verbraucher- und Nutzerverhalten im digitalen Zeitalter langfristig verändern werden, ist ungewiss. Einerseits könnten sich die Verbraucher an Online-Bestellungen mit Lieferungen zur Haustür und Click- & Collect-Abholungen gewöhnen und früher bestehende Akzeptanzbarrieren bei bestimmten Produkten dauerhaft übersprungen haben, etwa bei der Bestellung von Lebensmitteln (vgl. Demary, 2020; Engels und Rusche,

2020). Dies wäre eine Entwicklung, die zum Teil ohnehin im Gange war und durch die Pandemie lediglich beschleunigt wurde. Anderseits könnten die Verbraucher nach der Pandemie einen erhöhten Nachholbedarf am Konsumerlebnis vor Ort in den Läden und Innenstädten verspüren, mitunter gerade nach dem Einkaufserlebnis im Verbund mit dem Kultur- und Gastronomieangebot – somit könnte sich eine Art Nachholeffekt beim Einkaufsverhalten einstellen. Ein weiterer Aspekt ist, dass der deutliche Nachfrageanstieg nach Lieferdienstleistungen einerseits dazu führen könnte, dass sich mehrere Zustellungsinfrastrukturen nebeneinander etablieren und selbst kleine lokale Händler über Lieferkonzepte verfügen werden (Eigen- oder Fremdleistung), aus ökonomischer Perspektive also die bisherige potenzielle natürliche Monopolstellung von manchen lokalen Lieferdienstleistungen durch den Nachfrageanstieg aufgehoben wird, da ein Unternehmen nicht mehr zwangsläufig kostengünstiger arbeitet als mehrere Dienstleister. Andererseits ist die zu beobachtende Marktkonzentration von den wenigen bereits etablierten Online-Händlern und Zustellern aus wettbewerbspolitischen Gründen besorgniserregend. Zwar ist Marktkonzentration lediglich ein Indiz für Marktmacht von Unternehmen, doch die (Missbrauchs-)Gefahr besteht, dass marktmächtige Anbieter mögliche Konkurrenzangebote zurückdrängen, Löhne drücken, weniger innovativ sind und leichter durchsetzbare Preisaufschläge und Preisdifferenzierung im Ergebnis langfristig zu höheren Preisen für die Verbraucher führen. Der Wettbewerbspolitik kommt eine wichtige Rolle beim Erhalt wirtschaftlicher Strukturen zu. Auch bei den Einzelhandelsstandorten könnte es eine Konzentration in Richtung zentraler Großstädte auf Kosten kleinerer Einkaufsstandorte geben. Ob sich daraus eine Aufgabe für die Regionalpolitik ergibt, ist eine andere Frage, da Lieferkonzepte gleichwertige Lebensverhältnisse möglicherweise besser herstellen als es der bisherige stationäre Handel vermag.

Derzeit erscheint ein Szenario mit weiter steigendem Anteil des Online-Handels mit einhergehender hoher Marktkonzentration von Händlern und Lieferdienstleistern wahrscheinlich. Ein diskriminierungsfreier Zugang zu Plattformen für die Abwicklung des Online-Handels ist daher eine zentrale Voraussetzung für den Erhalt wettbewerblicher Wirtschaftsstrukturen. Für die Stadtentwicklung bringt ein stark zunehmender Online-Handel weitere Herausforderungen, unter anderem bei der innerstädtischen Flächenentwicklung und der Aufstellung neuer Mobilitätskonzepte mit sich. Zumindest kurzfristig dürfte beim Personenverkehr die Pandemie der angestrebten Mobilitätswende entgegenwirken, indem der ÖPNV eher gemieden und verstärkt auf den Individualverkehr gesetzt wird (siehe Kap. 6 – Jarass *et al.*, 2021). Welchen Einfluss die Pandemie dauerhaft auf den Erfolg von jüngsten Innovationen in diesem Bereich sowie auf den ökologischen Fußabdruck des Waren- und Dienstleistungsverkehrs hat, ist ungewiss. Technologische Innovationen und veränderte Konsum- und Arbeitspräferenzen und Gewohnheiten werden jedoch nicht nur die Anbieter- und Branchenstruktur verändern, sondern auch Auswirkungen auf die räumliche Verteilung wirtschaftlicher Aktivitäten haben. Mitunter sollte die Stadtentwicklung versuchen, lokaler Marktkonzentration entgegenzuwirken, etwa mit eigenen Einzelhandels- und Lieferkonzepten oder der Unterstützung von lokalen Geschäftsmodellen der Sharing Economy. Insgesamt ist bei technologischen Diffusionsprozessen zu beachten, dass sowohl eine zu langsame als auch eine zu schnelle Marktdiffusion wohlfahrtsschädigend sein kann. Während die Nachteile einer zu langsamen Nutzung offensichtlich sind, weil Potenziale nicht genutzt werden, kann theoretisch auch eine zu schnelle Marktdiffusion nachteilig sein, wenn sich eine minderwertige Technologie bei starker Pfadabhängigkeit und Quasi-Irreversibilität zu früh am Markt durchsetzt oder unterschiedliche Ausgangsvoraussetzungen die Ungleichheit erhöhen. Im Großen und Ganzen haben die gesellschaftlichen Anpassungen an die Pandemie die digitale Transformation beschleunigt und das Potenzial, die Ungleichheiten in Zukunft zu erhöhen (z. B. in den Schulen).

Außerdem könnte die Pandemie den bestehenden Binnenwanderungstrend ins Umland der Großstädte verstärken bzw. verstetigen, unter anderem aufgrund der angenommenen zunehmenden Präferenz nach mehr Wohnfläche, einem zusätzlichen (Arbeits-)Zimmer oder dem Einfamilienhaus mit Garten und Pkw-Stellplatz und der gleichzeitig abnehmenden Relevanz der Pendeldistanz durch zumindest teilweises mobiles Arbeiten. Der Binnenwanderungstrend in die Umlandgemeinden bestand jedoch schon vor der Pandemie, wurde aber bis vor kurzem durch Zuzüge aus dem Ausland überlagert. So ziehen mit steigender Tendenz bereits seit 2014 im Saldo mehr Inländer aus den Großstädten heraus als zuziehen (vgl. Henger und Oberst, 2019). Inwieweit sich die Zuwanderungszahlen im Zuge der Krise verändern werden, ist noch nicht abschätzbar. Die Pandemie ist auch hier nicht Auslöser, sondern eher Verstärker des Trends der Abwanderung ins Umland. Mittelfristig könnte sie jedoch ebenso das Gegenteil bewirken, etwa wenn es nach dem Ende der Pandemie wieder zu einer zunehmenden Präferenz für zentrumsnahes Wohnen mit fußläufiger Erreichbarkeit von Angeboten des täglichen Bedarfs, des Arbeitsplatzes und Kulturangeboten kommt. So könnte es durchaus sein, dass die Städte nach vorübergehenden Auswirkungen der Pandemie schnell wieder zur ihren ursprünglichen Entwicklungspfaden zurückkehren, wie es historische Erfahrungen über Auswirkungen von Pandemien auf Stadtentwicklung und Wohnungsmärkte am Beispiel von Amsterdam und Paris im 17. bzw. 19. Jahrhundert zeigen (siehe dazu Francke und Korevaar, 2021). Eine abgewandelte Hypothese könnte sein, dass sich die Segmente weiter ausdifferenzieren und sich – je nach Konsumentengruppe – sowohl Trends für zentrumsnahes Wohnen als auch für großflächiges Wohnen im Umland entwickeln und dies zu Lasten der Zwischenräume gehen kann. Folgen auch die Unternehmen bei Standortentscheidungen dem Trend ins Umland, kommt es zu einer weiteren funktionalen Anreicherung des Umlands.

Insgesamt ist für den Immobilienmarkt festzuhalten, dass abgesehen von Verschiebungen zwischen den Segmenten die Pandemie nicht notwendigerweise mit negativen Auswirkungen auf den (städtischen) Immobilienmarkt verbunden sein muss. Wie schon im Zuge der Finanzkrise (vgl. Lerbs und Oberst, 2011) stehen der verschlechterten Einkommensperspektive andere Nachfrageimpulse gegenüber, wie etwa die gestiegene Präferenz für mehr Wohnfläche oder nach Logistikflächen. Die Stadtentwicklung steht beim Trend der Abwanderung ins Umland jedoch vor den Herausforderungen, neu entstehende Siedlungen an den öffentlichen Nahverkehr anzuschließen und außerdem die Flächeninanspruchnahme zu begrenzen (vgl. 30-Hektar-Ziel in der nationalen Nachhaltigkeitsstrategie).

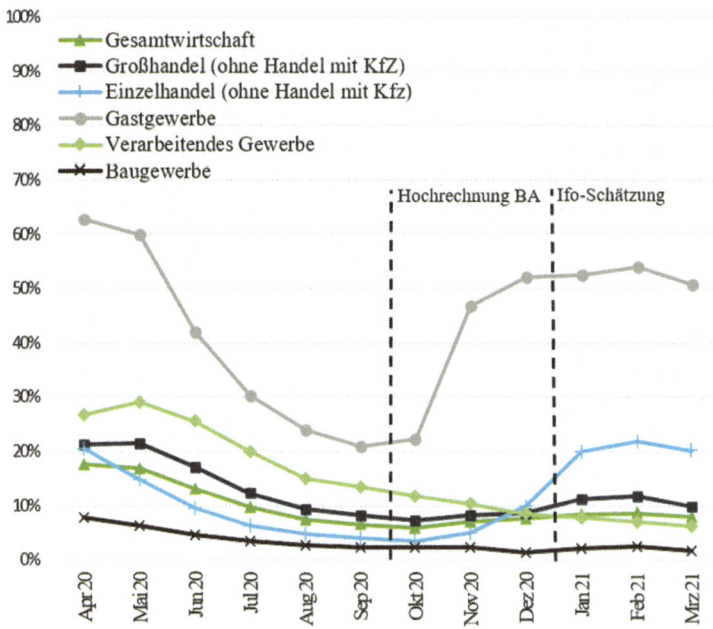

Abb. 1   Kurzarbeit in ausgewählten Branchen

Quelle: Bundesagentur für Arbeit (BA; Stand 31.03.2021), ifo Institut (2021), zitiert nach ifo Institut (2021), eigene Darstellung

Offensichtlich sind die verschiedenen Branchen von den Eindämmungsmaßnahmen unterschiedlich betroffen (siehe Abb. 1 Kurzarbeiterzahlen und Abb. 2 Umsatzentwicklung für ausgewählte Branchen). Gerade anhand der Entwicklung der Kurzarbeiter- und Umsatzzahlen des Gastgewerbes sind sowohl die überproportionalen Betroffenheiten der Branche als auch der zeitliche Verlauf der Eindämmungsmaßnahmen gut zu erkennen („erster Lockdown" ab März 2020, Lockerungen im Mai 2020, sowie „Lockdown light" ab November 2020 und „zweiter Lockdown" ab Mitte Dezember 2020).

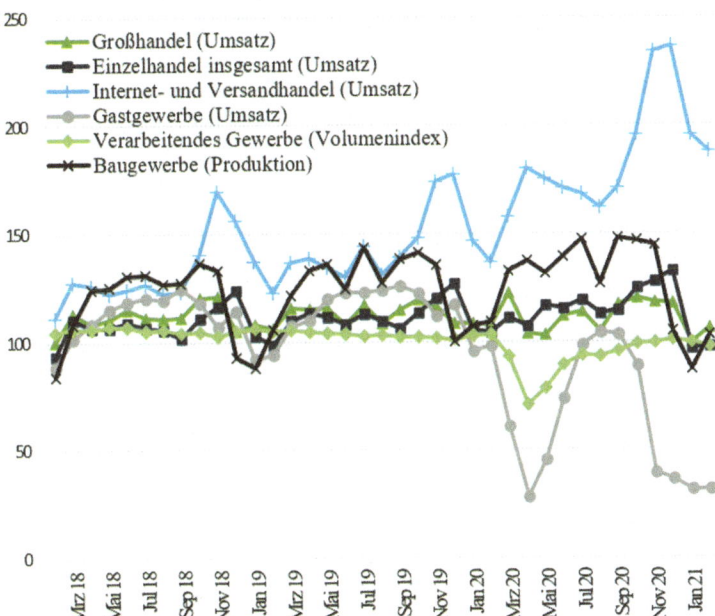

Abb. 2   Indizierte Umsatz- bzw. Produktionsentwicklung für ausgewählte Branchen (2015 = 100)

Quelle: Destatis (2021), eigene Darstellung

In den Städten dürften neben dem Gastgewerbe auch die Veranstaltungs- und Tourismusbranche besonders stark betroffen sein. Darüber hinaus zeigt sich in den Abbildungen, dass der Einzelhandel im zweiten Lockdown, in den auch das Ende des wichtigen Weihnachtsgeschäfts fiel, stärker betroffen war. Im Gegensatz dazu profitierte der Online-Handel insgesamt und dort vor allem jener von marktführenden Unternehmen sowie die dafür notwendige urbane Logistik. Aber auch innerhalb der Branchen dürfte die Betroffenheit unterschiedlich sein; bei der Gastronomie etwa je nachdem, wie stark das Angebot vom Erlebnis vor Ort abhängt und ein Lieferservice einrichtbar ist. Hinzu kommt, dass sich das Ausmaß der wirtschaftlichen Betroffenheit bisher nur zum Teil in den Wirtschaftsindikatoren widerspiegelt. So federn Kurzarbeitergeld, Überbrückungshilfen und andere Leistungen des Staates die Folgen der Krise ab. Auch das Ausmaß der pandemiebedingten Kreditausfälle und Insolvenzfälle ist aufgrund von Ausnahmeregelungen bei der Insolvenzantragspflicht noch nicht abzusehen. Wie viele Unternehmen sich im Zuge der Krise überschulden oder ihre finanziellen Reserven aufzehren und wie stark dies Investitionen begrenzt, ist nicht ersichtlich, doch gehen viele Experten von einem kräftigen Anstieg der Insolvenzen im Jahr 2021 aus (siehe bspw. ifo Institute, 2020; Dierig et al., 2020; Creditreform, 2020; zitiert nach Röhl, 2020), zumal viele betroffene Unternehmen sehr lange auf die versprochenen Leistungen des Staates haben warten müssen.

Bei aller öffentlicher Spekulation über mögliche strukturelle Veränderungen durch die Pandemie, wie etwa das dauerhaft verstärkte Arbeiten aus dem Homeoffice, Online-Bestellungen, Rückbesinnung auf lokale Strukturen und Familien und daraus abgeleitete Entwicklungen wie verstärkte Umzüge ins Umland und aufs Land, wirklich abzuschätzen sind die langfristigen Auswirkungen der Pandemie in ihrer Höhe, Relevanz und selbst der Wirkungsrichtung derzeit noch nicht. Auch historische Erfahrungen sind nur bedingt auf das heutige digitale Zeitalter übertragbar. Es ist daher gerade in zeitnahen Analysen zur Bewältigung und Gestaltung struktureller Veränderungen durch die Pandemie wichtig, die Grenzen des aktuellen Kenntnisstands mitzudenken. Mit Blick in die Zukunft ist zunächst nur die hohe Unsicherheit eindeutig, die Investitionen und Umwandlungsprozesse neben eingeschränkten finanziellen Möglichkeiten zusätzlich erschweren dürfte. In der Stadtentwicklungspolitik wird es eher um die langfristigen strukturellen Herausforderungen als um den kurzfristigen Erhalt wirtschaftlicher Strukturen gehen. Dazu müssen Strategien für Anpassungsprozesse entwickelt werden, deren Ausmaß und dauerhafte Verhaltensänderungen noch nicht eindeutig identifizierbar sind. Vor diesem Hintergrund sollten im Rahmen der Stadtentwicklung Maßnahmen getroffen werden, die darauf abzielen, eine flexiblere Nutzung der Siedlungsflächen zu ermöglichen (zum Beispiel freiwerdende Büro- und Einzelhandelsflächen für Kulturangebote und Wohnkonzepte nutzbar zu machen).

Damit schließt dieses Kapitel mit drei möglichen Zukunftsszenarien zu den wirtschaftlichen Strukturen:

1. Angenommen es werden keine oder zu wenige politische Maßnahmen zum Erhalt wirtschaftlicher Strukturen durchgeführt, dann könnten gerade der stationäre Einzelhandel, die Gastronomie und die Tourismusbranche eine Pleitewelle erleben, die vor allem an kleinen und mittleren Standorten eine Abwärtsspirale einleiten und in der Folge weitere Unternehmensschließungen und eine Angebotsreduktion vor Ort nach sich ziehen würde. Es werden auch Unternehmen vom Markt verschwinden, die eigentlich profitable und innovative Geschäftsmodelle vorweisen konnten, denen es jedoch an Liquiditätsreserven und Vertrauen der Kreditgeber mangelte, um die Verluste des unerwartet langanhaltenden Ausnahmezustands zu überstehen. Dieses Szenario ist aufgrund der weitgehenden Maßnahmen der Bundesregierung eher unwahrscheinlich. Sobald die staatlichen Hilfen jedoch enden oder nicht mehr ausreichen, werden große Belastungen auf die Banken hinzukommen (etwa wenn die temporär ausgesetzte Antragspflicht für Insolvenzanmeldungen endet). Laut BaFin ist eine Bankenkrise derzeit jedoch unwahrscheinlich (siehe Neujahrsgrußwort 2021 von Felix Hufeld, Präsident der BaFin). Folgen in der Stadtentwicklung könnten zunehmende Markt- und Standortkonzentration sein und eine weniger vielfältige und für die Verbraucher nachteilige Angebotsstruktur.

2. Angenommen es werden zu starke und vor allem dauerhafte strukturkonservierende Maßnahmen getroffen, dann könnte eine Angebotsstruktur erhalten werden, die von der Bevölkerung eigentlich nicht mehr gewünscht ist. Die Förderung der veralteten Angebotsstrukturen würde öffentliche Mittel beanspruchen, die anderweitig größeren Nutzen stiften könnten. Ein Beispiel wäre die Rettung von schon vor der Notsituation angeschlagenen Warenhäusern.

3. Im Idealfall werden Maßnahmen getroffen, die mit adäquaten Hilfsmaßnahmen kurzfristig die wirtschaftlichen Strukturen erhalten und deren zeitliche Begrenzung dazu führt, dass die Maßnahmen insgesamt günstiger sind als bei einer dauerhaften oder zumindest langfristigen Förderung bestimmter Branchen und Standorte, selbst wenn es zum Teil kurzfristig zu ineffizienten Mitnahmeeffekten kommt. Diese Maßnahmen sollten für den Staat langfristig profitabler sein als keine oder zu wenige Maßnahmen, da dies zum einen dazu führt, dass bereits mittelfristig mehr Steuern eingenommen werden können und sich die Gesamtwirtschaft auf einem höheren Potenzialwachstumspfad bewegt; zum anderen, weil mittel- und langfristig der notwendige Strukturwandel zugelassen wird, gleichzeitig aber die Kapazitäten der innovativen und erfolgversprechenden Geschäftsmodelle in der Ausnahmesituation erhalten werden und nicht verloren gehen. Ein solcher Rahmen ermöglicht eine Angebotsstruktur, die den Präferenzen der Bevölkerung entspricht. Im Versuch- und Irrtumsverfahren werden sich die Standorte mit den besten Angebotskonzepten

durchsetzen, welche anschließend von den weniger erfolgreichen Standorten mit ähnlichen Standortbedingungen übernommen werden, sodass sich letztlich eine präferenzentsprechende Angebotsstruktur ergeben wird. Die kooperativ und integrativ gemanagten Standortkonzepte in den Innenstädten könnten ein solcher Ansatz sein.

Literatur

Creditreform (2020), Insolvenzen in Deutschland – Jahr 2020, *Neuss*.

Dascher, K. und Daminger, A. (2018), Ensembles aus Einzelhandelsimmobilien – Bündelung, Versteigerung, Indexierung und Aufwertung, Fassung vom 24.07.2018, verfügbar unter https://www.uni-regensburg.de/assets/wirtschaftswissenschaften/immobilien-dascher/retail.pdf (Zugriff am 04.05.2021).

Demary, V. (2020), Onlinehandel: Warum Corona Amazon weiter stärkt, IW-Kurzbericht 32/2020, verfügbar unter https://www.iwkoeln.de/fileadmin/user_upload/Studien/Kurzberichte/PDF/2020/IW-Kurzbericht_2020_Onlinehandel_Amazon.pdf.

Destatis, Statistisches Bundesamt (2021), Auswirkungen der Corona-Pandemie auf Wirtschaft und Konjunktur (in Deutschland) – Statistisches Bundesamt, verfügbar unter https://www.destatis.de/DE/Themen/Querschnitt/Corona/Wirtschaft/kontextinformationen-wirtschaft.html#BIP (Zugriff am 04.05.2021).

Dierig, C., Haas, C. und Zwick, D. (2020), Zahl der Zombieunternehmen droht auf 800.000 zu steigen, in Welt, https://www.welt.de/wirtschaft/article213619642 (Zugriff am 04.05.2021).

Engels, B. und Rusche, C. (2020), Corona: Schub für den Onlinehandel, IW-Kurzbericht 29/2020, verfügbar unter https://www.iwkoeln.de/fileadmin/user_upload/Studien/Kurzberichte/PDF/2020/IW-Kurzbericht_2020_Corona_Onlinehandel.pdf.

Engels, B. und Rusche, C. (2019), Lage und Trends im deutschen Onlinehandel, IW-Report 33/19, verfügbar unter https://www.iwkoeln.de/fileadmin/user_upload/Studien/Report/PDF/2019/IW-Report_2019_Lage_und_Trends_im_Onlinehandel.pdf.

Francke, M. und Korevaar, M. (2021), "Housing markets in a pandemic: Evidence from historical outbreaks", *Journal of Urban Economics*, 123. Jg., S. 103333, https://doi.org/10.1016/j.jue.2021.103333.

Henger, R. (2019), Der Anfang vom Ende des Immobilienbooms, IW-Kurzbericht 67/2019, September 2019, verfügbar unter https://www.iwkoeln.de/fileadmin/user_upload/Studien/Kurzberichte/PDF/2019/IW-Kurzbericht_2019_Immobilien-Index-II.pdf.

Henger, R. und Oberst, C. (2019), Immer mehr Menschen verlassen die Großstädte wegen Wohnungsknappheit, IW-Kurzbericht 20/2019, verfügbar unter https://www.iwkoeln.de/fileadmin/user_upload/Studien/Kurzberichte/PDF/2019/IW-Kurzbericht_2019-Wohnungsknappheit.pdf (Zugriff am 04.05.2021).

Hufeld, F. (2021), Neujahrsgrußwort 2021, 19.01.2021, verfügbar unter https://www.bafin.de/SharedDocs/Veroeffentlichungen/DE/Reden/re_210119_Neujahrsgrusswort_P.html (Zugriff am 04.05.2021).

Ifo-Institut (2021), Ifo-Schätzung der Kurzarbeit sowie Kurzarbeit nach Branchen, verfügbar unter: https://www.ifo.de/sites/default/files/2021-02/ifo-kurzarbeit-uebergabe.pdf (Tabelle: Kurzarbeit nach Branchen), siehe auch ifo Branchenatlas https://www.ifo.de/branchenatlas (Zugriff am 04.05.2021).

Ifo-Institut (2020), Ein Fünftel der deutschen Firmen hält sich für gefährdet, Pressemitteilung, verfügbar unter https://www.ifo. de/node/56536 (Zugriff am 04.05.2021).

Lerbs, O. und Oberst, C. (2011), Auswirkungen der Finanz- und Wirtschaftskrise auf den deutschen Eigenheimsektor, *Zeitschrift für Immobilienökonomie / Journal of Interdisciplinary Property Research*, 38. Jg., Nr. 2, S. 49–63.

Oberst, C. und Voigtländer, M. (2020), In Berlin steigen die Büromieten am schnellsten, IW-Kurzbericht 12/2020. Februar 2020, verfügbar unter https://www.iwkoeln.de/studien/iw-kurzberichte/beitrag/christian-oberst-michael-voigtlaender-in-berlin-steigen-die-bueromieten-am-schnellsten-457879.html.

Röhl, K.-H. (2020), Corona – Droht eine Zombiefizierung der deutschen Wirtschaft?, IW-Kurzbericht Nr. 130, Dezember 2020, verfügbar unter https://www.iwkoeln.de/studien/iw-kurzberichte/beitrag/klaus-heiner-roehl-droht-eine-zombiefizierung-der-deutschen-wirtschaft-495885.html.

Stettes, O. und Voigtländer, M. (2021), Büroflächenabbau bleibt die Ausnahme, IW-Kurzbericht 6/2021, verfügbar unter: https://www.iwkoeln.de/fileadmin/user_upload/Studien/Kurzberichte/PDF/2021/IW-Kurzbericht_2021-Bueroflaechenabbau.pdf.

SVR, Sachverständigenrat (2020), Jahresgutachten 2020/21. Corona-Krise gemeinsam bewältigen, Resilienz und Wachstum stärken, 11.11.2020, verfügbar unter https://www.sachverstaendigenrat-wirtschaft.de/jahresgutachten-2020.html.

Die ökonomischen Effekte urbaner Dichte
Eine Bestandsaufnahme im Lichte der Corona-Pandemie

Gabriel M. Ahlfeldt und Elisabetta Pietrostefani

Zusammenfassung

Die Corona-bedingten Eindämmungsmaßnahmen schränken die wirtschaftlichen und sozialen Interaktionen stark ein und untergraben damit die komparativen Vorteile der Großstädte, die sich aus der Dichte ergeben. Wir bieten eine verständliche Zusammenfassung der verschiedenen dichtebezogenen Kosten und Nutzen und diskutieren, wie sich eine Verringerung der mit Dichte verbundenen Nettogewinne auf die räumliche Verteilung wirtschaftlicher Aktivitäten innerhalb eines dynamischen räumlichen Modells auswirkt. Daraus ergeben sich zweierlei wichtige Schlussfolgerungen: Erstens legt die kollektive Evidenz der jahrzehntelangen Forschung zu ökonomischen Effekten von Dichte nahe, dass vor der Pandemie die mit Dichte verbundenen Nutzen die Kosten überstiegen, zumindest für mittelgroße Städte in entwickelten Ländern. Zweitens kann eine nachhaltige Verringerung der sozialen und beruflichen Interaktion in Städten einen schwerwiegenden Einfluss darauf haben, wie sich die relativen Kosten und Nutzen der Dichte auf das räumliche Gleichgewicht auswirken. Womöglich kommt es zu einer größeren Verlagerung der Bevölkerung von größeren in kleinere Städte.

© Der/die Autor(en), exklusiv lizenziert durch
Springer Fachmedien Wiesbaden GmbH, ein Teil von Springer Nature 2021
T. Just und F. Plößl (Hrsg.), *Die Europäische Stadt nach Corona*,
https://doi.org/10.1007/978-3-658-35431-2_8

1   Einleitung

Die Welt erlebt derzeit die größte Pandemie seit der Spanischen Grippe vor einem Jahrhundert. Um die Ausbreitung des Corona-Virus einzudämmen, wurden von den Regierungen Überwachungs-, Quarantäne- und „Social Distancing"-Maßnahmen eingeführt. Diese schränken die wirtschaftlichen und sozialen Interaktionen stark ein und untergraben damit die komparativen Vorteile der Großstädte, die sich aus der Dichte ergeben. Im Zuge der Pandemie äußerten viele namhafte Forschende ihre unterschiedlichen Ansichten, inwiefern die Pandemie die zukünftigen Städte beeinflussen könnte (Abel *et al.*, 2020). Nathan und Overman (2020) geben eine hervorragende Zusammenfassung zur öffentlichen Debatte, ob und weshalb es zu einem „Großstadt-Exodus" kommen könnte.

Die Autoren tragen zu dieser Debatte auf zwei sich ergänzenden Weisen bei: Erstens bieten sie, aufbauend auf einer aktuellen quantitativen Übersicht (Ahlfeldt und Pietrostefani, 2019) eine zugängliche und dennoch übergreifende Zusammenfassung der verschiedenen mit urbaner Dichte verbundenen Kosten und Nutzen. Zweitens fassen sie die Ergebnisse modellbasierter, kontrafaktischer Simulationen zusammen, welche eine potenzielle Reallokation wirtschaftlicher Aktivitäten auf den deutschen Arbeitsmärkten, bedingt durch den Verlust dichtebezogener wirtschaftlicher und sozialer Nutzen, bewerten (Ahlfeldt *et al.*, 2020). Daraus ergeben sich zweierlei Schlussfolgerungen: Erstens legt die kollektive Evidenz der jahrzehntelangen Forschung zu ökonomischen Effekten von Dichte nahe, dass vor der Pandemie die mit Dichte verbundenen Nutzen die Kosten überstiegen, zumindest für mittelgroße Städte in entwickelten Ländern. Zweitens kann eine nachhaltige Verringerung der sozialen und beruflichen Interaktion in Städten einen schwerwiegenden Einfluss darauf haben, wie sich die relativen Kosten und Nutzen der Dichte auf das räumliche Gleichgewicht auswirken. Womöglich kommt es zu einer größeren Verlagerung der Bevölkerung von größeren in kleinere Städte.

Diese Arbeit leistet einen Beitrag zu einem wachsenden Forschungsstrang, welcher die Ausbreitung des Corona-Virus sowie die direkten Auswirkungen der Pandemie auf wirtschaftliche und soziale Ergebnisse untersucht. Die Literatur weist darauf hin, dass Überfüllung (Almagro und Orane-Hutchinson, 2020) und Mobilität (Glaeser *et al.*, 2020) von Arbeitnehmern in Städten die Ausbreitung des Virus erhöhen können. Vorsichtsmaßnahmen, der Zugang zu medizinischer Versorgung und günstige demografische Bedingungen mildern die potenziell größere Anfälligkeit dichterer Städte (Provenzano *et al.*, 2020). Neuere Forschungen haben sich auch mit den Auswirkungen der Pandemie auf den Arbeitsmarkt (Dingel und Neiman, 2020), die mentale Gesundheit und das Wohlbefinden (Tubadji *et al.*, 2020), häusliche Gewalt (Beland *et al.*, 2020) und Umweltverschmutzung (Almond *et al.*,

2020) beschäftigt. Im Gegensatz zu dieser wachsenden Literatur konzentrieren sich die Autoren auf die indirekten Auswirkungen, welche die Pandemie durch eine Erosion von dichtebezogenen Nutzen und eine Umkehrung des säkularen Trends zu immer höheren Niveaus der räumlichen Konzentration haben könnte.[1]

2   Aufbau einer Evidenzbasis

Für eine umfassende Übersicht zu den verschiedenen mit Dichte verbundenen Kosten und Nutzen stellen Ahlfeldt und Pietrostefani (2019) eine einzigartige Evidenzbasis zusammen, die 347 Schätzungen (aus 180 Studien) von Dichteelastizitäten für verschiedene Zielgrößen enthält, darunter Erreichbarkeit (Erreichbarkeit von Arbeitsplätzen, Erreichbarkeit privater und öffentlicher Dienstleistungen), unterschiedliche wirtschaftliche (Produktivität, Innovation, Flächenwerte) und ökologische (Erhaltung von Freiflächen und Biodiversität, Verringerung der Umweltverschmutzung, Energieeffizienz) Zielgrößen, Effizienz in der Erbringung öffentlicher Dienstleistungen, Gesundheit, Sicherheit, soziale Gerechtigkeit, Verkehr (Verkehrsfluss, nachhaltige Verkehrsmittelwahl) und subjektiv empfundenes Wohlbefinden. Jede Dichteelastizität setzt eine Änderung der Dichte zur Änderung der Zielgröße in Prozent ins Verhältnis[2]. Zusammen mit den Dichteelastizitäten werden von den Autoren verschiedene Eigenschaften der Studien kodiert, wie das Veröffentlichungsdatum und der Verlagsort, die geografische Herkunft oder die räumliche Auswertungsebene.

Um die Genauigkeit der Analysen zu erfassen, kodieren die Autoren die Methodiken auch anhand einer wissenschaftlichen Methodenskala (WWC 2016), die von 0: „Rein deskriptiv" bis 4: „Identifikation auf Grundlage plausibler exogener Variation" reicht. Unter Verwendung von Daten von Scopus und Google Scholar wird ein Zitationsindex als Maß für den Einfluss berechnet, welcher um ein Jahr seit der Veröffentlichung bereinigt ist. Zur Erweiterung der Evidenzbasis leiten die Autoren Dichteelastizitätsschätzungen aus berichteten Stadtgrößenelastizitätsschätzungen für etwaige Rückrechnungen und zur Approximation von Dichteelastizitätsschätzungen ab, sofern die Ergebnisse als geschätzte marginale Effekte, Semi-Elastizitäten oder in grafischen Darstellungen berichtet wurden. Schließlich

---

1   Auszüge aus diesem Kapitel sind bereits erschienen in Ahlfeldt, G.M. and Pietrostefani, E. (2019), The economic effects of density: A synthesis, *Journal of Urban Economics*, 111(February): 93–107.

2   Formal ist eine Elastizität der Dichte (D) einer Zielgröße (Y) definiert als $e = \frac{d \ln Y}{d \ln D}$.

stellten auch einige Autoren auf Anfrage Dichteelastizitätsschätzungen zur Verfügung, die in ihren Arbeiten nicht ausgewiesen wurden (z. B. Couture, 2016; Tang, 2015; Albouy, 2008).

Wo die Evidenzbasis gering oder inkonsistent ist, liefern Ahlfeldt und Pietrostefani (2019) eigene transparente Dichteelastizitätsschätzungen, die auf einem einheitlichen ökonometrischen Rahmen sowie auf OECD-Daten basieren und sich auf 16 verschiedene Ergebnisvariablen beziehen. Obwohl die Evidenzbasis die meisten Weltregionen abdeckt, gibt es eine starke Konzentration von Studien aus Ländern mit hohem Einkommen und vor allem aus Nordamerika.

3   Die Kosten und Nutzen der Bevölkerungsdichte vor der Pandemie

Um die verschiedenen mit Dichte verbundenen Kosten und Nutzen zusammenzufassen, komprimieren Ahlfeldt und Pietrostefani (2019) die ausgewertete Evidenz sowie die ursprünglichen Schätzungen zu empfohlenen Dichteelastizitäten für eine Reihe von Ergebniskategorien, welche in Spalte 3 von Tabelle 1 aufgeführt sind. Spezifisch für jede Kategorie empfehlen die Autoren einen zitationsgewichteten Mittelwert über die Elastizitäten in der Evidenzbasis, eine Schätzung aus einer qualitativ hochwertigen Original-Forschungsarbeit oder einer ihrer ursprünglichen Schätzungen. Die empfohlenen Elastizitäten können von Forschern zur Untersuchung der Wohlfahrtseffekte von Richtlinien in Bezug auf die wirtschaftliche Dichte genutzt werden.

Eine wichtige Erkenntnis ist, dass es hier bereits ausreichend Evidenz gibt, die sich intensiv mit der Unterscheidung zwischen den Auswirkungen der Dichte und den Auswirkungen korrelierter unbeobachteter Fundamentaldaten beschäftigt, um eine kausale Interpretation in den folgenden Kategorien zu ermöglichen: 1: Lohn und Produktivität; 3: Miete; 4: Zurückgelegte Fahrzeugmeilen; 10: Verringerung der Umweltverschmutzung; 12: Durchschnittliche Geschwindigkeit. Für die weiteren Kategorien sind die geschätzten Elastizitäten eher als Korrelationen zu interpretieren. Jede kausale Interpretation beruht auf der starken Annahme, dass die Dichte durch historische Faktoren bestimmt wurde, welche sich nicht mehr auf heutige Ergebnisse auswirken. Erhebliche Unsicherheiten bestehen bei den Auswirkungen der Dichte auf Einkommensungerechtigkeit, städtisches Grün, Gesundheit und subjektiv empfundenes Wohlbefinden. Im Allgemeinen sind die empfohlenen Elastizitäten am besten als Beschreibung von flächenbasierten Effekten zu verstehen, die Kompositionseffekte beinhalten.[3]

Im letzten Schritt der Analyse bewerten Ahlfeldt und Pietrostefani (2019) die ökonomischen Effekte der Dichte, um die Politikrelevanz herauszustellen. Für jede der 15 Ergebniskategorien werden die empfohlenen Dichteelastizitätsschätzungen mit verschiedenen Bewertungen von Nicht-Handelsgütern wie Zeit, Kriminalitäts- und Mortalitätsrisiko oder Umweltverschmutzung kombiniert. Es wird der Barwert pro Kopf (BW, bei einem Diskontierungssatz von 5 %) der Auswirkung einer 1 %igen Erhöhung der Dichte für ein Szenario, das einem mittleren Ballungsraum in einem entwickelten Land entspricht, berechnet. Die monetären Äquivalente ermöglichen eine neuartige Aufstellung der Kosten und Nutzen von Dichte sowie eine Prüfung, inwieweit der Nettoeffekt von Dichte über verschiedene Annehmlichkeitskategorien mit Schätzungen der Lebensqualität auf der Grundlage von Kosten-Nutzen-Differentialen übereinstimmt.[4] Die Darstellung der Ergebnisse erfolgt in Tabelle 1. Der monetäre Effekt in der letzten Spalte (8) ergibt sich aus dem Produkt der Elastizität (3), dem Basiswert (5), dem Einheitswert (7), einer 1 %igen Erhöhung der Dichte und dem Kehrwert des 5 %igen Diskontierungssatzes.[5] Durch Änderung eines Faktors kann ein kontextspezifisches monetäres Äquivalent berechnet werden.

Dieses Vorhaben ist durchaus ambitioniert und es gibt einige Einschränkungen zu beachten: Erstens sind die monetären Äquivalente Schätzungen, die sich am ehesten auf große Ballungsräume in Ländern mit hohem Einkommen beziehen. Wenn Schlussfolgerungen für einen spezifischen institutionellen Kontext oder eine weitere Verwendung der vorgeschlagenen monetären Äquivalente gezogen werden sollen, wird empfohlen, Abschnitt 5 des Online-Anhangs von Ahlfeldt und Pietrostefani (2019) zu beachten. Zweitens entsprechen die Ergebnisse in Tabelle 1 nicht notwendigerweise dem kurzfristigen Effekt einer politikinduzierten Änderung der Dichte. Zum Beispiel wird ein Anstieg der Bevölkerung bei konstanter bebauter Fläche zwar die Bevölkerungsdichte, nicht aber zwangsläufig die „grüne" Dichte erhöhen. Die grüne Dichte wird jedoch höher sein als in einem kontrafaktischen Fall, in dem das Bevölkerungswachstum bei konstanter Dichte erreicht wurde. Drittens gelten die durch die Elastizitäten implizierten Effekte nur für marginale

---

3   Da die Qualität und Quantität der Evidenzbasis in den verschiedenen Kategorien sehr heterogen ist, wird empfohlen, Ahlfeldt und Pietrostefani (2019) zu konsultieren, um die Herleitung jeder der empfohlenen Elastizitäten zu diskutieren, bevor eine der in Tabelle 1 angegebenen Elastizitäten in weiteren Untersuchungen verwendet wird.

4   Die indirekte Herleitung der Lebensqualität aus relativen Löhnen geht auf die Pionierarbeit von Rosen (1979) und Roback (1982) zurück, die eine wachsende Literatur hervorgebracht hat (siehe Albouy und Lue (2015) zur Übersicht).

5   Beispielsweise wird der Lohneffekt durch $0{,}04 \times \$35.000 \times 1 \times 1\,\%/5\,\%$ berechnet.

Änderungen, d.h. sie sollten nicht verwendet werden, um die wahrscheinlichen Auswirkungen extremer Änderungen (z.B. eine 100%ige Erhöhung der Dichte) in bestimmten Umgebungen zu bewerten. Viertens ist der dichtebedingte Anstieg bei einigen Ergebnissen bis zu einem gewissen Grad durch Kompositionseffekte bedingt. Beispielsweise ist der Anteil der Hochqualifizierten typischerweise an dichter besiedelten Orten höher. Daher steigt der Effekt eines ähnlich qualifizierten Arbeitnehmers um weniger als 0,04%, wenn die Dichte um 1% steigt.

Trotz dieser Einschränkungen bietet Tabelle 1 neue Erkenntnisse über die Richtung und die relative Bedeutung von Dichteeffekten. Der Dichteeffekt auf Löhne, welcher in der Literatur zu Agglomerationseffekten gründlich untersucht wurde, ist groß, jedoch durchschnittlich nicht so stark wie der Effekt auf Mieten.[6] Die Dichte verursacht Kosten in Form von höherem Verkehrsaufkommen und niedrigeren Durchschnittsgeschwindigkeiten auf den Straßen, die jedoch durch die Kostensenkungen aufgrund kürzerer Fahrten überkompensiert werden. Agglomerationsvorteile auf der Konsumseite sind aufgrund einer größeren und besser erreichbaren Konsumvielfalt quantitativ wichtig und betragen mehr als ein Drittel der Agglomerationsvorteile auf der Produktionsseite (Löhne). Weitere quantitativ relevante, dichtebezogene Nutzen sind Kosteneinsparungen bei der Bereitstellung lokaler öffentlicher Dienstleistungen, vorgehaltene Grünflächen, niedrigere Kriminalitätsraten (außerhalb der USA) und ein geringerer Energieverbrauch, was zusätzlich zu den privaten Kosteneinsparungen einen beträchtlichen gesellschaftlichen Nutzen (reduzierte Kohlenstoffemissionen) schafft. Neben dem bereits erwähnten höheren Verkehrsaufkommen zeigen sich die Kosten der Dichte in Form von erhöhter Schadstoffkonzentration, Ungerechtigkeit, nachteiligen Auswirkungen auf die Gesundheit und vermindertem Wohlbefinden.

---

6   Die Ergebnisse von Combes *et al.* (2018) deuten darauf hin, dass dieses Ergebnis möglicherweise nicht auf kleine Städte zutrifft, da die Elastizität der Mieten mit der Größe der Stadt steigt.

Tab. 1 Barwert[a] bei Erhöhung der Dichte um 1 % I: kategoriespezifische Effekte

(1) ID	(2) Zielgröße	(3) Elast.	(4) Variable	(5) Wert	(6) Einheit	(7) Wert	(8) BW bei 1 % Erhöhung Dichte ($)
Kategorie			Menge		Einheitswert		
1	Lohn	0,04	Einkommen ($)	35.000	-	1	280
2	Patentintensität	0,21	Patente (#)	2,06E-04	Patentwert ($/#)	793K	7
3	Miete	0,15	Einkommen ($)	35.000	Anteil Ausgaben	0,33	347
4	Verringerung VMT[b]	0,06	VMT (Meile)	10.658	Priv. Kosten $/Meile	0,83	107
5	Wert Konsumarten[c]	0,12[b]	Einkommen ($)	35.000	Anteil Ausgaben[d]	0,14	115
6	Lokale öffentl. Ausgaben	0,17	Gesamtausgaben ($)	1.463	-	1	50
7	Verringerung Lohngefälle[e]	-0,035	Einkommen ($)	35.000	Ungerechtigkeitsprämie	0,048	-12
8	Verringerung Kriminalitätsrate[f]	0,085	Kriminalität (#)	0,29	Gesamtkosten ($/#)	3.224	16
9	Grüne Dichte	0,28	Grünfläche (p.c., m²)	540	Wert Park ($/m²)	0,3	100
10	Verringerung Umweltverschmutzung	-0,13	Miete ($)	11.550	Miete-Verschmutzung Elastizität	0,3	-90
11	Verringerung Energieverbrauch (private und soziale Effekte)	0,07	Energie (1 MBTU)	121,85	Kosten ($/1 MBTU)	18,7	32
		0,07	CO2-Emissionen (t)	25	Soziale Kosten ($/t)	43	15
12	Mittlere Geschwindigkeit	-0,12	Fahrtdauer (h)	274	Fahrzeugbetriebszeit ($/h)	10,75	-71
13	Verringerung Fahrzeugnutzung	0,05	VMT[b]	10.658	Soziale Kosten ($/Meile)[g]	0,016	2
14	Gesundheit	-0,09	Mortalitätsrisiko (#)[h]	5,08E-04	Wert Leben ($/#)[i]	7M	-64
15	Subjektiv empfundenes Wohlbefinden[j]	-0,004	Einkommen ($)	35.000	Einkommen-Wohlbefinden Elastizität	2	-52

Anmerkungen: Quelle: Ahlfeldt und Pietrostefani (2019). Monetäre Äquivalente stellen flächenbezogene Effekte dar, einschließlich Selektionseffekte. [a] Barwert (BW) pro Kopf bei einem unendlichen Zeithorizont und einem Diskontierungszins von 5 %. [b] Zurückgelegte Fahrzeugmeilen (vehicle miles travelled). [c] Verringerung des Preisindexes von Konsumarten. [d] Lokale Nicht-Handelsgüter: Wohnen, Unterhaltung, Bekleidung und Dienstleistungen. [e] Unter der Annahme eines Lohngefälles von Hochqualifizierten vs. Geringqualifizierten, welches dem 80. vs. 20. Perzentil der Lohnverteilung entspricht. [f] Alle Straftaten gegen Einzelpersonen und Haushalte. [g] Externe Emissionen. [h] Rate vorzeitige Mortalität (< 70). [i] Statistischer Wert des Lebens. [j] Subjektiv empfundenes Wohlbefinden. Siehe Anhang Abschnitt 5 zur Diskussion der Annahmen von Mengen und Einheitswerten je Kategorie (Ahlfeldt und Pietrostefani, 2019).

Da sich die Studie mit der Berechnung von kategoriespezifischen Schätzungen von Kosten und Nutzen beschäftigt, die auch über die Kategorien hinweg vergleichbar sind, stellt sich die Frage: Übersteigt der Nutzen der Dichte die Kosten und, wenn ja, um wie viel? Um diese Frage zu beantworten, führen Ahlfeldt und Pietrostefani (2019) eine einfache Berechnung durch, die in Tabelle 2 dargestellt wird. Die Tabelle unterscheidet zwischen privaten (Spalten 1–5) und externen (Spalte 6) Kosten und Nutzen, die die Anwohner nicht direkt erfahren und wahrscheinlich auch nicht über Mieten bezahlen (z. B. Verringerung der Kohlenstoffemissionen, die eher globale als lokale Auswirkungen haben). Um Doppelzählungen zu vermeiden, werden die Kraftstoffkosten bei der Berechnung des Nutzens kürzerer durchschnittlicher Fahrten (Kategorie 4) ausgeklammert, da diese Kosteneinsparung bereits durch den reduzierten Energieverbrauch (Kategorie 11) berücksichtigt wird. Außerdem korrigieren die Autoren die Konsumvorteile (Kategorie 5), um anschließend die reinen Gewinne aus der Vielfalt widerzuspiegeln und nicht die Einsparungen durch kürzere Autofahrten, welche bereits in Kategorie 4 berücksichtigt sind. Da die Gesundheitseffekte in Kategorie 14 aufgeführt sind, wird eine Schätzung der Gesundheitskosten aufgrund von dichtebedingter Umweltverschmutzung aus Carozzi und Roth (2018) verwendet, um den Umweltverschmutzungseffekt auf einen Annehmlichkeitskanal zu beschränken. Der externe Effekt aus der nachhaltigen Verkehrsmittelwahl (13) ist bereits im externen Nutzen des reduzierten Energieverbrauchs (11) enthalten und wird daher nicht separat ausgewiesen. Im Basisszenario (Zeile Gesamt) gehen Ahlfeldt und Pietrostefani (2019) davon aus, dass die öffentlichen Dienstleistungen staatlich finanziert sind. In einer alternativen Aufstellung (unten in der Tabelle angegeben) wird davon ausgegangen, dass öffentliche Dienstleistungen lokal finanziert werden, sodass dichtebasierte Kosteneinsparungen vollständig in den Mieten kapitalisiert werden (mittels niedrigerer Steuern).

Insgesamt deuten die Erkenntnisse darauf hin, dass Dichte – in einer Welt ohne Corona – einen Nettonutzen darstellt. Dies bedeutet jedoch nicht, dass jeder zwangsläufig von einer Verdichtungspolitik profitiert. So können Mieter aufgrund von Mieteffekten, welche die Vorteile der Annehmlichkeiten (z. B. Zugang zu Restaurants, Clubs, Theatern) übersteigen, Nettoverlierer der Verdichtung sein. Der negative Nettoeffekt ist konsistent mit einem negativen Dichteeffekt auf das Wohlbefinden, wenn Individuen hohe Mobilitätskosten tragen oder sich stark mit ihren Heimatregionen verbunden fühlen. Unter Berücksichtigung weiterer Einflüsse, die Mieter daran hindern umzuziehen, kann ein angebotsbeschränkender Effekt der Dichte die Mieter auf ein niedrigeres Nutzenniveau bringen, was mit einem negativen Effekt auf das Wohlbefinden (oder Glück) vergleichbar ist. Die Ergebnisse implizieren auch, dass es einen positiven externen (auf die Stadt bezogenen) Netto-Wohlfahrtseffekt gibt, der in erster Linie durch die geringeren Kosten für

Tab. 2 Barwert[a] bei Erhöhung der Dichte um 1 % II: Ergebnisschätzungen

ID	Zielgröße Kategorie	(1) Faktor-einkommen	(2) Lebens-qualität[b]	(3) Annehmlichkeits-wert	(4) Einfluss auf Eigentümer	(5) Mieter	(6) Externe Wohlfahrt
1	Lohn	280	-190[b]	0	190[c]	190[c]	0
2	Innovation	0	0	0	0	0	6
3	Flächenwerte	347	347	0	0	-347	0
4	Zugänglichkeit Arbeitsplätze	0	0	87[d]	87[d]	87[d]	0
5	Zugänglichkeit Dienstleistungen	0	0	99[e]	99[e]	99[e]	0
6	Effizienz Erbringung öffentl. Dienstleistungen	0	0	0	0	0	50
7	Soziale Gerechtigkeit	0	0	0	0	0	-12
8	Sicherheit	0	0	16	16	16	0
9	Städtisches Grün	0	0	100	100	100	0
10	Verringerung Umweltverschmutzung	0	0	-47[f]	-47[f]	-47[f]	0
11	Energieeffizienz	0	0	32	32	32	15
12	Verkehrsfluss	0	0	-71	-71	-71	0
13	Verringerung Fahrzeugnutzung	0	0	0	0	0	0[g]
14	Gesundheit	0	0	-64	-64	-64	0
15	Subjektiv empfundenes Wohlbefinden	0	0	-52	-52	-52	0
	Gesamt	627	157	100	291	-56	60
	Ohne subjektiv empfundenes Wohlbefinden	-	-	152	342	-4	60
	Kommunal finanzierte öffentl. Dienstleistungen	-	106	-	340	-6	-
	Faktoreinkommen und Externalitäten	686	-	-	-	-	-
	Lokal finanzierte öffentl. Dienstleistungen	637	-	-	-	-	-

Anmerkungen: Quelle: Ahlfeldt und Pietrostefani (2019). [a]Barwert (BW) pro Kopf bei einem unendlichen Zeithorizont und einem Diskontierungszins von 5 %. Alle Werte in $. [b]Annehmlichkeitsäquivalent der Lohnerhöhung nach Steuern unter der Annahme eines Grenzsteuersatzes von 32 %, vgl. Albouy und Lue (2015). [c]Lohnerhöhung nach Steuern wie besprochen in [b]. [d]Ausschließend $19,18 Fahrt-energiekosten ($0,15/Meile Kraftstoffkosten) diskontiert mit 5 %, welche unter 11 aufgeführt sind. [e]Annahme einer Elastizität von 10,2 %, um eine Doppelerfassung von Straßenfahrten zu vermeiden, die bereits in 4 enthalten sind. [f]Annehmlichkeitseffekt ohne den in 14 aufgeführten Gesundheitseffekt. [g]Auf Null festgelegt, um eine Doppelzählung unter 11 zu vermeiden. Angaben der Zeile „Lokal finanzierte öffentl. Dienstleistungen" unter der Annahme, dass Kosteneinsparungen bei lokalen öffentl. Dienstleistungen vollständig über niedrigere Steuern an die Einwohner weitergegeben werden.

die Bereitstellung von (staatlich finanzierten) lokalen öffentlichen Dienstleistungen bedingt ist (Spalte 6). Die Aufsummierung der monetären Äquivalente aller Annehmlichkeitskategorien (Summe in Spalte 3) ergibt einen positiven Wert, der kleiner ist als das „kompensierende Differential" (Summe in Spalte 2). Während die Dichte einen Nettonutzen zu haben scheint, deuten die Ergebnisse darauf hin, dass ein Teil des Mietanstiegs auf die höheren Kosten für die Bereitstellung von Wohnflächen zusätzlich zu den Annehmlichkeiten zurückzuführen sein könnte.

4   Bevölkerungsdichte und Corona

Auch wenn es letztlich schwer abzuschätzen ist, wie groß und anhaltend die Auswirkungen der Pandemie sein werden, sollen die folgenden Gedankenexperimente bewerten, wie abhängig Großstädte vom Nutzen der Dichte in Bezug auf Produktion und Konsum sind: Was würde passieren, wenn alle positiven Effekte der Agglomeration auf die Produktivität (z. B. Wissensaustausch, Arbeitskraft-Pooling, vertikale Verflechtungen) und Annehmlichkeiten (z. B. Zugang zu Restaurants, Clubs, Theatern) verschwinden würden?

Ahlfeldt *et al.* (2020) verwenden ein neues dynamisches räumliches Modell (DSM), um diese Frage zu beantworten. Das Modell ist für diese Forschungsfrage gut geeignet, da es arbeitsmarktbedingte Agglomerationsgewinne (höhere Löhne) und wohnungsmarktbedingte Agglomerationskosten (höhere Mieten), kostenintensive Migration (die von geografischer, kultureller oder sozialer Distanz abhängen kann) und idiosynkratische Standortpräferenzen berücksichtigt. Anders als in einem konventionellen räumlichen Gleichgewichtsmodell, in dem identische Arbeitnehmer perfekt mobil sind, sind im DSM einige Arbeitnehmer stärker an bestimmte Stadttypen gebunden als andere. Dies ist wichtig, weil realistischerweise nicht jeder sofort die Großstadt verlassen wird, selbst wenn die Löhne sinken, die Lebensqualität objektiv abnimmt und die Mieten hoch bleiben. Alle strukturellen Parameter und Fundamentalfaktoren des Modells wurden anhand eines großen Datensatzes von 30 Mio. Arbeitnehmern und 20 Mio. Wohnungspreisen in Deutschland geschätzt oder invertiert.

Konkret verwenden die Autoren das Modell, um ein kontrafaktisches allgemeines Gleichgewicht der räumlichen Wirtschaft zu berechnen und die Verteilung von Löhnen, Mieten, Fähigkeiten, Bruttoinlandsprodukt (BIP) und Nutzen im kontrafaktischen Gleichgewicht mit dem Ausgangsgleichgewicht zu vergleichen. Mit diesem Ansatz liefert das Modell Vorhersagen für 18 nach Alter, Geschlecht und Qualifikation definierte Gruppen in 141 deutschen lokalen Arbeitsmärkten

(local labour markets, LLMs). Die Autoren aggregieren die Effekte auf zwei Arbeitsmarkttypen: große LLMs mit einer arbeitenden Bevölkerung von mehr als 250.000
und kleine LLMs mit einer kleineren Bevölkerung.

Um die Effekte zu evaluieren, die über die Produktionsseite wirken, setzen sie die
Dichteelastizität der Produktivität im kontrafaktischen Fall auf Null. Als Ergebnis
verlieren die größeren LLMs 8,8 % ihrer Bevölkerung an die kleineren LLMs, wobei
deren Bevölkerung um 9,5 % zunimmt. Das BIP sinkt um 16 % (große LLMs) und um
2,4 % (kleine LLMs). In den kleinen LLMs schrumpft das BIP trotz eines Anstiegs
der Bevölkerung, weil auch kleine LLMs einen signifikanten Produktivitätsverlust
erfahren. In beiden Arbeitsmarkttypen führt die niedrigere Lohnsumme aufgrund
einer verringerten Wohnungsnachfrage zu niedrigeren Hauspreisen, allerdings ist
der Rückgang in den größeren LLMs mit mehr als 4 % fast zehnmal so groß wie in
den kleinen LLMs. Zu beachten ist, dass diese Ergebnisse auf einem langfristigen
Vergleich von stationären räumlichen Gleichgewichten basieren, die durch eine
lange Übergangsperiode getrennt sind. Folglich ist das Wohnen elastisch[7]. Kurzfristig impliziert ein unelastisches Wohnungsangebot größere Hauspreisreaktionen.

Um die Effekte zu evaluieren, die über die Konsumseite wirken, folgen die Au-
toren Ahlfeldt (2013) und argumentieren, dass geo-getaggte Fotos, die in sozialen
Medien geteilt werden, einen nützlichen Big-Data-Index abbilden, da Bilder oft an
Orten sozialer Interaktion aufgenommen werden (z. B. in einer Kneipe oder einer
Kunstgalerie). Als Nächstes stellen sie die (bedingte) Korrelation zwischen dem Big-
Data-Index (basierend auf geo-taggten sozialen Medien) und der Lebensqualität im
Modell her. Schließlich senken sie den Big-Data-Index auf das niedrigste Niveau,
das in den LLMs beobachtet wurde, um die Lebensqualität in einem Szenario mit
geringer sozialer Interaktion abzubilden. Addiert man den Lebensqualitäts- zum
Produktivitätseffekt, verlieren große LLMs 40 % der Bevölkerung und 45 % des BIPs,
während in den kleineren LLMs die Bevölkerung um 50 % und das BIP um 38 %
steigen. Der Effekt auf die Miete ist besonders interessant, da der Produktivitäts- und
der Lebensqualitätseffekt für kleinere LLMs in entgegengesetzter Richtung wirkt.
Der Nettoeffekt bedeutet einen Anstieg der Mieten dort um 5,1 %: eine schlechte
Nachricht für Mieter, aber eine gute für Vermieter. In den großen LLMs wiederum
führt die geringere Nachfrage zu stark sinkenden Mieten (-11 %).

Eine wichtige Erkenntnis ist, dass die durch eine dauerhafte Verringerung der
sozialen Interaktion verursachten Auswirkungen auf das Leben potenziell sehr

---

7   Wohnungen werden von einem wettbewerbsfähigen Bausektor unter Verwendung
    einer Cobb-Douglas-Produktionsfunktion bereitgestellt mit einem Grundstücksanteil
    von etwa 0,2 und einem Kapitalanteil von etwa 0,8. Langfristig gesehen passt sich der
    Wohnbestand komplett an die Nachfrage an.

groß sind, insbesondere in Großstädten. Zwar ist es wichtig zu berücksichtigen, wie die Pandemie unser Arbeitsleben verändert (Dingel und Neiman, 2020), doch ist die Auswirkung auf die Lebensqualität von Stadtbewohnern ebenso relevant.

Tab. 3   Obere Grenzeffekte des Verlusts von Dichtenutzen auf großen und kleinen deutschen Arbeitsmärkten

Zielgröße	Aggregierter Effekt	Große LLMs	Kleine LLMs
Bevölkerung	1,000	0,621	1,508
BIP (GDP)	0,891	0,554	1,379
Mittlerer Lohn	0,891	0,893	0,914
Mittlere Miete	0,718	0,889	1,051
Anteil Hochqualifizierter	1,000	1,008	1,169
Anteil Qualifizierter	1,000	0,961	0,979
Mittlere Versorgung	0,548	0,551	0,707

Anmerkungen: Quelle: Ahlfeldt et al. (2020). Große (kleine) lokale Arbeitsmärkte sind durch eine arbeitende Bevölkerung von mehr (weniger) als 250.000 gekennzeichnet. Alle Ergebnisse sind Verhältnisse der Zielgrößen in einem kontrafaktischen Gleichgewicht (ohne Dichtenutzen) gegenüber dem Ausgangsgleichgewicht. Das kontrafaktische Szenario ist ein fiktives, in dem alle räumlichen Spillover-Effekte, die durch berufliche und soziale Interaktion entstehen, langfristig entfallen.

5   Zusammenfassung

Dieses Kapitel fasst eine Vielzahl von dichtebezogenen Kosten und Nutzen zusammen und veranschaulicht, inwiefern sich das Gleichgewicht ändern könnte, wenn Städte alle Vorteile verlieren, die sich aus der dichtebedingten beruflichen und sozialen Interaktion ergeben. Die Autoren möchten betonen, dass ihr Beitrag zur Debatte über die Zukunft der Städte theoretisch und nicht empirisch ist. Es kann nicht vorhergesagt werden, wie sich die Pandemie letztendlich auf das Leben und Arbeiten in Städten auswirkt. Es wurde ein fiktives Szenario diskutiert, in dem alle räumlichen Spillover-Effekte langfristig entfallen. Selbst in diesem unwahrscheinlichen Szenario prognostiziert das Modell, dass es Jahrzehnte dauern würde, um nur die Hälfte des Übergangs zum neuen Gleichgewicht zu bewältigen. Dennoch ergeben sich wichtige Implikationen. So ist es nicht nur wichtig zu verstehen, welchen Effekt die Pandemie auf das Arbeitsleben, sondern auch auf die Lebensqualität von Stadtbewohnern hat. Ein Verlust von dichtebedingter Produktivität würde zu einem beträchtlichen Rückgang des BIP und zu einer Abwanderungswelle von großen in kleinere Städte führen. Der fehlende Zugang zu kulturellen und gastronomischen Annehmlichkeiten, welche die soziale Interaktion erleichtern, könnte jedoch ebenso große, wenn nicht sogar größere Wohlfahrtskonsequenzen nach sich ziehen. Darüber hinaus würde eine stärkere Streuung der wirtschaftlichen Aktivitäten eine Reihe von Vorteilen, aber auch Kosten bedeuten: Wohnungen würden im Durchschnitt erschwinglicher, die Überlastung der Straßen würde gemindert, und es gäbe positive Auswirkungen auf die Gesundheit, z. b. durch eine geringere Belastung mit Schadstoffen, um nur einige dieser Vorteile zu nennen. Allerdings wären die Löhne niedriger, die Vielfalt der nicht handelbaren Güter würde sich reduzieren, die Bereitstellung von Infrastruktur würde teurer und der CO_2-Fußabdruck würde sich erhöhen. Alles in allem bleibt zu hoffen, dass Verhaltensanpassungen und technologische Innovationen (kostengünstigere und schnellere Tests sowie wirksame Impfstoffe) die langfristigen Auswirkungen der Pandemie abmildern und die Großstädte noch eine Weile erhalten bleiben.

Literatur

Abel, B., Gray, D., Islam, A. und Bhuiyan, S. J. (2020), A Literature Review of the Economics of COVID-19, *Global Lab Discussion Paper, No. 601.*

Ahlfeldt, G. M., Bald, F., Roth, D. und Seidel, T. (2020), Quality of life in a dynamic spatial model, *CEP Discussion Paper No. 1736,* (December).

Ahlfeldt, G. M. (2013), Urbanity, *SERC Discussion Paper,* (May).

Ahlfeldt, G. M. und Pietrostefani, E. (2019), The economic effects of density: A synthesis, *Journal of Urban Economics,* 111 (February), S. 93–107.

Albouy, D. (2008), Are Big Cities Bad Places to Live? Estimating Quality of Life across Metropolitan Areas, *National Bureau of Economic Research Working Paper 14472.*

Albouy, D. und Lue, B. (2015), Driving to opportunity: Local rents, wages, commuting, and sub-metropolitan quality of life, *Journal of Urban Economics,* 89, S. 74–92.

Almagro, M. und Orane-Hutchinson, A. (2020), JUE insight: The determinants of the differential exposure to COVID-19 in New York city and their evolution over time, *Journal of Urban Economics,* (October), S. 103293.

Almond, D., Xinming, D. und Shuang, S. (2020), Ambiguous Pollution Response To Covid-19 in China, *Nber Working Paper Series No. 27086,* May, S. 1689–1699.

Beland, L.-P., Brodeur, A., Haddad, J. und Mikola, D. (2020), COVID-19, Family Stress and Domestic Violence: Remote Work, Isolation and Bargaining Power, *IZA DP No. 13332,* June, S. 43.

Carozzi, F. und Roth, S. (2018), Dirty Density: Air Quality and the Density of American Cities, *Preliminary and Incomplete Working Paper.*

Combes, P., Duranton, G. und Gobillon, L. (2018), The Costs of Agglomeration: Land Prices in French Cities, *The Review of Economic Studies,* (7027).

Couture, V. (2016), Valuing the Consumption Benefits of Urban Density, *Working Paper: University of California, Berkeley,* (September).

Dingel, J. I. und Neiman, B. (2020), How many jobs can be done at home?, *Journal of Public Economics,* 189, S. 104235.

Glaeser, E. L., Gorback, C. und Redding, S. J. (2020), JUE insight: How much does COVID-19 increase with mobility? Evidence from New York and four other U.S. cities, *Journal of Urban Economics,* (October), S. 103292.

Nathan, M. und Overman, H. (2020), Will coronavirus cause a big city exodus?, *Economics Observatory,* verfügbar unter https://www.coronavirusandtheeconomy.com/question/will-coronavirus-cause-big-city-exodus (Zugriff am 21. Dezember 2020).

Provenzano, S., Roth, S. und Carozzi, F. (2020), Urban Density and Covid-19, *CEP Discussion Paper No 1711,* August.

Roback, J. (1982), Wages, Rents, and the Quality of Life, *Journal of Political Economy,* 90, S. 1257–1278.

Rosen, S. (1979), Wages-based Indexes of Urban Quality of Life, in Mieszkowski, P. und Straszheim, M. R. (Hrsg.), *Current Issues in Urban Economics,* Baltimore: John Hopkins Univ. Press.

Tang, C. K. (2015), Urban Structure and Crime, *Working Paper.*

Tubadji, A., Boy, F. und Webber, D. (2020), Narrative economics, public policy and mental health, *Center for Economic Policy Research,* (20), S. 109–131.

What Works Centre for Local Economic Growth (WWC) (2016), *Guide to scoring evidence using the Maryland Scientific Methods Scale,* London, UK.

Bevölkerungsdichte und die Verbreitung des Corona-Virus in Städten

Erkenntnisse aus den Vereinigten Staaten und Großbritannien

Felipe Carozzi, Sandro Provenzano und Sefi Roth

Zusammenfassung

In diesem Kapitel wird gezeigt, wie die Bevölkerungsdichte, ein Kernelement von Städten, die Entwicklung der Pandemie beeinflusste, indem ein Blick auf Städte in den Vereinigten Staaten und Großbritannien geworfen wird. In beiden Ländern war die räumliche Verteilung der Todesfälle ähnlich. Große und dichte globale Städte wie London oder New York wurden zuerst von Corona getroffen. Im weiteren Verlauf der Epidemie flachte der Zusammenhang zwischen der Dichte und den kumulierten Corona-bedingten Todesfällen jedoch immer weiter ab, bis er am Ende des Jahres fast vollständig verschwand. Die hier dargestellten Ergebnisse lassen Zweifel an der weit verbreiteten Vorstellung aufkommen, dass die Corona-bedingten Gesundheitsrisiken in dichten Städten im Jahr 2020 höher waren als in dünn besiedelten Regionen.

© Der/die Autor(en), exklusiv lizenziert durch
Springer Fachmedien Wiesbaden GmbH, ein Teil von Springer Nature 2021
T. Just und F. Plößl (Hrsg.), *Die Europäische Stadt nach Corona*,
https://doi.org/10.1007/978-3-658-35431-2_9

125

1   Einleitung

Wuhan, Mailand, Madrid, New York, Lima... Städte waren in der ersten Welle der Corona-Pandemie, die sich zwischen Ende 2019 und Anfang 2020 auf der ganzen Welt ausbreitete, die gemeinsamen Betroffenen. Und der weitere Verlauf ist wohlbekannt: ein Jahr düsterer Statistiken über Infektions- und Todesfälle, die Überlastung des Gesundheitswesens und eingeschränkte soziale Kontakte, die unser Leben erschütterten.

Die Pandemie hat eine alte Debatte über die räumliche Distanz wiederbelebt; diese beherrschte manch eine Diskussion in den 90er Jahren, als die Fortschritte im Bereich der Kommunikationstechnologie zu weitverbreiteten Vorstellungen von dünner Besiedelung und schrumpfenden Städten führten. Diesmal haben Fragen über die langanhaltende Fernarbeit die Debatte über den Flächenbedarf in städtischen Kerngebieten wiederaufkommen lassen.

Doch eine dringendere Frage kann möglicherweise bereits beantwortet werden; eine Frage in einer Welt, die sich nach wie vor in den Fesseln der Krankheit befindet und die weiterhin relevant ist. Wie hat die Bevölkerungsdichte, ein bestimmender Faktor der Städte von morgen, die Verbreitung des Corona-Virus beeinflusst? Befanden sich die Einwohner großer städtischer Gebiete im Nachteil bei den Auswirkungen auf ihre Gesundheit? Diese Fragen sind älter als Zoom-Konferenzen, RNA-Impfstoffe oder Instagram-Bäcker. Ob das Konstantinopel Justinians, das Florenz des vierzehnten Jahrhunderts oder die Stadt Philadelphia im Jahr 1918 – Städte sind im Laufe der Geschichte mit der Ausbreitung von Infektionskrankheiten assoziiert worden.[1] In allen diesen Fällen lieferten städtische Gebiete mit hoher Bevölkerungsdichte einen Nährboden für Infektionen. Ist das auch bei dem Corona-Virus der Fall gewesen?

In diesem Kapitel soll anhand von Daten aus den Vereinigten Staaten und Großbritannien versucht werden, diese Fragen zu beantworten. Für diese Studie wurden beide Länder ausgewählt, da sie angemessen aufgeschlüsselte und qualitativ hochwertige Daten über die Corona-Inzidenz im Verlauf des Jahres 2020 liefern. Außerdem waren beide Länder sehr stark von der Pandemie betroffen: Mit einer Todesrate von über 1.500 Sterbefällen pro 1 Million Einwohner zum März 2021 sind beide unter den zehn Ländern der Welt mit den höchsten Todesraten. Und schließlich weisen beide Länder erhebliche Unterschiede in den lokalen Bevölke-

---

1   Siehe Duranton und Puga (2020); Voigtländer und Voth (2013) für eine Erörterung der Beziehung zwischen Infektionskrankheiten und Bevölkerungsdichte aus einer wirtschaftlichen Perspektive. Neiderud (2015) erörtert die Rolle der Urbanisierung in der Übertragung von Infektionskrankheiten aus einer epidemiologischen/medizinischen Perspektive.

rungsdichten auf. Diese Unterschiede sind relevant für die Untersuchung inwiefern sich die Bevölkerungsdichte auf die Verbreitung der Krankheit ausgewirkt hat.

Anhand der Daten für Großbritannien und die USA sollen für drei empirische Feststellungen deskriptive Erkenntnisse zur Beziehung zwischen der Verbreitung des Corona-Virus und der Bevölkerungsdichte geliefert werden: 1) Orte mit hoher Bevölkerungsdichte waren zuerst von der Pandemie betroffen, 2) in dicht besiedelten Städten waren die lokalen Todesraten anfangs höher, und 3) diese Unterschiede nivellierten sich über den Verlauf der Pandemie, was bis Ende 2020 letztlich zu einer schwachen Beziehung zwischen kumulierten Corona-Todesfällen und der Bevölkerungsdichte führte.

Bevor diese Punkte eingehender erörtert werden, gilt es zunächst für die Zwecke dieser Studie, die geeignete Messgröße für die Auswirkungen der Krankheit auf die menschliche Gesundheit zu bestimmen. Meist sind für ein breites Spektrum an Corona-bezogenen Informationen Daten für verschiedene Zuständigkeitsbereiche auf unterschiedlichen Ebenen verfügbar: bestätigte Infektionsfälle, darauf zurückzuführende Todesfälle, Positivraten usw. Wenngleich die Zahl der Infektionsfälle, auch Inzidenzzahl, wohl die akkurateste Messgröße für die Verbreitung der Krankheit wäre, so hängen die verzeichneten Inzidenzzahlen von den Testkapazitäten ab, die wiederum von der Bevölkerungsdichte abhängig sein könnten. Eine geeignete Alternative wären die zusätzlichen Todesfälle; allerdings ist deren Ermittlung für verschiedene räumliche Einheiten meist unmöglich. In diesem Kapitel sollen die Todesraten, d. h. die Zahlen der Todesfälle pro 100.000 Einwohner, betrachtet werden; denn diese sind weniger von der Testkapazität und anderen speziell mit der Messung zusammenhängenden Faktoren abhängig (siehe Subbaraman, 2020). Es überrascht nicht, dass die Todesraten eine sehr hohe Korrelation mit Infektionsfällen und zusätzlichen Todesfällen aufweisen.

Nach dieser kurzen Erläuterung zur Bestimmung der geeigneten Messgröße für die Auswirkungen der Krankheit auf die Gesundheit in den ausgewählten Ländern sollen im Folgenden die drei wesentlichen Thesen dieses Kapitels näher betrachtet werden.

2   Gebiete mit hoher Bevölkerungsdichte waren zuerst betroffen

Sowohl in den Vereinigten Staaten als auch in Großbritannien verzeichneten Gebiete mit höheren Bevölkerungsdichten – meist die Kerngebiete von Großstädten – im Jahr 2020 als erstes schwere Corona-Ausbrüche. Hierzu wurden täglich erhobene Daten zu den Todesfällen auf Kreisebene (County) für die USA und der Kommunalverwaltungen (Local Authorities (LAs)) für Großbritannien zur Bestimmung verwendet, wann verschiedene Orte bzw. Gebiete ihre Corona-Todesfälle meldeten. In Abbildung 1 ist dargestellt, wie die Bevölkerungsdichte die Zeit bis zum ersten Todesfall beeinflusste.

Panel A von Abbildung 1 zeigt städtische Counties in den USA.[2] Auf der horizontalen Achse ist die Bevölkerungsdichte eines Counties abgetragen; auf der vertikalen Achse ist die Anzahl der Tage zwischen dem ersten verzeichneten Infektionsfall in dem Land (20. Januar 2020) und dem ersten Todesfall in dem County aufgetragen. Der negative Trend ist klar zu erkennen, und zeigt, dass zunächst in dichter besiedelten Kreisen Corona-Todesfälle verzeichnet wurden.[3]

Panel B von Abbildung 1 zeigt die Beziehung zwischen der Bevölkerungsdichte und dem Zeitpunkt von lokalen Ausbrüchen für LAs in England und Wales.[4] Auf der horizontalen Achse sind die Kalenderwochen des Jahres 2020 abgetragen. Auf der vertikalen Achse ist die mittlere Bevölkerungsdichte derjenigen lokalen Gebiete abgetragen, in denen der erste Todesfall infolge von Corona in der betreffenden Woche auftrat. Somit stellt die erste Säule die mittleren Dichten von LAs dar, in denen in der 11. Kalenderwoche des Jahres 2020 (endend am 15. März) der erste Todesfall verzeichnet wurde; die zweite Säule stellt die mittlere Dichte für LAs dar, deren erster Todesfall in der 12. Kalenderwoche verzeichnet wurde usw.[5]

---

2   Als städtische Counties werden solche bezeichnet, die entweder einem statistischen Ballungsgebiet (Metropolregion) oder einem statistischen Gebiet mit einer Einwohnerzahl zwischen 10.000 und 50.000 entsprechen.

3   Der Steigungskoeffizient der Regressionsgerade ist auf konventionellen Ebenen bedeutsam, wie aus der Abbildung abgeleitet werden kann. Selbst wenn der städtische Großraum New York wohl das erste großstädtische Gebiet war, in dem es zu einem schweren Ausbruch in den USA kam, so sei darauf hinzuweisen, dass die negative Korrelation in Panel A der Abbildung 1 nicht ausschließlich der Entwicklung in den 62 Counties des US-Bundesstaats New York zuzuschreiben ist.

4   Die in diesem Kapitel verwendeten Daten für Großbritannien decken nur LAs in England und Wales ab. Etwa 90 % der Bevölkerung Großbritanniens lebt in England oder Wales.

5   Die Datenrepräsentation für Großbritannien unterscheidet sich von der für die USA, da die Daten für Großbritannien nur wöchentlich verfügbar sind, und alle LAs ver-

Aus dieser Abbildung lassen sich zwei wesentliche Erkenntnisse ableiten. Erstens dauerte es nur fünf Wochen seit dem ersten Todesfall durch Corona bis alle LAs mindestens einen Todesfall meldeten. Dies unterscheidet sich sehr stark von den Beobachtungen in den USA, wo ein geringer aber nennenswerter Teil der Counties während der ersten fünf Monate der Pandemie keinen einzigen Corona-Todesfall registriert hatte. Zweitens – und das ist für die Zwecke dieser Studie eher relevant – ist in Großbritannien eine negative Korrelation zwischen der Bevölkerungsdichte und dem Zeitpunkt des Ausbruchs festzustellen, d. h. Gebiete mit hoher Bevölkerungsdichte – typischerweise in oder um großstädtische Ballungsgebiete – waren als erstes von der Krankheit betroffen.

Diese Strukturen sind auffällig, jedoch nicht überraschend. Denn große Städte sind die Zentren der Kommunikation, der Reisen und des Austauschs in unseren Gesellschaften. Sie erhalten mehr in- und ausländische Besucher als dünner besiedelte Gebiete, selbst nach Anpassung für Bevölkerungsgruppen. Die Evidenz hierfür wird in unseren technischen Studien zu diesem Thema aufgezeigt (Carozzi *et al.*, 2020). Unabhängig von den Ursachen dürfte die Tatsache, dass Gebiete mit hoher Dichte als erstes betroffen waren, ziemlich unumstritten sein.

---

zeichneten ihren ersten Todesfall in einer von fünf Wochen. Daher ist es einfacher, die Zeit als eine diskrete und nicht als eine stetige Variable zu behandeln.

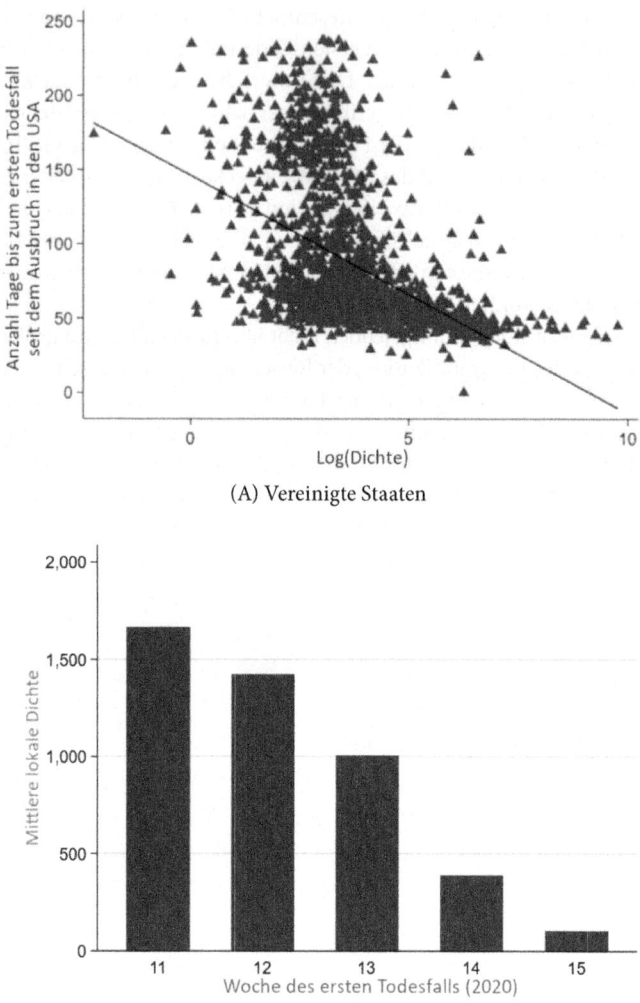

(A) Vereinigte Staaten

(B) Großbritannien

Abb. 1   Zeit bis zum ersten Todesfall und Dichte

Anmerkungen: Die Datenpunkte in Panel A entsprechen 1.441 Counties in den USA, die bis zum 1. Dezember 2020 mindestens einen Fall zu verzeichnen hatten und die zu einem statistischen Kerngebiet („CBSA" – core-based statistical area) gehören. Daten für die USA sind usafacts.org entnommen, wo Daten von US-Behörden gesammelt werden. Daten für England und Wales wurden vom britischen Statistikamt (Office of National Statistics) (Angaben über wöchentliche Todesfälle) eingeholt.

3   Lokale Todesraten waren zu Beginn in Gebieten mit hoher Bevölkerungsdichte höher

Ein zweites markantes Muster, welches Berichterstatter in sehr frühen Stadien der Pandemie sofort bemerkten, illustriert, dass Gebiete mit hoher Dichte in der „ersten Welle" höhere Todesraten verzeichneten. Dies ist in Abbildung 2 basierend auf Daten für die Counties in den USA und LAs in Großbritannien dargestellt. Das Szenario der USA ist in Panel A dargestellt, aus dem eine positive Korrelation zwischen Corona-Todesfällen pro 100.000 Einwohner und der Bevölkerungsdichte ersichtlich ist.[6] Als die Zahl der Todesfälle pro Tag im Juni/Juli 2020 zurückging, war die kumulierte Zahl der Corona-Todesfälle pro Tag in relativ dicht bevölkerten Counties höher. Eine ähnliche Struktur ist für England und Wales festzustellen, wie in Panel B von Abbildung 2 dargestellt. Als die Zahl der Todesfälle ab Mitte Mai 2020 abnahm, waren die kumulierten Todesraten in dichteren, städtischen Gebieten höher.

Die in Abbildung 2 dargestellten Strukturen blieben nicht unbemerkt. Tatsächlich veranlassten sie bereits in den ersten Monaten des Jahres 2020 zu ersten Warnungen über die Auswirkungen, die Corona auf Großstädte haben würde.[7]

Was führte zu den positiven Korrelationen in Abbildung 2? Hier wird es kompliziert. Nach der gängigen Hypothese wären diese Muster das Ergebnis einer schnelleren Ausbreitung der Infektion innerhalb von Städten. Dichte bedeutet, dass Menschen enger zusammen sind; und dies bedeutet logischerweise, dass die Krankheit leichter übertragbar ist. Städtische Bevölkerungsdichten bedingen jedoch nicht, dass Menschen weniger als zwei Meter voneinander leben; daher ist diese eher mechanische Sichtweise nicht unbedingt zutreffend. Dennoch sind Städte Orte, an denen viele Menschen zusammentreffen und miteinander in Verbindung treten, folglich ist diese Hypothese gewiss nicht ungerechtfertigt.

---

6   Auf beiden Achsen werden aufgrund der rechtsschiefen Verteilung logarithmierte Variablen verwendet.

7   Siehe z. B. Dubner (2020); Wheaton und Kinsella Thompson (2020).

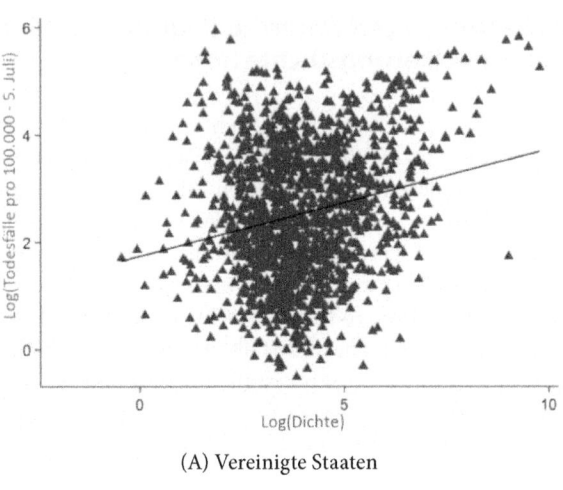

(A) Vereinigte Staaten

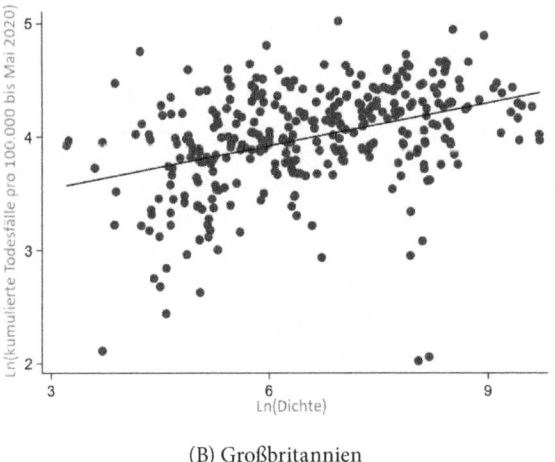

(B) Großbritannien

Abb. 2   Todesraten und Dichte in der ersten Welle

Anmerkungen: Die Datenpunkte in Panel A entsprechen den Counties in den USA, die bis zum 5. Juli 2020 mindestens einen Todesfall zu verzeichnen hatten, und die zu einem statistischen Kerngebiet („CBSA" – core-based statistical area) gehören. Die Datenpunkte in Panel B entsprechen 335 LAs in England und Wales. Die kumulierten Todesfälle auf beiden vertikalen Achsen wurden zu der Zeit berechnet, in der der gleitende Durchschnitt der bestätigten Fälle in jedem Land zu sinken begann. Daten für die USA sind usafacts. org entnommen, wo Daten von US-Behörden gesammelt werden. Daten für England und Wales wurden vom britischen Statistikamt (Office of National Statistics) (Angaben über wöchentliche Todesfälle) eingeholt.

Das Problem ist, dass die in Abbildung 2 gezeigten zeitlichen Unterschiede allein schon eine zeitlich bedingte Korrelation zwischen Dichte und Todesfällen hervorrufen könnte. Wenn Städte mit hoher Dichte zuerst betroffen sind, dann werden sie zwangsläufig im kurzfristigen Verlauf mehr Todesfälle vorweisen; und dies ist ungeachtet der unterschiedlichen Verbreitung der Krankheit innerhalb von Gebieten zutreffend. Für ein Verständnis über die Rolle der Dichte in der Verbreitung der Krankheit wären eine Betrachtung jenseits des kurzzeitigen Verlaufs hinaus oder gewisse zeitliche Anpassungen erforderlich, um dem zeitlichen Ablauf des Krankheitsbeginns Rechnung zu tragen.

4 Die Unterschiede in den Todesraten nivellierten sich bis Dezember 2020

In dieser letzten Betrachtung wird aufgezeigt, dass die oben dargestellte kurzfristige positive Korrelation – zumindest teilweise – durch zeitliche Unterschiede beim Ausbruch der Krankheit induziert worden ist. Abbildung 3 zeigt die Korrelationen zwischen den Todesraten pro Kopf und der Dichte in den Counties der USA und LAs in Großbritannien. In diesen Fällen werden die kumulierten Todesfälle pro 100.000 Einwohner im Dezember 2020 verwendet. Hier ist nur eine sehr schwache positive Beziehung festzustellen, die womöglich nicht erkennbar wäre, wenn nicht die Regressionslinie über die Daten gelegt wäre. Im Fall der USA ist die positive Steigung auf konventionellen Signifikanzniveaus nicht statistisch signifikant. Im Fall von Großbritannien ist die Steigung wesentlich geringer: Im Mai wird die Zunahme der Dichte um 1 % mit einem Anstieg der kumulierten Todesrate um 0,13 % assoziiert. Für Dezember sinkt diese Zahl auf 0,04 %.[8]

---

8 Diese Elastizitäten lassen sich bei Durchführung einer univariaten Regression von logarithmierten Todesraten auf die logarithmierten Dichten direkt ermitteln. Die entsprechenden Elastizitäten betragen 12,6 % und 3,8 %.

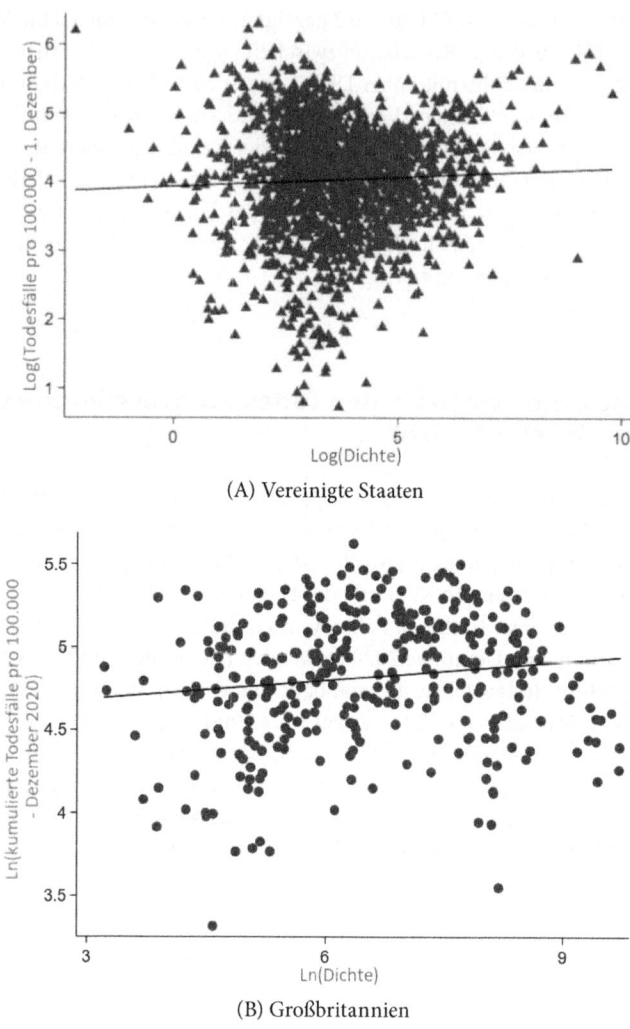

(A) Vereinigte Staaten

(B) Großbritannien

Abb. 3   Todesraten und Dichte Dezember 2020

Anmerkungen: Die Datenpunkte in Panel A entsprechen 1.441 Counties in den USA, die bis zum 1. Dezember 2020 mindestens einen Fall zu verzeichnen hatten und die zu einem statistischen Kerngebiet („CBSA" – core-based statistical area) gehören. Die Datenpunkte in Panel B entsprechen 335 LAs in England und Wales. Daten für die USA sind usafacts. org entnommen, wo Daten von US-Behörden gesammelt werden. Daten für England und Wales wurden vom britischen Statistikamt (Office of National Statistics) (Angaben über wöchentliche Todesfälle) eingeholt.

Was ist hier passiert? Wie kann es sein, dass sich die Korrelation zwischen Dichte und Corona-Todesfällen bis Ende des Jahres nahezu nivellierte? Mehrere Gründe könnten eine Rolle spielen, aber ein wichtiger Aspekt ist sicherlich, dass der anfängliche Vorsprung von zuerst betroffenen Gebieten durch die Entwicklung der Pandemie in verschiedenen Gebieten allmählich gedämpft wurde. Bis Ende 2020 waren städtische Gebiete mit hoher Dichte – in Bezug auf Todesraten – nicht stärker betroffen als dünner besiedelte Gebiete.

5   Schlussbemerkungen

Die in diesem Kapitel präsentierten Abbildungen stellen lediglich eine deskriptive Aufbereitung der Zusammenhänge der Corona-Todesraten und den Bevölkerungsdichten dar. Es ist anzumerken, dass die Hauptbotschaft im Wesentlichen dieselbe ist, unabhängig davon ob alternative Messgrößen der Bevölkerungsdichte (z. B. bevölkerungsgewichtete Dichten), Daten über bestätigte Infektionsfälle im Gegensatz zu Todesfällen, um zeitliche Anpassungen bereinigte Variablen für die Auswirkungen des Corona-Virus oder verschiedene Kontrollen zur Berücksichtigung von vorher festgelegten Beobachtungsgrößen verwendet werden. Eine ausführlichere Behandlung dieser Thematik für Städte in den USA findet sich in der Studie von Carozzi *et al.* (2020).

Die Botschaft dieses Kapitels lässt sich wie folgt zusammenfassen: Dicht besiedelte Gebiete in und um städtische Regionen waren zu Beginn der Pandemie zuerst betroffen. Da sich die Krankheit jedoch rasch ausbreitete, wiesen die kumulierten Todeszahlen über die Dichteverteilung hinweg keine nennenswerten Unterschiede auf. Großstädte waren zuerst betroffen, wobei sie zumindest im Durchschnitt nicht stärker betroffen waren als dünner besiedelte Orte.

Doch ließe sich daraus folgern, dass das Corona-Virus keinen wesentlichen Einfluss auf das Leben von Stadtbewohnern hatte? Keineswegs. Ein Teil der Begründung dafür, dass Städte in der Lage waren, die Krankheit in den Griff zu bekommen, liegt wahrscheinlich in der drastischen Reduzierung zwischenmenschlicher Kontakte auf breiter Ebene. Diese zwischenmenschlichen Kontakte und Beziehungen machen unsere Städte attraktiv, produktiv und lebenswert; daher ist deren Beschränkung für Städte besonders nachteilig.[9] Während aufgrund der kurz- und langfristigen

---

9   In Carozzi *et al.* (2020) wird aufgezeigt, dass die Mobilität innerhalb von Städten in den USA in dichter besiedelten Städten zwischen März und Mai 2020 stärker zurückging als in dünner besiedelten Orten.

Auswirkungen der Pandemie in Bezug auf Nutzen und Kosten des städtischen Lebens viele Diskussionen folgen werden, ist das Fazit dieses Kapitels wesentlich einfacher: Die direkten gesundheitlichen Auswirkungen der Pandemie auf Städte waren nicht übermäßig schwer. Jetzt, da sich dank der verfügbaren Impfstoffe der Fokus langsam von den gesundheitlichen Auswirkungen auf die sozioökonomischen Folgen der Pandemie verlagert, könnte es womöglich in den Hintergrund geraten, dass die ersten Warnungen über die Auswirkungen des Corona-Virus auf städtische Gebiete mehr der Gesundheit als den Folgen der Fernarbeit oder den Veränderungen in der Flächennachfrage gedacht waren.

Literatur

Carozzi, F., Provenzano, S. und Roth, S. (2020), Urban Density and COVID-19, IZA Discussion Papers 13440, Institute of Labor Economics (IZA).

Dubner, S. J. (2020) What Does Covid-19 Mean for Cities (and Marriages)?, *Freakonomics Podcast Ep. 401.*

Duranton, G. und Puga, D. (2020), The Economics of Urban Density, *Journal of Economic Perspectives*, 34. Jg., Nr. 3, S. 3–26.

Neiderud, C. (2015), How urbanization affects the epidemiology of emerging infectious diseases, *Infection ecology & epidemiology*, 5. Jg., Nr. 1, S. 27060.

Subbaraman, N. (2020), Why daily death tolls have become unusually important in understanding the coronavirus pandemic, *Nature*, doi: 10.1038/d41586-020-01008-1.

Voigtländer, N. und Voth, H. (2013), The three horsemen of riches: Plague, war, and urbanization in early modern Europe, *Review of Economic Studies*, 80. Jg., Nr. 2, S. 774–811.

Wheaton, W. C. und Kinsella Thompson, A. (2020), The Geography of COVID-19 growth in the US: Counties and Metropolitan Areas, *verfügbar unter SSRN 3570540.*

Die Zukunftsfähigkeit von Städtenetzwerken

Guido Spars

Zusammenfassung

Seit den neunziger Jahren werden in der Raumordnungspolitik sowohl formale als auch informelle, konsensorientierte Verfahren genutzt, um die regionale Zusammenarbeit von Städten zu stärken. Hierzu gehören beispielsweise Regionalkonferenzen, „Runde Tische", aber auch Städtenetze und -verbünde. Dieser Beitrag erläutert, welche Vernetzungsmöglichkeiten für Städte grundsätzlich bestehen und wie Städtenetze hier eingeordnet werden können. Hierbei kommen auch Beispiele wie das Eurocities-Netzwerk, das Gesunde-Städte-Netzwerk der WHO oder konkrete nachbarschaftliche Städtenetzwerke, wie das Bergische Städtedreieck zur Sprache. Es wird erläutert wie über Städtenetze und -verbünde die regionale Zusammenarbeit gestärkt werden kann, insbesondere in Krisenzeiten. Vor allem Handlungsspielräume und Potenziale, die von einer Stadt alleine nicht oder nur zum Teil ausgeschöpft werden können, sind ein guter Anlass für die Verbesserung der regionalen Zusammenarbeit. Eine weitere Frage, der dieser Beitrag nachgeht, ist diejenige der Zukunftsfähigkeit der Städtenetze. In der Post-Corona-Zeit müssen sich die Städte auf künftige Pandemien vorbereiten und schneller aus den jeweiligen Erfahrungen voneinander lernen. Für eine solche gemeinsame Vorbereitung – auf der Grundlage der schonungslosen Evaluation der Corona-Erfahrungen – können Städtenetze eine geeignete Plattform darstellen. Dort können Kompetenzen und Ressourcen gebündelt und Lösungsansätze in einem größeren räumlichen Kontext ausgelotet werden.

© Der/die Autor(en), exklusiv lizenziert durch
Springer Fachmedien Wiesbaden GmbH, ein Teil von Springer Nature 2021
T. Just und F. Plößl (Hrsg.), *Die Europäische Stadt nach Corona*,
https://doi.org/10.1007/978-3-658-35431-2_10

1   Vernetzung von Städten – Städtenetze und Städteverbünde

Die Vernetzung von Städten wird seit einigen Jahrzehnten sowohl auf europäischer Ebene als auch innerhalb der einzelnen Nationalstaaten diskutiert (Kern und Bulkeley, 2009). Es existieren allerdings zahlreiche unterschiedliche Formen der Kooperation unter der Überschrift „Städtenetze", und es ergibt bereits zu Beginn der Ausführungen Sinn, die sogenannten „passiven Netze" (Ritter, 1995) von den aktiven zu unterscheiden. Passive Netzverbindungen können alleine durch die funktionale Verknüpfung (Pendlerströme, Freizeit- und Naherholungsbewegungen) zwischen den Städten bestehen, ohne dass diese aktiv gestaltet werden. Ein aktives Städtenetz hingegen wird bewusst politisch-planerisch entwickelt und ausgestaltet. Hier entschließen sich die planenden und entscheidenden Institutionen der beteiligten Städte zur Zusammenarbeit, da sie sich davon Vorteile versprechen. Sie entscheiden selbstständig über die Ziele und Themen der Kooperation. In diesem Fall wird von strategischen Städtenetzen gesprochen. Hierunter fallen auch solche Städtenetze, die Städte nur über große Distanzen verbinden, wie das internationale Netzwerk Eurocities (Eurocities, 2021) oder das Gesunde-Städte-Netzwerk der WHO (WHO, 2021) und solche, die eine strategische und konkrete Zusammenarbeit von Nachbarstädten organisieren.

Im Eurocities-Netzwerk sind inzwischen mehr als 190 Städte aus 39 europäischen Ländern miteinander verbunden. Die Vision der Mitgliedsstädte verfolgt eine höhere Lebensqualität in allen Mitgliedskommunen. Es gibt sechs gemeinsame Ziele, die von der Beteiligung der Menschen an einer integrativen Gesellschaft, über Fortschritte einer prosperierenden Lokalökonomie und einer gesunden Umgebung, das Schaffen lebendiger und offener öffentlicher Räume, dem Annehmen globaler Herausforderungen bis hin zur zukunftsfähigen Stadtverwaltung reichen (Eurocities, 2021).

Das Gesunde-Städte-Netzwerk der WHO ist über die Regionalbüros (in diesem Fall das europäische) organisiert. Es gibt darin aber auch ein Gesunde Städte-Netzwerk der Bundesrepublik Deutschland, dem rund 90 Städte, Regionen oder Landkreise angehören (Gesunde Städte-Netzwerk, 2021). Im Dezember wurde eine Fachtagung mit dem Thema „Gesunde Städte in Zeiten einer Pandemie: Schutz der Bevölkerung und Wiederaufbau zum Besseren" durchgeführt, auf der eine politische Erklärung des Gesunden-Städte-Netzwerks der Europäischen Region der WHO verabschiedet wurde (WHO, 2020). Darin wird deutlich, dass dieses Städtenetzwerk zum einen als Austauschplattform, aber zum anderen auch als eine Art Interessengemeinschaft der Städte gegenüber Landesregierungen und der weltweiten Gemeinschaft fungiert. Bei dem deutschen Ableger des Gesunde-

Städte-Netzwerks gibt es die Möglichkeit, auch regionale Netzwerke innerhalb Deutschlands aufzubauen.[1] Solche Formate lassen sich in Abbildung 1, in welcher verschiedene Kooperationsformen einer gemeinsamen Regionalentwicklung abgetragen sind, am ehesten als Arbeits- oder Gesprächskreis einordnen.

Daneben zeigt Abbildung 1 noch weitere Formen der Zusammenarbeit von Städten in einer Region. Es handelt sich hierbei um formelle oder informelle Zusammenschlüsse von Städten, die räumlich oder funktional bedingt übereinstimmende Interessen aufweisen.

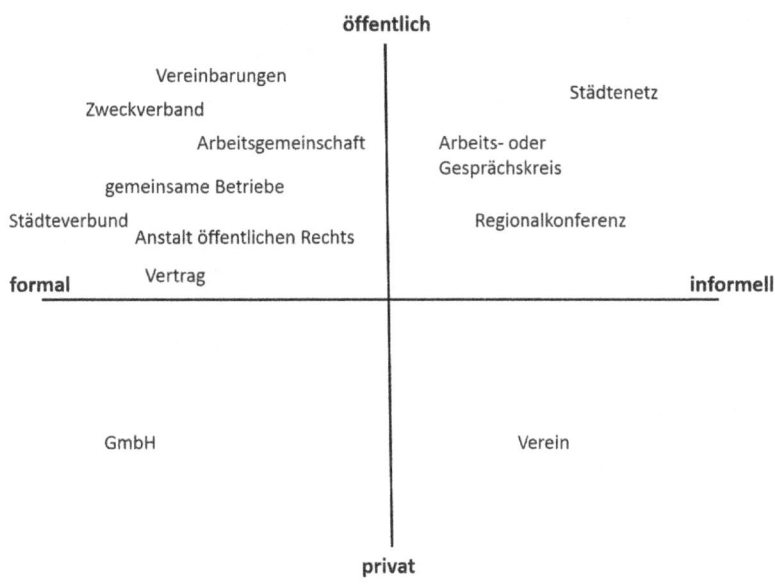

Abb. 1 Formen der Zusammenarbeit in der Region
Quelle: Zimmermann (2018: 1217)

Anhand der Frage zur Freiwilligkeit der Zusammenarbeit und der stärkeren oder weniger starken Einbindung in die Raumordnungspolitik lassen sich Städtenetze

---

1 Z. B. die Region Rhein-Main-Neckar-Lahn-Saar oder auch das regionale Netzwerk Nord. Außerdem gibt es noch ein Netzwerk Rheinland-Pfalz-Saarland, jeweils ein regionales Netzwerk in Berlin und in Brandenburg sowie eines der bayerischen Städte.

von Städteverbünden unterscheiden (Bathelt und Glückler, 2018). Letztere kön-
nen auch als „normative Städtenetze" (Priebs, 1996) bezeichnet werden, denn die
Zusammenarbeit in diesen Städteverbünden wird zum Zweck der Regional- und
Landesentwicklung durch Gesetz oder Verordnung nahegelegt. Als Beispiele für
Städteverbünde gelten der Verbund von Nürnberg-Fürth-Erlangen oder von Fried-
richshafen-Ravensburg-Weingarten.

Städteverbünde sind „deutlich enger in die Raumordnungspolitik integriert"
als Städtenetze und ihre „Funktionsteilung (wird) durch die Landesplanung vorgegeben" (Bathelt und Glückler, 2018: 141). Mit Hilfe von Städteverbünden werden
Kommunen also mehr oder weniger dazu verpflichtet, zentralörtliche Funktionen
der Daseinsvorsorge gemeinsam wahrzunehmen, um so die Qualität der Angebote
angesichts knapper öffentlicher Haushalte oder sinkender Bevölkerungszahlen zu
erhalten. Anwendung findet dieses Format daher häufiger in Regionen, die von
Schrumpfungsprozessen betroffen sind (Zimmermann, 2018).

2   Städtenetze und interkommunale Zusammenarbeit
in Forschungs- und Förderprogrammen

Das Bundesinstitut für Bau-, Stadt- und Raumforschung (BBSR), und damit das
Bauministerium (derzeit BMI), haben schon in der Zeit von 1998 bis 2003 ein Modellvorhaben „FORUM Städtenetze" ins Leben gerufen, das an ein gleichnamiges
Forschungsfeld im städtebaulichen Forschungsprogramm „Experimenteller Woh-
nungs- und Städtebau" (ExWoSt) anknüpfte. Während Letzteres sich ausdrücklich
auf die Initiierung interkommunaler Kooperationsinitiativen konzentrierte, war
es Ziel des FORUMs, den Erfahrungsaustausch zwischen bestehenden und hinzu-
kommenden Städtenetzen zu organisieren.

Inzwischen besteht auch im Rahmen der Städtebauförderung die Möglichkeit der
interkommunalen Zusammenarbeit und somit auch die Möglichkeit, Städtenetze zu
fördern (BBSR, 2018). Dies kann zum Beispiel für kleinere Städte und Gemeinden
im Rahmen des 2010 aufgelegten Städtebauförderprogramms „Kleinere Städte
und Gemeinden – überörtliche Zusammenarbeit und Netzwerke" erfolgen. „Ziel
des Programms ist es, kleinere Städte und Gemeinden als wirtschaftliche, soziale
und kulturelle Zentren zu stärken und als Ankerpunkte der Daseinsvorsorge auch
für die Zukunft handlungsfähig zu machen" (BBSR, 2019: 9). Die bedarfsgerechte
Anpassung und Modernisierung von gemeinsamen Infrastrukturen ist hierbei ein
zentraler Ansatzpunkt der Förderung.

„Interkommunal bedeutet in diesem Zusammenhang, dass mindestens zwei Gebietskörperschaften auf der kommunalen Ebene (Städte, Gemeinden, Gemeindeverbände) an der Kooperation beteiligt sind" (BBSR, 2018). Hierbei geht es um horizontale Formen der Kooperation, sodass die Autonomie der Gemeinden erhalten bleibt. Die Kommunen können sich für die Erbringung von Leistungen, zu denen sie berechtigt oder verpflichtet sind, zusammenschließen. Hierbei durchlaufen sie im Allgemeinen einen „Prozess der Institutionalisierung" (Diller, 2002: 146ff.). Die Verbindlichkeit erhöht sich Schritt für Schritt und führt dann zu einer echten Kooperation, bei der die beteiligten Kommunen in vielen Aufgabenfeldern zusammenarbeiten. Damit geht sie über häufig eher monothematisch orientierte Zweckverbände hinaus und wird umfassender und inhaltlich integrierter (z. B. durch gemeinsame Konzepte). Durch diese Form der regionalen Zusammenarbeit wird überdies eine schlagkräftigere Interessenvertretung gegenüber übergeordneten Gebietskörperschaften bzw. Institutionen ermöglicht. Dies gilt sowohl hinsichtlich der Bündelung politischer Einflussmöglichkeiten als auch bezüglich der Forderung von Land, Bund und EU, im Falle finanzieller Unterstützungen einzelner Vorhaben eine interkommunale Konkurrenz zu vermeiden.

3 Die regionale Zusammenarbeit am Beispiel von Städtedreiecken

Von einer lockeren informellen Zusammenarbeit in einzelnen Aufgabenfeldern hin zu einem Städteverbund mit einer klar benannten Arbeitsteilung und entsprechenden landesplanerischen Vorgaben für die beteiligten Städte ist es jedoch ein weiter Weg. Dies zeigt beispielsweise das Bergische Städtedreieck. Der informelle Zusammenschluss der drei aneinandergrenzenden Großstädte Wuppertal, Remscheid und Solingen geht bis in das erste Drittel des 20. Jahrhunderts zurück. Immer wieder ist eine Diskussion über mögliche Schnittpunkte der Zusammenarbeit, aber auch über die räumliche Form und eine vorstellbare Fusion der drei Städte aufgekeimt. Im Bereich des Tourismus wurde mit einer Zusammenarbeit der drei Städte bereits in der zweiten Hälfte des 20. Jahrhunderts begonnen.

Einen zusätzlichen Schub für die professionellere Ausgestaltung der Zusammenarbeit hat dann letztlich das Strukturförderprogramm der NRW-Landesregierung „REGIONALE 2006" gebracht.[2] Inzwischen gibt es – neben u. a. einer gemeinsamen

---

2 Die REGIONALEN (Kunstwort aus den Bestandteilen Region und Biennale) sind ein NRW-spezifisches Instrument der informellen Planung und der kooperativen Regional-

Polizeiorganisation, einer Fusion der Volkshochschulen von Wuppertal und Solingen, einem gemeinsamen telefonischen Dienstleistungszentrum und einer Fusion der Veterinär- und Lebensmittelämter aller drei Städte – eine Bergische Struktur- und Wirtschaftsförderungsgesellschaft mbH (BSW), die regionale Projekte initiiert und umsetzt. Im regionalen Kontext werden von der BSW die Themenfelder Wirtschaftsförderung, Strukturentwicklung und Tourismus bearbeitet (BSW, 2021). Ebenso gehören das Regionalmarketing sowie die Arbeitsmarkt- und Beschäftigungsförderung in ihren Zuständigkeitsbereich. Die Kooperation im Bergischen Städtedreieck verfolgt insgesamt das Ziel, die Region für den Wettbewerb und die großen Herausforderungen besser zu positionieren, indem die administrative Zusammenarbeit, die Kooperation innerhalb der Region und die Sichtbarkeit nach außen verbessert wird.

Die Freiwilligkeit der Zusammenarbeit kann zu einer gewissen Fragilität des Kooperationsprozesses führen, insbesondere wenn die Städte eine unterschiedliche Größe haben, unterschiedlich stark von bestimmten wirtschaftlichen und demografischen Trends betroffen sind oder die Kooperationsvorteile sich für sie unterschiedlich entwickeln. So schreibt die IHK Wuppertal-Remscheid-Solingen (2012: 15), dass *die notwendigen Veränderungen in der regionalen Zusammenarbeit (...) eine große Gestaltungsaufgabe insbesondere auch für die politisch Verantwortlichen in den einzelnen Kommunen (bedeuten). Dies setzt allerdings voraus, dass auch die Politiker den Ernst der Lage erkennen. Mit verbindlichen Strukturen für die verstärkte Zusammenarbeit könnte unsere Region für Aufmerksamkeit sorgen und auch attraktiver für neue Investoren werden. Gelingt dies nicht, werden die drei bergischen Großstädte mittelfristig im globalen Standortwettbewerb nicht bestehen.*"

Inzwischen haben sich in den Grenzräumen zu Nachbarländern auch grenzüberschreitende Metropolregionen, wie die „Euroregio Maas-Rhein" mit 3,9 Mio. Einwohnern oder die „Trinationale Region Oberrhein" mit 5,9 Mio. Einwohnern gebildet. Es gibt aber in Räumen mit mittelgroßen Kernstädten auch sogenannte Regiopol-Regionen (Hartz, 2018). Die Vorteile solcher Zusammenschlüsse grenzüberschreitender Metropolregionen liegen im Wesentlichen in einer besseren räumlichen Allokation der Arbeitskräftepotenziale, aber auch in einer höheren räumlichen Wahlfreiheit der Grenzgebietsbewohner hinsichtlich ihrer Versorgung mit Gütern des mittel- und langfristigen Bedarfs, der Freizeitgestaltung und der

---

entwicklung. Auch die REGIONALEN fußen auf der Freiwilligkeit der Kooperation und der territorialen Abgrenzung; allerdings auch auf einer „konsequenten Realisierung des Wettbewerbsprinzips" der Regionen untereinander um den Zuschlag sowie auf einer klaren zeitlichen Befristung und Orientierung auf ein Präsentationsjahr. Es wird hierfür in der Regel eine eigene organisatorische Einheit (REGIONALE-Agentur) eingerichtet (Danielzyk und Sondermann, 2017).

Wohnraumversorgung. Auch die grenzüberschreitende Gesundheitsversorgung – insbesondere in Pandemiezeiten – ist hier von Nutzen, wenn auf diesem Weg Kapazitätsengpässen bei Intensivbetten jenseits der Landesgrenzen entgegengewirkt werden konnte. Nachteile wurden während der Pandemiebekämpfung aber ebenfalls deutlich, als die europäischen Regierungen während der ersten „Pandemie-Welle" zum Teil die Grenzen zu den Nachbarländern schließen ließen und eingespielte grenzüberschreitende Arbeits- und Versorgungsaktivitäten unterbrochen sowie das Pendeln teilweise erschwert oder gar unmöglich gemacht wurde. Hierdurch ist ein ökonomischer Schaden entstanden, der nicht nur kurzfristige Auswirkungen haben könnte, da sich diese Erfahrung ins kollektive Bewusstsein der Bewohnerschaft der Grenzräume eingeprägt hat.

4 Zukunftsfähigkeit von Städtenetzen

Zu den wesentlichen Herausforderungen für Städtenetze und die regionale Zusammenarbeit zählen „die Bevölkerungsentwicklung, die vielerorts knappen Ressourcen, die wirtschaftliche Entwicklung und der wachsende Wettbewerb der Regionen, aber auch Fragen hinsichtlich zunehmender wirtschaftlicher und sozialer Disparitäten und der sozialen Stabilität" (BBSR, 2018: 14). So werden viele zukünftige Herausforderungen für die Raum- und Stadtentwicklung in der Post-Corona-Zeit mit der Notwendigkeit einer besseren regionalen Zusammenarbeit einhergehen. Denn die Corona-Krise hat die Verletzlichkeit des gemeinschaftlichen Lebens in unseren Städten verdeutlicht und zahlreiche bestehende Probleme verschärft. Hierzu zählen zum Beispiel die Gesundheitsversorgung, soziale Probleme, aber auch die wirtschaftliche Entwicklung, insbesondere in stark betroffenen Branchen wie Gastronomie, Tourismus und Hotellerie, Freizeitindustrie, aber auch Kunst und Kultur.

Selbst wenn sich nach der Krise alte Bewegungsmuster der Menschen im öffentlichen Raum und der Nutzung dieser Flächen wieder nach und nach einstellen werden, sollten Lehren aus der Krise gezogen werden.

Viele „Good Practices" in Städten wie Tübingen und Rostock haben gezeigt, dass der Austausch von Städten, z. B. über Städtenetze (auch im internationalen Maßstab), helfen kann, die Auswirkungen einer Pandemie einzudämmen. So haben beide Städte im zweiten „Lockdown" sehr früh Modellvorhaben, wie gezieltes „Testen", angestoßen, um den Einzelhandel und andere Angebote der Städte früher zu öffnen. Aber auch kleine Ideen sind in Krisenzeiten hilfreich, wie die „Familientipps in Corona-Zeiten", ein gemeinsames Angebot der Städte Bad Honnef und Königswinter, das Unterstützung und Tipps für Eltern und Kinder bereithält. In der Post-Corona-Zeit müssen sich die Städte auf künftige Pandemien vorbereiten und schneller aus den jeweiligen Erfahrungen voneinander lernen. Für eine solche gemeinsame Vorbereitung – auf der Grundlage der schonungslosen Evaluation der Corona-Erfahrungen – können Städtenetze eine geeignete Plattform darstellen. Es können dort Kompetenzen und Ressourcen gebündelt und Lösungsansätze in einem größeren räumlichen Kontext ausgelotet werden.

Die Gesundheitsversorgung, insbesondere wenn es um die Intensivmedizin geht, funktioniert ohnehin nicht lokal, sondern nur regional. So wurden und werden beispielsweise Corona-Intensivpatienten in der Regel in die nächstgelegene Klinik mit freien Kapazitäten gebracht. Diese Kliniken liegen entweder über den eigenen Landkreis verteilt und bedürfen somit einer regionalen Organisation; freie Kapazitäten können aber durchaus auch hinter der Landesgrenze vorzufinden sein. So wurden beispielsweise Patienten aus dem Kreis Steinfurt in NRW auch schon mal ins südliche Niedersachsen gefahren (WDR, 2021). Je ausgelasteter die Intensivkapazitäten der Kliniken sind, desto länger wurden die Wege für die Unterbringung dieser Intensivpatienten. Eine regionale Organisation der Patientenversorgung war daher in der Pandemie nicht nur sinnvoll, sondern sogar notwendig.

Aber auch präventive Strategien der medizinischen Versorgung können sich in einem regionalen Maßstab als sinnvoller erweisen, da die Angebotskapazitäten – insbesondere solche mit einer höheren Spezialisierung – besser auf die regionalen Bedarfe zugeschnitten werden können. Auch mit Blick auf die wirtschaftlichen Auswirkungen und sozialen Disparitäten und Instabilitäten, die aufgrund der Pandemie entstanden sind und sicherlich noch nachwirken werden, erscheint eine regionale Entwicklungsstrategie notwendig. Beispielsweise soziale, bildungsbezogene und kulturelle Infrastrukturen können aus einer regionalen Bündelung von Ressourcen besser organisiert und vorgehalten werden.

Insbesondere Handlungsspielräume und Potenziale, die von einer Stadt alleine nicht oder nur zum Teil ausgeschöpft werden können, sind ein guter Anlass für die Verbesserung der regionalen Zusammenarbeit. Eine einzelne Stadt kann die zukünftigen Anforderungen der intraregionalen Mobilität kaum alleine bewältigen. Die funktionale Verknüpfung von regionalen Räumen hat sich immer weiterentwickelt. Die Mobilitätsmöglichkeiten und Digitalisierungsprozesse – gerade während der Pandemie (z. B. Homeoffice) – ermöglichen, dass Wohnstandorte und Arbeitsstätten wieder etwas entfernter voneinander liegen können. Dies führt natürlich dann zu entsprechenden Pendelbewegungen in der jeweiligen Region, welche sich im Zuge der Krise weiter verändern könnten. Demzufolge besteht in den Regionen zwischen Stadtkern, Umland und Peripherie die Notwendigkeit einer räumlichen Arbeitsteilung in Bezug auf die Bereitstellung der Funktionen Wohnen, Arbeiten, Freizeit (z. B. Kulturangebote, aber auch Erholungsräume). Aber auch die Bereitstellung von

Nahrungsmitteln und andere ökologische Funktionen und Dienstleistungen (z. B. Eco-System-Services) werden in der Regel von den peripheren Räumen für die zentraleren Räume angeboten. Andersherum bieten die Kerne für das Umland und die Peripherie zahlreiche Funktionen wie Ausbildung, Arbeiten, Wohnen, Einkaufen, Kultur usw. an. Die effiziente Organisation dieser Angebote in einer Gesamtregion ist eine wichtige Voraussetzung für den Entwicklungserfolg der Region.

Insbesondere der Wohnungsmarkt ist heute nur noch in seiner regionalen Ausdehnung und Arbeitsteilung sinnvoll zu verstehen und zu untersuchen. Die Wanderungen von Haushalten ins Umland aufgrund gestiegener Wohnkosten ist hierbei nur eine derzeit auffällige Facette dieses Zusammenhangs. Häufig liegen wachsende und schrumpfende lokale Wohnungsmärkte dicht beieinander, sodass sich die Frage stellt, wie mit diesen räumlichen Divergenzen in Anbetracht von Ressourcen-, Infrastruktur- und Mobilitätsfragen als Region sinnvoll umgegangen werden soll (Spars und Voigtländer, 2015). Dies betrifft auch die Entwicklung von technischen und digitalen Infrastrukturen in der Region. Fragen der nachhaltigen Energieversorgung und der regionalen Organisation von Stoffkreisläufen im Sinne der Ressourceneffizienz gehören ebenso dazu. Mit Blick auf die Klimapolitik halten Kemmerzell und Tews (2014) fest, dass die Mitgliedschaft in Städtenetzwerken auch der Interessenvermittlung oder der Rekrutierung von Projektpartnern für die Beantragung von Fördermitteln dient.

Gerade die Etablierung einer schlagkräftigeren Interessenvertretung gegenüber übergeordneten Gebietskörperschaften bzw. Institutionen wird durch Städtenetze ermöglicht. Dies betrifft die Bündelung politischer Einflussmöglichkeiten und Ressourcen in Richtung Land, Bund und EU und hat überdies den Charme, dass sich aus deren Sicht mögliche kommunale Konkurrenten bereits im Vorfeld auf gemeinsame Konzepte geeinigt haben, die dann gefördert werden können.

In der Gesamtschau aller Aspekte besteht also – insbesondere in Krisenzeiten – eine wachsende Notwendigkeit, die regionale Zusammenarbeit in der Entwicklung der Räume und bei der effizienten Bereitstellung der gemeinsamen Angebote zu stärken. Es zeigt sich aber auch, dass eine verbindliche Weiterentwicklung der ersten Ansätze von Städtenetzen schwierig ist und an der Autonomie von Städten rüttelt. Eine Weiterentwicklung hin zu Städteverbünden, die eben verbindlicher und stärker in die Raumordnungspolitik des jeweiligen Bundeslandes integriert sind, stellt hier eine mögliche Option dar, die in einigen Bundesländern wie in Hessen, Thüringen und Bayern stärker verfolgt wird als in anderen. Diller (2018) stellt fest, dass Instrumente wie die „Städtenetze vielfach als nur bedingt tragfähig" eingeschätzt werden müssen, weil die politische Verbindlichkeit fehlt.

Die Ministerkonferenz für Raumordnung (MKRO) schrieb 2016 in ihren „Leitbildern und Handlungsstrategien für die Raumentwicklung in Deutschland", dass der „Ausbau von Ansätzen interkommunaler und regionaler Zusammenarbeit bei der Gewährleistung der Daseinsvorsorge und Ausbau sowie Verstetigung von Stadt-Land-Partnerschaften (…) im Rahmen von Städtenetzen und Zentrenverbünden" erfolgen soll. Durch die bereits oben genannten Förderungsprogramme (z. B. Städtebauförderung) soll dies weiterhin unterstützt werden. Städtenetze bieten also grundsätzlich eine gute Möglichkeit, sich mit einer gemeinsamen, regionalen Strategie den Herausforderungen der Zukunft zu stellen. Mit fortschreitender Dauer des Städtenetzes scheint jedoch die Notwendigkeit zu entstehen, diese informelle Form der Zusammenarbeit verbindlicher zu gestalten, da der permanente Zwang zum Konsens für das Fortbestehen zwar essentiell, aber auch schwer zu organisieren ist. Hier kann eine Weiterentwicklung in Richtung eines Städteverbundes für manche Städte die richtige Antwort sein.

Insgesamt gibt es „eine große inhaltliche und organisatorische Bandbreite in der Anwendung interkommunaler Kooperation" (Zimmermann, 2018). Städte sind gut beraten, wenn sie in Anbetracht der Zukunftsherausforderungen alle sinnvollen Möglichkeiten der Zusammenarbeit prüfen und auf die regionalen Partner zugehen. Aber auch die Forschung ist aufgerufen, sich wieder intensiver mit Städtenetzen und -verbünden auseinanderzusetzen. Nischwitz *et al.* (2020) zeigen hier, wie Governancestrukturen und -prozesse in Regionen modelliert und analysiert werden können und wie daraus für die Zukunft der Kooperation in den Regionen gelernt werden kann.

Literatur

Bathelt, H. und Glückler, J. (2018), *Wirtschaftsgeographie: Ökonomische Beziehungen in räumlicher Perspektive*, 4. Auflage, UTB.
BBSR (Hrsg.) (2018), Interkommunale Kooperation in der Städtebauförderung, Bonn, Berlin.
BBSR (Hrsg.) (2019), Kleinere Städte und Gemeinden – überörtliche Zusammenarbeit und Netzwerke, Dritter Statusbericht zum Städtebauförderungsprogramm, Bonn, Berlin.
BSW (2021), Bergische Struktur- und Wirtschaftsförderungsgesellschaft, verfügbar unter https://bergische-gesellschaft.de (Zugriff am 26.05.2021).
Danielzyk, R. und Sondermann, M. (2017), Informelle Planung, in ARL – Akademie für Raumforschung und Landesplanung (Hrsg.), *Handwörterbuch der Stadt- und Raumentwicklung, ARL – Akademie für Raumforschung und Landesplanung*, Hannover, S. 963–974.
Danielzyk, R. und Priebs, A. (1996), Städtenetze als Raumordnungsinstrument – eine Herausforderung für Angewandte Geographie und Raumforschung, in Danielzyk, R. und Priebs, A. (Hrsg.), *Städtenetze – Raumordnungspolitisches Handlungsinstrument mit Zukunft? Material zur Angewandten Geographie*, Band 32, Bonn, S. 9–18.

Diller, C. (2002), Zwischen Netzwerk und Organisation. Die Dynamik der Verstetigung regionaler Kooperation, Berlin.

Diller, C. (2018), Instrumente der Raumplanung, in ARL– Akademie für Raumforschung und Landesplanung (Hrsg.), *Handwörterbuch der Stadt- und Raumentwicklung*, Hannover, S. 1023–1035.

Eurocities (2021), A better quality of life for all – Eurocities' strategic framework 2020–2030, verfügbar unter https://eurocities.eu/about-us/a-better-quality-of-life-for-all-eurocities-strategic-framework/ (Zugriff am 26.05.2021).

Gesunde Städte-Netzwerk der Bundesrepublik Deutschland (2021), Das Gesunde Städte-Netzwerk, verfügbar unter https://gesunde-staedte-netzwerk.de/mitglieder/ (Zugriff am 26.05.2021).

Hartz, A. (2018), Das Konzept der Metropolitanen Grenzregionen: Entwicklung, Strategien und Neuausrichtung, in Pallagst, K., Hartz, A. und Caesar, B. (Hrsg.), *Border Futures – Zukunft Grenze – Avenir frontière: Zukunftsfähigkeit grenzüberschreitender Zusammenarbeit*, Arbeitsberichte der ARL 20, S. 88–114.

IHK Wuppertal-Remscheid-Solingen (2012), Leitlinien, Perspektiven für das Bergische Städtedreieck, Wuppertal.

Kemmerzell, J. und Tews, A. (2014), Akteursorientierungen im überlokalen Handlungsraum – Herausforderungen und Chancen lokaler Klimapolitik im Mehrebenensystem, *Zeitschrift für Public Policy, Recht und Management*, 7. Jg., Nr. 2, S. 269–287.

Kern, K. und Bulkeley, H. (2009), Cities, Europeanization and Multi-level Governance: Governing Climate Change through Transnational Municipal Networks, *Journal of Common Market Studies*, 47. Jg., Nr. 2, S. 309–32.

MKRO-Geschäftsstelle (Hrsg.) (2016), Leitbilder und Handlungsstrategien für die Raumentwicklung in Deutschland, Berlin.

Nischwitz, G., Diller, C., Chojnowski, P. und Kohl, M. (2020), Entwicklung eines neuen Modells zur Analyse regionaler Governanceprozesse, *disP – The Planning Review*, 56. Jg., Nr. 2, S. 32–50.

Priebs, A. (1996), Städtenetze als raumordnungspolitischer Handlungsansatz- Gefährdung oder Stütze des Zentrale-Orte-Systems?, in *Erdkunde*, S. 35–44.

Ritter, E.-H. (1995), Raumpolitik mit Städtenetzen oder: Regionale Politik der verschiedenen Ebenen, in *Die Öffentliche Verwaltung*, 48. Jg., Heft 10, S. 393–403, Düsseldorf.

Spars, G. und Voigtländer, M. (2015), Regionale Wohnungsmärkte zwischen Schrumpfung und Wachstum: Die Beispiele Wuppertal, Düsseldorf und Köln, in VHW (Hrsg.), *Forum Wohnungswirtschaft und Stadtentwicklung*, Heft 3, S. 136–140.

WHO (2021), WHO European Healthy Cities Network, verfügbar unter https://www.euro.who.int/en/health-topics/environment-and-health/urban-health/who-european-healthy-cities-network (Zugriff am 26.05.2021).

WHO-Regionalbüro für Europa (Hrsg.) (2020), Gesunde Städte für einen besseren Wiederaufbau: Politische Erklärung des Gesunde-Städte-Netzwerks der Europäischen Region der WHO, Kopenhagen.

WDR (Hrsg.) (2021), Corona: Verändern volle Intensivstationen die Arbeit der Rettungsdienste?, verfügbar unter https://www1.wdr.de/nachrichten/corona-rettungsdienste-umfrage-nrw-100.html (Zugriff am 28.4.2021).

Zimmermann, K. (2018), Kooperation, interkommunale und regionale, in Akademie für Raumforschung und Landesplanung (Hrsg.), *Handwörterbuch der Stadt- und Raumentwicklung*, Hannover.

Teil III
Implikationen für Wohn- und
Hotelimmobilien: Cities to live

Wohnen in der Stadt – oder kurz davor?

Tobias Just und Franziska Plößl

Zusammenfassung

Gemäß der europaweiten Befragung erwarten die Befragten im Zuge der Corona-Pandemie einen signifikanten Anstieg der Wohnflächennachfrage. Innerhalb von Kernstädten kann diese Zusatznachfrage nur unzureichend bedient werden und auch der Wunsch nach mehr Freiraum im Wohnumfeld könnte ein Außenwachstum von Städten notwendig machen. Eine Konsolidierung wird hingegen für die Hotelbranche erwartet, dabei dürften sich insbesondere auf Freizeittourismus ausgerichtete Hotels schneller erholen. Inwiefern Hotels umgewidmet werden können und so die gestiegene Flächennachfrage anderer Nutzungen aufgenommen werden kann, hängt zum Teil vom künftigen planungsrechtlichen Rahmen ab. Das größte Umnutzungspotential ergibt sich dabei nicht in den Kernstädten, sondern eher in den Verflechtungsgürteln.

© Der/die Autor(en), exklusiv lizenziert durch
Springer Fachmedien Wiesbaden GmbH, ein Teil von Springer Nature 2021
T. Just und F. Plößl (Hrsg.), *Die Europäische Stadt nach Corona*,
https://doi.org/10.1007/978-3-658-35431-2_11

1   Einführung

Wohnen lässt sich auch während einer Rezession nicht (kurzfristig) substituieren, daher verlaufen Anpassungen auf Wohnungsmärkten häufig langsamer als auf Gewerbeimmobilien- oder Kapitalmärkten. Falls der Schock jedoch im Zuge einer Finanzkrise erfolgt, wodurch der Zugang zu Fremdkapital deutlich erschwert wird, können auch Wohnimmobilienmärkte kurzfristig heftigen Preisschwankungen unterworfen sein, wie zuletzt die Erfahrungen in vielen europäischen Ländern nach der Wirtschafts- und Finanzkrise nach 2007 zeigen (Ambrose *et al.*, 2013; Jorda *et al.*, 2017).

Wie in Kapitel 7 (Oberst, 2021) veranschaulicht wurde, war gerade die Frühphase der Pandemie durch ein sehr hohes Maß an Unsicherheit gekennzeichnet. Dies spiegelte sich auch darin, dass Immobilienmarktakteure unterschiedliche Erwartungen bildeten. Auf der einen Seite gab es Befürchtungen, dass die plausiblen Angebotseinschränkungen und Nachfragerückgänge zu deutlichen Einkommenseinbußen führen würden und dass in der Folge auch Wohnimmobilienpreise massiv unter Druck geraten könnten. Das empirica-Institut publizierte eine Studie, in der kurz- bis langfristige Effekte untersucht und in der mittleren Frist mit Preisrückgängen von 10 % bis 25 % auf dem Wohnungsmarkt gerechnet wurde (Braun und Simons, 2020). Nahezu zeitgleich veröffentlichte das IW Köln eine Studie mit deutlich weniger dramatischem Titel, in der das Basisszenario weitgehend stabile Wohnungspreise für das Pandemiejahr auswies. Doch auch in der Publikation des IW Köln führten die Annahmen des Downside-Szenarios zu durchschnittlichen Preisrückgängen von 17,43 % (Oberst und Voigtländer, 2020).

Im weiteren Verlauf der Pandemie wurde allerdings klar, dass diese Szenarien zu pessimistisch für die Wohnimmobilienmärkte in Europa waren. Zum einen schnürten die europäischen Regierungen zügig Rettungspakete (Almeida *et al.*, 2020; Bernoth *et al.*, 2020; Demary *et al.*, 2020; Fornaro und Wolf, 2020; Ozili und Arun, 2020; Schnöpflug, 2020), die auf Unternehmensebene für Liquidität sorgten und vor allem wurden die Arbeitsmärkte z. B. durch Kurzarbeiterprogramme stabilisiert.[1] Zudem zeigten Analysen zurückliegender Pandemien, dass zwar Transaktionsvolumen zurückgingen, die Miet- und Kaufpreisrückgänge jedoch überschaubar blieben. Just (2020) sowie Wong (2008) veranschaulichten dies für

---

[1]   Z. B. in Dänemark, Deutschland, Frankreich, Griechenland, Irland, Italien, den Niederlanden, Österreich; siehe hierzu auch den Policy Tracker von 197 Ländern des International Monetary Funds unter https://www.imf.org/en/Topics/imf-and-covid19/Policy-Responses-to-COVID-19 oder den Covid-19 Government Response Tracker der University of Oxford für mehr als 180 Länder unter https://www.bsg.ox.ac.uk/research/research-projects/covid-19-government-response-tracker.

die Wohnungsmärkte in Hong Kong während der SARS-I-Pandemie 2003/2004, und Francke und Korevaar (2021) konnten sogar für die Pest- und Cholera-Epidemien in Amsterdam und Paris zurückliegender Jahrhunderte nur vergleichsweise kleine Preisanpassungen in den vorliegenden Preisdaten finden, obwohl die gesundheitlichen Risiken, die Gesundheitsversorgung und folglich das Mortalitätsrisiko während der Pest- und Cholera-Epidemien deutlich höher waren als während der Corona-Pandemie 2020.

Doch selbstverständlich dürfen die Anpassungsprozesse früherer Pandemien nicht holzschnittartig auf die aktuelle Situation übertragen werden: Erstens wurde die Stabilität in Amsterdam und Paris früherer Jahrhunderte in erster Linie durch den Zuwanderungsdruck aus dem ländlichen Raum begründet. Dieser Zuwanderungsdruck ist heute ungleich kleiner, da sich die Lebensverhältnisse verbessert haben und der Anteil der Landbevölkerung stark gesunken ist. Zweitens lässt sich auch die Situation in Hong Kong aufgrund der topografischen Besonderheiten und den damit verbundenen Knappheitsverhältnissen sowie des rechtlichen Sonderstatus Hong Kongs vor knapp 20 Jahren nicht einfach auf typische europäische Städte übertragen.

Immerhin lässt sich aber unterdessen konstatieren, dass sowohl die Mieten als auch die Preise in Europa 2020 in den meisten Ländern weiter gestiegen sind. Abbildung 1 zeigt, dass der Preisindex für Wohnimmobilien in Europa (Eurozone) seit 2014 kontinuierlich zunimmt. Lag der Index in Deutschland im letzten Quartal des Jahres 2019 noch bei 133, so stieg er Ende 2020 auf 144; ähnliche Preisanstiege zeigen sich auch in den Niederlanden.

Die Preise stiegen in vielen Fällen stärker als die Mieten; offenbar ist der Anlagedruck privater und institutioneller Anleger weiterhin hoch, und die Suche nach stabilen Geldanlagen führt sie auch 2020/2021 zu Wohnimmobilieninvestitionen. Dies reflektieren auch die Befragungsergebnisse: Anleger verbinden mit Wohnimmobilieninvestitionen bis zuletzt Stabilität und Sicherheit (31 % der Befragten).

Für Hotelimmobilien bedeutete die Pandemie indes eine massive Zäsur, da Hotelübernachtungen sowie Veranstaltungen in vielen Städten für viele Monate nicht oder nur sehr stark eingeschränkt möglich waren. Für Hotelbetreiber brachen also auf der einen Seite die Umsätze weg, und gleichzeitig mussten auf der anderen Seite zusätzliche Kosten für Hygienemaßnahmen getätigt werden. In deutschen Hotelbetrieben sank beispielsweise die Zahl der Übernachtungen von 201 Mio. im Jahr 2019 auf 104 Mio. (Destatis, 2021). In Spanien fiel die Zahl der Übernachtungen sogar von 343 Mio. auf 92 Mio. in diesem Zeitraum (Instituto Nacional de Estadística, 2021).

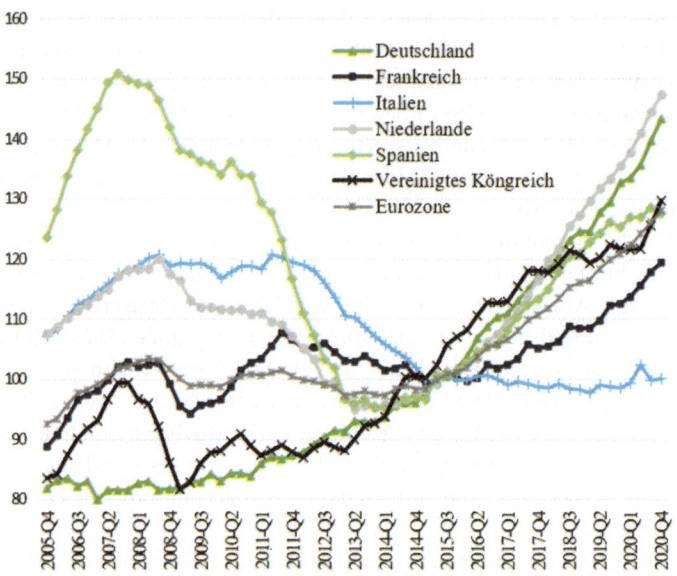

Abb. 1   Preisindizes Wohnimmobilien 2005–2020

Anmerkungen: Index, 2015 = 100; Quelle: BIS (2021)

In diesem Kapitel werden die zentralen Ergebnisse der Befragung zu den Markt-
segmenten Wohnen und Hotellerie dargestellt.[2]

2   Wohnen – moderater Druck nach außen

Insgesamt wurden die Fragen zur Assetklasse Wohnen von 272 Teilnehmern beantwortet. In diesem Segment gab es den stärksten Rücklauf, dicht gefolgt von Büro.
Bei den Freitextantworten zur „Normalität" dieser Assetklasse nach der Pandemie
wurden 513 Einträge berücksichtigt, auch dies war innerhalb der Assetklassen
einer der höchsten Werte.

---

2   Gemeinsam mit den Product Councils des ULI Germany wurde ein umfangreicher
     Fragebogen auf Deutsch und Englisch erstellt, der von insgesamt 421 Teilnehmern in
     Europa im März und April 2021 beantwortet wurde.

Die Teilnehmer rechnen für die nächsten zehn Jahre überwiegend mit einem weiteren Anstieg der gesamten Wohnflächennachfrage in allen Regionen (72,63 %), nur 11,5 % aller Teilnehmer erwarten einen Rückgang der nachgefragten Wohnflächen. Dieser Flächennachfrageanstieg fällt nach Ansicht der Befragungsteilnehmer moderat aus (die häufigste Antwort fällt auf die Kategorie 0 – 10 %). Diese Einschätzung wird auch durch die Freitextantworten getragen: Mehr als jede fünfte Antwort thematisiert, dass mit mehr Flächennachfrage in Innenräumen gerechnet wird, häufig wird ergänzt, dass dies durch zusätzliche beruflich bedingte Flächen (Homeoffice) getrieben wird.

Noch stärker wird der Nachfragestimulus für Außenflächen eingeschätzt. Hier sehen sogar fast die Hälfte aller Teilnehmer einen starken Anstieg der Nachfrage in den kommenden zehn Jahren, also einen Anstieg um mehr als 10 % (siehe Abb. 2).

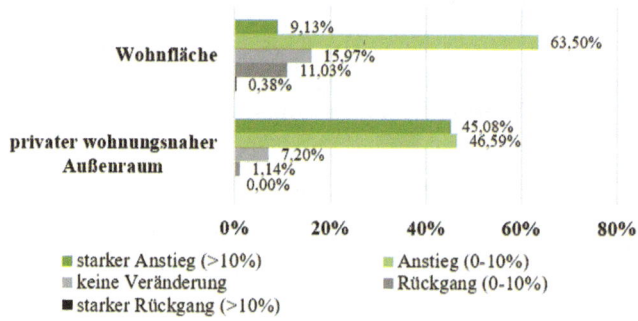

Abb. 2 Entwicklung Wohnfläche pro Kopf und privater Außenraum

Anmerkungen: eigene Datenerhebung zur Frage „Wie wird sich die durchschnittliche Wohnfläche pro Kopf entwickeln?" bzw. „Wie wird sich die Nachfrage von privatem wohnungsnahen Außenraum bei Neubauprojekten entwickeln?"; 2,59 % bzw. 2,22 % der Teilnehmer des Frageblocks zur Assetklasse Wohnen trafen keine Angabe.

Falls sich die Einschätzung der Befragungsteilnehmer, dass die Mehrnachfrage nach Innen- und Außenflächen eher in den Agglomerationsräumen als im ländlichen Raum entstehen wird, als richtig erweist, wird dies die Städte vor deutliche Herausforderungen stellen, sollte nicht durch Flächenaufgaben in anderen Assetklassen Platz geschaffen werden können. Für den ländlichen Raum wird sogar eher mit Nachfragerückgängen gerechnet. Die vermutete Flucht aus den Kernstädten lässt sich aus den Umfragewerten nicht erkennen, allenfalls gibt es eine schwache Tendenz, dass der erwartete Nachfragezuwachs in den Agglomerationsräumen als stärker eingeschätzt wird als in den Kernstädten selbst. Dies impliziert letztlich, dass damit gerechnet wird, dass das direkte Umland am ehesten profitieren wird (siehe Abb. 3).

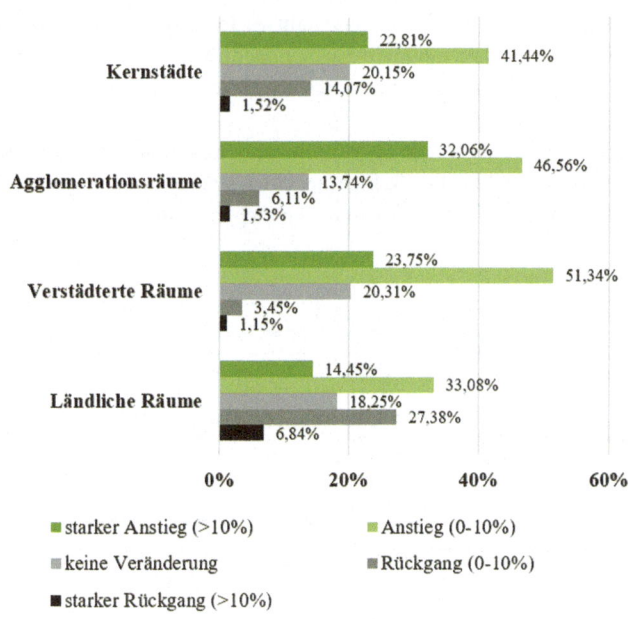

Abb. 3   Ausblick Wohnflächennachfrage für 10 Jahre

Anmerkungen: eigene Datenerhebung zur Frage „Bitte schätzen Sie je die Wohnflächen-nachfrage in den folgenden Regionen für die nächsten 10 Jahre."; 2,59 % / 2,96 % / 3,33 % / 2,59 % der Teilnehmer des Frageblocks zur Assetklasse Wohnen trafen keine Angabe; Abgrenzungskriterien entsprechend dem Bundesinstitut für Bau- Stadt- und Raumforschung (BBSR): Agglomerationsräume – Oberzentrum über 300.000 Einwohner, Verstädterte Räume – Oberzentrum über 100.000 Einwohner, Ländliche Räume – ohne Oberzentrum über 100.000 Einwohner.

Dies ist durchaus mit den Erkenntnissen von Carozzi *et al.* (2021, Kap. 9) sowie von Eisfeld und Just (2021) sowie jenen des BBSR (2021) vereinbar, dass das gesundheit-liche Risiko über alle drei Wellen in hochverdichteten Ballungsräumen nicht größer ist als in weniger verdichteten Kreisen. Allerdings zeigt sich ein Unterschied in den Wohnverhältnissen innerhalb dieser Ballungsräume. Beengte Wohnverhältnisse und berufliche Tätigkeiten mit vielen Sozialkontakten erhöhen das Infektionsrisiko. Insofern ist die Erwartung, dass mehr Innen- und Außenflächen nachgefragt werden, zwangsläufig durch Flächenverfügbarkeiten in Kernstädten begrenzt. Damit würde die Nachfrage in die nächstbeste Alternative umgelenkt. Dies wären eher die Umlandgemeinden als die ländlichen Räume.

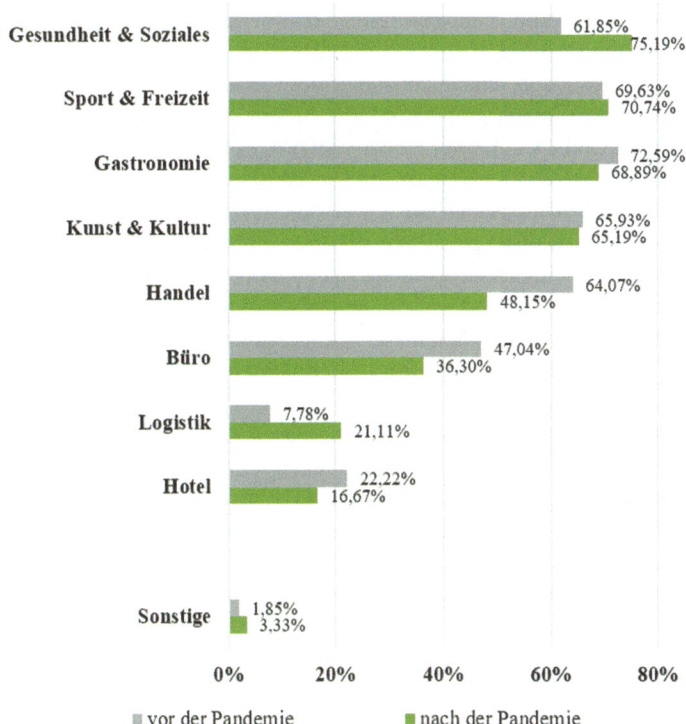

Abb. 4   Positive Synergien zur Wohnnutzung

Anmerkungen: eigene Datenerhebung zur Frage „Welche Nutzungen erzeugten/erzeugen positive Synergien zur Wohnnutzung?"; Mehrfachauswahl möglich; 4,07 % der Teilnehmer des Frageblocks zur Assetklasse Wohnen trafen keine Angabe; Häufigste Nennungen für Sonstige vor der Pandemie: Handwerk, Bildungseinrichtungen, Lebensmitteleinzelhandel; Häufigste Nennungen für Sonstige nach der Pandemie: Öffentlicher Raum & Grünflächen, Bildungseinrichtungen.

Dies gilt insbesondere deswegen, weil die Befragungsteilnehmer angaben, dass der Zugang zu Einrichtungen der Gesundheitsvorsorge sowie für soziale Zusammenkünfte für die Wahl des Wohnstandortes wichtiger würden sowie die Nähe zu Einzelhandelsimmobilien und zu Büros an Bedeutung verlieren könnten (siehe Abb. 4).

Dass ein dauerhaftes Erstarken des ländlichen Raums eher unwahrscheinlich ist, zeigt Abbildung 5: Zwar ist die Kategorie mit dem stärksten Bedeutungsgewinn „Grün- und Freiflächen", doch die zweit- und drittplatzierten Kategorien „Kinderbetreuung" und „Nahversorgung" erfordern typische Vorteile von Verdichtungsräumen. Auch dies legt die Vermutung nahe, dass weniger die ländlichen als die urban geprägten Räume am Rande der Kernstädte am stärksten von den Nachfrageverschiebungen profitieren könnten. Insgesamt wird deutlich, dass die Befragungsteilnehmer mit einer Höherschätzung von öffentlichen Räumen und sozialen Interaktionsqualitäten ausgehen. Dies betrifft nicht nur Freiräume, sondern eben auch z. B. Betreuungsangebote.

Diese erwarteten gestiegenen Ausdehnungswünsche dürften ceteris paribus das Problem erschwinglichen Wohnens in den Ballungsräumen verschärfen; nur wenige Befragungsteilnehmer gaben an, dass Sharing-Konzepte einen nennenswerten Beitrag zur Entspannung dieser Konfliktsituation liefern dürften.

Letztlich wird mit der Erwartung weiterer Flächenerweiterungen verbunden, dass Wohnimmobilien eine stabile Anlageklasse bleiben werden. In den Freitextantworten zielte jede fünfte Antwort auf genau diesen Stabilitätsgedanken; bei keiner anderen Assetklasse wurde so häufig von Stabilität bzw. Sicherheit geschrieben. Negativ formuliert, impliziert dies anhaltenden Aufwärtsdruck auf Wohnungspreise und wahrscheinlich rückläufige Mietrenditen. Doch es gibt auch eine positive Seite, nämlich dass für den Umbau der Ballungsräume zu mehr Wohnräumen viel privates Anlagekapital bereitstehen dürfte. Dieses Kapital müsste dann in Neu- und Umnutzungsprojekte und weniger in den Erwerb von Bestandsimmobilien kanalisiert werden.

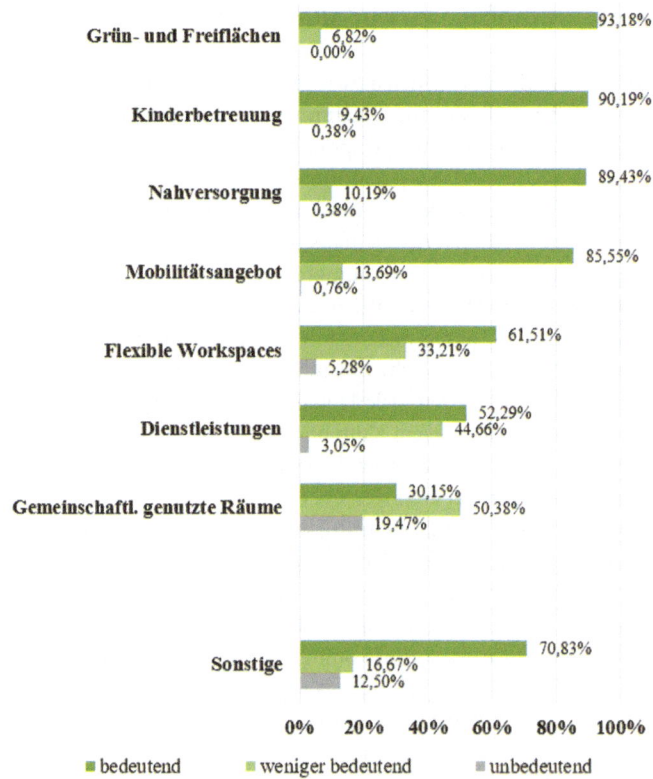

Abb. 5   Bedeutung der Funktionen bei der Quartiersentwicklung

Anmerkungen: eigene Datenerhebung zur Frage „Wie bedeutend sind künftig folgende Funktionen bei der Quartiersentwicklung?"; 2,22 % / 1,68 % / 2,59 % / 1,86 % / 2,96 % / 2,96 % / 91,11 % der Teilnehmer des Frageblocks zur Assetklasse Wohnen trafen keine Angabe; Häufigste Nennungen für Sonstige: Soziale Einrichtungen (Jung & Alt), Sporteinrichtungen, Urban Gardening.

3   Hotelimmobilien – nur allmählich aus dem Tal

In dem Immobilienklimaindex, den bulwiengesa monatlich für die DeutscheHypo ermittelt, stürzte der Teilindex für Hotelimmobilien zwischen Februar 2020 und November 2020 um nahezu 100 Indexpunkte auf den niedrigsten Wert, der seit Einführung dieses Klimaindexes jemals für eine Assetklasse in Deutschland ausgewiesen wurde (auf 13,9 Punkte)[3] (bulwiengesa und Deutsche Hypo, 2021). Im Einzelhandel rutschten die Werte ebenfalls im Zuge der Pandemie ab, aber nicht so ruckartig und heftig wie für Hotelimmobilien.

Zwar hat sich das Hotelklima seit November 2020 wieder etwas erholt, doch die neueren Lockdown-Phasen bedeuteten immer wieder Rückschläge, sodass auch zur Jahresmitte 2021 die Wachstumsschwelle noch in weiter Ferne liegt (Mai: 39,9 Indexpunkte). Zwar hatten viele Hotelimmobilienmärkte ihren zyklischen Höhepunkt – gemessen an diesem Klimaindex – auch vor der Pandemie bereits überschritten, doch von einer rezessiven Marktlage war die Hotellerie weit entfernt.

Die Befragungsteilnehmer erwarten überwiegend zwar eine weitere Erholung, aber keine flächendeckende und rasche Rückkehr auf frühere Auslastungsniveaus. Von den 135 Freitextantworten zum Hotelimmobiliensegment fiel knapp ein Drittel aller Antworten in die Kategorie „Konsolidierung". Dies war mit Abstand die am häufigsten genannte Kategorie; Begriffe wie Umnutzung oder Refurbishment, die ebenfalls diesem Marktdruck folgen könnten, wurden hierbei nicht einmal mitgerechnet.

Die Befragungsteilnehmer zeigten sich spürbar optimistischer hinsichtlich der Freizeithotellerie; auf reine Geschäftsreisende fokussierte Businesshotels würden demnach deutlich länger auf eine Erholung warten müssen. Nach Einschätzung der Studienteilnehmer werden Geschäftstermine auch nach Beendigung der Lockdown-Phasen langsamer zum Vorkrisenniveau zurückkehren (siehe Abb. 6). Hier dürften die während der Pandemie erprobten „neuen" Kommunikationswege eine dauerhafte Verhaltensänderung bewirken können. Es gäbe weniger Konferenz- und Messebesucher und weniger persönliche Geschäftstermine. Touristische oder freundschaftlich-familiär motivierte Reisen und Übernachtungen würden nach Einschätzung der Teilnehmer viel schneller wieder die Vorkrisenniveaus erreichen können – wenngleich auch hier ein beachtlicher Anteil der Studienteilnehmer Einschränkungsmöglichkeiten sieht.

---

3   Für Werte über 100 signalisiert der Index Wachstum, für Werte unter 100 Schrumpfung.

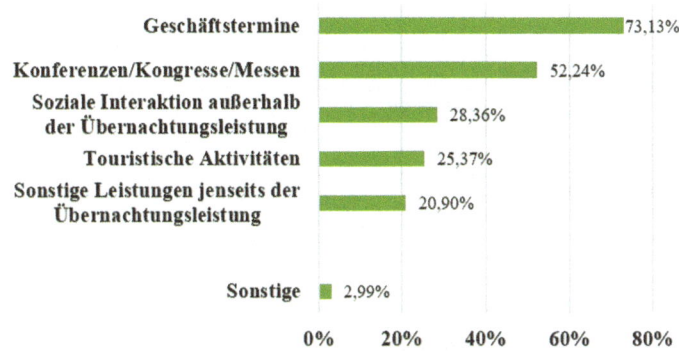

Abb. 6　Geschäftliche Aktivitäten bei Hotels am ehesten ersetzbar

Anmerkungen: eigene Datenerhebung zur Frage „Welche Aspekte von Hotelimmobilien sind für Ihre Nutzer nach der Pandemie substituierbar?"; Mehrfachauswahl möglich; 6,94 % der Teilnehmer des Frageblocks zur Assetklasse Hotel trafen keine Angabe; Häufigste Nennungen für Sonstige: Alles notwendig, neue Geschäftsmodelle.

Entsprechend erwarten die Befragten über alle regionalen Raumtypen hinweg für die kommenden Jahre keine rasche Erholung für das Segment insgesamt. Die günstigsten Aussichten werden für Hotels in Kernstädten und in ländlichen Räumen vermutet, weil dort am ehesten touristisch motivierte Reisen hinführen. Für Hotels in Speckgürteln oder den weiteren Verflechtungsräumen, die mitunter von besonders großen Messen oder von Geschäftsreisenden mit kleinerem Reisebudget gebucht werden, werden die schwierigsten Erholungspfade erwartet (siehe Abb. 7).

Auch zeigt sich durch die Befragungsergebnisse, dass die Nähe zu Büro- oder Handelsimmobilien für den Hotelstandort künftig an Bedeutung verliert, während der Zugang zu gesundheitlichen und sozialen Einrichtungen sowie für Sport- und Freizeitaktivitäten gewinnen könnte.

Als Folge dieser Konsolidierung, und wohl auch Polarisierung, dürfte sich der Kostendruck erhöhen. Für Investoren könnte aus diesem eingeengtem Handlungsspielraum resultieren, dass sie von Fixpacht- stärker auf Umsatzpachtmodelle umstellen müssen, ggf. könnten auch Pachtmodelle in reine Managementverträge geändert werden. Und es könnte dazu führen, dass verschiedene Formen „schlanker Luxushotellerie" entstehen könnten, sozusagen das Abrüsten von Services. Bemerkenswert ist, dass sehr selten die inhärente opportunistische Chance der schweren Marktlage von den Befragten thematisiert wurde. Auch dies spricht tendenziell für eine langsame und mühevolle Erholung.

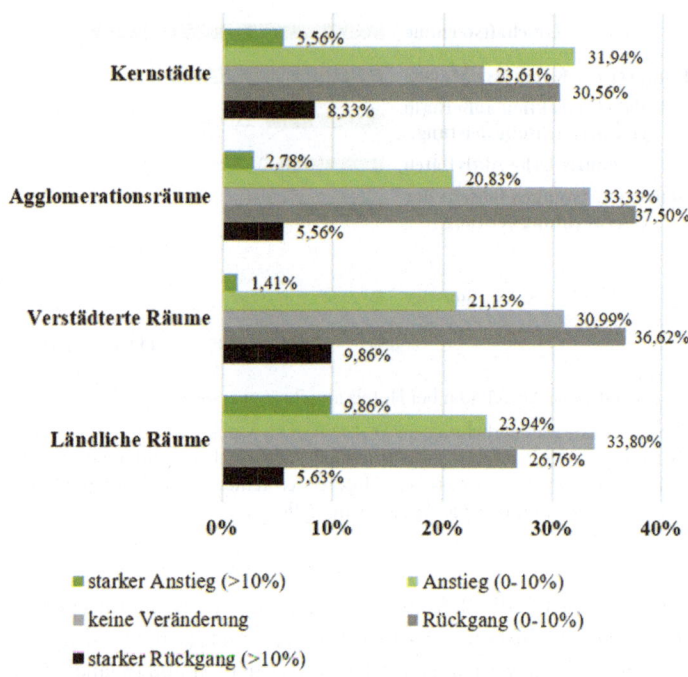

Abb. 7 Ausblick Hotelflächennachfrage für 10 Jahre

Anmerkungen: eigene Datenerhebung zur Frage „Bitte schätzen Sie je die Hotelflächen-nachfrage in den folgenden Regionen für die nächsten 10 Jahre."; 0,00 % / 0,00 % / 1,39 % / 1,39 % der Teilnehmer des Frageblocks zur Assetklasse Hotel trafen keine Angabe; Abgrenzungskriterien entsprechend dem BBSR: Agglomerationsräume – Oberzentrum über 300.000 Einwohner, Verstädterte Räume – Oberzentrum über 100.000 Einwohner, Ländliche Räume – ohne Oberzentrum über 100.000 Einwohner.

---

4   Schlussbemerkungen

Die Befragungsergebnisse machen deutlich, dass Immobilienmarktakteure mit einem signifikantem Nachfrageanstieg im Wohnungssegment rechnen und dass dies – nicht zuletzt aufgrund der Knappheit in den Ballungsräumen und den damit verbundenen Erschwinglichkeitsproblemen – eher durch Außenwachstum gelöst werden kann als durch reine Nachverdichtung. Dieses Außenwachstum würde aber keine „Rückeroberung des ländlichen Raums" darstellen, sondern würde sich eher, wie so häufig in der Urbanisierungsgeschichte, in Form einer Ausdehnung der Kernstädte in die Fläche darstellen.

Diese Entwicklung erfordert von Projektentwicklern und Investoren zumindest teilweise und vorübergehend ein Umdenken, da die Strategie zur Entwicklung von kleinen oder gar Mikro-Wohnflächen in den hoch verdichteten Räumen weniger gefragt sein könnte. Das gilt möglicherweise insbesondere für jene Longstay-Konzepte, die an der Grenze zwischen Wohnen und Gastgewerbe operieren und deren Nachfrage im Zuge der Pandemie durch weniger langfristige Geschäftsreisende sank.

Inwiefern die angeschlagene Hotelbranche durch Flächenumwidmung einen Teil der Lösung mitliefern kann, hängt zunächst einmal von der Bereitschaft der Planungsbehörden ab, solche Umnutzungen planungsrechtlich zu begleiten. Wenn dies geschieht, läge das größte Umnutzungspotenzial nicht in den Kernstädten, sondern eher in den Verflechtungsgürteln, weil dort der Erholungsprozess der Hotellerie länger dauern könnte als in den Zentren (oder den landschaftlich reizvollen Regionen, deren Angebot stark auf Freizeittourismus ausgerichtet ist). Es wäre hierfür aber wichtig, dass solche Umnutzungen nicht isoliert erfolgen, da Wohnflächen eine andere Einbindung in ein urbanes, soziales Umfeld erfordern als Hotels. In der Befragung wurde deutlich, dass öffentliche Räume, soziale Interaktion und Erreichbarkeit von sozialer Infrastruktur (z. B. Kindergärten oder Schulen) für Wohnen wichtig bleiben. Natürlich können auch Solitärumwandlungen helfen, Wohnraumknappheiten zu reduzieren, doch dies dürfte allenfalls für Formate im unteren Preissegment marktgängig sein. Und auch hier wäre die soziale Infrastruktur und der Wunsch nach öffentlichem Raum mitzudenken.

Literatur

Almeida, V., Barrios, S., Christl, M., Poli, S. de, Tumino, A. und van der Wielen, W. (2020), Households´ income and the cushioning effect of fiscal policy measures during the Great Lockdown, *JRC Working Papers on Taxation and Structural Reforms No 06/2020, European Commission, Joint Research Centre, Seville*.

Ambrose, B. W., Eichholtz, P. M. A. und Lindenthal, T. (2013), House Prices and Fundamentals: 355 Years of Evidence, *Journal of Money, Credit and Banking*, 45. Jg., Nr. 2/3, S. 477–491.

Bank for International Settlements (2021), Residential property prices: detailed series (nominal), verfügbar unter https://www.bis.org/statistics/pp_detailed.htm?m=6%7C288%7C593 (Zugriff am 16. Juni 2021).

Bernoth, K., Clemens, M., Dany-Knedlik, G. und Gebauer, S. (2020), Wirtschaftspolitische Maßnahmen gegen die Corona-Krise in Europa wirken vor allem im Zusammenspiel, *DIW Wochenbericht Nr. 23/2020*, Deutsches Institut für Wirtschaftsforschung.

Braun, R. und Simons, H. (2020), Corona und die Immobilienpreise. War das nun die Nadel, die den gut gefüllten Preisballon zum Platzen bringt?, empirica-Paper Nr. 255, verfügbar unter https://www.empirica-institut.de/fileadmin/Redaktion/Publikationen_Referenzen/PDFs/empi255rb.pdf.

bulwiengesa und Deutsche Hypo (2021), Deutsche Hypo Immobilienklimaindex, verfügbar unter https://www.deutsche-hypo-immobilienklima.de/ (Zugriff am 16. Juni 2021).

Bundesinstitut für Bau-, Stadt- und Raumforschung (2021), Regionale Ausbreitung von COVID-19, verfügbar unter https://www.bbsr.bund.de/BBSR/DE/startseite/topmeldungen/2020-corona-regional-update.html (Zugriff am 26. Juni 2021).

Demary, M., Beznoska, M. und Bardt, H. (2020), Instrumente zur Stabilisierung von Unternehmen in der Corona-Krise, IW-Kurzbericht 37/2020, Institut der deutschen Wirtschaft.

Destatis (2021), Binnenhandel, Gastgewerbe, Tourismus, verfügbar unter https://www.statistischebibliothek.de/mir/receive/DESerie_mods_00000082 (Zugriff am 16. Juni 2021).

Eisfeld, R. K. und Just, T. (2021), Die Auswirkungen der COVID-19-Pandemie auf die deutschen Wohnungsmärkte, Working Paper im Auftrag der Hans-Böckler-Stiftung, IRE|BS Institut für Immobilienwirtschaft.

Fornaro, L. und Wolf, M. (2020), Covid-19 Coronavirus and Macroeconomic Policy, *CEPR Discussion Paper No. DP14529*, verfügbar unter SSRN: https://ssrn.com/abstract=3560337.

Francke, M. und Korevaar, M. (2021), Housing markets in a pandemic: Evidence from historical outbreaks, *Journal of Urban Economics*, 123. Jg., S. 103333.

Instituto Nacional de Estadística (2021), Hotel Industry and Tourism, verfügbar unter https://www.ine.es/dyngs/INEbase/en/categoria.htm?c=Estadistica_P&cid=1254735576863 (Zugriff am 18. Juni 2021).

Jorda, O., Knoll, K., Kuvshinov, D., Schularick, M. und Taylor, A. M. (2017), The Rate of Return on Everything, 1870–2015, *Federal Reserve Bank of San Francisco*, Working Paper 2017–25.

Just, T. (2020), Pandemien und Immobilienmärkte – was lehrt die SARS-Pandemie von 2003, und was nicht?, IRE|BS Standpunkt 89, verfügbar unter https://epub.uni-regensburg.de/43230/.

Oberst, C. und Voigtländer, M. (2020), Preiseffekte im Wohnungsmarkt aufgrund der Covid-19 Pandemie, Institut der deutschen Wirtschaft, verfügbar unter https://www.iwkoeln.de/fileadmin/user_upload/Studien/Gutachten/PDF/2020/Preiseffekte_Covid.pdf.

Ozili, P. und Arun, T. (2020), Spillover of COVID-19: Impact on the Global Economy, *MPRA Paper No. 99850*, Munich Personal RePEc Archive.

Schnöpflug, K. (2020), Ländervergleich COVID-19 Maßnahmen, *Policy Brief Nr. 21/2020*, Institute for Advanced Studies, Vienna.

Wong, G. (2008), Has SARS infected the property market? Evidence from Hong Kong, *Journal of Urban Economics*, 63. Jg., Nr. 1, S. 74–95.

Beschleunigt die Corona-Pandemie den Weg zu intelligenteren Städten?

Bart Gorynski, Thomas Müller und Alexander Gelsin

Zusammenfassung

Die Auswirkungen der Corona-Pandemie haben Aspekte der Smart-City-Entwicklung beschleunigt. In vielen Bereichen, von städtischen Datenplattformen bis hin zur urbanen Mobilität, wurden beeindruckende Entwicklungssprünge vollzogen. Damit Stadtverwaltungen die entstandene Dynamik nutzen können, sollten diese einen starken Fokus auf die kommunale Widerstandsfähigkeit legen und sich auf bürgerzentrierte Bedürfnisse konzentrieren, die Lebensqualität, Nachhaltigkeit und soziale Gerechtigkeit fördern. Um die Zukunft der Smart-City-Entwicklung besser einzuordnen, werden zunächst die bisherigen Ansätze, die Kommunen weltweit in den letzten Jahren verfolgt haben, beleuchtet. Mit dem Ausbruch der Pandemie und unter der Prämisse, dass Resilienz in den Mittelpunkt rückt, betrachten wir wie sich Kommunen an die veränderten Gegebenheiten angepasst haben und wie sie sich innovativer für die Zukunft aufstellen können, um den Anforderungen an die Daseinsvorsorge und den Bedürfnissen der Stadtgesellschaft gerecht zu werden. Anhand einiger Instrumente aus dem Werkzeugkasten einer Smart City erläutern wir, wie bestehende Technologien und Praktiken allen Anspruchsgruppen der Stadtgesellschaft dienlich sind, um Pandemien und andere Krisen in der Zukunft zu vermeiden, managen und bewältigen zu können und Städte widerstandsfähiger zu machen. Dazu zählt auch die Notwendigkeit einer engen Zusammenarbeit zwischen Verwaltung, Wirtschaft, Wissenschaft und Zivilgesellschaft, um den Transformationsprozess zu einer Smart City erfolgreich zu meistern.

© Der/die Autor(en), exklusiv lizenziert durch
Springer Fachmedien Wiesbaden GmbH, ein Teil von Springer Nature 2021
T. Just und F. Plößl (Hrsg.), *Die Europäische Stadt nach Corona*,
https://doi.org/10.1007/978-3-658-35431-2_12

1 Smart City – Quo Vadis

Die Corona-Pandemie hat Städte und Gemeinden weltweit vor große Herausforderungen gestellt. Die Krise hat verdeutlicht, wie wichtig die Digitalisierung für die sichere und kontinuierliche Erbringung vieler kommunaler und privatwirtschaftlicher Dienstleistungen ist. Im Jahr 2021 wird der Weg aus der Krise – und damit die Wiederbelebung unserer Städte, die Stärkung des sozialen Zusammenhalts und das Wiedererstarken der Wirtschaft – das dominierende Thema sein. „Besser und stärker aus der Krise herauskommen", ist ein vielfach formuliertes Ziel – und das Smart-City-Konzept ist ein Schlüssel, um dieses zu erreichen.

Die Evolution der Smart Cities: Vier Smart City-Generationen

In den letzten zwei Jahrzehnten hat sich das Smart-City-Konzept bezüglich der Ansätze, mit denen Städte und Gemeinden die urbane digitale Transformation gestalten, grundlegend verändert. In seinem populären Artikel über die drei Generationen von Smart Cities hat der Urbanist Boyd Cohen (Cohen, 2015) die Entwicklungshistorie von Smart Cities skizziert.

Ursprünglich wurde die Smart-City-Bewegung von großen Technologieunternehmen vorangetrieben, die den Begriff Smart City als Verkaufsargument nutzten und den lokalen Regierungen Effizienz und Innovation versprachen (Smart City 1.0). Es dauerte nicht lange, bis der öffentliche Sektor erkannte, dass Technologie wertvoll für das Erreichen kommunaler, wirtschaftlicher und gesellschaftlicher Ziele ist. Es wurde jedoch auch klar, dass die Kommunalverwaltungen die Entwicklungsprojekte aktiv leiten und verwalten mussten, um eine Abhängigkeit von Unternehmen und proprietären Lösungen des privaten Sektors, den sogenannten „vendor lock-in", zu vermeiden (Smart City 2.0). Heute betrachten Smart-City-Strategien die Technologie nur als Mittel zum Zweck – und nicht als Ziel. Städte und Gemeinden haben verstanden, dass Top-Down-Ansätze, marketingfokussierte Leuchttürme und die neueste Technologie nicht unbedingt ausschlaggebend für die erfolgreiche Bewältigung städtischer Herausforderungen und die Ausschöpfung von Entwicklungspotenzialen sind.

Stattdessen stellen kollaborative und partizipative bürger- bzw. nutzerzentrierte Ansätze (Smart City 3.0) die wichtigsten Erfolgsfaktoren dar. In einigen Fällen, wie dem niederländischen Amsterdam Smart City Projekt (Amsterdam Smart City, 2021), beginnen Städte und Gemeinden, einen digitalen Plattformansatz zu nutzen, um ihr Smart City Lösungs- und Partnerökosystem kollaborativ zu erweitern. Aus unserer Sicht (bee smart city, 2019) wird damit eine vierte Generation in der Smart-City-Evolution eingeleitet. Aus dem Blickwinkel der Stakeholder-Partizipation und der Perspektive der Technologie sehen wir die Entstehung eines „City-as-a-Plattform"-Ansatzes (die „Stadt als Plattform"). Städtische Datenplattformen und digitale Zwillinge – basierend auf Internet-of-Things (IoT)-Anwendungen und weiteren kommunalen Daten – ermöglichen es den Kommunalverwaltungen, die städtische Infrastruktur besser zu planen und zu verwalten, Prozesse zu optimieren und die Entscheidungsfindung zu verbessern (Smart City 4.0). Abbildung 1 zeigt diese vier Generationen von Smart Cities.

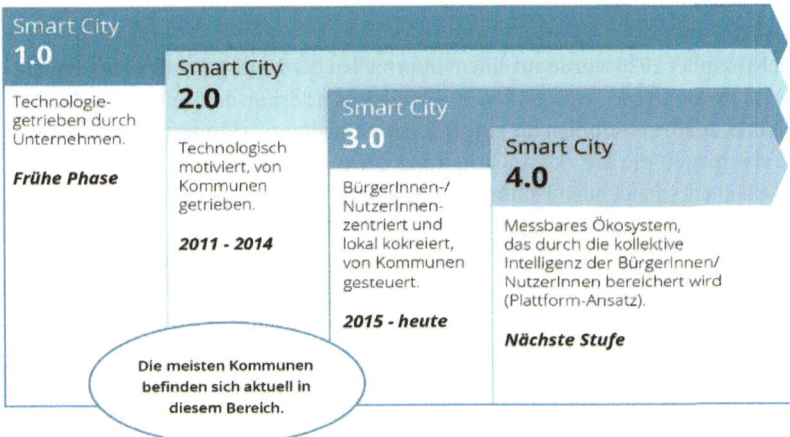

Abb. 1   Die vier evolutionären Generationen von Smart Cities
Quelle: eigene Darstellung, bee smart city (2019)

Um die Transformation zu Smart Cities zu meistern, sollte eine Kommunalverwaltung die Bedürfnisse und Herausforderungen ihrer Stakeholder, bestehend aus Bürgerinnen und Bürgern, Unternehmern, Wissenschaftseinrichtungen und Organisationen der Zivilgesellschaft sowie ihren Mitarbeitern im öffentlichen Sektor, einbeziehen. Im Zuge der Pandemie haben sich die Bedürfnisse und Herausforderungen der Anspruchsgruppen der Stadtgesellschaft verändert und erweitert.

Smart City Definition, Stadtentwicklung und Handlungsfelder

Das Konzept der Smart City entwickelt sich ständig weiter: Die International Tele-communications Union (ITU) der Vereinten Nationen (2014) definiert den Begriff „Smart City" oder „Smart and Sustainable City" wie folgt:

> "A smart sustainable city is an innovative city that uses information and communication technologies (ICTs) and other means to improve quality of life, efficiency of urban operation and services, and competitiveness, while ensuring that it meets the needs of present and future generations with respect to economic, social, environmental as well as cultural aspects."[1]

Im November 2020 wurde auf einem informellen EU-Ministertreffen zur Stadtent-wicklung die „Neue Leipzig-Charta" (Bundesministerium des Innern, für Bau und Heimat, 2020) als Rahmen für eine integrierte Stadtentwicklungspolitik in Europa verabschiedet, die die aktive Gestaltung der digitalen urbanen Transformation als einen entscheidenden Faktor für eine zukunftsorientierte integrierte Stadtent-wicklung aufgreift (siehe Kap. 2. – Weidner, 2021).

Während ein Aspekt die Entwicklung und Umsetzung integrierter, inklusiver und gemeinwohlorientierter Smart-City-Strategien betont, liegt ein anderer darin, dass digitale Lösungen – gerade in Krisenzeiten – die Handlungsfähigkeit von Kom-munen sichern und stärken können. Mit der Digitalisierung und den „Sustainable Development Goals" (SDGs) der „Urban Agenda 2030" der Vereinten Nationen (United Nations, 2015b) sowie den Prinzipien der „New Urban Agenda" (United Nations, 2016), die praktisch in die „Neue Leipzig Charta" einfließen, betont dieser europäische Handlungsrahmen die Bedeutung einer integrierten Stadtentwicklung hin zu smarten und nachhaltigen Städten und Gemeinden.

Digitalisierung und Nachhaltigkeit sind Megatrends, die alle Aspekte der Stadt-entwicklung beeinflussen. Daher ist von Seiten der Kommunalverwaltung eine ganzheitliche Betrachtung erforderlich, um die Handlungsfelder zu identifizieren, in denen Smart-City-Lösungen und -Initiativen dazu beitragen können, Entwick-lungschancen zu nutzen oder Risiken zu mindern und die Widerstandsfähigkeit zu erhöhen, mit dem Ziel, die Stadt im Hinblick auf Lebensqualität und Wohlstand für alle Beteiligten zukunftssicher zu gestalten.

---

1   „Eine intelligente, nachhaltige Stadt ist eine innovative Stadt, die Informations- und Kommunikationstechnologien (IKT) und andere Mittel einsetzt, um die Lebensqualität, die Effizienz des Betriebs kommunaler Infrastrukturen, die Erbringung kommunaler Dienstleistungen sowie die Wettbewerbsfähigkeit zu verbessern und dabei gleichzeitig sicherzustellen, dass sie den Bedürfnissen heutiger und zukünftiger Generationen in Bezug auf wirtschaftliche, soziale, ökologische und kulturelle Aspekte gerecht wird."

Eine populäre Kategorisierung wurde von Giffinger und seiner Forschungsgruppe zu europäischen Smart Cities am Institut für Raumplanung an der Technischen Universität Wien entwickelt. Diese differenziert die Smart-City-Anwendungsbereiche auf Stadtebene in sechs Handlungsfelder (Giffinger *et al.*, 2010): Smart Economy (Wirtschaft), Smart Environment (Umwelt und Energie), Smart Government (Verwaltung), Smart Living (Lebensqualität), Smart Mobility (Mobilität) und Smart People (Menschen) (siehe Abb. 2).

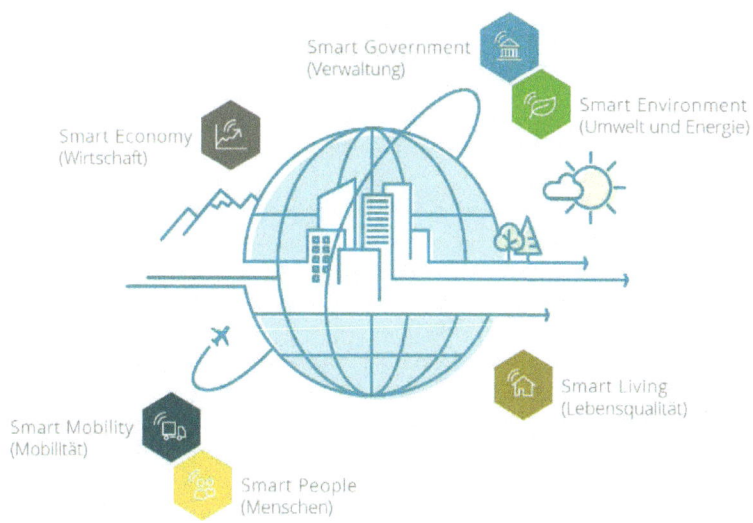

Abb. 2   Die sechs Handlungsfelder der Smart City
Quelle: eigene Darstellung, bee smart city (2019)

Eine Stadt kann Lösungen innerhalb dieser sechs Handlungsfelder implementieren und Initiativen in Unterthemen und vertikalen Anwendungsbereichen initiieren, um die Stadtentwicklung voran zu treiben. Zum Beispiel haben viele Städte während der Pandemie Lösungen für die Messung von Passantenfrequenzen (Crowd Management) und die Zugangskontrolle implementiert, um die lokale Wirtschaft in den Stadt(teil)zentren sowie den Tourismussektor innerhalb des Handlungsfeldes Smart-Economy (Wirtschaft) zu unterstützen. Städte können die Umsetzung von Smart-City-Strategien einfacher verwalten und überwachen, wenn sie Leitthemen und Handlungsfelder definieren und Maßnahmen in diesen priorisieren. Die Kategorisierung von Giffinger ist hierbei ein Beispiel für einen solchen Ansatz, wobei die Felder in der Praxis meist stadtindividuell festgelegt werden.

Eine ganzheitliche Betrachtung erfordert zusätzlich eine räumlich differenzierte Betrachtung des Smart-City-Ansatzes. Abbildung 3 zeigt die fünf räumlichen Handlungsebenen, die für die erfolgreiche Umsetzung einer Smart-City-Strategie und zur Erreichung der Gesamtentwicklungsziele einer Stadt von Bedeutung sind.

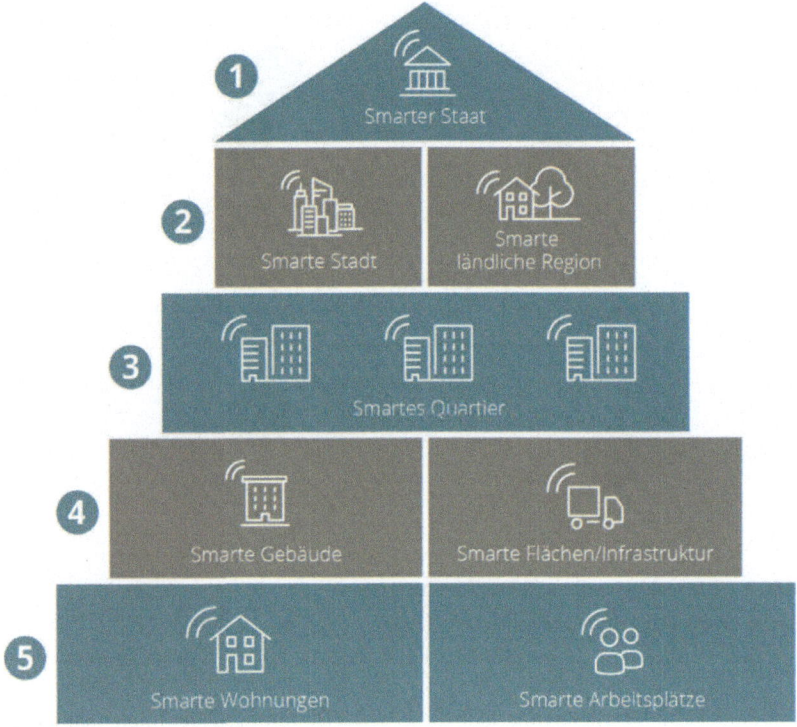

Abb. 3   Die fünf räumlichen Handlungsebenen des Smart-City-Konzepts
Quelle: eigene Darstellung, bee smart city (2021)

Die Pandemie stellt eine Herausforderung dar, welcher auf allen räumlichen Handlungsebenen des Konzepts Smart City begegnet werden muss, um zukünftige Pandemien besser bewältigen oder gar ganz verhindern zu können. Jede dieser fünf Ebenen erfordert und involviert unterschiedliche Akteure – daher stellt das Smart-City-Konzept einen Multi-Stakeholder-Ansatz dar.

Auf nationaler und föderaler Ebene können Regierungen günstige Regelungen und Bedingungen sowie Förderprogramme festlegen, und gleichzeitig sind lokale Maßnahmen und Initiativen erforderlich, um Resilienz- und Nachhaltigkeitsziele innerhalb einer Stadt oder Region zu erreichen. Auf regionaler und lokaler Ebene sind Stadt- und Kreisverwaltungen für die Entwicklung und Umsetzung von Smart-City-Strategien, für den Abbau von bürokratischen Hürden, die Schaffung einer Innovationskultur und die Einbeziehung aller relevanten Anspruchsgruppen verantwortlich. Gesamtstädtische Initiativen und Lösungen werden von Verwaltungsdezernaten, Fachdienststellen und kommunalen Unternehmen orchestriert, wobei räumliche und soziale Disparitäten berücksichtigt werden. Auf Quartiers- und Gebäudeebene sind die Wohnungs- und Immobilienwirtschaft sowie Stadtwerke und Energieversorgungsunternehmen treibende Kräfte bei der Umsetzung von Lösungen und Initiativen. Gleichzeitig bietet die Kommunal- oder Kreisverwaltung Planungsunterstützung und Förderinstrumente, um Bottom-up-Initiativen und Maßnahmenideen aus der Zivilgesellschaft in den Stadtteilen zu entwickeln und umzusetzen.

Die Pandemie hat dazu geführt, dass die räumliche Funktionsteilung im Stadtraum neu gedacht wird. Erreichbarkeit und Barrierefreiheit sind Schlüsselelemente neu aufkommender Planungskonzepte einer „Stadt der kurzen Wege", um die Resilienz zu erhöhen und das Wiedererstarken der lokalen Wirtschaft zu beschleunigen. Das Konzept der „15-Minuten-Stadt", welches durch die Pariser Bürgermeisterin Anne Hildago während ihrer Wiederwahlkampagne 2020 große internationale Aufmerksamkeit erfuhr, ist eines der bekanntesten Planungskonzepte. Viele andere Städte haben das Konzept während der Pandemie übernommen (Moreno et al., 2021). Aber dieses Konzept wurde auch kritisiert, da für dessen Umsetzung die Änderung komplexer Planungsprozesse und die Reallokation von öffentlichen Flächen, Infrastrukturen und Ressourcen erforderlich ist (Pozoukidou und Chatziyiannaki, 2021). Der dem Konzept zugrunde liegende Ansatz von (räumlicher) Nähe und kompakten Quartieren ist nicht neu; Jacobs hat die Bedeutung dieses Ansatzes bereits 1961 in ihrem Buch „The Death and Life of Great American Cities" (Jacobs, 1961) analysiert. Wir sollten uns daher vergegenwärtigen, was wir während der Pandemie erlebt haben: dass die Stadtteil- und Quartiersebene wesentlich ist, um die Widerstandsfähigkeit und Lebensqualität in unseren Städten zu erhöhen und gleichzeitig die zentralen gesamtstädtischen Herausforderungen zu lösen (Yeung, 2021). Abbildung 4 zeigt die acht Handlungs- und Aktionsfelder, die für die Schaffung smarter Quartiere erforderlich sind.

Abb. 4   Die acht Handlungs- und Aktionsfelder für Smarte Quartiere in der
Wohnungswirtschaft

Quelle. eigene Darstellung, bee smart city (2021)

Im Kern lässt sich das Smart-City-Konzept zu einem Ökosystem aus technischen
Lösungen und nicht-technischen Initiativen/Prozessen operationalisieren, die auf
der jeweiligen räumlichen Ebene und innerhalb des jeweiligen Handlungsfeldes
und der relevanten Unterthemen umgesetzt werden, wie bereits vorstehend in
diesem Kapitel erläutert.

Beispielsweise kann eine Digital-Signage-Lösung in einem Quartier die Bewohner dazu anregen, Ressourcen zu schonen (Handlungsfeld Nr. 1), indem sie
Energieverbrauchsdaten für das Quartier anzeigt und/oder Einsparmöglichkeiten
für Strom und Wasser oder zur Abfallvermeidung aufzeigt. Durch die Anzeige des
aktuellen Wetters und geeigneter Vorschläge für Aktivitäten im Quartier kann die
technische Lösung auch Freizeit- und Erholungsaktivitäten fördern, die zugleich die
Gesundheit fördern oder die Aufenthaltsdauer von Touristen und Gästen erhöhen
(Handlungsfeld Nr. 6). Zu den Vorschlägen können auch Aktivitäten gehören, die
von Bewohnern oder zivilgesellschaftlichen Initiativen im Quartier organisiert
werden und das Gemeinschaftsgefühl und den sozialen Zusammenhalt stärken
(Handlungsfeld Nr. 3). Die technische Lösung kann auch kommerzialisiert werden,

indem das Quartiersmanagement in Kooperation mit lokalen Einzelhändlern, Kultureinrichtungen, Gastronomiebetrieben oder Dienstleistern lokale Angebote gegen eine Gebühr bewerben kann (Handlungsfeld Nr. 2). Durch IoT-basierte Anwendungen, wie Internetzugänge (z. B. kostenlose öffentliche WiFi-Hotspots) und Informationsdienste (z. B. Anzeige von überfüllten Straßen, Parks oder Stränden und Empfehlung zu Alternativzielen, die sicher zu besuchen sind, um Abstandsregeln einzuhalten), erweitert das Quartier zudem die digitale Infrastruktur und das Serviceangebot (Handlungsfeld Nr. 8).

Startups, kleine und mittlere Unternehmen sowie Konzerne erweitern kontinuierlich das Ökosystem verfügbarer Smart-City-Lösungen und passen ihre Lösungen an neu aufkommende Bedürfnisse der Endnutzer an, die sich aufgrund der Pandemie und anderer Herausforderungen (z. B. Klimawandel) ergeben. Während die Cholera-Epidemie der 1830er Jahre dazu beitrug, das Pariser Abwassersystem zu formen (Kesztenbaum und Rosenthal, 2017) und die Spanische Grippe zur Entwicklung besserer Belüftungsstandards für Gebäude führte (Hobday und Cason, 2009), hat die Corona-Pandemie das Potenzial, die Smart-City-Entwicklung auf allen räumlichen Ebenen und innerhalb aller kommunalen Handlungsfelder zu beschleunigen.

2   Pandemien vorbeugen – Wie Smart Cities die Resilienz erhöhen

Die Pandemie hat ein Schlaglicht auf die Verwundbarkeit moderner Städte geworfen und zugleich offenbart, wie das städtische Leben die Verbreitung des Virus beschleunigt hat. Jedoch hat die Pandemie auch die Chancen der digitalen urbanen Transformation aufgezeigt. Die Erhöhung der Resilienz ist ein zentraler Bestandteil jeder Smart City Strategie, wobei jedoch zunehmend nicht mehr nur die großen Zukunftsherausforderungen – wie etwa der Klimawandel, die Energie- oder die Verkehrswende – isoliert auf der gesamtstädtischen Ebene betrachtet werden, sondern zunehmend eine integrierte Betrachtungsweise aller kommunalen Handlungsfelder räumlich differenziert und bürgerzentriert bzw. bedarfsorientiert erfolgt.

Der Aufstieg der sogenannten „15-Minute-City" (Appleton, 2020) oder der „20-Minute-Neighbourhood" als zukunftsweisendes Stadtentwicklungskonzept steht stellvertretend für diese integrierte Betrachtungsweise. Ausgehend von dem Ansatz der Erreichbarkeit und Zugänglichkeit aller für den täglichen Bedarf notwendigen Einrichtungen innerhalb von 15 Minuten mittels nachhaltiger Mobilitätsangebote (zu Fuß, mit dem Fahrrad oder dem Öffentlichen Personennahverkehr

(ÖPNV)) kann die Resilienz nachhaltig gesteigert und die Handlungsfähigkeit für alle Stakeholder in Krisensituationen – wie im Falle einer Pandemie – gewahrt werden. Etwa muss die Bevölkerung keine größeren Entfernungen mehr zurücklegen, um ihre Bedürfnisse zu befriedigen und der gesellschaftliche Zusammenhalt im Quartier wird durch häufigere soziale Interaktionen gestärkt. Letzteres ist besonders wichtig, wenn es um Lockdown-Situationen geht, denn so können die lokalen Behörden schneller handeln und Sicherheitsmaßnahmen effizient und nachhaltig einsetzen, um Leben zu retten und gleichzeitig die Wirtschaft zu stützen. Zudem tragen bürgerschaftliches Engagement und Nachbarschaftshilfe zur gezielten Unterstützung vulnerabler Bevölkerungsgruppen im Quartier bei. Das Konzept der 15-Minute-City muss jedoch zielorientiert umgesetzt werden. Dabei sind drei Aspekte besonders zu beachten, um nicht intendierte Auswirkungen zu vermeiden: 1) Nicht alle Einrichtungen der Daseinsvorsorge (wie z. B. Bildungs-, Kultur- und Verwaltungseinrichtungen) können oder sollten dezentralisiert werden. 2) Eine Gentrifizierung, d. h. eine Verdrängung sozial schwächerer bzw. benachteiligter Bevölkerungsgruppen aus Quartieren muss verhindert werden. 3) Das Konzept muss für eine kohärente Stadtplanung auf alle Stadtteile angewendet werden. Konsequent umgesetzt, kann die 15-Minute-City ein Erfolgsrezept für eine zukunftsorientierte Stadtentwicklung darstellen.

Die Stärkung nachhaltiger Mobilitätsangebote – vom Radfahren über den Fußverkehr („Walkable City") bis hin zu Sharing-Angeboten und anderen Optionen der Mikromobilität – hat den Lokalbezug der Bevölkerung gefördert (Dekki, 2020). Die Pandemie hat diesen Trend beschleunigt. Themen wie Fahrradstraßen, Pop-Up Radwege, autofreie Quartiere, die Schaffung von mehr Grün- und Erholungsflächen sowie die Multicodierung von öffentlichen Plätzen in Quartieren zeugt von der stärkeren Auseinandersetzung und Identifizierung mit dem eigenen Wohnumfeld. Die genannten Maßnahmen verbessern nicht nur die Lebensqualität im Quartier und der gesamten Stadt, sondern sind auch ein wesentlicher Bestandteil politischer und planerischer Prioritäten wie des Pariser Klimaabkommens (United Nations, 2015a) oder der Erreichung der 17 Ziele der Agenda 2030 für nachhaltige Entwicklung (United Nations, 2015b). Beeindruckende Beispiele sind die Pläne der Stadt Paris, die Champs-Élysées zu einer Fußgängerzone zu machen (Guy, 2021) oder die Entscheidung der Stadt Athen, bis zu 50.000 m² öffentliche Fläche für den Rad- und Fußverkehr („The Great Athens Walk") umzuwidmen (Connolly, 2020).

Durch die fortschreitende Digitalisierung reichen die Möglichkeiten der Erbringung von Leistungen der kommunalen Daseinsvorsorge jedoch weit über die physische Stadtplanung hinaus. Die Bereitstellung einer breiten Palette von digitalen Diensten für Bürgerinnen und Bürger sowie für andere Stakeholder ermöglicht es Stadtverwaltungen auch in Krisenzeiten, orts-, zeit- und personen-unabhängig handlungsfähig zu sein. Die Digitalisierung von Verwaltungsservices ist nur eine von vielen Möglichkeiten, wie moderne Technologie genutzt werden kann, um die kommunale Resilienz zu stärken. Neue Technologien und Kommunikationsnetze – wie die Anwendungen des IoT (Appleton, 2021) versetzen Städte in die Lage, entscheidungsunterstützende Daten zu generieren, mittels derer kommunale Infrastrukturen besser gesteuert, Planungsprozesse optimiert und die Anspruchsgruppen der Stadtgesellschaft besser informiert und beteiligt werden können.

Beispiele für urbane Daten, die zur Bekämpfung der Pandemie genutzt wurden, sind die Verwendung von Künstlicher Intelligenz (KI) zur Vorhersage, wo und wann Bereiche der Stadt wahrscheinlich überfüllt sein werden, ausgeklügelte Track-and-Trace-Anwendungen, die die Ausbreitung von Infektionen überwachen und analysieren, oder auch Plattformen zur Bürgerbeteiligung (Roch, 2020), die u. a. zur Demokratisierung der Nutzung des städtischen Raums und für die Umsetzung von partizipativen Bürgerbudgets eingesetzt werden. Obwohl viele dieser Werkzeuge zur Bekämpfung der Pandemie eingesetzt wurden, sind diese auch in anderen Stadtentwicklungsbereichen wichtig und helfen, die digitale urbane Transformation zu einer Smart City zu beschleunigen (Chagoury, 2020). Die Lernerfahrungen aus der lokalen Bewältigung der Pandemie führen dazu, dass integrierte Smart City und Smart Region Konzepte und damit verbundene Lösungen zur Sicherung der kommunalen Handlungsfähigkeit, zur Steigerung der Lebensqualität und insbesondere der Stärkung der sozialen und wirtschaftlichen Teilhabe aller Stakeholder eine breitere Akzeptanz und Anwendung erfahren.

Die Neue Leipzig Charta (Bundesministerium des Innern, für Bau und Heimat, 2020) beschreibt diese Punkte als Ziel für die europäische Stadtentwicklung:

„Städte und Städtesysteme sollen flexibel und in der Lage sein, auf externe disruptive Ereignisse sowie auf dauerhafte Belastungen reagieren zu können. Um die städtische Widerstandsfähigkeit zu stärken und somit besser auf sich verändernde Rahmenbedingungen reagieren zu können, sollten Städte voneinander und aus vergangenen Ereignissen lernen. Auch eine anpassungsfähige Stadtentwicklungspolitik und ein Verwaltungshandeln im Sinne des Gemeinwohls sowie eine ausgewogene Umsetzung der gerechten, grünen und produktiven Dimension tragen zur Entwicklung robuster Strukturen bei. Vorausschauende und präventive Politiken, Konzepte und Projekte sollten dabei verschiedene Szenarien beinhalten. Dies ermöglicht es, Herausforderungen im Umwelt- und Klimabereich vorherzusehen; ebenso wie wirtschaftliche Risiken, soziale Veränderungen und Gesundheitsprobleme.“

Die Fähigkeit, aus vergangenen Erfahrungen und von anderen Städten zu lernen (siehe Kap. 10 – Spars, 2021), ist entscheidend, um die kommunale Resilienz zu steigern und Städte zukunftssicher, d. h. intelligent und nachhaltig, zu gestalten.

3 Pandemien besser bewältigen – Der Werkzeugkasten einer Smart City

Eine Smart City zeichnet sich durch ein intelligentes und nachhaltiges Stadtmanagement in allen kommunalen Handlungsfeldern aus. Die Pandemie hat zahlreiche Schwächen innerhalb von Städten aufgedeckt, die mittels smarter Lösungen und durch Prozessoptimierungen abgemildert oder behoben werden können. Während das politische Mehrebenensystem auf der nationalen und (Bundes-)Länder-Ebene nur vergleichsweise langsam durch Regulierung und Modellvorhaben agieren kann, können Städte und ländliche Regionen in ihren hoheitlichen Aufgaben schneller Mitigationsstrategien und innovative Lösungen entwickeln sowie kommunale „gute Praxis" aus dem In- und Ausland adaptieren, die bei der Krisenbewältigung und der Steigerung der kommunalen Handlungs- und Reaktionsfähigkeit helfen.

Das Thema Gesundheit und Pflege, oftmals wird in diesem Kontext auch von der Stadtgesundheit („Urban Public Health") gesprochen, ist eine wichtige Säule für die Zukunftsfähigkeit von Kommunen. Die Pandemielage hat zu einer Überlastung der medizinischen Dienste geführt, in deren Folge nicht nur die Qualität der Versorgung abgenommen hat, sondern auch die zeitnahe Versorgung von Patienten und pflegebedürftigen Menschen nicht mehr gewährleistet werden konnte. Auf kommunaler und regionaler Ebene können jedoch innovative Lösungen zur Entlastung des lokalen Gesundheitswesens eingesetzt werden. Barcelona ist ein Paradebeispiel für eine Stadtregion, die sich der Digitalisierung des Gesundheitswesens schon früh gewidmet hat. Ein Erfolgsbeispiel ist der Telecare-Service der Stadt (Generalitat de Catalunya, 2020), der bereits im Jahr 2013 eingeführt wurde. Die Zahl der aktiven Nutzer des Systems ist während der Pandemie in die Höhe geschnellt. Es handelt sich um einen telemedizinischen Dienst, der vor allem die Risikogruppe der Seniorinnen und Senioren schützt, indem er ihnen ermöglicht, Krankenwagen zu rufen, mit medizinischem Personal zu kommunizieren und vorbeugende Maßnahmen zu ergreifen, ohne ihr Haus verlassen zu müssen. Obwohl diese Initiative der Regionalregierung von Barcelona (Barcelona Provincial Council, 2013) primär auf ältere Bürgerinnen und Bürger abzielt, trägt sie aktiv dazu bei, den Druck auf Hausärzte und Krankenhäuser zu verringern und die Gesundheitsversorgung für alle zugänglicher zu machen.

Ähnliche Projekte gibt es auch an anderen Orten. Zwar handelt es sich dabei nicht ausschließlich um öffentliche Initiativen, aber die Pandemie hat deutlich aufgezeigt, dass ein größerer Bedarf an privaten Unternehmen zur Unterstützung medizinischer Dienste besteht, und dass der Gesetzgeber bereit ist, mehr Flexibilität einzuräumen. So hat die deutsche Bundesregierung während der Pandemie eine Gesetzesänderung erlassen, die erstmals die Nutzung privater telemedizinischer Dienste für Kunden der gesetzlichen Krankenversicherung erlaubt. Diese Gesetzesänderung ermöglicht es gesetzlich Versicherten, private telemedizinische Dienste zu nutzen, Wartezeiten beim Arzt zu verkürzen und den Zugang zu verschreibungspflichtigen Medikamenten für diejenigen zu erleichtern, die sie am dringendsten benötigen. Die Möglichkeit, Ärzte und Gesundheitsdienste aus der Ferne zu kontaktieren, hilft zudem dabei, eine der größten städtischen Herausforderungen zu bewältigen: die Mobilität.

Die urbane Mobilität hat sich durch Corona stark verändert. Die Nutzerzahlen des ÖPNV sind in der Krise deutlich zurückgegangen (siehe Kap. 6 – Jarass *et al.*, 2021). Trotzdem ist der ÖPNV eine wichtige Lebensader für viele Stadtbewohner und eine wesentliche Säule jeder lokalen Wirtschaft (Green Alliance, 2020). Öffentliche Nahverkehrsunternehmen und private Mobilitätsanbieter müssen sich schnell an die veränderte Situation anpassen. Eine Möglichkeit, den ÖPNV während einer Pandemie attraktiver zu gestalten besteht darin, auf Basis von Fahrzeug- und Mobilitätsdaten Fahrgastinformationssysteme für die Kundinnen und Kunden zur Verfügung zu stellen und das Mobilitätsangebot datengestützt zu steuern. Zu Spitzenzeiten, wenn Bahnen oder Busse am stärksten ausgelastet sind, können so zusätzliche Fahrzeuge eingesetzt werden, um eine Überfüllung zu verhindern und die Fahrten für die Fahrgäste komfortabler zu gestalten und erforderliche Abstandsregelungen einhalten zu können.

Während der ÖPNV im vergangenen Jahr vor großen Herausforderungen stand, haben andere Mobilitätsangebote enorm an Zuspruch gewonnen. Das Radfahren ist zu einer beliebten nachhaltigen Mobilitätsalternative geworden. Viele Städte haben positiv auf den Trend reagiert und neue Fahrradwege eingerichtet und sichere Fahrradabstellplätze bereitgestellt. Andere Mikromobilitätslösungen wie E-Bikes, E-Cargo-Bikes und Sharing-Plattformen sowie E-Scooter werden zunehmend im Verbund mit dem ÖPNV ("Umweltverbund") als Alternative zur Nutzung des motorisierten Individualverkehrs (MIV) akzeptiert. Um das Beste aus diesen Lösungen herauszuholen, müssen die Städte jedoch noch stärker in Richtung integrierter Mobilitätsangebote denken, Mobilstationen und Mobilitätsplattformen bereitstellen, lückenlose Verbindungen schaffen und Konflikte zwischen Verkehrsträgern zur Steigerung der Verkehrssicherheit auflösen (z. B. durch geschützte Fahrspuren). Auch muss die Nachhaltigkeit dieser Lösungen, z. B. von E-Scootern, genauer betrachtet werden, um sicherzustellen, dass verkehrs- und umweltpolitische Ziele erreicht werden können. Nicht zuletzt erfordert die Verkehrswende einen höheren Komfort in der Nutzung des Umweltverbundes. Neue Tarifmodelle, Bonussysteme und kontaktlose Bezahlsysteme sind Maßnahmen, die zugleich einen wichtigen Beitrag zur Steigerung der Resilienz leisten können.

Die Sicherung der wirtschaftlichen Prosperität und Teilhabe durch Maßnahmen der lokalen und regionalen Wirtschafts- und Arbeitsmarktförderung ist aus kommunaler Sicht ebenso wichtig wie die Gewährleistung eines sicheren und gesunden Lebensumfeldes. In der Pandemie sind vor allem zwei Themen in den Vordergrund gerückt: Die Flexibilisierung der Arbeit und die möglichst kontaktlose und sichere Bereitstellung sowie Bezahlung von Waren und Dienstleistungen.

Flexibles Arbeiten in Form von Homeoffice und flexiblere Arbeitszeitmodelle haben während der Pandemie dazu beigetragen, eine bessere Work-Life-Balance für Arbeitnehmerinnen und Arbeitnehmer zu ermöglichen, die sich über ein familienfreundlicheres Umfeld, kürzere Pendelzeiten und ein größeres Vertrauen seitens ihrer Arbeitgeber freuen können. Einige dieser Vorteile werden – dies ist schon heute z. B. bei Homeoffice-Regelungen absehbar – als Teil des „new normal" die Krise überdauern (siehe Kap. 16 – Kane, 2021). Dies ist jedoch nur dort möglich, wo sich entsprechende Arbeitsvorschriften und ein Kulturwandel in den betroffenen Organisationen – etwa in Stadtverwaltungen – dauerhaft etablierten. In anderen Branchen ist die Aufrechterhaltung sicherer und hygienischer Arbeitsbedingungen und der Zugang der Beschäftigten zu regelmäßigen Gesundheitschecks entscheidend, um die Geschäftstätigkeit auch in Krisenzeiten aufrecht erhalten zu können.

Die sichere bargeld- und kontaktlose Bezahlung von Dienstleistungen und Waren ist ein wichtiges aber auch kontrovers diskutiertes Thema. Die schnelle Einführung bargeldloser Zahlungsmöglichkeiten ist jedoch eine der einfachsten und effektivsten Möglichkeiten für Städte und Gemeinden sowie für die lokale Wirtschaft, um die Verbreitung von Infektionskrankheiten zu verhindern.

Klare Regelungen und kommunale/regionale Unterstützungsangebote helfen, die Anpassungsfähigkeit der lokalen Wirtschaft zu fördern. Es gibt jedoch eine Branche, von der viele Städte und die lokale Wirtschaft besonders abhängig sind, und die besonders von der Pandemie betroffen ist: der Tourismus. Der Tourismus, und hier insbesondere der Städtetourismus, wird Zeit benötigen, um sich von der Pandemie zu erholen. Destinationen und Anbieter müssen auf neue Konzepte und Innovationen setzen, um sich neu zu erfinden und resilienter aufzustellen (Glasco, 2020). Während einige innovative Lösungen bereits heute in die Praxis umgesetzt werden, sollte der Blick in die Zukunft gerichtet werden, um zu antizipieren, wie smarter Tourismus in intelligenten und nachhaltigen Städten auch in Krisenzeiten funktionieren kann.

Eine engere Zusammenarbeit zwischen privaten und öffentlichen Einrichtungen sowie mit anderen Städten kann dazu beitragen, Innovationen voranzutreiben und sichere, attraktivere touristische Angebote für Reisende und die eigene Bevölkerung zu schaffen. Öffentliche Verwaltungen müssen private Unternehmen dabei unterstützen, Lösungen für die größten Probleme der Tourismusbranche zu finden (United Nations World Tourism Organization, 2020), ganz gleich, ob es sich dabei um neue Hygienekonzepte, neue Attraktionen oder um digitale und hybride Veranstaltungsformate handelt. Die Einführung neuer Hygienekonzepte, kontaktloses Ticketing und Apps zur Kontaktverfolgung bis hin zu interaktiven Anzeigen für die Besucherlenkung oder auch UV-Sanitäranlagen sind Beispiele für Lösungen, um die Erholung des Tourismus zu unterstützen. Unabhängig davon, ob die vorgeschlagenen Lösungen digital ausgerichtet sind oder auf analogen Prozessen beruhen, sollte der Aufbau von Vertrauen zwischen Reisenden, öffentlicher Hand und Unternehmen der Eckpfeiler einer intelligenten Tourismusstrategie sein. In einer Zeit großer Unsicherheit, die von Fehlinformationen und mangelnder Situationsklarheit geprägt ist, sind Vertrauen und eine klare Kommunikation für die Steigerung der Besucher- und Übernachtungszahlen während und nach der Krise unerlässlich.

Alle oben erwähnten Lösungen, die im Werkzeugkasten einer Smart City für die Steigerung der Resilienz zur Verfügung stehen, können durch die Erhebung, Analyse und Nutzung von Daten plausibilisiert werden. Da jede Stadt und Branche mit ihren eigenen Problemen konfrontiert ist, gibt es keine Blaupausen. Neue Governance-Ansätze, die Nutzung von Daten, die Analyse von Trends und die Bewertung von Risiken ermöglichen es einer Smart City in einem kollaborativen Vorgehen mit flankierender Kommunikation eine Pandemie erfolgreich zu bewältigen und sich – auch unter Einbezug des gemeinsamen Lernens von und mit anderen Städten – schneller und flexibler an veränderte Rahmenbedingungen und Krisen anzupassen, um die Bevölkerung und Gäste zu schützen, Leben zu retten und die Wirtschaft zu stützen.

4   Zusammenarbeit zur Beschleunigung von Smart City-Innovationen

Infolge der Pandemie sind viele wichtige Maßnahmen eingeleitet worden, die weltweit die digitale Transformation in Städten und Gemeinden beschleunigt haben – für mehr Lebensqualität, Nachhaltigkeit, soziale Gerechtigkeit und Teilhabe, Gesundheit und wirtschaftliche Prosperität. Die digitale Transformation zu intelligenten und nachhaltigen Städten benötigt jedoch mehr als Maßnahmen, die krisenbedingt notwendigerweise umgesetzt werden.

Ein Schlüssel für die erfolgreiche Smart City Entwicklung ist Kollaboration. Ohne die enge Zusammenarbeit zwischen einer Vielzahl von verwaltungsinternen wie externen Organisationen und Interessengruppen kann der Transformationsprozess nicht wirksam gestaltet werden. Partnerschaften zwischen Organisationen des öffentlichen und des privaten Sektors können dazu beitragen, den Innovationsgrad von Kommunen zu erhöhen und eine schnelle, effiziente Implementierung von Lösungen zu erzielen. Studien haben gezeigt, dass 50 % der Stadtverantwortlichen die Suche nach den richtigen Partnern für eine Zusammenarbeit als eine der größten Herausforderungen für die Zielerreichung benennen. Eine enge Zusammenarbeit ist essenziell, aber sie muss transparent und in einem sicheren Rahmen erfolgen (Thambiran, 2020) sowie die Bedürfnisse und Rechte der Bürger, insbesondere angesichts der steigenden Bedeutung von Daten und Sicherheit, in den Vordergrund stellen.

Der Austausch von Daten und Ideen ist das Herzstück jedes Transformationsprozesses zur Smart City. Während die Kommunalverwaltung Partnerschaften mit dem privaten Sektor anstreben sollten, sollten sie auch eine bessere Zusammenarbeit zwischen den internen städtischen Abteilungen fördern und überlegen, wie diese am besten mit privaten Unternehmen interagieren können, ohne sich dabei in eine Abhängigkeit zu begeben. Stadtplanungsabteilungen können die Zukunftsgestaltung unserer Städte stark beeinflussen (Kunzmann, 2020), daher sollten sie nicht von dem Transformationsprozess zur Smart City ausgeschlossen werden. Stattdessen sollten sie neue Ansätze zur besseren Planung unserer Städte entwickeln und ausprobieren und dabei eng mit der Wohnungs- und Immobilienwirtschaft zusammenarbeiten. Nur so können nachhaltigere öffentliche Räume entstehen, intelligente Gebäude geschaffen und Smarte Quartiere entwickelt werden. Es ist zu einfach, sich auf den digitalen Aspekt der Smart-City-Entwicklung zu konzentrieren. Die Transformation kann nur gelingen, wenn man die physischen Elemente der Stadtplanung nicht vernachlässigt, sondern eine integrierte digitale Stadtentwicklungsstrategie verfolgt.

Der Transformationsprozess einer Kommune zur Smart City stellt einen langfristigen und ressourcenintensiven Entwicklungspfad dar. Die Vorteile digitaler und technologischer Innovationen und die Notwendigkeit die Chancen für eine lebenswertere und nachhaltigere Stadt aktiv zu nutzen, liegen auf der Hand. Dennoch können krisenbedingte Einbußen im kommunalen Haushalt dazu führen, dass wichtige Finanzmittel gerade für diese Zukunftsthemen gekürzt werden. Während der Pandemie wurden bereits Budgets gekürzt und Prioritäten verändert. Es ist wahrscheinlich, dass die Budgets neu bewertet werden (Thambiran, 2020), da eine Smarte Stadt sowohl dazu beitragen kann, künftige Krisen und Pandemien abzumildern als auch um sich an die veränderten Bedürfnisse und Wünsche der Stadtbevölkerung anzupassen.

Literatur

Amsterdam Smart City (2021), verfügbar unter https://amsterdamsmartcity.com/ (Zugriff am 3. Juli 2021).

Appleton, J. (2021), What is IoT and why is it important for Smart Cities? bee smart city, verfügbar unter https://hub.beesmart.city/en/solutions/what-is-iot-and-why-is-it-important-for-smart-cities (Zugriff am 5. Juli 2021).

Appleton, J. (2020), The 15-Minute City: Nurturing Communities For Smarter Cities, bee smart city, verfügbar unter https://hub.beesmart.city/en/strategy/the-15-minute-city-nurturing-communities-for-smarter-cities (Zugriff am 5. Juli 2021).

Barcelona Provincial Council (2013), EPSA2013091: Local Telecare Service of the Barcelona Provincial Council and the municipalities of the Barcelona Province, verfügbar unter https://www.diba.cat/c/document_library/get_file?uuid=405de055-98f1-47ef-8380-bf4d50f17d89&groupId=14465 (Zugriff am 5. Juli 2021).

bee smart city GmbH (Hrsg.) (2019), *Smart City / Smart Region: Handlungsleitfaden für Praktiker*innen*, Mülheim an der Ruhr, bee smart city Verlag.

bee smart city GmbH (Hrsg.) (2021), *Smarte Quartiere in der Wohnungswirtschaft: Handlungsleitfaden für Praktiker*innen*, Mülheim an der Ruhr, bee smart city Verlag (erscheint 2022).

Bundesinstitut für Bau-, Stadt- und Raumforschung (Hrsg.) (2017), Smart City Charta. Digitale Transformation in den Kommunen nachhaltig gestalten, verfügbar unter https://www.bbsr.bund.de/BBSR/DE/Veroeffentlichungen/Sonderveroeffentlichungen/2017/smart-city-charta-dl.pdf (Zugriff am 3. Juli 2021).

Bundesministerium des Innern, für Bau und Heimat (2020), THE NEW LEIPZIG CHARTER. Die transformative Kraft der Städte für das Gemeinwohl, Verabschiedet auf dem Informellen Ministertreffen zu städtischen Angelegenheiten am 30. November 2020, verfügbar unter https://ec.europa.eu/regional_policy/sources/docgener/brochure/new_leipzig_charter/new_leipzig_charter_en.pdf (Zugriff am 3. Juli 2021).

Chagoury, R. (2020), The pandemic is accelerating smart city tech, Smart Cities Dive, verfügbar unter https://www.smartcitiesdive.com/news/the-pandemic-is-accelerating-smart-city-tech/587388/ (Zugriff am 5. Juli 2021).

Cohen, B. (2015), The 3 Generations of Smart Cities. Inside the development of the technology driven city, verfügbar unter https://www.fastcompany.com/3047795/the-3-generations-of-smart-cities (Zugriff am 3. Juli 2021).

Connolly, K. (2020), ‚Cleaner and greener‘: Covid-19 fordert die Städte der Welt auf, den öffentlichen Raum von Autos zu befreien, The Guardian, verfügbar unter https://www.theguardian.com/world/2020/may/18/cleaner-and-greener-covid-19-prompts-worlds-cities-to-free-public-space-of-cars (Zugriff am 5. Juli 2021).

Dekki, C. (2020), Combatting COVID-19, Cars, And Climate Change Through Innovations in Urban Mobility, Urbanet, verfügbar unter https://www.urbanet.info/combatting-covid19-cars-and-climate-change-through-innovation-in-urban-mobility/ (Zugriff am 5. Juli 2021).

Generalitat de Catalunya (2020), Servei de Teleassistència Municipal, verfügbar unter https://ajuntament.barcelona.cat/dretssocials/sites/default/files/arxius-documents/servei-tele-assistencia-municipal.pdf (Zugriff am 5. Juli 2021).

Giffinger, R., Haindlmaier, G. und Kramar, H. (2010), Die Rolle von Rankings im wachsenden Städtewettbewerb, *Stadtforschung & Praxis*, 3. Jg., Nr. 3, S. 299–312.

Glasco, J. (2020), Smart Tourism – Innovation and Reinvention for an Industry in Crisis, bee smart city, verfügbar unter https://hub.beesmart.city/en/strategy/smart-tourism-innovation-and-reinvention-for-an-industry-in-crisis (Zugriff am 5. Juli 2021).

Green Alliance (2020), Getting people back on public transport is key to getting the country moving again, verfügbar unter https://greenallianceblog.org.uk/2020/07/30/getting-people-back-onto-public-transport-is-key-to-getting-the-country-moving-again/ (Zugriff am 5. Juli 2021).

Guy, J. (2021), Paris' famous Champs-Élysées set for green transformation: CNN, verfügbar unter https://edition.cnn.com/travel/article/paris-champs-elysee-project-scli-intl/index.html (Zugriff am 3. Juli 2021).

Hobday, R. A., und Cason, J. W. (2009), The open-air treatment of pandemic influenza, *American Journal of Public Health*, 99 Suppl 2, S. 236–242, verfügbar unter https://doi.org/10.2105/AJPH.2008.134627 (Zugriff am 3. Juli 2021).

ITU-T FG-SSC (Hrsg.) (2014), Technical Report on Smart Sustainable Cities: An analysis of definitions, United Nations, International Telecommunication Union, Telecommunication Standardization Sector of ITU(ITU-T), Focus Group on Smart Sustainable Cities (FG-SSC).

Jacobs J. (1961), *The Death and Life of Great American Cities*, Random House, New York.

Kesztenbaum, L. und Rosenthal, J.-L. (2017), Sewers' diffusion and the decline of mortality: The case of Paris, 1880–1914, *Journal of Urban Economics*, 98. Jg., Nr. C, S. 174–186.

Kunzmann, K. (2020), Smart Cities After Covid-19: Ten Narratives, verfügbar unter https://www.tandfonline.com/doi/full/10.1080/02513625.2020.1794120 (Zugriff am 3. Juli 2021).

Moreno, C., Allam, Z., Chabaud, D., Gall, C. und Pratlong, F. (2021), Introducing the "15-Minute City": Sustainability, Resilience and Place Identity in Future Post-Pandemic Cities, *Smart Cities*, 4. Jg., Nr. 1, S. 93–111.

Pozoukidou, G. und Chatziyiannaki, Z. (2021), 15-Minute City: Decomposing the New Urban Planning Eutopia, *Sustainability*, 13. Jg., Nr. 2, S. 928, verfügbar unter https://doi.org/10.3390/su13020928 (Zugriff am 6. Juli 2021).

Prati, G. (2020), Could the pandemic drive an e-scooter revolution?, CNN, verfügbar unter https://edition.cnn.com/2020/12/17/world/future-of-micromobility-e-scooter-spc-intl/index.html (Zugriff am 5. Juli 2021).

Roch, S. (2020), Warum wir in Zeiten von Corona Bürgerbeteiligung brauchen, Bertelsmann Stiftung, verfügbar unter https://www.bertelsmann-stiftung.de/en/our-projects/democracy-and-participation-in-europe/project-news/new-ways-to-increase-citizens-participation-in-europe-1 (Zugriff am 5. Juli 2021).

SLoCaT Partnership (2018), Transport and Climate Change Global Status Report (TCC-GSR): Tracking Transport Emissions Trends, Raising Transport Policy Ambition, verfügbar unter https://slocat.net/2011-2/ (Zugriff am 5. Juli 2021).

Thambiran, S. (2020), How COVID accelerated smart city development, verfügbar unter https://gcn.com/articles/2020/10/15/smart-cities-post-covid.aspx?m=1 (Zugriff am 5. Juli 2021).

United Nations (2016), New Urban Agenda: Quito declaration on sustainable cities and human settlements for all, verfügbar unter http://habitat3.org/wp-content/uploads/NUA-English.pdf (Zugriff am 3. Juli 2021).

United Nations (2015a), Paris Agreement, verfügbar unter https://unfccc.int/sites/default/files/english_paris_agreement.pdf (Zugriff am 5. Juli 2021).

United Nations (2015b), Transforming our World: The 2030 Agenda for Sustainable Development, verfügbar unter https://sustainabledevelopment.un.org/content/documents/21252030%20Agenda%20for%20Sustainable%20Development%20web.pdf (Zugriff am 3. Juli 2021).

United Nations World Tourism Organization (2020), Healing Solutions Tourism Challenge, verfügbar unter https://www.unwto.org/healing-solutions-tourism-challenge (Zugriff am 5. Juli 2021).

Yeung, P. (2021), How '15-minute cities' will change the way we socialise, verfügbar unter https://www.bbc.com/worklife/article/20201214-how-15-minute-cities-will-change-the-way-we-socialise (Zugriff am 5. Juli 2021).

Die Stadtquartiere von morgen sind nur eine Umsetzung entfernt

Interview mit Henrik Thomsen

Zusammenfassung

Henrik Thomsen, Chief Development Officer der Deutsche Wohnen SE beschreibt im Interview anhand der Erfahrungen aus der Corona-Pandemie die Entwicklung moderner, zukunftsfähiger und nachhaltiger Stadtquartiere und was auf dem Weg dorthin zu leisten ist.

1 *Welche Erfahrungen und Erkenntnisse aus der Corona-Pandemie haben Sie mit in Ihren beruflichen Alltag genommen? Gibt es Dinge, die Sie heute in Ihrer Rolle als Vorstand vor dem Hintergrund der Pandemie anders einschätzen?*

Herr Thomsen: Ich würde es lieber so beschreiben: Wir priorisieren anders. Wir alle haben in den vergangenen 14 Monaten mehr Zeit denn je zu Hause in unseren eigenen vier Wänden verbracht; dies nicht nur in unserer Freizeit, sondern auch zum Arbeiten. Die Wohnung als Lebensraum hat erheblich an Bedeutung gewonnen. Für den Vorstand eines Wohnungsunternehmens sind daher diese Erfahrungen auch dahingehend wichtig, um die Weichen bei der Entwicklung zukunftsorientierter Quartiere richtig zu stellen. Außerdem hat das Thema Gesundheit sowohl in Bezug auf unsere MieterInnen als auch in Bezug auf unsere MitarbeiterInnen nochmals erheblich an Bedeutung gewonnen.

© Der/die Autor(en), exklusiv lizenziert durch
Springer Fachmedien Wiesbaden GmbH, ein Teil von Springer Nature 2021
T. Just und F. Plößl (Hrsg.), *Die Europäische Stadt nach Corona*,
https://doi.org/10.1007/978-3-658-35431-2_13

2   Ist es wirklich eine neue Erkenntnis, dass das eigene Zuhause wichtig ist?

Herr Thomsen: Natürlich war die eigene Wohnung, das eigene Zuhause auch schon vor der Pandemie wichtig. Unser Zuhause ist unser Rückzugsort. Doch durch die Pandemie sind die Anforderungen an unser Zuhause gestiegen, bzw. es sind neue Anforderungen hinzugekommen: Das Homeoffice liegt nur noch wenige Schritte vom Wohnzimmer entfernt, häufig ist es mitten im Wohnzimmer. Reisen und Ausgehen waren reduziert bis unmöglich. Arbeiten und ein großer Teil der Freizeit fanden somit größtenteils in den eigenen vier Wänden oder in der ziemlich direkten Umgebung statt. Es wurde zwangsläufig wichtiger, ob es einen Balkon oder Garten gibt.

3   Sie sagten eben, das Anforderungsprofil an die Immobilie hat sich verändert. Etwa auch an die Immobilienwirtschaft?

Herr Thomsen: Ich will das einmal so beantworten: Immobilien prägen Orte, an und in denen Menschen leben. Sie vermitteln Geborgenheit, Schutz und schaffen Nachbarschaften. Sie sind Räume zum Leben, Arbeiten und für Freizeitaktivitäten sowie Kunst und Kultur. Sie sind fast immer der Begleiter unseres Lebens. Die Immobilienwirtschaft ist also eine Branche mit hoher Durchdringung unseres Lebens und sie trägt damit auch eine erhebliche Verantwortung. Es ist richtig, diese Verantwortung zu fordern, und es ist wichtig, sich dieser Verantwortung zu stellen. Wir bei der Deutsche Wohnen sind uns schon seit vielen Jahren der Verantwortung gegenüber unseren MieterInnen und den anderen Stakeholdern bewusst und haben dies beispielsweise auch in unserem sogenannten Mieterversprechen dokumentiert. Dabei versprechen wir unter anderem, dass niemand infolge einer Mieterhöhung seine Wohnung verliert. Unsere bislang in der Branche einzigartige Selbstverpflichtung sieht vor, dass Mieterhöhungen nicht vorgenommen werden, wenn dadurch die Jahresnettokaltmiete mehr als 30 % des jährlichen Haushaltsnettoeinkommens betragen würde.

4   Bleiben wir mal beim Homeoffice als Beispiel. Wie kann die Immobilienwirtschaft denn darauf reagieren, wenn die Menschen verstärkt von Zuhause aus arbeiten? Müssen Wohnungen aus Ihrer Sicht jetzt größer geschnitten werden, weil die Haushalte per se immer zusätzlich ein Arbeitszimmer brauchen?

Herr Thomsen: Mehr Flächenverbrauch pro Wohnung ist sicher kein nachhaltiger Weg, Wohnen und Arbeiten „näher" aneinander zu rücken. Zum einen können hier intelligente, flexible und technisch gut ausgestattete, kompakte Grundriss-lösungen helfen. Das heißt wir müssen überdimensionierte Erschließungsflächen vermeiden und wenig genutzte Räume, wie beispielsweise ein Gäste-WC, möglichst kleinhalten. Stattdessen gilt es, multifunktionale Flächen zu schaffen, wo gewohnt und gearbeitet werden kann. Zum anderen können auch sogenannte Co-Working-Spaces in den Wohnquartieren diese Anforderung erfüllen. Ich gehe für ein paar Stunden arbeiten, ohne langen Anfahrtsweg, hole die Kinder in der nahegelegenen Kita ab und kann noch kurz einkaufen gehen. Das Wohnumfeld und dessen Auf-enthaltsqualität spielen dabei auch eine wichtige Rolle.

Ich sehe diese Konzepte in Anlehnung an die Leipzig Charta der Stadtentwicklung, in der die Stadt der kurzen Wege beschrieben worden ist. Genau diesem Leitmotiv hat auch die Politik mit der Einführung der neuen Gebietskulisse Urbanes Gebiet im Baugesetzbuch Rechnung zu tragen versucht. Wir wollen das nun in unseren zukünftigen Quartieren umsetzen. Etwa bei unserem Projekt in der Daumstraße in Berlin-Spandau.

5   *Womöglich fühlt sich aber nicht jeder in einem hippen Startup-Co-Working-Büro wohl, wo flaschenweise Club Mate aus dem Kühlschrank getrunken wird?*

Herr Thomsen: Das kann ich gut nachvollziehen. Co-Working-Spaces haben ihren Ursprung sicher in der Startup-Szene, aber das Konzept passt auch zu vielen Unternehmen außerhalb dieser Szene. Und es funktioniert auch ohne Club Mate: Seit April bieten wir in einer leerstehenden Bankfiliale im Berliner Norden auf 300 m² zunächst 16 Co-Working-Arbeitsplätze an. Das sind richtig schöne und ganz „normale" Arbeitsbereiche. Uns geht es mit diesem Konzept darum, das Quartier so zu organisieren, dass die BewohnerInnen nicht über weite Strecken pendeln müssen, sondern ihr Büro direkt vor der Haustür haben. Das spart Zeit und hilft auch, die Klimaziele umzusetzen.

6   *Was macht denn von der planerischen Seite das Quartier von morgen aus?*

Herr Thomsen: Grundsätzlich müssen wir Quartiere ganzheitlich denken. Das bedeutet, wir dürfen nicht nur das Wohnen in den Fokus nehmen, sondern müssen alle Facetten, die zum Leben im Quartier dazugehören, betrachten. Dabei müssen wir zum Beispiel auch demografische Entwicklungen berücksichtigen. In unserem Projekt in Dresden Schützengarten planen wir deshalb auch rund 80 barrierefreie und teilweise rollstuhlgerechte Wohnungen für betreutes Wohnen gleich mit ein.

Gleichzeitig stellt sich auch immer die Frage was und wie wir bauen. Im schon erwähnten Projekt in der Daumstraße in Berlin haben wir die Planung unter anderem auf die Stadt der kurzen Wege ausgerichtet. Das Quartier verbindet nachhaltige Bauweise, das heißt Holzhybridbau, offene Strukturen mit kurzen Wegen, unter anderem zur Nahversorgung und zum Co-Working-Space, sowie innovative Mobilitätskonzepte. Die E-Mobilität denken wir hier von Anfang an mit und wollen einen eigenen Mobilitätshub errichten. Aber auch von der planerischen Seite müssen wir ganzheitlicher denken. Wir arbeiten von Beginn an in interdisziplinären Teams und setzten digitalisierte Planungstools wie Building Information Modeling (BIM) ein. Das ist ein Planungstool, in dem alle Schritte einer Baumaßnahme in einem digitalen Modell vorausgeplant werden. Wir erstellen ein erweitertes 3D-Modell, wie das Quartier einmal aussehen soll. Wir können beispielsweise Verschattungen durch Bäume bei unterschiedlichen Sonnenständen berechnen; wir können die Größen von Balkonen individuell anpassen und die Flächeninanspruchnahme so einteilen, dass wir ein optimales Verhältnis von Nutzfläche zu Bruttogrundfläche schaffen. Mit BIM können wir aber auch weitere Dimensionen auf das Modell legen: Wir können Bauzeiten und Baukosten mit jeder Veränderung viel besser abschätzen und in der Bauphase die Gewerke besser aufeinander abstimmen, um die Baukosten im Griff zu behalten. Das Ergebnis ist: bezahlbarer Wohnraum trotz hoher Komfortstandards. Noch viel wichtiger aber: BIM ist der Schlüssel zum Erfolg für ein nachhaltiges Immobilienmanagement. Die gespeicherten Planungsdaten helfen bei der Wartung und Instandhaltung der Objekte und Quartiere. Sie machen es auch einfacher, Renovierungen zu planen.

7   Warum wird BIM nicht viel häufiger eingesetzt?

Herr Thomsen: In manchen Teilen der Branche hinkt die Digitalisierung einfach hinterher. Da sagen viele: Wir haben das schon immer so gemacht. Das bedeutet: Die Art, ein Haus zu bauen, hat sich bisher nicht gravierend verändert. Man setzt Stein auf Stein, will dann Kabel verlegen, fräst den Stein wieder auf, legt das Kabel rein und macht die Löcher wieder zu. Ziemlich ineffizient. Zudem ist zu berücksichtigen, dass wir als Deutsche Wohnen die Projekte auch in unseren Bestand übernehmen wollen und somit schon bei der Erstellung des 3D-Modells einen Blick darauf haben, wie unsere MieterInnen dort einmal wohnen werden. Mit der modularen, seriell gefertigten Bauweise ist etwas mehr Schwung und Innovation in das Baugeschehen gekommen und BIM beschleunigt diesen Prozess. Vor einigen Jahren hat es im Zuge der vielen Großbaustellen, wie dem Flughafen BER, der Elbphilharmonie in Hamburg oder dem Bahnhof Stuttgart 21, im damaligen Bau- und

Verkehrsministerium eine Großprojektekommission gegeben. Diese hat gesagt, dass alle großen Projekte, die ein sehr hohes Kostenvolumen haben, verpflichtend mit BIM arbeiten müssen. Wir haben uns die Frage gestellt, warum BIM eigentlich nur in großen Projekten einsetzen, wenn die Vorteile genauso in traditionellen Quartieren genutzt und wir so viel lebenswertere Stadtquartiere schaffen können.

8   *Wenn sie von lebenswerten Stadtquartieren sprechen, haben Sie sicher das ideale Quartier vor Augen. Woran denken Sie, wenn Sie das Stadtquartier von morgen in Angriff nehmen?*

Herr Thomsen: Zunächst denke ich dabei an die Menschen, die einmal in diesem Quartier leben werden. Wir wollen zukunftsorientierte, lebenswerte und nachbarschaftliche Wohnquartiere schaffen – ausgerichtet an den Bedürfnissen der Menschen, die darin leben. Generationsübergreifendes Wohnen und Leben ist hier ein wichtiger Baustein unserer Strategie. Bei der Gestaltung achten wir darauf, die Gesellschaft in ihrer Vielfalt zusammenzubringen. So hat sich die Deutsche Wohnen dazu bekannt, jede vierte Wohnung an MieterInnen mit Anspruch auf einen Wohnberechtigungsschein, sprich Haushalte mit geringerem Einkommen, zu vermieten. Außerdem muss das ideale Quartier energieeffizient und nachhaltig gestaltet sein. Das Pariser Klimaabkommen ist fest in der Unternehmensstrategie verankert und die Umsetzung der Klimaziele sind Bestandteil unserer Neubaustrategie. Dezentrale Energieversorgung, innovative Mobilitätskonzepte und nachhaltige Materialien, wie Holz als nachwachsender Roh- und Baustoff – das sind alles Elemente unserer Konzepte. Wir unterstreichen diesen nachhaltigen Ansatz im Übrigen durch unsere Mitgliedschaft in der Deutsche Gesellschaft für Nachhaltiges Bauen (DGNB) und das Bestreben, im Neubau mindestens den Goldstandard zu erreichen. Wir könnten uns gut vorstellen, auch in die Fertigung von Holzbauelementen einzusteigen, um effizienter planen und bauen zu können.

9   *Woher kommt Ihre Begeisterung ausgerechnet für Holz?*

Herr Thomsen: Die Begeisterung fußt auf harten Fakten: Holz bindet CO_2, es ist regenerativ, sorgt für ein gutes Raumklima und ist vielseitig einsetzbar – insbesondere bei der seriellen Fertigung, durch die wir die Baukosten begrenzen können. Und ja, es gibt spannende Projekte, die maßgeblich auf Holzbau setzen. Denken Sie an den ehemaligen Berliner Flughafen Tegel. Im Schumacher-Quartier in Tegel plant die Berlin Projekt GmbH ein klimaneutrales Viertel und setzt dabei zunehmend auf

Alternativen zu Beton, zum Beispiel auf Holzbauweise. Wenn man anschließend noch die Fassaden begrünt, idealerweise mit Efeu, weil dieser in der Lage ist, auch Feinstaubpartikel zu absorbieren, dann schaffen sie ein angenehmes Stadtklima – also die beste urbane Klimaanpassungsstrategie, die man sich vorstellen kann.

10   Das heißt, das Stadtquartier von morgen denkt den Klimawandel schon mit und passt sich an künftige Wetter- und Extremereignisse an?

Herr Thomsen: Wir haben vorher von der Verantwortung der Immobilienwirtschaft gesprochen. Zwei Zahlen illustrieren das: Rund 30 % der CO_2-Emissionen verantwortet der Gebäudebereich und 75 % der weltweiten CO_2-Emissionen fallen innerhalb von Städten an. Das bedeutet, der Klimawandel wird in den urbanen Gebieten entschieden – nirgendwo anders. Wir müssen alles daransetzen, dass wir schonend mit unseren Ressourcen umgehen, dass Städte immer weniger CO_2 ausstoßen und dass wir unsere Lebensweise nachhaltiger gestalten. Demnach planen, bauen und bewirtschaften wir nachhaltig und nutzen im Neubau insbesondere nachhaltige Baustoffe. Wir setzen regenerative Energieerzeugung vor Ort um. Die Energiewende rückt also vor ins Quartier – von der Stromerzeugung bis zur Wärmebereitstellung. Da setzen wir stark auf eine Mieterstromgesetzgebung, die Planungs- und Investitionssicherheiten gibt. Hier wurden kürzlich erfreuliche Fortschritte bei der Gewerbesteuerinfizierung erzielt. Wir setzen auf Modernisierungen unserer Gebäude. Die Bestände der Deutsche Wohnen sind im Branchenvergleich, beispielsweise bezogen auf die bauliche Qualität und den energetischen Zustand, eher überdurchschnittlich. Aber für Deutschland insgesamt gilt: Rund 64 % des gesamten Gebäudebestandes in Deutschland wurde vor 1979 erbaut und damit vor der ersten Wärmeschutzverordnung. Diese hat erstmalig in Deutschland rudimentäre Vorgaben für die Energieeffizienz von Gebäuden gemacht. Rund 94 % des gesamten Gebäudebestandes wurde errichtet, bevor es eine Energieeinsparverordnung gab. Es gibt also viel zu tun.

11   Das hört sich aufwendig und kostenintensiv an. Gibt dies Konfliktpotenzial mit Ihren MieterInnen, die das auf die eine oder andere Art bezahlen müssen?

Herr Thomsen: Sie sprechen einen ganz wichtigen Punkt an: Sozialverträglichkeit. Ob wir neue Stadtquartiere bauen oder unsere Altbestände sanieren, bei allem müssen wir die MieterInnen mitdenken. Und wir müssen uns mit den finanziellen Grenzen der Klimaschutzmaßnahmen auseinandersetzen. Es wäre nicht zielführend, Klimaschutz gegen Wohnkosten auszuspielen. Wir haben uns als Deutsche Wohnen in der Vergangenheit intensiv mit dieser Thematik auseinandergesetzt und im Ergebnis gegenüber unseren Mieter-Innen das Versprechen abgegeben, dass niemand seine Wohnung aufgrund von energetischen Modernisierungen verlieren wird. Aber wir müssen erkennen, allein können wir die Klimaziele von Paris nicht erreichen. Klimaschutz ist eine Aufgabe, die alle angeht. Es braucht einen Dreiklang aus Staat, privater Wirtschaft und Zivilgesellschaft, an dem alle mitwirken.

12 Sie wollen, dass der Staat die Klimaschutzkosten bezahlt?

Herr Thomsen: Das wäre zu einfach. Förderungen gibt es derzeit schon viele. Bei Betrachtung aller KfW-Programme, ist unser Eindruck nicht, dass es uns an Vielfalt an Subventionen mangelt – eher die Höhe und Treffgenauigkeit sind das Problem. Eine durchschnittliche jährliche Sanierungsquote bei Bestandsgebäuden von 2,5 % über die nächsten 30 Jahre ist ein wesentlicher Baustein auf dem Weg zum klimaneutralen Gebäudebestand, aktuell liegt die Sanierungsquote in Deutschland bei rund 1 %. Für die Erhöhung dieser Quote bedarf es eines Investitionsvolumens von insgesamt knapp 500 Mrd. EUR, was bezahlt werden muss, ohne die MieterInnen dabei zu überlasten. Uns schwebt etwas anderes vor. Wir haben als Deutsche Wohnen einen Vorschlag für sozialverträglichen Klimaschutz unterbreitet: Die Mittel aus der neuen CO_2-Bepreisung sollen dafür verwendet werden, die MieterInnen in Teilen von den umlagefähigen Kosten, also der Modernisierungsumlage, zu entlasten. Im ersten Jahr würde der Staat die volle Modernisierungsumlage übernehmen. In den darauffolgenden 14 Jahren schmilzt die Förderung dann kontinuierlich ab und die BewohnerInnen steigen langsam in die Klimaschutzkosten ein.

13 Das bedeutet also, der Vermieter würde seine Investitionskosten weiter über die Modernisierungsumlage refinanziert bekommen, aber der Mieter müsste nicht mehr bezahlen, weil die üblichen Mietsteigerungen ausbleiben und durch den Staat übernommen werden?

Herr Thomsen: Genau richtig. Das ist ein Kreislauf. Denn die Mittel aus der CO_2-Bepreisung zahlen schließlich auch die Mieter-Innen über die Heizkostenabrechnung. Dann ist es nur recht und billig, wenn sie auch bei den Modernisierungskosten entlastet werden. Wir haben das einmal ausgerechnet. Weil die MieterInnen im ersten Jahr nach Abschluss der Modernisierung sofort über die Nebenkosten entlastet werden, aber die Kaltmiete nicht steigt, profitieren sie über 9 bis 13 Jahre, je nach Gebäudetyp, von einer niedrigeren Bruttowarmmiete. Die MieterInnen zahlen also über viele Jahre sogar weniger Miete – trotz Modernisierung.

14   Dann machen Sie gewissermaßen aus Altquartieren auch Stadtquartiere der Zukunft?

Herr Thomsen: Wir müssen uns zumindest sehr viel schneller in diese Richtung bewegen, wenn wir die Klimaneutralität über den gesamten Gebäudebereich bis 2050 erreichen wollen. Investitionsentscheidungen von heute brauchen ihre Zeit. Wir brauchen viel mehr Tempo. Wir wollen hier mit gutem Beispiel vorangehen und haben uns ein ambitioniertes Ziel gesetzt: Bis 2040 soll unser Bestand klimaneutral sein. Und wir sind auch der Meinung, wir brauchen viel mehr Wettbewerb zwischen den Stadtquartieren. Die Menschen werden erfahren, wie viel lebenswerter ein Kurt-Schumacher-Quartier oder das Neubauprojekt in der Berliner Daumstraße gegenüber anderen Stadtquartieren ist. Programme der Städtebauförderung sollten dies unterstützen. Natürlich gibt es hier bereits das KfW-Programm 432 – Energetische Stadtsanierung. Das Programm unterstützt Hauseigentümer bei der Energieberatung. Wir finden solche Programme wichtig und sie sollten auch verstetigt werden. Aber das ist nicht das, was ich meine, wenn wir über ganze Quartiere sprechen. Wir müssen schauen, dass wir mehr Projekte im Sinne einer Smart City realisieren, in der die Mülltonne nur dann abgeholt wird, wenn sie auch wirklich voll ist, damit sich die Fahrt des Müllautos lohnt. Dass beispielsweise nur so viel Wasser im Quartier verbraucht wird, wie es selbst aufgefangen hat. All diese Ansätze gibt es schon. Hier wünsche ich mir ein Programm der Städtebauförderung, das in diese Richtung zielt und solche Konzepte fördert.

Herausforderung eines Projektentwicklers zur Schaffung attraktiver Aufenthaltsorte

Interview mit Guido Wiese und Tom Soreq

Zusammenfassung

Guido Wiese und Tom Soreq, Geschäftsführung der ABG Development, diskutieren im Interview die Entwicklung urbaner Räume mit sozialer Aufenthaltsqualität und die Auswirkungen der Corona-Pandemie auf die Konzeption und Realisierung verschiedener Immobilientypen.

1   *Welchen Herausforderungen und Chancen sehen sich Projektentwickler seit Ausbruch der Corona-Pandemie gegenüber und sind diese Ihrer Einschätzung nach vorübergehend oder anhaltend?*

Herr Soreq: Die Pandemie hat die Arbeitswelt plötzlich um ein Jahrzehnt in die Zukunft versetzt. Die in den letzten Jahren in wechselnder Intensität geführte politische und privatwirtschaftliche Diskussion um das Homeoffice, das ortsunabhängige Arbeiten, die freie Wahl der Arbeitszeiten und die Reduzierung der Reisetätigkeiten sowie die Digitalisierung wurde wieder befeuert. Die Mitarbeiter mussten über Ort und Zeit sowie die eigene Koordination zwischen beruflichen und privaten Aufgaben entscheiden. Je besser das Lebens- und Arbeitsumfeld dies unterstützt, desto besser ist dies für ihre Motivation und ihr Engagement. Daher ist es eine bedeutende Aufgabe, die künftigen Arbeits- und Lebensräume auf die neuen Anforderungen zuzuschneiden. Schneller als erwartet erhalten wir in der Projektentwicklung Chancen zur Realisierung bisheriger Zukunftsvisionen. Wir sind gefordert, für die Nutzer wie auch die Allgemeinheit zukunftsfähige Quartiere zu schaffen. Sie sollen attraktive urbane sowie soziale Aufenthaltsqualität bieten,

© Der/die Autor(en), exklusiv lizenziert durch
Springer Fachmedien Wiesbaden GmbH, ein Teil von Springer Nature 2021
T. Just und F. Plößl (Hrsg.), *Die Europäische Stadt nach Corona*,
https://doi.org/10.1007/978-3-658-35431-2_14

aber auch ausreichende Flächen und flexibel nutzbarem Raum. Hinzu kommt, dass die Menschen in unserer Gesellschaft für eine ausgewogene Work-Life-Balance mehr Freiraum und gesunde Lebensbedingungen fordern. Das wird durch die pandemischen Erfahrungen zusätzlich beschleunigt.

2   *Die ABG Real Estate Group entwickelt Projekte über alle Nutzungsarten hinweg. Haben Sie seit Ausbruch der Pandemie hier strategische Neuausrichtungen bei der Allokation vorgenommen oder vornehmen müssen?*

Herr Wiese: Bei unseren Projekten waren im vergangenen Jahr die Nutzungsklassen Hotel, Einzelhandel & Gastronomie sowie Büro besonders von der Pandemie betroffen. Verständlicherweise forcieren wir gegenwärtig nicht das Investment in Hotels, welche aktuell de facto nicht zu finanzieren sind. Wir befürchten auch, dass diese Branche, insbesondere Messe- und Kongresshotels, möglicherweise Jahre brauchen wird, um die Pandemie hinter sich zu lassen.

Abb. 1   Deutschlandhaus in Hamburg
Quelle: ABG Real Estate Group

In den Assetklassen Wohnen und Büro sehen wir weiterhin einen attraktiven Fokus. Bei Beschäftigten in Bürobetrieben hat diese Phase zu der Erkenntnis geführt, dass die Bindung zum Unternehmen sowie der Austausch mit Kollegen nicht allein aus dem Homeoffice zu erreichen sind. Wir bemerken in den aktuellen Gesprächen mit Büromietinteressenten, die in den letzten Monaten wieder zugenommen haben, eine wachsende Bereitschaft für Veränderung. Dabei liegt der Fokus auf zentralen, gut erreichbaren Lagen und flexiblen, modernen Büroarbeitswelten. Diese Anforderung können wir mit unseren Core-Projekten Deutschlandhaus in Hamburg (siehe Abb. 1) oder VoltAir in Berlin-Mitte (siehe Abb. 2) hervorragend bedienen.

Abb. 2   Visualisierung VoltAir in Berlin
Quelle: ABG Real Estate Group

Die Nutzer überdenken ihre Flächenbedarfe und sind nach der Euphorie der letzten Dekade nun in eine Konsolidierungsphase eingetreten. Wir halten das nicht für kritisch, sondern sehen darin eine Normalisierung von Angebot- und

Nachfrage. 2023 und 2024 werden zwangsläufig weniger Neubauvorhaben auf den Markt kommen, was sich günstig auf die Leerstandsquoten auswirken wird. In Deutschland herrschte vor der Pandemie eine starke Präsenzkultur im Büro. Das wird sich ändern. Interessant wird dabei auch sein, in welchem Umfang der „3. Arbeitsort" sich etablieren wird. Während in Deutschland nur rund 7 % der Beschäftigten hiervon Gebrauch machen wollen, liegt die Quote in den USA bei 38 % (Pfnür *et al.*, 2021). Dies birgt Chancen für neue Konzepte an neuen Standorten, z. B. auch in der Peripherie. Die ABG setzt trotzdem weiter auf Core-Lagen, weil der physische Arbeitsort noch nie so wichtig war wie heute, eine zentrale Erkenntnis der letzten Monate.

Herr Soreq: Eine der wesentlichen Herausforderungen besteht in der Entwicklung attraktiver Aufenthaltsorte, die uns trotz gebotenem Abstand gemeinsame Aktivitäten ermöglichen. Es gilt klassische Versammlungsstätten zu ersetzen, um Aufenthalts- und Arbeitswelten zu schaffen, in denen sich die Mitarbeiter verteilen, und die sich nach außen in Gärten, Terrassen oder Parkanlagen öffnen. Bisher ungenutzte Dachflächen, Gastronomieflächen außerhalb der Stoßzeiten und öffentliche Parks bieten sich hierfür an. „Homeoffice"- und „Out-Office"-Arbeitsplätze sind bedarfsgerecht anzubieten und in den „Work-Life-Space" zu integrieren. Gastronomien, Kulturstätten, Parks oder auch Fremdbüros könnten Arbeitsplätze „Out-Office" anbieten, z. B. per Member Card.

Das ausgesprochen stark gewachsene Online-Shopping wird die Nachfrage in Einkaufsstraßen und Shopping Malls in ihrer bisherigen Angebotsvielfalt reduzieren. Doch bleiben erdgeschossnahe Zonen auch zukünftig der Öffentlichkeit vorbehalten. Die Bürger erwarten heute entgegen der früher verbreiteten reinen Bürostadt einen Ort, der auch nach Geschäftsschluss lebendige und attraktive Aufenthaltsqualität bietet. Durch den pandemiebedingten teilweisen Wegfall von Geschäftsketten entwickeln wir heute Immobilienkomplexe, die sich für einen attraktiven Mix aus Kultur, Einkauf, Dienstleistungen und kulinarischem Angebot eignen. Die steigenden Anforderungen an die Aufenthaltsqualität verwandeln die moderne Immobilie vom nüchternen Arbeitsraum und Versorger in eine sogenannte „Pleasant Location", die ein breites Spektrum an attraktiven Nutzungsmöglichkeiten erlaubt.

3 Welche Veränderungen zeigen sich bei der Quartiersentwicklung?

Herr Soreq: Wir planen gemischt genutzte Quartiere mit dezentral organisierten und bedarfsgerechten Büroflächen, die Co-Working Anbieter betreiben können. Das reduziert die Reisetätigkeit und erhöht die Flexibilität der Mitarbeiter. In Verbindung mit den gestiegenen ökologischen Anforderungen wird dies zu einer Veränderung der Mobilitätskonzepte führen (Stichwort: Carsharing, Individualverkehr, Fahrradnutzung etc.). Zunehmende Lieferangebote werden die Nahversorgung ergänzen.

Vor allem gewinnt aber der Aufenthaltsraum in Außenanlagen als Rückzugsort, Treffpunkt oder auch als Arbeitsort an Relevanz. Besprechungsräume in Pavillons, Lauben, unter textilen Dächern oder in Wintergärten mit wetterunabhängiger Nutzung können als Orte der Kommunikation die Attraktivität von Quartieren steigern. Wurden bisher vor allem Kinderspielplätze und Grünanlagen zur Freizeitgestaltung angeboten, können zukünftig auch Arbeitsplätze im Freien unter wettergeschützten Leichtbauten entstehen. Die Ausstattung von Freiflächen mit Hardware und W-Lan wird möglich, wenn der Nutzer die erforderliche persönliche Datenerhebung zum Schutz der Ausstattungen akzeptiert. Die Einrichtung von öffentlichen Quartiers-Treffpunkten, zum Beispiel in Parkanlagen, Pavillons o. Ä., unterstützt die generationsübergreifende Kommunikation und die sozialen Kontakte in der Nachbarschaft.

4 Hat die Pandemie schon erkennbare Auswirkungen auf die Grundrissplanung von Wohnprojekten?

Herr Soreq: Wohnungen werden durch die Integration eines Homeoffice Arbeitsplatzes zwar nicht zwangsläufig größer aber dafür flexibler geplant. Deshalb kalkulieren wir künftig ca. 5 bis 10 m² große Räume zur Nutzung als Homeoffice oder zur flexiblen Nutzung (Gästezimmer o. Ä.) ein. Dabei achten wir auf eine akustisch wirksame Schalldämmung im höheren Dezibel-Bereich und möglichst auch auf eine attraktive Aussicht sowie eine ergonomische Möblierung (siehe Abb. 3).

Abb. 3   Wohnquartiersentwicklung Living Isar in München
Quelle: ABG Real Estate Group

5   *Wie sieht dies bei Büroflächen aus, gibt es hier bereits veränderte Anforderungen der zukünftigen Nutzer und wie setzen Sie dies in laufenden Projekten um? Werden neue bauliche Standards etabliert?*

Herr Wiese: Aus unserer Sicht werden sich hier die Anpassungen in Grenzen halten. Wir haben auch schon vor Corona Gebäude mit Luftwechselraten deutlich oberhalb der gesetzlichen Vorgaben gebaut. Natürlich sind wir technischen Innovationen immer aufgeschlossen, aber eine Immobilie muss in erster Linie bedienerfreundlich bleiben. Wir setzen auch bei Nachhaltigkeit und Konnektivität klare Schwerpunkte bei unseren Projekten.

Herr Soreq: Dennoch wird die bislang noch kostenintensive Gebäudeautomatisation hygienebedingt die Schaltsysteme durch berührungslose Erkennungs- und Sprachsysteme ablösen, so z. B. für die Nutzung von Verkehrswegen, Beleuchtungen, Raumklimatisierungen und im Sanitärbereich. Lüftungssysteme werden künftig mit Luftfiltern und -reinigern ausgestattet und Datenlogger werden zur Messung von Raumluftqualitäten, der CO_2-Konzentration, Temperatur und Luftfeuchte eingesetzt. Weiterhin wird das Angebot zur Hygiene, Sauberkeit und Desinfektion fester Bestandteil der Grundausstattung werden. Die Büroräume selbst werden mit flexiblen Trennwänden, individuell verschiebbaren und veränderbaren Wänden, raumtrennendem Mobiliar oder auch Pflanzenwänden ausgestattet. Wir gehen auch nicht davon aus, dass insgesamt weniger Büroflächen benötigt werden als heute. Selbst wenn weiterhin eine Reduzierung von Büroarbeitsplätzen zu erwarten ist, wird trotzdem je Arbeitsplatz mehr Bürofläche benötigt. Der Bedarf könnte von zuvor in verdichteten Open-Space Flächen mit mindestens 8 bis 10 m² je Arbeitsplatz auf das Doppelte des heutigen Wertes ansteigen. Das wird kostenneutral durch die Nutzung von wechselnden Homeoffice-Arbeitsplätzen nach dem Prinzip des Desk-Sharing möglich.

6 *Hotels waren von der Pandemie sehr massiv betroffen. Wie gehen Sie mit dieser Verschiebung bei laufenden Projekten und bei zukünftigen Projektplanungen um? Wie lassen sich Hotelprojekte heute für einen Entwickler mit weniger Risiko umsetzen?*

Herr Soreq: Es bleibt abzuwarten, ob Hotels tatsächlich dauerhaft weniger frequentiert werden. Konzepte, die Hotelprojekte von „Single-Use" in „Multi-Use" führen, könnten interessant werden. Eine weitere Möglichkeit bestünde im Outsourcing dieser Serviceeinrichtungen an professionelle Betreiber. Dies könnten neben der Hotelfunktion erweiterte Angebote sein: Dazu zählen beispielsweise Co-Working-Flächen, Konferenzräume mit flexibler Größe, ggf. möblierte Dauermietwohnungen mit erweitertem Service, bis hin zur Öffnung hoteleigener Fitnessstudios, Wellness-flächen und der Gastronomie für die Öffentlichkeit. Auch sind Hotel-Kooperationen mit Büros oder Unternehmen in der Nachbarschaft denkbar.

7 *Mit Blick auf Städte insgesamt: Hat sich in den letzten Monaten in der Zusammenarbeit mit den Kommunen/Kooperationspartnern der öffentlichen Hand etwas verändert? Sind Anforderungen gestiegen, Planungen erschwert, Abläufe beschleunigt oder verlangsamt worden?*

Herr Wiese: Da haben wir sehr unterschiedliche Erfahrungen gemacht. Zum Beispiel konnten wir in Berlin die Offenlage eines B-Plans durchführen, obwohl das Bezirksamt aufgrund der Pandemie geschlossen war. Wir haben hierfür ganz pragmatisch einen Baucontainer auf das Vorhaben-Grundstück gestellt. Diese Lösung hatte dann Modellcharakter für andere Bezirke.

Es gab aber auch Fälle mit langer Bearbeitungsdauer, z. B. weil die IT-Ausstattungen von Behördenmitarbeitern im Homeoffice nicht ausreichten. Die Pandemie hat also die Effizienz genehmigungsrelevanter Prozesse und Beratungen mit Behörden wie auch mit anderen Partnern eingeschränkt. So war teilweise mit erheblichen Genehmigungsstaus und verspäteter Realisierung zu rechnen. Es wäre wünschenswert, wenn trotz der Maßnahmen die Behördenbeteiligung effizienter und digitalisiert ablaufen könnten. Hierfür sehen wir dennoch viele Ansatzpunkte und Möglichkeiten, da die Gesellschaft in Bezug auf Gesundheit und Umwelt sowie Digitalisierung aus den vergangenen Monaten enorm viel gelernt hat.

Literatur

Pfnür, A., Gauger, F., Bachtal, Y. und Wagner, B. (2021), Homeoffice im Interessenskonflikt. Ergebnisbericht einer empirischen Studie., in Pfnür. A (Hrsg.), Arbeitspapiere zur immobilienwirtschaftlichen Forschung und Praxis, Band Nr. 41, Technische Universität Darmstadt.

Teil IV
Implikationen für Büroimmobilien: Cities to work

Die flexible Bürofläche

Franziska Plößl und Tobias Just

Zusammenfassung

Eine europaweite Umfrage unter Immobilienprofessionals zeigt, dass durch die Corona-Pandemie die qualitativen Veränderungen der Arbeitswelt mehr in den Vordergrund rücken als die quantitativen Nachfrageverschiebungen, denn die Flexibilität wird der bestimmende Faktor. Dies betrifft sowohl die Büroflächen und -gebäude als auch Arbeitsmodelle und Vertragsstrukturen. Insgesamt erwarten die Befragungsteilnehmer, dass mögliche Nachfragerückgänge, bedingt durch Homeoffice oder mobiles Arbeiten, überwiegend durch größere Kollaborationsflächen kompensiert werden können. Allerdings verteilt sich die Fläche möglicherweise auf mehr innerstädtische Quartiere als zuvor.

© Der/die Autor(en), exklusiv lizenziert durch
Springer Fachmedien Wiesbaden GmbH, ein Teil von Springer Nature 2021
T. Just und F. Plößl (Hrsg.), *Die Europäische Stadt nach Corona*,
https://doi.org/10.1007/978-3-658-35431-2_15

1 Einführung

Zwischen März und Oktober 2020 brach der Deutsche Hypo Immobilienklimaindex für Büroimmobilien um mehr als 75 Indexpunkte ein; im Vergleich sorgte die Finanzkrise zwischen Juni 2008 und Januar 2009 für einen ähnlichen Absturz um rund 70 Indexpunkte. Erst nach zwei Jahren erholte sich der Wert damals auf das Vorkrisenniveau. Folglich stellt sich die Frage, ob es dieses Mal ähnlich lange dauert, bis die Krise überwunden sein wird. Zwar gibt es in den letzten Monaten erste Erholungstendenzen in der Einschätzung für das Bürosegment – und auch andere Frühindikatoren deuten zumindest in der Erwartungskomponente wieder nach oben (Henger und Voigtländer, 2021) – doch das tatsächliche Niveau des Deutsche Hypo Immobilienklimaindex für das Bürosegment liegt aktuell noch um knapp 50 Indexpunkte unterhalb des Vorkrisenniveaus (bulwiengesa und Deutsche Hypo, 2021).

Ein ähnliches Bild zeichnete die Befragung der gewerblichen Immobilienfinanzierer: Noch 2019 zeigte sich im Rahmen des IRE|BS German Debt Project, dass die Finanzierer besonders auf die Stabilität des Büroinvestment gesetzt hatten, denn Wohnen und Büro zählten zu den Gewinnern im Finanzierungsneugeschäft (Just und Wiersma, 2020). In der Befragung im ersten Corona-Jahr 2020 zeigte sich ein sehr uneinheitliches Bild: Einige Finanzierungsinstitute waren zurückhaltend, andere blickten verhalten optimistisch auf das Bürosegment. Doch insgesamt wurde die Perspektive für die Assetklasse deutlich skeptischer bewertet als vor der Pandemie.

Dies zeigen auch die für diese Publikation erhobenen Befragungsergebnisse[1] auf der Nutzerseite: War vor 2020 noch mehr als die Hälfte der Arbeitnehmer höchstens einen halben Arbeitstag pro Woche im Homeoffice, so ist dieser Anteil auf 16 % gesunken. Knapp 40 % aller Befragten verrichteten zum Befragungszeitpunkt mehr als die Hälfte der wöchentlichen Arbeitstätigkeit im Homeoffice (siehe Abb. 1).

Diese Verschiebung hin zur Fernarbeit stellt Arbeitgeber und -nehmer vor große Herausforderungen (u. a. im operativen Geschäft, bei der Einrichtung neuer Infrastrukturen für Informations- und Kommunikationstechnologien, für die Motivation, und all dies hat Auswirkungen auf die Arbeitszeit und damit auch die Produktivität der Mitarbeiter; siehe auch Kap. 17, 18, 19; Alipour *et al.*, 2020; Bartik *et al.*, 2020; Bennedsen *et al.*, 2020; DeFilippis *et al.*, 2020; Malkov, 2020) und erfordert flexible Strukturen und Büroflächen (JLL Global Research, 2021; Stettes und Voigtländer, 2021). In der Berichterstattung war zuletzt eher ein all-

---

1 Gemeinsam mit den Product Councils des ULI Germany wurde ein umfangreicher Fragebogen auf Deutsch und Englisch erstellt, der von insgesamt 421 Teilnehmern in Europa im März und April 2021 beantwortet wurde.

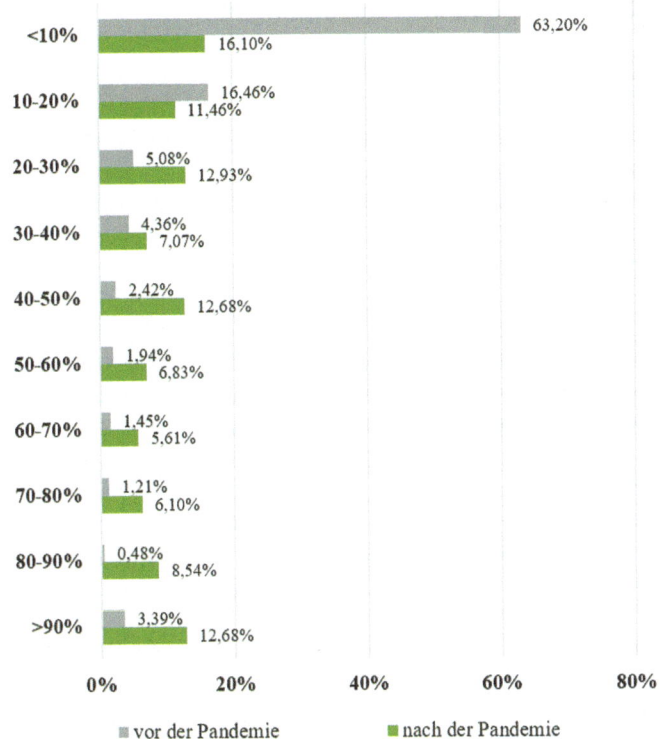

Abb. 1 Veränderung wöchentlicher Anteil an Homeoffice

Anmerkungen: eigene Datenerhebung zur Frage Wie groß war/ist Ihr durchschnittlicher wöchentlicher Anteil an Homeoffice?; 1,90 % bzw. 2,61 % der Teilnehmer des Frageblocks zur Assetklasse Büro trafen keine Angabe.

mähliches Aufhellen der Stimmung zu erkennen. Zu Beginn der Krise überwogen pessimistische Stimmen durch Schlagzeilen wie „Bürosterben nach Corona" (Dietz, 2020). Im weiteren Verlauf wurden sowohl die Grenzen der Homeoffice-Arbeit als auch die Vorteile gemeinsamer Unternehmensflächen stärker betont. Dann hieß es in den Medien „Mehr Mut zu neuen Arbeitsplatzkonzepten" (Frensch, 2021) und „Trotz Corona und Homeoffice: Das Büro stirbt nicht aus" (Die Zeit, 2020), doch wie wird sich der Büroimmobilienmarkt nun verändern?

2   Büroimmobilien – Umfrageergebnisse

Von den Befragungsteilnehmern beschäftigten sich 269 überwiegend mit Büroimmobilien und beantworteten den Frageblock zu Büros. Mit 514 Freitextantworten zur „Normalität" von Büroflächen nach der Pandemie lieferte diese Gruppe die größte Beteiligung.[2]

Für die kommenden zehn Jahre rechnen gut 40 % der Befragten mit einer (überwiegend moderat 0 – 10 %) steigenden Nachfrage nach Büroflächen in urbanen Räumen, bei flexiblen Workspaces rechnen sogar rund 70 % der Teilnehmer mit einem Flächenwachstum – auch erwarten hier deutlich mehr Teilnehmer eine starke Zunahme der Flächennachfrage als bei traditionellen Büroflächen. Während bei den flexiblen Flächen über alle Regionen hinweg die Mehrheit der Teilnehmer einen Anstieg der Flächennachfrage erwartet, spricht sich bei den traditionellen Büroflächen etwa jeweils ein Drittel für Flächenrückgänge aus, besonders in ländlichen Räumen (dort sogar knapp 50 %, siehe Abb. 2). Dies findet sich auch in den Freitextantworten: 91 Antworten spiegeln die Erwartung von geringerer, aber dafür optimierter Büroflächennachfrage; Büros werden stärker zu Begegnungsstätten (65 Antworten), bei denen Kollaboration mehr in den Mittelpunkt gerückt wird als bisher. Die zunehmende Bedeutung des Co-Working ergibt sich aus 18 Antworten.

Insgesamt erwarten die Befragungsteilnehmer, dass mögliche Nachfrageeinbußen durch verstärktes Nutzen von Homeoffice überwiegend durch größere Flächen für Kollaboration kompensiert werden können. Die Verteilung der erwarteten Flächenzuwächse auf alle urbanen Regionstypen legt zudem den Schluss nahe, dass mit Redundanzflächen gerechnet wird – das Modell eines festen Schreibtisches im Stadtzentrum wird in ein Modell umgewandelt, in dem sich Mitarbeiter weniger Tische im Zentrum teilen und dafür Zugriff auf weitere Arbeitsplätze in weniger zentralen flexiblen Spaces erhalten.

Dass es nach der Pandemie zu einer strukturellen Veränderung in der Nutzung von Büroräumen kommen könnte, zeigt sich auch darin, dass 78 % der Befragten der Meinung sind, dass feste Arbeitsplätze keine Notwendigkeit mehr darstellen. Durch den verstärkten Einsatz von Videokonferenzsystemen in den Jahren 2020 und 2021 zeigt sich einerseits auch in der Umfrage, dass auf Besprechungen im Büro teilweise verzichtet oder ein Teil aus dem Homeoffice oder mobil dazu geschaltet werden kann. Andererseits scheint das Büro für die weichen Faktoren seine Bedeutung zu behalten. Sowohl für die soziale Interaktion und daraus resultierend für die Unternehmenskultur, die Mitarbeiterbindung sowie die Innovationsfähigkeit erachtet

---

2   Eine hohe Beteiligung zeigte sich auch bei Wohnimmobilien mit 513 Freitextantworten.

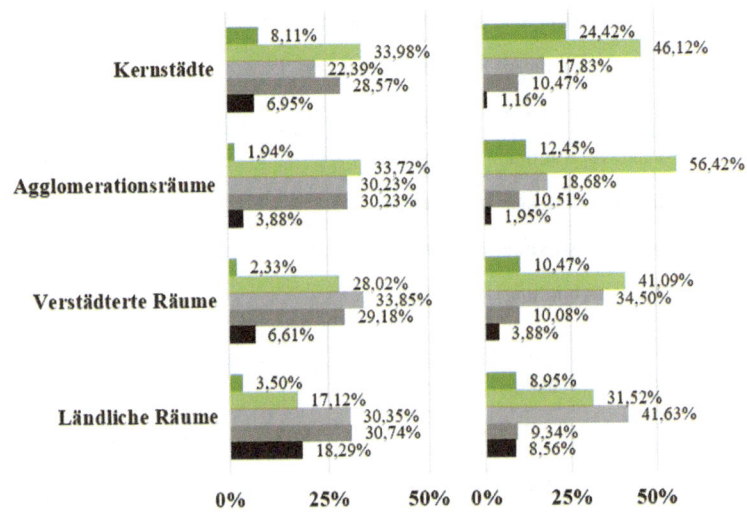

Abb. 2   Ausblick Büroflächen- (links) und Flexible Workspaces (rechts) Nachfrage für
10 Jahre

Anmerkungen: eigene Datenerhebung zur Frage „Bitte schätzen Sie die Büroflächennachfrage
bzw. die Nachfrage nach flexiblen Workspaces (Co-Working) in den folgenden Regionen für
die nächsten 10 Jahre.“; 3,72 % / 4,09 % / 4,46 % / 4,46 % / 4,09 % / 4,46 % / 4,09 % / 4,46 % der
Teilnehmer des Frageblocks zur Assetklasse Büro trafen keine Angabe; Abgrenzungskriterien
entsprechend dem Bundesinstitut für Bau- Stadt- und Raumforschung (BBSR): Agglomerationsräume – Oberzentrum über 300.000 Einwohner, Verstädterte Räume – Oberzentrum
über 100.000 Einwohner, Ländliche Räume – ohne Oberzentrum über 100.000 Einwohner.

die deutliche Mehrheit der Befragten etablierte Büroimmobilien als nicht (oder
nicht einfach) substituierbar (siehe Abb. 3).

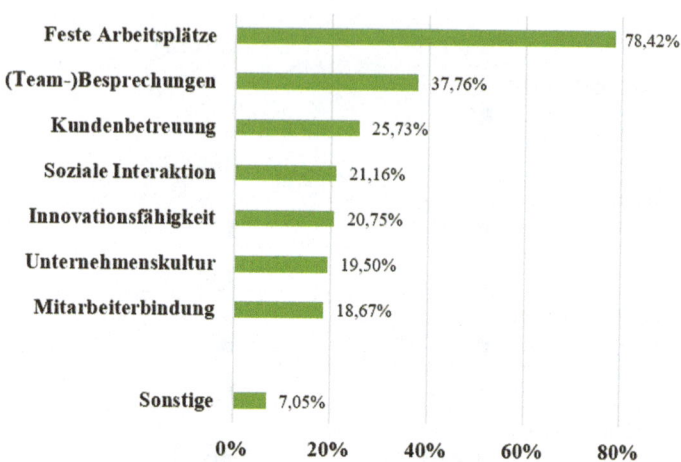

Abb. 3 Feste Arbeitsplätze bei Büros am ehesten ersetzbar

Anmerkungen: eigene Datenerhebung zur Frage „Welche Aspekte von Büroimmobilien sind für Ihre Nutzer nach der Pandemie substituierbar?"; Mehrfachauswahl möglich; 10,41 % der Teilnehmer des Frageblocks zur Assetklasse Büro trafen keine Angabe; Häufigste Nennungen für Sonstige: Aspekte nur teilweise substituierbar/werden durch digitale Formate ergänzt.

Die Befragungsteilnehmer sehen Vor- und Nachteile von Homeoffice dabei sehr differenziert (siehe Tab. 1). Vorteile liegen in harten betriebswirtschaftlichen Erwägungen (Einsparen von Kosten, 72 % der Befragten; Steigerung der Produktivität, 28 % der Befragten) sowie in vergleichsweise schwerer quantifizierbaren Dimensionen (Steigerung der Attraktivität als Arbeitgeber, 78 % und Verbesserung der Gesundheit der Beschäftigten, 50 %).

In ähnlicher Weise wirken auch auf der Seite der Nachteile harte und weiche Faktoren zusammen, manche scheinen den Vorteilen zumindest indirekt zu widersprechen, denn ein Verlust von Innovationsfähigkeit würde natürlich die Produktivität senken. Diese Ambivalenz findet sich auch in den Freitextantworten, denn in 46 Fällen ist mehr und in 12 Fällen weniger Homeoffice gewünscht. Dies zeigt, dass die dauerhafte Fernarbeit nicht für alle Beschäftigten geeignet ist.

Tab. 1 Zentrale Vor- und Nachteile von Homeoffice für Unternehmen

Vorteile		Nachteile	
Steigerung der Attraktivität als Arbeitgeber	78,33 %	Negative Auswirkungen auf Teamfähigkeit	78,33 %
Kostenreduktion durch weniger Fläche	72,24 %	Verlust von Innovationsfähigkeit	68,82 %
weniger Krankheitstage der Mitarbeiter	50,57 %	rechtliche und versicherungstechnische Aspekte	49,05 %
Steigerung der Produktivität der Mitarbeiter	27,76 %	Kontrollverlust über Mitarbeiter	31,56 %

Anmerkungen: eigene Datenerhebung zur Frage „Bitte wählen Sie zentrale Vor- bzw. Nachteile von Homeoffice für Unternehmen."; Mehrfachauswahl möglich; 2,23 % der Teilnehmer des Frageblocks zur Assetklasse Büro trafen keine Angabe.

Dies legt den Schluss nahe, auf den u. a. Just (2020) hingewiesen hat, dass Homeoffice als zusätzlicher taktischer Entscheidungsparameter eine neue Managementanforderung darstellt, denn die optimale Lösung kann für unterschiedliche Unternehmen, Teams und Aufgaben verschieden ausfallen. Es gibt keine Garantie, dass für ein spezielles Team in einem konkreten Unternehmen ein bestimmter Anteil an Homeoffice-Tagen für jedes Projekt und zu jedem Zeitpunkt eine stabile Lösung sein muss. Eine gewohnte Gewissheit schwindet, nämlich das Erfolgen der Leistungserstellung in den Büroräumlichkeiten des Arbeitgebers. Die Antwort auf diesen Verlust an Gewissheit muss in einem höheren Maß an Flexibilität liegen.

Und genau dies findet sich mit 97 Nennungen auch in den Freitextantworten: Flexibilität wird wichtiger, und dies gilt sowohl für die Büroflächen als auch für mögliche Arbeitsmodelle (siehe Kap. 16 – Kane, 2021); der Wunsch nach mehr Flexibilität ist nicht neu und über alle Assetklassen hinweg zu finden, doch bei Büros besonders in den Vordergrund getreten. Bei der Konzeption flexiblerer Flächenstrukturen könnte sich der Flächenbedarf für den Kernarbeitsplatz reduzieren und sich der Fokus verstärkt auf soziale Funktionen und die Aufenthaltsqualität richten, auch wird sich durch kürzere Mietvertragslaufzeiten mehr Flexibilität versprochen. So rechnen die meisten Befragten künftig bei den Flächenanteilen mit einem Anstieg an Gemeinschaftsflächen (75 %) und Besprechungsräumen (65 %).

Auch gibt es einen geringen Unterschied hinsichtlich der Einschätzung der künftigen Nachfrage nach flexiblen Workspaces in ländlichen Räumen nach der Mitarbeiteranzahl; Mitarbeiter von größeren Unternehmen erwarten tendenziell einen Anstieg eher in Kernstädten als im ländlichen Raum (siehe Abb. 4). Dies könnte wiederum dafür sprechen, dass Ballungsräume einen Anziehungspunkt insbesondere für junge Menschen darstellen und Zentren für sozialen Austausch und Kreativität bleiben. Es könnte allerdings auch nur spiegeln, dass es eine Art Home-Bias in der Beantwortung gibt, dann nämlich, wenn die Mitarbeiter in größeren Unternehmen auch eher aus den größeren Städten kommen und entsprechend das eigene, gewohnte Umfeld als stabil erachten.

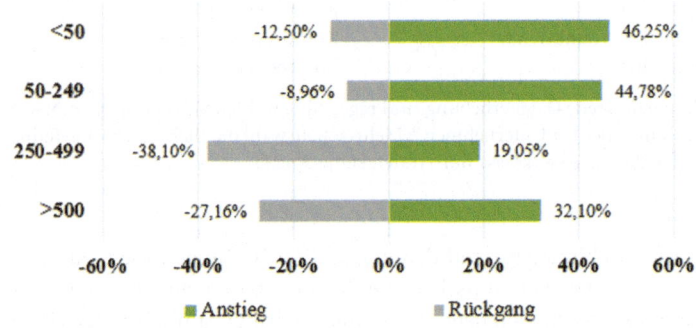

Abb. 4   Größe des Unternehmens und Einschätzung zu flexiblen Workspaces

Anmerkungen: eigene Berechnungen; es besteht ein schwacher Zusammenhang zwischen der Anzahl der Mitarbeiter und der Nachfrage nach flexiblen Workspaces in ländlichen Räumen; Chi-Quadrat-Test, α = 0,1; p = 0,007; Cramer's V = 0,1881.

Dieses Setzen der Großunternehmen auf die Ballungsräume findet sich in der Gesamtstichprobe nicht: Die Region, in der ein Befragungsteilnehmer arbeitet, scheint ein valider Prädiktor dafür zu sein, wo Zusatznachfrage in Zukunft erwartet wird. Tendenziell schneidet hier sogar der periphere Raum mit Blick auf erwartbare Zusatznachfrage nach flexiblen Flächen positiver ab als die Ballungsräume (siehe Abb. 5). Das Konzept flexibler Büroflächennutzungen findet seinen Weg aus den Städten hinaus ins Umland.

Befördert könnte die Entwicklung dadurch werden, dass das Leid des Pendelns schwerer zu wiegen scheint als in der Vergangenheit: Die Nähe zur Wohnnutzung gewinnt um 21 Prozentpunkte für die Qualitätseinschätzung eines Bürostandorts gegenüber der Vorkrisenzeit und unterstreicht das Ineinandergreifen der Wohn- und Arbeitswelten. Ähnliches gilt für die Nähe zu gesundheitlichen und sozialen Einrichtungen oder Kunst- und Kulturstätten, während die positiven Synergien aus Handels- und Hotelnutzungen weniger relevant werden. Die Arbeitsplätze wandern tendenziell aus dem Central Business District in mehrere kleine Quartiere. Dies geschieht teilweise durch eine Verlagerung von einzelnen Abteilungen, häufiger jedoch durch das gleichzeitige Anbieten von Flächen, sodass den Mitarbeitern mehrere Optionen für ihre Arbeitsorte eröffnet werden, jedoch unter der Voraussetzung einer neuen organisatorischen Arbeitsteilung (siehe Kap. 17).

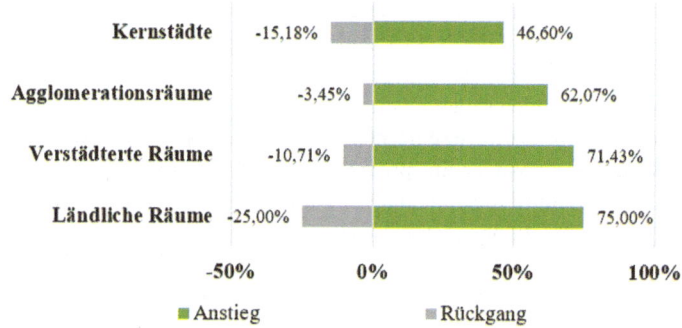

Abb. 5 Lage des Büros und Einschätzung zu flexiblen Workspaces

Anmerkungen: eigene Berechnungen; es besteht ein schwacher Zusammenhang zwischen der Arbeitsregion und der Nachfrage nach flexiblen Workspaces in verstädterten Räumen; Chi-Quadrat-Test, α = 0,1; p = 0,033; Cramer's V = 0,1639; Abgrenzungskriterien entsprechend dem BBSR: Agglomerationsräume – Oberzentrum über 300.000 Einwohner, Verstädterte Räume – Oberzentrum über 100.000 Einwohner, Ländliche Räume – ohne Oberzentrum über 100.000 Einwohner.

3　Schlussbemerkungen

Die Transformation der Arbeitswelt hat durch die weitreichenden Infektionsschutzmaßnahmen einen großen Schub erfahren, und die Befragungsergebnisse zeigen, dass ein Bürosterben in den Städten nicht in dem anfangs befürchteten Ausmaß eintreten dürfte, auch wenn Homeoffice und mobiles Arbeiten ein fester Bestandteil des Arbeitslebens bleiben. Insgesamt gibt es allenfalls eine schwache Indikation in den Befragungsergebnissen dafür, dass es – gemäß den Erwartungen der Teilnehmer – zu einem Nachfragerückgang in den Kernstädten kommen könnte. Wichtiger als die quantitative Dimension ist die qualitative Verschiebung in der Büronachfrage: Flexibilität der Büroflächen, der Bürolagen und der Bürogebäude wird bedeutsamer. Und dies gilt nicht nur in den Kernstädten, den Central Business Districts, sondern zunehmend im Umland. Dies würde implizieren, dass die Büronachfrage in den Kernstädten nicht durch ein Weniger an Gesamtnachfrage einbüßt, sondern durch ein Mehr an Nachfrage an vielen neuen, wohnungsnahen Orten. Stützend wirkt innerstädtisch der Bedarf an Kollaborations- und Ausgleichsflächen. Beide Aspekte zusammen könnten die Flächenproduktivität senken und folglich die Zahlungsbereitschaft mindern.

Dies bedeutet für Projektentwickler und Investoren, ihre Konzepte an die geänderten Anforderungen der Nutzer und das gestiegene Flexibilitätserfordernis anzupassen und in ein soziales Umfeld einzubetten. Die Alternative zu hoch flexiblen Flächen/Gebäuden sind sehr spezifische, quasi maßgeschneiderte Gebäude für die konkrete Umsetzung für ein Unternehmen. Hierfür bedarf es einer deutlich besseren Kenntnis der Nutzer. Entsprechend steht vor dieser Strategie zunächst die gründliche Datensammlung und -analyse, zumal das Risiko eines Nutzerwechsels bliebe und die Verhandlungsspielräume für den Vermieter sinken. Die Alternative der hoch spezifischen Immobilie ist wohl eher für Eigennutzer relevant oder es handelt sich um eine Scheinriesenalternative, die umso kleiner wird, je mehr man sich damit beschäftigt.

Literatur

Alipour, J.-V., Fadinger, H. und Schymik, J. (2020), My Home is My Castle – The Benefits of Working from Home During a Pandemic Crisis: Evidence from Germany, *ifo Working Paper No. 329, Leibniz Institute for Economic Research at the University of Munich*, verfügbar unter https://www.ifo.de/publikationen/2020/working-paper/my-home-my-castle-benefits-working-home-during-pandemic-crisis.

Bartik, A., Cullen, Z., Glaeser, E., Luca, M. und Stanton, C. (2020), What Jobs are Being Done at Home During the Covid-19 Crisis? Evidence from Firm-Level Surveys, *NBER Working Paper 27422, National Bureau of Economic Research*, verfügbar unter https://www.nber.org/papers/w27422.

Bennedsen, M., Larsen, B., Schmutte, I. und Scur, D. (2020), Preserving job matches during the COVID-19 pandemic: firm-level evidence on the role of government aid, *GLO Discussion Paper 588, Global Labor Organization*, verfügbar unter https://www.econstor.eu/bitstream/10419/221802/1/GLO-DP-0588.pdf.

DeFilippis, E., Impink, S. M., Singell, M., Polzer, J. T. und Sadun, R. (2020), Collaborating During Coronavirus. The Impact of COVID-19 on the Nature of Work, *NBER Working Paper 27612, National Bureau of Economic Research*, verfügbar unter https://prod.nber.org/papers/w27612.

Die Zeit (2020), Trotz Corona und Homeoffice: Das Büro stirbt nicht aus, 13.10.2020, verfügbar unter https://www.zeit.de/news/2020-10/13/trotz-corona-und-homeoffice-das-buero-stirbt-nicht-aus?utm_referrer=https%3A%2F%2Fwww.google.com%2F.

Dietz, P. (2020), Bürosterben nach Corona, Immobilien Zeitung, IZ18/2020, S. 4, 30.04.2020, verfügbar unter https://www.immobilien-zeitung.de/156068/buerosterben-nach-corona.

Frensch, L. (2021), Mehr Mut zu neuen Arbeitsplatzkonzepten, Handelsblatt, 13.04.2021, verfügbar unter https://www.handelsblatt.com/inside/real_estate/bueroimmobilien-mehr-mut-zu-neuen-arbeitsplatzkonzepten/27087384.html.

Henger, R. und Voigtländer, M. (2021), Immobilienwirtschaft: Der Optimismus kehrt zurück, *IW-Gutachten, Institut der deutschen Wirtschaft*, verfügbar unter https://www.iwkoeln.de/fileadmin/user_upload/Studien/Gutachten/PDF/2021/ZIA-IW-Gutachten-ISI-2.Q2021.pdf.

JLL Global Research (2021), Benchmarking Cities and Real Estate. Measuring Change in a Post COVID World, verfügbar unter https://www.jll.de/en/trends-and-insights/research/global-benchmarking-cities-real-estate.

Just, T. (2020), Home Office: Vorsicht mit Antworten von der Stange, IRE|BS Standpunkt 93, verfügbar unter https://www.irebs-immobilienakademie.de/aktuelles-bei-irebs/irebs-standpunkt/irebs-standpunkt-nr-93/.

Just, T. und Wiersma, S. (2020), Margen steigen – aber wahrlich nicht überall, *Grundstücksmarkt und Grundstückswert*, 31. Jg., Nr. 1, S. 38–40.

Malkov, E. (2020), Nature of Work and Distribution of COVID-19 Risks: Evidence from Occupational Sorting, Skills, and Tasks, verfügbar unter SSRN: http://dx.doi.org/10.2139/ssrn.3643287.

Stettes, O. und Voigtländer, M. (2021), Büroflächenabbau bleibt die Ausnahme, *IW-Kurzbericht 6/2021, Institut der deutschen Wirtschaft*, verfügbar unter https://www.iwkoeln.de/fileadmin/user_upload/Studien/Kurzberichte/PDF/2021/IW-Kurzbericht_2021-Bueroflaechenabbau.pdf.

Der zukünftige Arbeitsplatz: Ein neues Konzept für das Büro des 21. Jahrhunderts

Chris Kane in Zusammenarbeit mit Eugenia Anastassiou

Zusammenfassung

Die Debatte über die Zukunft des Büros hat sich nach den Lockdown-Maßnahmen des Jahres 2020 verselbstständigt. Das Experiment „Homeoffice" in großem Maßstab hat viele Herausforderungen, aber auch Chancen hervorgebracht. Die traditionelle Gewerbeimmobilieninvestition wurde gemeinsam mit der Überlebensfähigkeit des traditionellen Büros, sowohl aus der Anbieter- als auch der Nutzerperspektive in Frage gestellt. Und zwar in einem so hohen Ausmaß, dass sogar die Zukunft der Stadtzentren neu bewertet wird. Die Corona-Pandemie lenkte den Fokus sowohl auf die Gesundheit und das Wohlbefinden der Mitarbeiter als auch darauf, wie und wo gearbeitet werden kann. Daraus folgt ein sehr hoher Bedarf an einem ganzheitlichen Ansatz zur Neukonzeption des Büros für das 21. Jahrhundert. Dieses Kapitel basiert auf der Mitwirkung vieler erfahrener Autoren mit Fachwissen im Bereich der baulichen und technologischen Arbeitsplatzlandschaft, unter Berücksichtigung der Faktoren Gesundheit, Wohlbefinden, Anthropologie, Verhaltensänderung und Nachhaltigkeit. Der Beitrag kommt zu dem Schluss, dass der traditionelle „One-Size-Fits-All"-Ansatz überholt ist und dass neue Perspektiven sowohl für die Bereitstellung als auch für den Konsum von Gewerbeimmobilien entwickelt werden müssen.

© Der/die Autor(en), exklusiv lizenziert durch
Springer Fachmedien Wiesbaden GmbH, ein Teil von Springer Nature 2021
T. Just und F. Plößl (Hrsg.), *Die Europäische Stadt nach Corona*,
https://doi.org/10.1007/978-3-658-35431-2_16

1   Einleitung

Dieses Kapitel soll dem Leser ein besseres Verständnis vermitteln, dass die Lage des Büromarkts im Jahr 2021 mit keiner früheren Marktabkühlung zu vergleichen ist. Angesichts der grundlegenden Nachfrageänderung im Bürosegment lohnt es zunächst, die Frage nach dem eigentlichen Zweck des Büros zu beantworten. Aufgrund der derzeitigen Umstände hat die Welt der Büroimmobilien massive mediale Aufmerksamkeit erregt, sodass in der allgemeinen Presse regelmäßig Artikel über ‚das Ende des Büros' veröffentlicht werden. Dies mag für sensationsheischende Schlagzeilen sorgen, doch wir sind nicht der Meinung, dass das Büro stirbt, allerdings sind weitreichende Veränderungen in der Bürolandschaft zu erwarten. Bei der ULI Europe-Konferenz im Februar 2021 wurde dies in einer Debatte zum Thema „**the office building has a strong future**" (das Bürogebäude hat eine starke Zukunft) diskutiert. Unserer Ansicht nach werden Büros nur eine starke Zukunft haben, wenn die gewerbliche Immobilienbranche akzeptiert, dass sie ihr Funktionsmuster ändern und das System zur Bauweise und Bewirtschaftung von Gebäuden erneuern muss.

Die Corona-Pandemie zwingt uns, bisher nicht dagewesene, komplexe Optionen und Szenarien zu betrachten, die uns mit echten Dilemmata in Bezug auf die Art und Weise wie wir leben und arbeiten, konfrontieren. Bei der Debatte über die Zukunft des Büros muss die Immobilienbranche akzeptieren, dass das traditionelle Bürovermietungsmodell nach der Pandemie nicht mehr langfristig praktikabel sein wird. Denn durch die Pandemie hat sich das gesamte Umfeld verändert.

1.1   Die Notwendigkeit zur Neukonzeption des Büros

Für Akteure der Angebotsseite, beispielsweise Investoren und Immobiliengesellschaften, liegt die Hoffnung darin, dass die Pandemie nicht anders als ein anderer Marktabschwung sein wird. Für manche Büromieter hat die Pandemie die Flammen der Veränderung zu einem wahren Feuersturm angefacht, wenn es um die Fragen der Talentakquisition sowie der Erlangung von Wettbewerbsvorteilen geht, während sich für andere Unternehmen die Frage ums Überleben stellt. Für diejenigen mit einem Interesse an Gewerbeimmobilien und der bebauten Umwelt ist die Logik für eine Neukonzeption des Büros möglicherweise nicht direkt offensichtlich. Viele Praktiker würden argumentieren, dass eine Sache, so lange sie nicht defekt oder funktionsuntüchtig ist, keiner Reparatur bedarf. Und so stützt sich der gewerbliche Immobiliensektor weiterhin auf die Annahme, dass Unternehmen immer Räume benötigen werden. Doch dies ist unserer Meinung nach gerade der „wunde Punkt" der Branche im heutigen Umfeld.

Während sich viele Wirtschaftsbereiche vom Analogen zum Digitalen hin verlagert haben, bleibt die Angebotsseite des Immobilienmarkts in Bezug auf die gewinnbringende Nutzung der Vorteile des Digitalen weit hinter der Entwicklung in anderen Branchen zurück. Ein Blick auf das Vermietungssystem zeigt, dass dessen mittelalterlichen Ursprünge heute noch zum Großteil erhalten geblieben sind. Auf der Nutzerseite haben Unternehmen neue Technologien als eine zwingende betriebliche Notwendigkeit eingeführt. Durch die Cloud-Technologie der letzten 15 Jahre haben zahlreiche Unternehmen flexible Arbeitspraktiken eingeführt und viele Büroangestellte vom festen Büroarbeitsplatz befreit. Während des Lockdowns von 2020 wurde es in den meisten Unternehmen möglich, dass man nicht nur von zu Hause, sondern gleichermaßen von überall arbeiten kann. Das Bürogebäude an sich ist nicht obsolet, doch es bedarf einer strukturellen Umgestaltung. Damit ist gemeint, wie gewerbliche Immobilien sowohl realisiert als auch genutzt werden. Wir müssen uns mit der neu gewonnenen Flexibilität anfreunden, die dazu führt, dass der Mensch im Mittelpunkt steht. Wir erleben nicht die nächste industrielle Revolution, sondern ein ‚Zeitalter des Menschen', und zwar auf der Grundlage der räumlich verteilten Arbeitskräfte, die in einer multi-dimensionalen Art und Weise arbeiten, unterstützt durch regional verteilte Arbeitsplätze – das sogenannte ‚Omniworking'.

In einem ersten Schritt muss der Immobiliensektor akzeptieren, dass sich ein tiefgreifender Wandel auf dem Markt vollzieht. Wir haben vier wesentliche Treiber identifiziert, die unseres Erachtens nach von der gewerblichen Immobilienbranche betrachtet werden sollten:[1]

- Der fragmentierte Prozess der Bereitstellung und Verwaltung von Bürogebäuden ist fast ausschließlich auf technische Aspekte fokussiert, wohingegen letztlich der Verbraucher, der die Miete zahlt, nicht nur eine reine Beherbergung, son-

---

1 Auszüge aus diesem Kapitel sind bereits erschienen in Chris Diming et al. (2021), Fresh perspectives on the future of the office: A way forward, *Corporate Real Estate Journal*, 10(3): 271–284. Bei der Erarbeitung dieses holistischen Ansatzes haben wir uns auf die Beiträge einer Vielfalt verschiedener Mitwirkenden gestützt, die über weitreichende Erfahrung und Fachkenntnis in verschiedenen Bereichen der baulichen und technologischen Arbeitsplatzlandschaft, einschließlich der Faktoren der Gesundheit und des Wohlergehens, der anthropologischen Veränderungen sowie der Nachhaltigkeit verfügen. Wir bedanken uns herzlich für die Vereinigung zum „Six Ideas"-Team und die Gestaltung dieses Beitrags.

dern ein Kundenerlebnis verlangt – ein Angebot, das einem Unternehmen zu mehr Produktivität verhilft.

- Wie Natalie Charles von BNP Paribas Investment Management bei der Debatte auf der ULI 2021 argumentierte, gibt es in der Welt der Vermögensverwaltung zwei Kunden: Investoren, z. B. Pensionsfonds, und Immobiliennutzer. Ein Konflikt zwischen beiden Gruppen besteht seit langem, doch durch die Pandemie hat letzterer Akteur möglicherweise die Oberhand gewonnen.
- Die Rolle des Büros hat sich unwiederbringlich gewandelt, denn es ist kein Ort mehr, an dem Arbeitnehmer durchgehend von montags bis freitags anwesend sein müssen.
- Ein Büro ist in den Augen vieler Nutzer kein Vermögenswert mehr, sondern vielmehr ein Bedarfsartikel. Viele gewerbliche Mieter wollen dieses Produkt heute ganz nach Bedarf „konsumieren". Anstelle des Gebäudes liegt ihr Fokus heute vielmehr auf der Dienstleistungsbereitstellung.

Der Immobiliensektor wäre möglicherweise gut beraten, über die Pandemie hinaus zu blicken, um eine Vision für den Arbeitsplatz des 21. Jahrhunderts zu entwickeln, der Mitarbeiterengagement inspiriert, Kreativität fördert und hilft, die Unternehmensproduktivität zu steigern. Gleichzeitig würde dies zu einer Erhöhung der Wettbewerbsfähigkeit und Wertschöpfung der Unternehmen führen. Sowohl Vermieter als auch Mieter von gewerblichen Immobilien können durch Zusammenarbeit effektive und ansprechende Arbeitsplätze kreieren, die einen Teil dazu beitragen, nachhaltige Immobilien für künftige Generationen zu hinterlassen. In Anbetracht der Tatsache, dass die Entwicklung und Bewirtschaftung von Gewerbeimmobilien heute nahezu 40 % der globalen Treibhausgasemissionen ausmacht, muss dies dringend berücksichtigt werden. Dies wurde in einem Artikel der Financial Times vom Februar 2021 durch Ed Walter, CEO von ULI, in folgendem Kommentar bekräftigt: „climate change is already having a significant impact on the places where we live, work, learn and play, and recognition is growing across the real estate industry that now is the time to take action" (Hammond, 2021).[2]

---

2 "Der Klimawandel hat bereits heute bedeutende Auswirkungen auf die Orte, an denen wir leben, arbeiten, lernen und unseren Freizeitaktivitäten nachgehen, und in der gesamten Immobilienbranche wächst die Erkenntnis, dass es jetzt Zeit zum Handeln ist."

1.2   Der Immobilienkontext

Bis vor kurzem folgte die Nachfrage nach gewerblichen Immobilien einem einfachen Muster. Büroräume waren für Unternehmen und ihre Mitarbeiter seit jeher notwendig, um ihre Arbeit zu bewerkstelligen, gleichzeitig war das Angebot an Büroflächen begrenzt, wodurch Immobilienwerte mittelfristig anstiegen. Banken finanzierten das Entwicklungsrisiko und langfristige Mietverträge sicherten den Kapitalwert durch stetige Einnahmen. Immobilienverwaltungen erhoben Servicegebühren und zogen die Miete ein. Immobiliennutzer waren im Allgemeinen darauf bedacht, Kosten zu minimieren; und das Streben nach Kostensenkungen war vorhersehbar. Somit war die Ausstattung der Büros recht neutral, und in den Stadtlandschaften der ganzen Welt entstanden ähnliche Bürogebäude. Doch schon vor dem Ausbruch der Pandemie begann das Modell ,build it and they will come' (bau es, und sie werden schon kommen) sich aufzulösen, da Unternehmen versuchten, die Büroflächennutzung auf der Grundlage von Effizienz, Kosteneinsparungen und sich ändernder Kundenwünsche zu überdenken. In der Folge setzten bereits Veränderungen in den Arbeitspraktiken ein, wobei die Gesundheit und das Wohlergehen der Mitarbeiter sowie Nachhaltigkeitsaspekte in den Mittelpunkt gerückt sind. Parallel dazu bedeutete die rasante Entwicklung der Technologie, dass die Büroarbeit begann, sich über die „vier Wände" des Büros hinaus zu verlagern. Für das natürliche Zusammenspiel von Büro und Arbeit ist ein physisches Bürogebäude nicht mehr zwingend erforderlich. Fundamentale Veränderungen von Wirtschaft, Gesellschaft und Umwelt, die durch die Pandemie noch stärker in den Blickpunkt gerückt sind, untermauern eine tiefgreifende Veränderung in der Beziehung zwischen Immobilien, Nutzern und Investoren.

Mittel- bis langfristig werden immer mehr Mieter ihre Immobilien, ebenso wie andere Unternehmensressourcen (Kapital, Personal und Ausstattung), nur noch nach Bedarf nutzen. Es gibt jedoch noch große Hindernisse in Bezug auf Struktur, Prozess und Anreize zu überwinden. Dies wird durch die fragmentierte Art des Ökosystems des Immobiliensektors nicht einfacher, da alle wesentlichen Beteiligten unterschiedliche Sichtweisen auf die Funktionsweise des Systems haben. Der erste Schritt für die Immobilienwirtschaft sollte darin bestehen, aus einer traditionell vorherrschenden introspektiven Sichtweise auszubrechen und neue Perspektiven und Chancen, über eine Mentalität der „Universallösung" hinaus, anzunehmen. Ein Schritt über die normalen Grenzen von Renditen, Erträgen, Mietsätzen und Risiken hinaus ermöglicht es das Gesamtbild zu sehen. Die Auswirkungen des Lockdowns haben eine Reihe von Veränderungen, die bereits im Gange waren, verfestigt.

2 Ein System, das einer Überarbeitung bedarf

Die Immobilienverwaltung beruht nach wie vor auf der Verwendung von Metriken aus dem Industriezeitalter, als man Menschen nicht sehr viel anders als Maschinen betrachtete, die effizient untergebracht werden mussten, um produktiv zu sein; dies hat sich mit dem Beginn des Zeitalters der Wissensarbeit verändert. Selbst vor der Pandemie war es anerkannt, dass es eine Komponente der Büroarbeit gab, die nicht zwangsläufig in einem Büro verrichtet werden musste. Die Pandemie hat bewiesen, dass wir uns allmählich von einem physischen Bürogebäude als einzigen Arbeitsplatz wegbewegen. Der moderne Arbeitsplatz sollte vielmehr eine geistige Haltung und Arbeitseinstellung reflektieren können. Diese Veränderung hin zu einer flexibleren Arbeitnehmerschaft wird bedeutende Anpassungen für viele Beteiligte und Interessenvertreter, nicht nur für diejenigen im Immobiliensektor, erfordern. Es gibt eine Reihe bedeutender Hindernisse, die den Fortschritt hemmen, insbesondere in Zeiten der Krise, aber auch in der Zeit nach der Pandemie. Dies sollte als Chance verstanden werden, den technologischen Umbruch zu nutzen und den Menschen mehr in den Mittelpunkt zu rücken

2.1 Schranken in der bebauten Umwelt und in Immobilien

Investitionsschranken verhindern Gebäude zur gemischten Nutzung – Eines der tiefverwurzelten Probleme ist die Art und Weise wie große Institutionen, börsennotierte Immobilien-Aktiengesellschaften (REITs), Versicherungsgesellschaften und Pensionsfonds in Immobilien investieren (Entwicklung). Tatsache ist, dass institutionelle Investoren bevorzugen, ihr eigenes Portfolio zu erstellen, da spezifisch genutzte Gebäude einfacher zu verkaufen sind und Mischnutzung zusätzliche Diversifizierung mit sich bringt. Daher bevorzugen institutionelle Investoren oft die Entwicklung generischer Gebäudekonzepte, sodass sie diese Gebäude zu jedem beliebigen Zeitpunkt auf dem Markt anbieten können und eine maximale Exponierung gegenüber verschiedener Käufergruppen haben. Dies ist der Grund für das Entstehen von Geschäftszentren mit einem quasi gleichen Erscheinungsbild auf der ganzen Welt, mit hohen quadratischen Gebäuden, gebaut nach Schema F, die sich schnell und einfach auf dem gesamten Markt verkaufen lassen. Ein Beispiel: Derzeit werden Gebäude des Automobilherstellers Ford entwickelt, um den institutionellen Bedarf zu befriedigen. Zukünftig werden spezifisch konzipierte Gebäude für verschiedene Nutzungsarten und mit Fokus auf die Nutzerbefriedigung erforderlich sein. Dieser Prozess muss sich zum Großteil ändern, um künftig mehr Mehrzweckgebäude und Gebäude für Mischnutzung in die Planung einzubeziehen. Außerdem ist ein Überdenken des derzeitigen Ansatzes in Bezug auf die Bewirtschaftung und Verwaltung von Bürogebäuden wesentlich. Dies ist in Anbetracht der Bedeutung der Nutzererfahrung ein wesentlicher Aspekt, wenn Mieter den Bezug neuer Räume in Erwägung ziehen.

Umgestaltung von Städten und zentralen Geschäftsbezirken – Städte sind ein fester Bestandteil von wirtschaftlichen Netzwerken, wobei die Macht der Unternehmen meist in Zentren konzentriert ist. Güter, Daten und Informationen, Wissen und Technologie strömen durch diese Zentren hindurch. Angesichts der Gefahren der Pandemie (und eines erhöhten Bewusstseins hinsichtlich potenzieller zukünftiger Pandemien) sowie der weitverbreiteten Telearbeit sind die zentralen Geschäftsbezirke heute wesentlich leerer. Logisch betrachtet verlieren Stadtzentren an Dynamik und Status, insbesondere im Hinblick darauf, dass nur 12 % der Büroangestellten vollzeit ins Büro zurückkehren wollen und 72 % ein hybrides Modell von Fern- und Büroarbeit vorziehen würden (JLL Research, 2020). Die zukünftige Nutzung von zentralen Geschäftsvierteln wird in Frage gestellt, wenn die Mehrheit der Beschäftigten nur noch an zwei oder drei Tagen pro Woche in ein Büro in zentraler Innenstadtlage kommen wollen. Doch wir müssen unsere Beziehungen zu den Stadtzentren weiter beibehalten und pflegen, weil in der Vergangenheit – buchstäblich, metaphorisch und kulturell – zuviel in sie investiert wurde. Allerdings muss überdacht werden, wie wir mit ihnen in Beziehung treten. Es ist an der Zeit, dass Stadtzentren mit einer größeren Mischung von Nutzungszwecken und Aktivitäten neugestaltet werden. Könnte darin eine neue Chance liegen? Der Architekt Lord Foster behauptete in einem Gespräch mit der Financial Times im Februar 2021 das Folgende: „Covid offers (the) opportunity to reshape cities" (Hammond, 2021).[3] Dies ist auch die Sichtweise von Harvard-Professor Edward Glaeser auf der Grundlage seines in Kürze erscheinenden Buchs „The Survival of the City: Human Flourishing in an Age of Isolation". Glaeser schreibt, „whilst Covid-19 will cause some pain to London's commercial landlords, the city has endured worse" (Glaeser, 2021; Glaeser und Cutler, 2021).[4]

Von Schlössern zu Eigentumswohnungen (Going from Castles to Condominiums) – Dieser Ausdruck erschien erstmals in einem von Rob Harris verfassten und im Jahr 2020 veröffentlichten Bericht mit dem Titel „The Age of Unreal Estate". In diesem Artikel werden einige aufschlussreiche Konzepte hervorgehoben, wie etwa

---

3 „Corona bietet (die) Chance(n) Städte neu zu gestalten"

4 „während die Pandemie den Vermietern gewerblicher Immobilien in London einige Schmerzen bereiten wird, so hat die Stadt schon Schlimmeres erlebt"

die These, dass herkömmliche Firmengebäude wie Schlösser konstruiert wurden: Sie sind Bastionen der Macht, die gebaut wurden, um Jahrzehnte zu überdauern, wobei jedes Unternehmen sich in seiner eigenen undurchdringlichen ‚work fortress' (Festung der Arbeit) verschanzte (Harris, 2020). Was jedoch vonnöten ist, ist eine Verlagerung hin zu einer Struktur ähnlich jener von Eigentumswohnungen: für den kurz-, mittel- und langfristigen Bedarf, für die Nutzung auf Abruf und je nach Notwendigkeit – mit der zusätzlichen Eigenschaft, dass die Räumlichkeiten als Dienstleistung betrieben werden. Der jüngste Ausdruck dieser Verlagerung hat sich über die letzten 15 bis 20 Jahre vollzogen – mit der Entstehung des Markts für flexible Büroflächen. Dem ersten Anbieter Regus/IWG folgte eine wachsende Zahl von Akteuren (Convene, Serendipity, The Instant Group und andere), wobei der bekannteste WeWork ist. Diese Unternehmen bieten Büroflächen zur Miete pro Monat, pro Tag oder pro Stunde an; sogar einige der größten Hotelketten, wie Marriott, folgen heute diesem Trend. Der Verbraucher hat nun also eine Wahl und herkömmliche Anbieter sollten eine breitere Vielfalt an Alternativen anbieten.

2.2   Nutzung von Technologien und deren Auswirkungen auf die Arbeit

Verständnis von Technologien und die Anwendung ethischer Prinzipien – Unser Verständnis wie sich ‚Künstliche Intelligenz' (KI) in unser Leben – und in Erweiterung dessen in die Arbeitswelt – einfügt, ist begrenzt. Eines ist jedoch gewiss, nämlich dass KI bereits in naher Zukunft grundlegende Veränderungen in der Funktionsweise von Bürotätigkeiten und -abläufen vorantreiben wird. Als Mittel zur Problemlösung verhilft KI zu nützlichen und gewinnbringenden Fortschritten. Es gibt jedoch eine potenzielle Schattenseite; Cyber-Attacken, soziale und politische Manipulation, Verbreitung von Falschinformationen und die Förderung von finanziellen Interessengruppen. Arbeitnehmer wie die breite Öffentlichkeit sind beunruhigt über die Sammlung von Daten und wofür diese verwendet werden. In einem Versuch, die Datenschutzbedenken zumindest teilweise zu begegnen, führte die Europäische Union die Datenschutz-Grundverordnung (DSGVO) ein. In den USA wird derzeit geprüft, wie ein bundesweiter Rechtsrahmen eingeführt werden kann. Die ethische und rechtliche Aufsicht der intelligenten Systeme steht den technologischen Entwicklungen um Jahre zurück. Eine Weiterentwicklung von KI und anderen Tech-Systemen sollte mit der Einführung einer ethischen Komponente einhergehen; Verantwortlich sind hier die Entwickler. Dies erweitert den ethischen Rahmen, in dem sich Unternehmen in der Geschäftspraxis bewegen und bringt enorme gesellschaftliche Auswirkungen mit sich. Dies wird von der im Dezember 2020 von Deloitte durchgeführten Umfrage von Finanzvorständen reflektiert, welche vorhersagten, dass Bürotätigkeiten bis zum Jahr 2025 gleichermaßen von Menschen und Maschinen ausgeführt werden würden (Deloitte UK CFO Survey, 2021).

Die Gefahr für die traditionelle Arbeiterschaft – Im Zuge der exponentiellen Weiterentwicklung der Technologie, die in sämtlichen Aspekten unseres Lebens immer dominanter wird, werden Tätigkeiten, welche mittlere kognitive Fähigkeiten voraussetzten, von intelligenten Geräten ausgeführt werden. Dies wird für diejenigen Büroangestellten eine Herausforderung sein, deren Tätigkeiten leicht von KI und Automatisierung ersetzt werden können, da ihre Aufgaben vorhersehbarer, wiederkehrender und wenig innovativer und kreativer Natur sind. Diejenigen Berufe, in denen es auf menschliche Qualitäten, wie Empathie, emotionale Intelligenz, soziale Kompetenz und Werturteile ankommt, werden langfristig überleben. Dies sind die Qualitäten, die unser Alleinstellungsmerkmal (USP) als Menschen ausmachen und die in der Arbeitswelt bisher wenig geschätzt wurden. Hintergrund ist der folgende: Im Bericht des Weltwirtschaftsforums 2020 wurde vorhergesagt, dass bis zum Jahr 2025 etwa 85 Mio. Büroarbeitsplätze entweder gänzlich verschwinden oder durch Technologie direkt oder indirekt verdrängt werden. Auf der anderen Seite werden aus der Sicht der Forscher bis zu 95 Mio. neue technologienahe Positionen entstehen. Darüber hinaus sagt der Bericht vorher, dass Mensch und Maschine zukünftig derzeitige Aufgaben am Arbeitsplatz in gleicher Zeit erledigen können. Über Jahrzehnte hinweg hat die mittlere Führungsebene einen Stellenabbau im Zuge des ‚schlanken Managements‘ erlebt. Doch dies wird zukünftig mit einem gesellschaftlichen Schock einhergehen, da das mittlere Management in der Vergangenheit als ‚unantastbar‘ galt. Die mittlere Managementschicht hat sich bisher gut behauptet, da sie sich stets neu erfunden hat (World Economic Forum, 2020).

2.3   Ein Wandel in den Organisationsstrukturen und in der Betriebsführung

Das Status-Phänomen – Während der letzten 50 Jahre war das Mantra des Korporatismus „big is beautiful" (groß ist schön). Die Funktion des Büros fügte sich in den Rahmen des Phänomens „big is also powerful" (groß ist auch mächtig) ein. Große, glänzende Gebäude galten als Statussymbole und erfüllten ihren Zweck zur Talentakquise. Das Arbeitsumfeld wird sich post-Corona allerdings hin zu Orten verlagern, die bessere Arbeitsumgebungen bieten und bei denen der Mensch mehr im Mittelpunkt stehen wird. Menschen benötigen auch künftig Orte, um persönlich mit anderen zusammenzuarbeiten, andere zu treffen und mit ihnen in Beziehung zu treten; das Mantra „big is better" (groß ist besser) wird sich auflösen und kleinere, dynamischere, mehr denn je vernetzte Unternehmen und Teams, die sich besser an die Bedürfnisse der Leute anpassen können, werden eine wesentlich größere Rolle spielen. Mark Thompson, ehemaliger CEO der New York Times und Generaldirektor der BBC, teilte in seinem Vorwort zu dem Buch „Where Is My Office?" eine interessante Perspektive über diese Revolution der Teamarbeit aus der Sicht eines Geschäftsführers:

> "One of the few positive impacts of the coronavirus crisis may well be a further acceleration of our transition from the regimented offices of the past (and the archaic management philosophy that built them) to something more flexible, more individuated, more human-shaped" (Kane und Anastassiou, 2020).[5]

Die Hierarchie-Silos – Glücklicherweise leben wir heute nicht mehr in einer Zeit, in der die sanitären Anlagen der Geschäftsführung streng verschlossen blieben, damit diese nicht mit den Mitarbeitern geteilt werden mussten. Dennoch bleiben Hierarchien in den Organisationsstrukturen von Unternehmen weiterbestehen. Eine große Anzahl von Vorgesetzten wird ihre Einstellung demgegenüber aufgrund von Eigeninteresse nicht ändern.

Die Silos der Funktionen – Die zentralen unterstützenden Funktionen eines Unternehmens – Corporate Real Estate/Facility Management, Human Resources (CRE/FM, HR) und Tech – haben oft unterschiedliche Agenden und Sichtweisen basierend auf ihrer Rolle innerhalb der unternehmerischen Organisation. Diese Divergenz besteht seit langer Zeit. Es stellt sich aber die Frage, ob dies nach der Pandemie weiterhin tragbar sein wird. Das Problem wurde dadurch verschärft, dass viele Nicht-Kern-Funktionen von Unternehmen an Drittdienstleister ausgelagert worden sind, was sowohl Innovationen als auch Investitionen hemmt. Als Weg voran und im Streben nach Fortschritten sollten die Schranken, die durch „Silos" in Organisationen und „Silo"-Denkweisen zwischen internen Unterstützungssystemen entstanden sind, abgebaut werden. Diese Gruppen sollten dazu ermutigt werden, einen gemeinsamen Ansatz zu übernehmen, um dem Unternehmen in

---

5 "Eine der wenigen positiven Auswirkungen der Pandemie kann sehr wohl eine weitere Beschleunigung des Übergangs von den reglementierten Büros der Vergangenheit (und der archaischen Management-Philosophie, auf der sie beruhten) zu flexibleren, individualisierteren, menschlicher geprägten Funktionsweisen sein."

einer Zeit, in der es angesichts der Ungewissheit nach der Pandemie seinen Weg finden muss, strategische Unterstützung zu bieten.

Starre Führungsstile aus der Zeit vor der Pandemie – Die Geschwindigkeit, mit der Unternehmen wegen der Lockdowns den zwangsweisen Übergang zur Telearbeit in einer bisher ungeahnten Größenordnung zu bewerkstelligen hatten, war phänomenal, und viele waren völlig unvorbereitet. Dies bedeutete, dass die Geschäftsführung nicht die Zeit hatte, sich in der gleichen Weise an die Veränderung anzupassen wie wenn es eine organische Entwicklung von flexibleren Systemen und Telearbeit im Unternehmen infolge von internen Veränderungen in der Unternehmenskultur gegeben hätte. Daher ist die „Anwesenheitspflicht" nicht gestorben, sie hat sich nur vom Büro ins Digitale verlagert. Sie wurde virtuell nachgeahmt, indem Vorgesetzte ihre Mitarbeiter überwachten und sie ständig zu Hause kontrollierten. Dies ist teilweise auf hohe Kulturen der Hierarchie und der Kontrolle zurückzuführen, insbesondere innerhalb bestimmter Branchen, wie dem Finanz- und Rechtssektor, wo die Mitarbeiter auf der Grundlage dessen wie sie in Bezug auf ihre Einhaltung gewisser Arbeitsweisen beobachtet werden, beurteilt werden.

Das sich verändernde Ökosystem der Unternehmen – Trotz derjenigen, die weiter an den alten Führungsstilen und dem korporatistischen Mantra „big is beautiful" festhalten wollen, vollzieht sich in der Wirtschaft ein rapider Wandel, um sich von diesem Modell zu lösen. Die Ära der über lange Jahre etablierten und stabilen multinationalen Konzerne könnte sich sehr wohl dem Ende nähern. Einer im Jahr 2016 von McKinsey durchgeführten Studie zufolge, wird die durchschnittliche Lebenserwartung von Konzernen im S&P-Index bis zum Jahr 2026 bei nur 14 Jahren liegen, im Vergleich zu 33 Jahren in den 60er Jahren (Garelli, 2016).

Das traditionelle Büro im Gegensatz zu anpassungsfähigen Bereichen, in denen der Mensch an zentraler Stelle steht – Das Modell des traditionellen Büros wird weiter fortbestehen, da sich viele Unternehmen und deren Führungskräfte nur langsam an andere Handlungs- und Funktionsweisen anpassen werden. Eine allumfassende Anpassung zu einer neuen Struktur wird nur als Folge von Änderungen im Rechtsrahmen oder in der Besteuerung erfolgen oder falls eine allgemeine Forderung nach Veränderungen laut wird. Es gibt bereits Anzeichen, dass politische Entscheidungsträger beginnen, die Welt der Telearbeit zum Schutz von Arbeitnehmerrechten oder zur Förderung von Steueranreizen zur Angleichung der Wirtschaft, zu betrachten. Gemäß der im Jahr 2021 von Deloitte durchgeführten Umfrage über die Perspektiven von Finanzvorständen im Hinblick auf die Zeit nach der Pandemie, haben vorausschauende Geschäftsführer erkannt, dass sie die von ihnen genutzten Flächen durch eine Verkleinerung interaktiver und kreativer gestalten können. Das Potenzial der Arbeitsplätze wird überdacht, vorhandene Flächen, die IT-Infrastruktur und die Zusammenarbeit werden neu konzipiert. Mitarbeiter werden im nächsten Schritt „adaptive spaces" bedarfsgerecht angeboten. Radikalere Sichtweisen über die Alternativen zur Raumnutzung, in denen Menschen, Wohlergehen und Nachhaltigkeit in den Mittelpunkt des Konzepts gerückt werden, sind jedoch eine Minderheitsperspektive (Deloitte Großbritannien, CFO-Umfrage, 2021).

2.4 Der menschliche Faktor rückt in den Vordergrund

Probleme für Führungskräfte und Manager – Im Hinblick auf die Erfüllung der Unternehmensziele war die Vorhersehbarkeit der Routine der geregelten Arbeitswoche mit festen Arbeitszeiten von montags bis freitags sehr hilfreich bei der Führung großer Unternehmen. Die Pandemie hat jedoch das Ende von Standards in einigen Branchen besiegelt, und während es allgemein akzeptiert zu werden scheint, dass die Arbeitswelt nicht genauso aussehen wird wie zuvor, so wird sie gleichzeitig nicht völlig anders daraus hervorgehen. Die Pandemie hat die Digitalisierung der Arbeitswelt beschleunigt und somit mehr Flexibilität und Wahlmöglichkeiten in das Arbeitsleben gebracht. Aus der Sicht einer typischen Führungskraft ist die Vorstellung, die Hälfte der Belegschaft zu Hause, die andere Hälfte im Büro, und vereinzelte Mitarbeiter in einem vorstädtischen Co-Working Space zu führen, beängstigend und werden sich fragen: „Wie kann ich sicherstellen, dass die Arbeit effizient ausgeführt wird und die Ziele erreicht werden, wenn alle an verschiedenen Orten arbeiten?" Die aktuelle Arbeitswelt ist von Homeoffice und räumlich flexibler Arbeit geprägt, jedoch ohne damit einhergehende Veränderungen in den Denkweisen auszulösen. Allerdings müsste ein neues Paradigma der Führung und des Arbeitens entstehen, wofür die Führungsstile der Unternehmen zuerst angepasst werden müssten.

Herausforderungen für Angestellte – Die Reaktion auf die zwangsweise Umstellung auf das Homeoffice während der Pandemie zeigte Probleme, Komplexitäten und Ungleichheiten auf; dies wird aus den folgenden Aspekten ersichtlich:

• Wohnungen oder Eigenheime sind für das kontinuierliche Arbeiten über längere Zeiträume oft nicht geeignet.

- Manche Mitarbeiter finden es ohne räumliche Trennung schwierig, Arbeit und Familien-/Privatleben zu trennen.
- Während die meisten es schätzen, nicht täglich pendeln zu müssen, gibt es andere, die diese täglichen „Auszeiten" vermissen.
- Disziplinierte Mitarbeiter teilen sich ihre Zeit selbst ein und brauchen einen Vorgesetzten, der diese Unabhängigkeit versteht und sie nicht ständig überwacht.
- Andere, die besser in einem strukturierten Umfeld arbeiten, fühlen sich ohne die Unterstützung ihres Teams verloren; sie brauchen Kontrolle und Führung durch einen Vorgesetzten.
- Ältere Mitarbeiter, die ihre Netzwerke und Geschäftsbeziehungen bereits aufgebaut haben, sind mit der Telearbeit zufriedener als jüngere.
- Jüngere Leute können es kaum erwarten, ins Büro zurückzukehren; sie vermissen die Schulung und Anleitung durch Führungskräfte, das Knüpfen von Kontakten und den Austausch mit Kollegen.

Die geteilten Erfahrungen des letzten Jahres haben gezeigt, dass es keine Universallösung gibt, die für alle Arbeitnehmer gleichermaßen passend ist. Dennoch hat das vergangene Jahr viele Unternehmen und ihre Mitarbeiter dazu inspiriert, mögliche neue Arbeitsweisen zu erproben, wobei eine überwiegende Mehrheit ein Interesse an Mischformen zwischen flexiblem Arbeiten im Homeoffice und im Büro geäußert hat; mit Fokus auf die Gewährleistung von Sicherheit und Gesundheit.

Individuelle Wahlentscheidung im Gegensatz zur Bestimmung durch die Vorgesetzten – Wir leben im Zeitalter des Individualismus, in dem es akzeptiert wird, dass jeder Mensch verschiedene Arbeits- und Denkweisen, Lernmethoden und ein unterschiedliches Verständnis hat. Das Thema der Neurodiversität am Arbeitsplatz wird weitere Herausforderungen für Unternehmen und Geschäftsführungen mit sich bringen. Im selben Maß, wie das flexible und hybride Arbeiten zur Norm wird, wird individuelle Flexibilität zum Treiber der individualisierten Arbeitsweise. Arbeitgeber werden diese zusätzlichen Komponenten in ihre Führungsverantwortung einbeziehen müssen, um neue Talente anzuziehen. So wird es beispielsweise in zunehmendem Maße akzeptiert werden, dass das Berufsleben oft nicht mehr geradlinig verläuft. Es wird eher wie ein Zickzack-Muster sein; Menschen werden aus persönlichen Gründen aus dem Berufsleben ein- und austreten. Gründe können die Geburt bzw. die Erziehung eines Kindes, die Pflege Angehöriger oder eine Auszeit zum Reisen oder zur Freiwilligentätigkeit sein. Des Weiteren wird die berufliche Laufbahn, in dem Maße wie KI und Automatisierung vordringen, die Technologie voranschreitet und Berufsbilder sich in der Folge verändern, mehr Umschulungen und den Erwerb neuer Fähigkeiten beinhalten müssen. Effektive

Führung ist wichtig, da Führungsverantwortliche auf die Verlagerung hin zu KI reagieren müssen, um den Bedürfnissen der Mitarbeiter sowie den verschiedenen Stufen des Arbeitsprozesses gerecht zu werden.

Die Dynamik der freiberuflichen Tätigkeit im Gegensatz zur Vollzeitanstellung – Die Pandemie hat ebenfalls verdeutlicht, dass das Konzept der Arbeitgeber-/ Angestellten-Beziehung heute nicht mehr so trennscharf ist. Immer mehr Menschen arbeiten als selbstständige Berater oder werden freiberuflich tätig. Dies hat eine abgeschwächte Form der sozialen Absicherung zur Folge. Die aufstrebende „Gig Economy"[6], die eine wachsende Zahl von Selbstständigen mit sich bringt, ist durch die Pandemie vor allem in den USA weitergewachsen. Gemäß eines im Jahr 2020 veröffentlichten Forbes-Leitartikel über die selbstständige Berufstätigkeit setzen 90 % aller US-Unternehmen heute Freiberufler zur Ergänzung ihres Vollzeit-Personals ein. Darüber hinaus ist ein 40 %-iger Anstieg in der Zahl der Beschäftigten mit befristeten Verträgen, die nicht über die Lohnbuchhaltung von Unternehmen laufen, zu verzeichnen – mit steigender Tendenz (Younger, 2020). In Großbritannien hingegen war einem Bericht in der Financial Times zufolge Anfang des Jahres 2020 ein enormer Anstieg in der Zahl der Selbstständigen zu verzeichnen; dieser Trend fand jedoch mit dem Ausbruch der Pandemie ein jähes Ende (Strauss, 2020). Die Pandemie hat gezeigt, wie schwierig eine mangelnde soziale Absicherung sein kann. Angesichts der sich andeutenden Ungewissheit hinsichtlich der wirtschaftlichen Entwicklung schieben britische Unternehmen den Rekrutierungsprozess neuer Vollzeitarbeitskräfte auf und haben stattdessen begonnen, mehr Selbstständige zu rekrutieren. In den USA und in Großbritannien betrachten die meisten Firmenchefs die Rekrutierung von Freiberuflern als ideale kostensparende Lösung, um Fachkräfte auf Projekt- bzw. Teilzeitbasis oder als freie Mitarbeiter einzustellen, um auf Fähigkeiten und Fachkenntnisse zuzugreifen, die im Unternehmen fehlen. Es ist ein Wandel in der Dynamik, wie, für wen und warum Menschen arbeiten, festzustellen. Es ist wichtig, dass die Führungsetagen auf diese Verlagerung reagieren.

Hin zu einer stärker nach dem Menschen orientierten Arbeitsumgebung – Zusammenarbeit und Anpassungsfähigkeit spielen eine wesentliche Rolle bei der Sicherstellung einer reibungsfreien Umstrukturierung von Unternehmen. Dies gilt für alle Hierarchieebenen. Der Mensch muss flexibel sein, um die Sichtweisen anderer zu erkennen – und zu akzeptieren, dass er das, was er heute lernt, womöglich

---

6   Die Gig-Economy beschreibt jenen Teil der Wirtschaft, in dem Arbeitskräfte kurzfristige Dienstleisterverträge anstelle herkömmlicher Arbeitsverträge erhalten.

morgen neu lernen muss. Im Unternehmenskontext bedeutet dies eine Abkehr von patriarchalischen Strukturen. Es wird offensichtlich, dass die Möglichkeit besteht, dass das Patriarchat durch ein gerechteres System ersetzt wird.

2.5   Überbrückung der Kluft

In den vorangegangenen Kapiteln befassten wir uns mit den Denk- und Verhaltensweisen in bestehenden Systemen, die den Fortschritt von Unternehmen und Arbeitsweisen nicht nur im Immobiliensektor hemmen. Die Pandemie ist ein ,Weckruf' das Paradigma zu überdenken und einen Konsens zu finden, um in den uns bevorstehenden turbulenten Zeiten Fortschritt zu ermöglichen. Es entwickelt sich eine systemische Veränderung in der Immobilienfinanzierung, in Verbindung mit wie Gebäude entwickelt, konstruiert und bereitgestellt werden. Dabei gilt es, die Bedürfnisse der Nutzer zu berücksichtigen. Die unterstützenden Funktionen – CRE/FM, HR und Tech – müssen enger und strategischer zusammenarbeiten, um alternative Arbeitsweisen zu erleichtern und somit den Unternehmenswert nachhaltig zu steigern. Die Zeit ist reif eine Zusammenlegung dieser Funktionen in Erwägung zu ziehen. Firmenchefs, Führungskräfte und Mitarbeiter werden einen Konsens in Bezug auf die Ermöglichung verschiedener Arbeitsstile finden, und intelligente Technologie in zunehmendem Maße in ihre Unternehmen integrieren müssen.

3   Frische Perspektiven – Eine Neubestimmung

3.1   Den Mensch an erste Stelle setzen

Bis vor kurzem herrschte in der Immobilienwirtschaft der Leitsatz „build it and they will come" (bau es, dann werden sie schon kommen). Daher reflektieren Gebäude nur selten die Unternehmenskultur der Mieter. Aktuell ist es wichtiger denn je, dass die Immobilienbranche den Faktor Mensch in den Mittelpunkt des Konzepts rückt, um Mietern die bestmögliche (Zusammen-)Arbeit in ihren Gebäuden zu ermöglichen. Parallel dazu sind große wie kleine Unternehmen auf der ganzen Welt dazu gezwungen, über Ihren Flächenbedarf, ebenso wie ihr Überleben nachzudenken. In diesem Kontext sollte hervorgehoben werden, dass es an der Zeit ist, Aspekte neben dem reinen Streben nach Effizienz, Produktivitätssteigerung und Gewinn zu betrachten.

Außerdem sollen und können folgende dringliche Faktoren von Unternehmen (einschließlich Immobiliengesellschaften) nicht außer Acht gelassen werden:

- die Gesundheit der Menschen
- das Wohlergehen der Gemeinschaft
- die Umgebung
- der Verbraucher und die Produkte

Diese vier Säulen bilden den strategischen Ansatz der ‚culture of health‘ (Kultur der Gesundheit), die Unternehmensproduktivität und -rentabilität mit der Anziehung von Talenten und Nachhaltigkeitsaspekten verbindet.

Die Agenda von Gesundheit und Wohlergehen – Dies beinhaltet nicht nur die Umsetzung von Hygienemaßnahmen und die Gewährleistung des räumlichen Abstandhaltens am Arbeitsplatz, sondern umfasst außerdem die gesamte Dimension der physischen und mentalen Gesundheit. Zweifelsohne hat die Pandemie viele Arbeitnehmer dazu angetrieben, ihre Prioritäten und Haltungen angesichts ihrer Lebens- und Arbeitsweisen neu zu bestimmen. Da die Menschen während der Pandemie ängstlicher und gestresster geworden sind, steigern Unternehmen, die aktiv auf ihre Mitarbeiter eingehen und ihren Arbeitnehmern ein besseres Wertangebot bieten, ihre Attraktivität. Des Weiteren zeichnet sich mittlerweile ein längeres Fortbestehen der Pandemie ab. Gemäß Amanda Rischbieth, Gastwissenschaftlerin an der T. H. Chan School of Public Health der Harvard-Universität, kann ein Unternehmen das Wohlergehen am Arbeitsplatz messen, um zu prüfen wie „gesund“ es ist. Ein Beispiel für eine solche Kennzahl ist der **Harvard School of Public Health Flourishing Index,** dessen Ermittlung über die typische Art der Umfrage zur Arbeitsplatzkultur hinausgeht und ein holistisches Bild der Mitarbeiterzufriedenheit abzeichnet. Die Umfrage deckt sechs Teilbereiche ab, beispielsweise Fragen zur Zufriedenheit sowie zur physischen und mentalen Gesundheit. Also enge soziale Beziehungen gepaart mit finanzieller Stabilität sowie die Idee, dass wir Räume und Arbeitsumgebungen mit Netzwerkverbindungen schaffen könnten, die die sechs Bereiche weiterentwickeln. Der Mensch sollte auf der Arbeit mehr prosperieren als nur „mit der Arbeit glücklich“ zu sein, weil er mit seiner Tätigkeit oder seinem Vorgesetzten zufrieden ist. Dennoch hängen Gesundheit und Wohlergehen eng mit finanzieller Sicherheit zusammen (VanderWeele, 2017).

3.2   Umdenken in Unternehmen

Das grundlegende Problem besteht darin, dass wir uns in einem wirtschaftlichen Umfeld bewegen, dessen Dreh- und Angelpunkt der Erfolg ist. Nur langsam wird ersichtlich, dass unser Streben nach Produktivität und Gewinn in vielerlei Hinsicht Schaden angerichtet hat – vor allem für Umwelt, Soziales und Kultur. Menschliche Werte und Interessen mussten sich dem System beugen. Die Neukonzeption der Beziehung zwischen Unternehmen und ihren Beschäftigten scheint ein Anfang in Richtung einer humaneren Unternehmenskultur zu sein. Eine aufkommende Denkrichtung, die sogenannte „Humanocracy", angeführt von den Wirtschafts- philosophen Gary Hamel und Michele Zanini, plädiert für die symbiotische und mehr am Menschen orientierte Gestaltung der Wirtschaft (Hamel und Zanini, 2020).

„Humanocracy" im Gegensatz zur Bürokratie – In traditionellen bürokratischen Organisationen wird der Mensch als Ressource gesehen, der eingestellt wird, um Waren und Dienstleistungen mit dem Ziel der Gewinnmaximierung zu produzieren. Dies setzt voraus, dass der Mensch es sich – über den reinen Zweck des Verdiensts eines Lebensunterhalts hinaus – auch wünscht, in dem Unternehmen, in dem er tätig ist, Einfluss zu nehmen. In dieser Umgebung werden Mitarbeiter dazu an- geregt, als Problemlösende zu denken; sie warten nicht untätig auf die Erteilung von Anweisungen. Die Mitarbeiter werden dazu ermächtigt, sich an wichtigen Geschäftsentscheidungen zu beteiligen und haben die Freiheit, ihre eigene Strategie zu bestimmen – und sie können ihr Gehalt durch gewinnbringende Geschäftsent- scheidungen erhöhen. Führungsverantwortliche sollten sich in diesem Kontext als „Systemarchitekten" verstehen und versuchen, Werte, Systeme und kollaborative Plattformen aufzubauen, die ihr ganzes organisatorisches Talent hervorbringen, um sich erfolgreich zu entwickeln und Prämien zu verdienen.

Übergang zu einem neuen Paradigma der Organisation nach der Pandemie – Die Auswirkungen der Pandemie sind auf der ganzen Welt mehr oder weniger stark zu spüren. Zusätzlich haben wir mit dem durch das Corona-Virus ausgelösten Angstfaktor zu kämpfen, der viele Unternehmensentscheidungen beeinflussen wird. Es ist zu erwarten, dass verschiedene Unternehmen und Branchen unter- schiedliche Reaktionen zeigen werden. Unternehmen wie Twitter, GitLab oder Automattic haben langfristig auf Homeoffice umgestellt. Facebook, Microsoft, Google, Salesforce und Fujitsu, wie viele andere, werden Homeoffice für die vorhersehbare Zukunft beibehalten und mit hoher Wahrscheinlichkeit hybride Modelle übernehmen, wenn die Pandemie vorbei ist. Doch es gibt auch andere, wie Netflix und JP Morgan, die eine negativere Einstellung bzgl. des Arbeitens im Homeoffice haben, und die beabsichtigen, ihre Belegschaft sechs Monate nach der

Corona-Schutzimpfung wieder ins Büro zurückzuholen. Angesichts der großen anhaltenden Ungewissheit ist es offensichtlich, dass eine Einheitslösung nicht für alle passend ist.

Übergang vom **starren zu flexibleren Strukturen** – Bei manchen Unternehmen war der Übergang zu agileren, flexibleren Arbeitsweisen bereits vor der Pandemie im Gange. Unternehmen, die bereits zuvor flachere Strukturen und enge abteilungsübergreifende Zusammenarbeit etabliert hatten, konnten davon während der Krise profitieren. Hier konnte der Geschäftsbetrieb weiter im Mittelpunkt des unternehmerischen Geschehens bleiben. Es galt lediglich, dies auch im Homeoffice flexibel zu koordinieren. Paradoxerweise, je größer die Vielfalt der Menschen, Tätigkeiten und Standorte in einer Organisation, desto widerstandsfähiger zeigt sich diese; analog des Leitsatzes der Diversifikation, nicht alles auf eine Karte zu setzen. Unternehmen, die bereits früh Flexibilität zeigten, werden sich auch nach der Krise weiter flexibel im Hinblick auf die Einführung hybrider Formen des Arbeitens zeigen.

3.3 Omniworking™: Das weitreichende Potenzial der Kombination von festem und flexiblem Arbeiten

„Omniworking" stellt die Möglichkeiten dar, die durch den Übergang von der traditionellen Bereitstellung und Nutzung von Arbeitsplätzen zur „neuen Realität" des digital ermöglichten Arbeitens entstehen, die Führungskräften und Mitarbeitern eines Unternehmens mehr Optionen zum nahtlosen, integrierten und ganzheitlichen Arbeiten ermöglicht. Das System ist an das Konzept des Omnichannel-Marketings aus der Welt des Einzelhandels angelehnt, bei welchem dem Kunden durch die parallele Nutzung von etablierten Kanälen und Online-Einkaufsplattformen ein einheitliches, übergreifendes Erlebnis ermöglicht wird. Übertragen auf die Arbeitswelt, ist das „Omniworking"-Modell eine Kombination von traditionellen Büroflächen mit lokalen Co-Working-Spaces, flexiblen Arbeitslösungen, und Möglichkeiten zur Arbeit im Homeoffice, unter Einbeziehung der Prävalenz von technologischen Innovationen, KI und der Automatisierung im Geschäftsumfeld. Dies bietet den Beschäftigten Wahlmöglichkeiten, während ihnen gleichzeitig die Geräte und Mittel an die Hand gegeben werden, um eine individualisierte Arbeitsgemeinschaft aufzubauen. Dies wird mit immer höher entwickelter und vernetzter Technologie zunehmend schneller geschehen, im selben Maße wie wir uns dem Zeitalter des „grenzenlosen Büros" annähern.

Nutzen in Bezug auf Umwelt, Gesundheit und gesellschaftliche Aspekte – Angesichts einer Fokussierung auf eine breitere Vielfalt an Wahlmöglichkeiten in der Arbeitsumgebung könnte das „Omniworking" auch helfen die Dezentralisierung der Arbeit außerhalb von Innenstadtbezirken zu beschleunigen und in diesem Kontext die Pendelkosten und den CO_2-Ausstoß zu reduzieren. Das „Omniworking" könnte dazu beitragen, den ‚Stressfaktor' der Beschäftigten hinsichtlich ihrer Rückkehr an den physischen Arbeitsplatz zu reduzieren. Durch effektives Management und durch die Umsetzung verstreuender Belegschaftsstrategien könnten Unternehmen eine Reihe von gangbaren und widerstandsfähigen Systemen finden, wie sie die Komplexitäten des Arbeitsumfeldes nach der Pandemie handhaben. Der andere Nutzen liegt in seinen allgemeineren Auswirkungen auf die Gesellschaft durch eine Verbesserung der Gesundheit und der Balance zwischen Berufs- und Privatleben; auf diese Weise hätten Berufstätige mehr Zeit für Familie, Freunde und für ihre Freizeitaktivitäten, und dies würde wiederum ein stärkeres Wohlergehen und Gemeinschaftsgefühl mit sich bringen.

Erkenntnisse aus dem Tech-Sektor für die Handhabung des „Omniworking" – Die Einbeziehung der Beschäftigten in den Ausbau des „Omniworking"-Systems, würde naturgemäß zu einer stärker nutzerorientierten Arbeitsumgebung führen. Dies würde dem Beispiel der Tech-Welt der 90er Jahre folgen, als das Design von Produkten nach dem Motto ‚bau es, dann werden sie schon kommen' ausgerichtet war. Dies änderte sich deutlich (und die Gewinne stiegen sprunghaft an!), als man begann, auf User Experience (UX-Nutzererfahrung) zu setzen, mit welcher man Nutzerbedürfnisse vereinfacht ermitteln konnte. Die UX- oder Design-Forschung verwendet Methoden der Sozialwissenschaft, der Psychologie und der Big Data-Analyse, um die Bedürfnisse und Wünsche von Kunden oder Schwachpunkte von Produkten und Dienstleistungen besser zu verstehen. Außerdem impliziert die technologische Entwicklung auch die Unterteilung der Produktentwicklung in verschiedene Schritte. Es gibt innerhalb des „Omniworking"-Ansatzes verschiedene Modelle: Der iterative Ansatz ist ein Modell, das für zur Organisation eines „Omniworking"-Modells für jeden einzelnen Nutzer praktiziert werden könnte. Auf diese Weise lernen Organisationen über alle Abteilungen hinweg, wie „Omniworking" für ihre Bedürfnisse dienlich sein kann. Zukunftsorientierte Unternehmen sollten über ein solches Modell nachdenken, da es in der Führung von Mitarbeitern, ganze Bereiche und Arbeitsformen unterstützen kann.

4 Fazit – Ein Aufruf zum Handeln

Dieser Artikel wurde aus der Perspektive einer Gruppe von Experten aus Großbritannien, Australien, Europa und den USA aus den Bereichen CRE, Personalwesen, Technologie, Anthropologie, Nachhaltigkeit, Gleichberechtigung und Vielfalt verfasst. Dies ist das Ergebnis einer weitreichenden Lernerfahrung, welche durch das Zusammenspiel unterschiedlicher Sichtweisen im Rahmen virtueller Sitzungen erblühten. Es wurden Erkenntnisse umrissen, die herausfordernd und vielfältig sind und zum Nachdenken anregen sollen.

Wir sind der Ansicht, dass der traditionelle Ansatz einer definiten Universallösung nicht mehr zeitgemäß ist, insbesondere nicht als Reaktion auf den Umgang mit den wirtschaftlichen Herausforderungen nach der Pandemie; gerade da Unternehmen mittlerweile ein stärkeres Bewusstsein für die Form bzw. Umgebung der Büroarbeit haben. Auf ähnliche Weise müssen Anbieter und Vermieter von Gewerbeimmobilien erkennen, dass dies auch für die Bereitstellung und den Betrieb von Bürogebäuden gilt. Damit befinden sich beide Akteure erstmals in der gleichen Lage. Aus der Notwendigkeit heraus müssen beide Parteien, die bisher nicht direkt miteinander in Beziehung treten mussten, jetzt gemeinsam Innovationen herbeiführen.

Aus unserer Sicht sollte der erste Schritt in einem solchen Prozess darin bestehen, frische Perspektiven und Denkweisen zu finden. Dies setzt die Akzeptanz voraus, dass ein enormer Wandel hinsichtlich des Büroflächenkonsums stattgefunden hat. Somit kann zusammengefasst werden: Es findet ein zunehmender Übergang von festen Strukturen zu mehr Flexibilität statt. In der Debatte über unseren Ansatz zu der zukünftigen Form von Unternehmen und wie Büros genutzt werden, gelangten wir zu der Schlussfolgerung, dass der Nutzen des verteilten und vernetzten Arbeitens dem der traditionellen Zentralisierung und Konsolidierung überwiegen. Um jedoch den Nutzen eines Trends hin zu Wettbewerbsvorteilen zu erfassen, gilt es, eine Reihe von Hindernissen zu erkennen. Viele davon sind ein Nebenprodukt eines fragmentierten und antiquierten Immobiliensystems, in Verbindung mit den bürokratischen und zentralisierten Denkweisen der meisten Unternehmen.

Bei einer gemeinsamen Betrachtung identifizierten wir eine Reihe von Missverständnissen über die Bereiche der Immobilienwirtschaft, und die verbundenen technologischen, organisatorischen und menschlichen Aspekte. Aus unserer Sicht würde eine Überbrückung eine bedeutende Quelle von Wettbewerbsvorteilen eröffnen. Dies könnte für alle Beteiligten, Unternehmenschefs wie Akteure des Immobiliensektors, angewandt werden.

Drei Bereiche sind für alle Beteiligten wesentlich:

Ein Blick über das Gebäude/den Vermögenswert hinaus:
Es gilt zu betrachten, wie Menschen arbeiten und was ihre Anforderungen an eine Büroimmobilie sind; zusätzlich gilt es für Unternehmen, ihre Beziehung zu ihren Büroflächen zu überdenken. Es gilt zu erkennen, dass die meisten Bürotätigkeiten überall, jederzeit und an jedem Ort ausgeführt werden können. Dies hat einen Einfluss auf die Raumnutzung eines Unternehmens. Besonders nach der Pandemie ist es wichtig, Raum sowohl kosteneffizient bereitzustellen als auch zu konsumieren. Nur so kann eine nachhaltigere Betriebsführung gewährleistet werden.

Anpassung an die aufkommende neue Realität der ortsungebundenen Wahlmöglichkeiten:
Das „Omniworking"-Label wurde gewählt, da es eine Reihe von Dimensionen repräsentiert. Es berücksichtigt die Komplexität und Interdependenz der modularen Arbeit und der Wissensarbeit, einschließlich der wechselseitigen Beziehungen, der Muster und der erwarteten Ergebnisse. Es erkennt auch, dass sich die Art der Arbeit und die Menschen, von denen sie ausgeführt wird, stetig verändern.

Neukonzeption des Büros:
Es gilt auch, das Büro neu zu konzipieren; dies beinhaltet auch die Frage nach der Planung, Konstruktion und Finanzierung. Werden Büros geplant und konstruiert, um den Erfordernissen ihrer Nutzer gerecht zu werden? Ebenso gilt es zu verstehen, dass es einer intelligenteren, nachhaltigeren und verteilteren Bewirtschaftung bedarf.

Da wir uns in einer Zeit tiefgreifender Veränderungen befinden, ist es unsere Verantwortung, gemeinsam neue Perspektiven zu entwickeln, um den Herausforderungen von heute zu begegnen und eine bessere Zukunft zu gestalten. Daher sollte jeder Sektor folgende Aspekte berücksichtigen:

Für Entwickler/Investoren:
- Es in Erwägung ziehen, die Bedürfnisse ihrer Nutzer zu verstehen.
- Auf die Nachfrage nach Flexibilität und Bedarfsgütern eingehen.
- Sicherstellen, dass der Immobiliensektor sich mit sozialen Belangen befasst.

Für Corporate Real Estate/Facilities Management (CRE/FM):
- Den Wertbeitrag von CRE/FM zum Erreichen des Geschäftszwecks erkennen und formulieren.

- Anpassung an die Veränderung des physischen Arbeitsplatzes, basierend auf der Verlagerung von starren zu flexibleren Strukturen.
- Entwicklung einer tieferen Zusammenarbeit mit anderen unterstützenden Bereichen des Unternehmens.
- Zeit darauf verwenden, die strategische Perspektive zu verstehen, und es vermeiden in eingefahrenen Denkmustern zu verharren.

Für Büroflächen-Anbieter:
- Verbesserung oder prägnantere Formulierung der Botschaft über den strategischen Beitrag/Vorteil der Nutzung ihrer Dienste.
- Entwickeln einer besseren Beschreibung der Optionen der Arbeitsplatzstrategien – Hot Desking, Ratio und Remote Working usw. – durch eine mehr am Menschen orientierten sprachlichen Ausdrucksweise.
- Betrachtung der breiteren Vielfalt der Permutationen von Wissensarbeit über das einfache Konzept des Arbeitens im Büro/Homeoffice hinaus.

Sowohl Entwickler als auch Nutzer von Immobilien können durch Zusammenarbeit effektive und ansprechende Arbeitsplätze kreieren, die ihren Teil dazu beitragen, nachhaltigere Gebäude für künftige Generationen zu hinterlassen – gemäß den Worten von John Ruskin: *„when we build, let us think that we build forever. Let it not be for present delight, nor for present use alone; let it be such work as our descendants will thank us for".*[7]

Mitwirkende

Eugenia Anastassiou – Journalistin und Autorin. Mitverfasserin des Buchs "Where Is My Office? Reimagining the Workplace for the 21st Century" ("Wo ist mein Büro? Ein neues Konzept des Arbeitsplatzes für das 21. Jahrhundert") mit Chris Kane.

Chris Diming – Arbeitsplatzstratege und Angewandter Anthropologe. Honorary Research Fellow an der Fakultät für Anthropologie, Universität Durham.

Rob Harris – Berater und Analyst, Ramidus Consulting Ltd.

---

7   "Wenn wir bauen, dann lasst uns denken, dass wir für die Ewigkeit bauen. Lasst es nicht zur gegenwärtigen Freude, noch allein zur gegenwärtigen Nutzung sein; lasst es ein solches Werk sein, wofür unsere Nachkommen uns dankbar sein werden."

Max Luff – Arbeits- und Veränderungsstratege, Six Ideas Ltd.

George Muir – Futurist und Innovationsstratege, Udal Cuain AB.

Amanda Rischbieth – Unternehmens-, Nachhaltigkeits- und Gesundheitsstrategin. Gastwissenschaftlerin an der T.II. Chan School of Public Health der Harvard-Universität und beratendes Mitglied des Praktikerrats „Impact-Weighted Accounts"-Initiative der Harvard Business School.

Euan Semple – Digital-Pionier, Autor und Business-Mentor.

Anna Todorova – Leiterin Forschung für Measuremen.

Caroline Waters, OBE – Arbeitsstrategin. Ehemalige Direktorin von People & Policy bei der BT-Gruppe. Stellvertretende Vorsitzende der britischen Kommission für Gleichheit und Menschenrechte (Equality and Human Rights Commission).

Literatur

Deloitte UK CFO Survey (2021), 54th quarterly survey of Chief Financial Officers and Group Finance Directors of major companies in the UK, verfügbar unter https://www2.deloitte.com/uk/en/pages/press-releases/articles/deloitte-uk-cfo-survey-cfos-anticipate-return-to-growth-and-lasting-change-in-2021.html.

Garelli, S. (2016), Why you will probably live longer than most big companies, IMD, December 2016, verfügbar unter https://www.imd.org/research-knowledge/articles/why-you-will-probably-live-longer-than-most-big-companies/.

Glaeser, E. (2021), Our cities will be reborn — young, gritty and fearless, The Sunday Times, verfügbar unter https://www.thetimes.co.uk/article/our-cities-will-be-reborn-young-gritty-and-fearless-thk38vpvb.

Glaeser, E. und Cutler D. (2021), *The Survival of the City: Human Flourishing in an Age of Isolation*, Penguin.

Hamel, G. und Zanini, M. (2020), *Humanocracy: Creating Organizations as Amazing as The People Inside Them*, Harvard Business Review Press.

Hammond, G. (2021), Covid offers opportunity to reshape cities, says architect Foster, The Financial Times, verfügbar unter https://www.ft.com/content/4bac7534-002c-4834-bd6c-a093ef0a5150.

Harris, R. (2020), The Age of Unreal Estate, Ramidus/RICS Report.

JLL Research (2020), Global workforce expectations are shifting due to COVID-19, verfügbar unter https://www.us.jll.com/en/trends-and-insights/research/global-workforce-expectations-shifting-due-to-covid-19.

Kane, C. und Anastassiou, E. (2020), *Where Is My Office? Reimagining the Workplace for the 21st Century*, Bloomsbury Publishing.

Strauss, D. (2020), Covid crisis threatens UK boom in self-employed work, The Financial Times, verfügbar unter https://www.ft.com/content/3d94b170-c6be-44dd-95ac-436284693090.

VanderWeele, T. J. (2017), The Harvard School of Public Health Flourishing Index framework, verfügbar unter https://hfh.fas.harvard.edu/measuring-flourishing.

World Economic Forum (2020), The Future of Jobs Report 2020, verfügbar unter https://widgets.weforum.org/reskillingrevolution/wp-content/uploads/2020/12/WEF_Future_of_Jobs_2020.pdf.

Younger, J. (2020), COVID-19 Is Likely to Give Freelancing A Major Growth Spurt, Forbes, verfügbar unter https://www.forbes.com/sites/jonyounger/2020/04/14/covid-19-is-likely-to-give-freelancing-a-major-growth-spurt/?sh=1c9e9b137f37.

Büroarbeit in Städten nach der Pandemie und die Bedeutung von Bevölkerungsdichte

Interview mit Annette Kröger

Zusammenfassung

Annette Kröger, CEO North & Central Europe bei Allianz Real Estate diskutiert im Interview die Vorteile von Dichteeffekten in Städten und die damit verbundenen innerstädtischen Büroflächenbedarfe sowie die Auswirkungen von hybriden Arbeitsmodellen in der Post-Corona-Zeit.

1   *Infolge der Corona-Pandemie wurde Büroarbeit in weiten Teilen ins Homeoffice verlegt. Seitdem wurde viel darüber diskutiert, wie Unternehmen künftig die Arbeit inner- und außerhalb ihrer Büros organisieren werden, wie viel Fläche sie künftig noch benötigen und was das für unsere Städte bedeutet. Müssen wir also, wenn die Pandemie vorüber ist, damit rechnen, dass in Zukunft die Büros in den Städten zur Hälfte leer stehen, weil dann die meisten Mitarbeiter weiterhin von zu Hause aus arbeiten?*

Frau Kröger: Das große „Work from Home"-Experiment im Zuge der Pandemie hat sicherlich einige weitreichende Veränderungen in Gang gesetzt und in vielen Fällen auch bereits bestehende Trends beschleunigt. Aber wir waren relativ früh der Meinung, dass die zentralen Lagen in dicht besiedelten Innenstädten weiterhin interessant für Büronutzer und Fachkräfte sein werden. Und dabei sprechen wir nicht nur über Megacitys wie Tokio, Singapur oder New York mit Bevölkerungsdichten von 10.000 Menschen pro km² oder mehr innerhalb eines 20 km Radius um das Stadtzentrum, sondern auch über große Städte in Europa mit Dichten zwischen 3.000 und 6.500 Menschen wie London, Paris oder auch Berlin.

239

© Der/die Autor(en), exklusiv lizenziert durch
Springer Fachmedien Wiesbaden GmbH, ein Teil von Springer Nature 2021
T. Just und F. Plößl (Hrsg.), *Die Europäische Stadt nach Corona*,
https://doi.org/10.1007/978-3-658-35431-2_17

2   Was stimmt Sie in der Sache so optimistisch? Wie schätzen Sie die Situation kurz- bis mittelfristig ein?

Frau Kröger: Alle diese Städte zeichnet in der Regel ein hoher globaler Bekanntheitsgrad aus und sie profitieren von hoher Produktivität, die durch direkte Nähe von Fachkräften, Kapital, Wissenschaft und Wirtschaft hervorgerufen wird. Städte mit hoher Bevölkerungsdichte sind zudem Zentren für Kreativität und Kultur, sie setzen Trends und dienen als soziale Hubs, die Menschen anziehen. Das trifft vor allem auf die jungen Leute zu. Diese legen besonderen Wert auf Leben und Arbeiten in urbanen Stadtzentren und haben das große Bedürfnis, in einer „Live-Work-Play"-Umgebung unter Gleichaltrigen zu sein. Und sobald solch ein sozialer Ankerpunkt einmal etabliert ist, ist es sehr schwer, ihn zu verlegen.

Kurzfristig werden diese Effekte sicherlich durch das Pandemiegeschehen und die jeweiligen Einschränkungen in kulturellen, sozialen und wirtschaftlichen Bereichen überlagert. Diese Situation wird vermutlich in gewisser Form auch noch eine Weile anhalten, bis nicht nur lokal ein ausreichender Anteil der Bevölkerung geimpft ist, sondern auch global, sodass internationaler Reiseverkehr wieder möglich ist. Sobald dies aber erreicht ist, gehen wir davon aus, dass Städte mit hoher Dichte zu ihrer ursprünglichen Dynamik zurückkehren werden.

3   Urbane Zentren waren schon immer ein Anziehungspunkt für kreative Talente und Unternehmertum. Aber führt dies Ihrer Meinung nach auch langfristig zu steigender Büronachfrage?

Frau Kröger: Da spielen mehrere Faktoren zusammen:

Erstens führen die Agglomerationseffekte in diesen Ballungsräumen zu einem breiteren Spektrum von alternativen Nutzern, die herangezogen werden können, falls Büroflächen zurückgegeben werden. Die höhere Zahl von Alternativnutzern bedeutet auch, dass es mehr Mieter gibt, die sich durch einen Umzug von sekundären in zentrale Lagen verbessern können.

Zweitens befinden sich in Städten mit hoher Bevölkerungsdichte mehr Pendler innerhalb eines Radius mit einer bestimmten Fahrzeit. Städte mit geringerer Dichte müssen auf einen viel weiteren Einzugsbereich zurückgreifen, um dieselbe Zahl von Pendlern in die Büros in der Innenstadt zu bringen.

Und drittens ist die Tendenz, ins Büro zu pendeln, in Zentren mit hoher städtischer Dichte größer, da Wohnraum teurer und Wohnungen daher kleiner sind. Ein adäquates Homeoffice unterzubringen, ist deshalb schwieriger, dafür ist die Fahrzeit ins Büro kürzer. Wenn jemand z. B. innerhalb von 5 km von seinem

Bürostandort entfernt wohnt, braucht man gerade einmal 20 Minuten mit dem Fahrrad, um dorthin zu gelangen. Hinaus aufs Land oder in die Vorstädte zu ziehen, bringt meist keinen Vorteil, da sich die Mietbelastung nicht groß ändert, wenn man entsprechend mehr Wohnfläche für ein Homeoffice anmietet. Darüber hinaus nimmt die längere Pendelstrecke den Menschen gerade die Flexibilität, die sie so sehr schätzen.

4   *Sie haben dargelegt, warum Mitarbeiter trotz Homeoffice weiterhin gerne in zentral gelegene Büros in Städten mit hoher Einwohnerdichte kommen werden. Aber was ist mit den Kosten für Büroraum? Lagen dieser Art müssen doch auch deutlich teurer sein und damit einen Anreiz für Unternehmen bieten, ihre Flächen zu verkleinern?*

Frau Kröger: Ja, wir haben in der Tat festgestellt, dass Raumkosten für beste Qualität und Lage ziemlich stark mit städtischer Dichte korrelieren. Auf der anderen Seite sahen sich die Büronutzer in dicht bebauten Städten genau deshalb schon vor der Krise dem hohen Druck ausgesetzt, ihre Büroflächen möglichst effizient und knapp zu halten. Dies wurde meist so umgesetzt, dass man von einem traditionellen Konzept mit abgeschlossenen Büroräumen und persönlichen Arbeitsplätzen zu Großraumbüros und Desksharing übergegangen ist. Die Mieter haben also den Prozess der Flächenrationalisierung schon großteils vor der Pandemie erlebt. Im Gegensatz dazu ist in weniger dicht besiedelten Städten das traditionelle Flächenkonzept in der Regel noch vorherrschend. Denn der Anreiz, Raumkosten zu drücken, war vor der Krise hier nicht so stark ausgeprägt.

Um unsere These zu validieren, haben wir im Sommer und Herbst letzten Jahres Modelle für 35 Städte weltweit entwickelt, um abzuschätzen, wie lange es dauert, bis Leerstand in zentralen Lagen vollständig absorbiert wird. Dabei haben wir mehrere Schock-Szenarien bezüglich Flächenrückgabe infolge von Homeoffice unterstellt und die jeweiligen Leerstandsquoten und langfristigen Prognosen für Bürobeschäftigung in die Modellierung mit einbezogen. Und die Ergebnisse haben bestätigt, dass Leerstand in zentralen Lagen ziemlich schnell wieder abgebaut werden kann. Wenn Büromieter z. B. 10 % ihrer Fläche zurück auf den Markt werfen würden – und für einige europäische Städte würde sich damit die Leerstandsquote mehr als verdoppeln – dann würde es im Schnitt drei bis fünf Jahre dauern, um den Leerstand in den zentralen Lagen vollständig abzubauen.

5   *Aber ist nicht jetzt, wo Unternehmen nach der schlimmsten Rezession seit dem*
     zweiten Weltkrieg enormen Kostendruck spüren, das Homeoffice das ideale
     Mittel, um teuren Büroraum gerade in Stadtzentren zu reduzieren?

Frau Kröger: Sicherlich betrachten Unternehmen auf der einen Seite die zunehmende Verbreitung von Homeoffice als Gelegenheit, um Kosten zu sparen,
indem sie Flächen abbauen oder Wachstumspläne auf Eis legen, und wir führen
Diskussionen dieser Art bereits mit einigen unserer Mieter. Auf der anderen Seite
ist den Unternehmen auch bewusst, dass sie im Wettbewerb um Nachwuchs und
Fachkräfte bestehen müssen.

Im Frühling letzten Jahres haben viele Unternehmen, vor allem aus dem Tech-
nologiesektor, angekündigt, dass die meisten ihrer Mitarbeiter für einen längeren
Zeitraum oder sogar für immer von zu Hause aus arbeiten sollen. Das hat natürlich
für Aufsehen und Schlagzeilen gesorgt. In der jüngsten Zeit scheint es allerdings
vielmehr so, als hätte sich eine gewisse Homeoffice-„Müdigkeit" eingestellt. Kon-
zernchefs wie die CEOs von Barclays, Goldman Sachs, Cisco Systems, Google oder
der Strategiechef der Canary Wharf Group haben in den letzten Monaten vor allem
die Bedeutung von Zusammenarbeit, Unternehmenskultur und Integration neuer
Mitarbeiter in ihren Organisationen betont.

Am Ende des Tages sind Personalkosten für Unternehmen von viel höherer Bedeutung als Raumkosten. Wir blicken in eine Zukunft, in der das Wachstum der
arbeitsfähigen Bevölkerung global abnehmen wird. In einigen Ländern wird die
arbeitsfähige Bevölkerung in den nächsten 10–15 Jahren sogar schrumpfen. Und
vor diesem Hintergrund ist es für Arbeitgeber von höchster Bedeutung, junge sowie
erfahrene Talente zu gewinnen und zu halten. Dies hat eine weit höhere Priorität
als Büroflächen zu reduzieren oder Mieten einzusparen.

6   *Wenn Personal für Unternehmen so wichtig ist, auf welche Präferenzen oder*
     Bedürfnisse der Mitarbeiter müssen sich Unternehmen künftig einstellen und
     wie bzw. wo werden diese dann arbeiten?

Frau Kröger: Den Mitarbeitern geht es in erster Linie nicht um das Homeoffice
an sich. Für sie ist vielmehr die damit verbundene Flexibilität von Bedeutung und
die Möglichkeit, entscheiden zu können, wann und wo sie arbeiten. Wir bewegen
uns also insgesamt auf ein hybrides Modell des Arbeitens zu, das den Menschen
bezüglich der Strukturierung ihrer Arbeitszeit und der Wahl des Arbeitsortes mehr
Freiheiten einräumt. Dieses Modell wird beinhalten, dass klassische Schreibtischarbeit, also Aufgaben, welche die Mitarbeiter alleine erledigen und bei denen sie

sich konzentrieren müssen – wie z. B. Programmieren von Software-Code – künftig vor allem im Homeoffice erledigt werden.

Die Menschen werden hingegen lieber ins Büro gehen, wenn sie mit Kollegen zusammen arbeiten und in Gruppen gemeinsam nach kreativen Lösungen suchen. Darüber hinaus werden Mitarbeiter gerne ins Büro gehen, um ihre Kollegen zu treffen, sich auszutauschen und Kontakte zu knüpfen. Aber es wird für Mitarbeiter sicherlich auch wichtig sein, außerhalb des Büros unter Leute zu kommen. Geschäftliche Kontakte zu anderen Unternehmen zu pflegen oder Freunde außerhalb der Arbeitszeiten zu treffen, wird viel wichtiger werden, wenn man mehrere Tage pro Woche alleine von zu Hause aus arbeitet.

7   *Wie wird sich die Bedeutung von Büroraum für Unternehmen vor dem Hintergrund dieses hybriden Arbeitsmodells verändern und welche Auswirkungen wird dies auf ihre Ansprüche an Büroflächen haben?*

Frau Kröger: Die Unternehmen werden Umfang und Ausgestaltung ihrer Büroflächen dem neuen Umfeld anpassen und dabei im Blick behalten, dass ihre Mitarbeiter maximal produktiv sind. Büros werden in Zukunft für Unternehmen vor allem deshalb von Bedeutung sein, da ihre Mitarbeiter dort durch kreative Teamarbeit eine deutlich höhere Wertschöpfung erzielen können als durch klassische Schreibtischarbeit. Und moderner Büroraum ist eine der wichtigsten Voraussetzungen für eine solche Produktivitätssteigerung. Die Unternehmen werden daher sicherstellen, dass ihre Büros für die Mitarbeiter nicht nur eine gute Lage und ein attraktives Arbeitsumfeld bieten, sondern auch, dass Ausstattung und Funktionalität der Büros es den Mitarbeitern ermöglichen, ihre Aufgaben effizient zu erfüllen. Folglich wird die Firmenzentrale in der Innenstadt sogar an Bedeutung gewinnen, auch wenn sie künftig eine andere Rolle spielen wird. Es wird sicherlich nicht mehr der Ort sein, wo E-Mails geschrieben oder Zahlen in Excel-Tabellen eintragen werden. In der Zukunft wird dies der Ort sein, wo die Unternehmenskultur geprägt wird und wo soziale Interaktion, Onboarding oder eben kreative Teamarbeit stattfinden werden.

Um diesen Aufgaben gerecht zu werden, muss die Bürogestaltung künftig mehr Raum für Gemeinschaftsflächen, Kaffeebars oder Gruppen- bzw. Meetingräume berücksichtigen. Dies wird vermutlich den seit ca. zwei Jahrzehnten anhaltenden Trend zur Verdichtung der Bürofläche pro Mitarbeiter sogar umkehren. Aufgrund der erzielten Produktivitätssteigerung erwarten wir dadurch langfristig keinen negativen Effekt auf die Büromieten. Außerdem gehen wir – wie bereits erwähnt – davon aus, dass homeofficebedingter Leerstand in zentralen Lagen dichter Städte schnell wieder abgebaut werden wird. Darüber hinaus werden neue Technologien zunehmend eine Schlüsselfunktion einnehmen. Nicht nur, um einen nahtlosen Übergang zwischen Arbeiten im Büro und mobilem Arbeiten sicherzustellen, sondern auch, um beispielsweise Muster in der Flächenauslastung zu analysieren oder die Raumluftqualität für Mitarbeiter zu verbessern. Technologie kann außerdem einen großen Beitrag leisten, um im Rahmen der ESG-Zielsetzung von Unternehmen den Energieverbrauch oder CO_2-Ausstoß von Gebäuden zu verringern.

Insgesamt gehen wir davon aus, dass wir einen Trend hin zu deutlich attraktiverem Büroraum sehen werden, der Unternehmen und Mitarbeitern ein gesundheitsförderndes und nachhaltiges Umfeld bietet und den Bedürfnissen der neuen hybriden Arbeitswelt Rechnung trägt. Auch vor dem Hintergrund eines möglicherweise intensiveren Wettbewerbs im Büromarkt werden solche Gebäude unserer Einschätzung nach auch in Zukunft outperformen.

Eine Frage von Verantwortung, Technik und Kultur

Interview mit Sascha Klaus

Zusammenfassung

Sascha Klaus, Vorstandsvorsitzender der Berlin Hyp AG, berichtet im Interview über die Erfahrungen im Lockdown 2020 zur Motivation und Führung der Mitarbeiter im Homeoffice und gibt Einblicke zur künftigen Ausrichtung der Geschäftsstrategie sowie zur Entwicklung der Büroflächenbedarfe.

1 Wie hat Ihr Unternehmen reagiert, als 2020 plötzlich der erste Lockdown in Deutschland einsetzte?

Herr Klaus: Als sich Anfang März die Zeichen verdichteten, dass das Infektionsgeschehen in Deutschland sehr dynamisch werden würde, haben wir innerhalb weniger Tage fast 90 % der Kollegen ins mobile Arbeiten „verabschiedet". Dank unserer Digitalisierungsinitiative, die wir bereits vor einigen Jahren gestartet haben, waren bei der Berlin Hyp im Frühjahr 2020 schon die meisten Mitarbeiter mit Diensthandy, Laptop und VPN-Zugang ausgestattet und nutzten gelegentlich die Möglichkeiten, mobil zu arbeiten. Alle anderen wurden von unserem IT-Team in Rekordzeit mit Laptop ausgerüstet und fit gemacht. Um den Betrieb der Bank aufrecht zu erhalten, war es nur an wenigen Stellen nötig, Präsenz zu garantieren. Diese, aber auch alle anderen Abteilungen, wurden strikt in A- und B-Teams getrennt, die sich nicht in der Bank begegnen sollten, um bei möglichen Ansteckungen handlungsfähig zu bleiben. Der Mehrheit blieb es jedoch freigestellt, ob sie von zu Hause aus oder im Büro arbeiten möchten. Heute sind wir sehr stolz auf die Leistung und das große Engagement unserer Belegschaft.

© Der/die Autor(en), exklusiv lizenziert durch
Springer Fachmedien Wiesbaden GmbH, ein Teil von Springer Nature 2021
T. Just und F. Plößl (Hrsg.), *Die Europäische Stadt nach Corona*,
https://doi.org/10.1007/978-3-658-35431-2_18

245

2   *Reicht ein Laptop und ein VPN-Zugang, um die Geschäfte eines Immobilien-*
     finanzierers zu erledigen?

Herr Klaus: Das ist eine gute Frage und „JA", das geht sehr gut. Aber es geht und ging eben auch nur, da wir bereits vor fünf Jahren begonnen hatten, alle Kernprozesse der Bank zu digitalisieren. Die E-Akte, ein papierloses Büro, Sharepoint und digitale Genehmigungsprozesse sind natürlich eine Voraussetzung dafür. Alle Systeme und Kernprozesse der Bank funktionierten vom ersten Tag an durchgängig einwandfrei. Die operative Stabilität war zu jeder Zeit gewährleistet. Die hohen Investitionen, die die Bank in den vergangenen Jahren in ihre IT-Infrastruktur und die Modernisierung der Kernprozesse getätigt hat, haben sich in dieser Situation ausgezahlt.

3   *Es ist aber nicht nur eine Frage der Technik – wie sind die Mitarbeiter damit*
     umgegangen?

Herr Klaus: Die Digitalisierung verändert unsere Arbeitsabläufe und die Anforderungen an uns enorm. Das betrifft alle Bereiche und bringt viel Veränderung für jeden Einzelnen mit sich. Manche haben Lust auf diese Veränderungen, andere sind etwas zurückhaltender und verunsichert. Es bedarf hier individueller und gemeinschaftlicher Reflexion zu Themen wie Selbstverantwortung, Innovation, Vertrauen, Flexibilität, Agilität, Mut und Fehlerkultur. Wir müssen uns auch immer wieder die Frage stellen: Wie müssen wir als kompetenter und partnerschaftlicher Immobilienfinanzierer in einem modernen digitalisierten Umfeld auftreten? Und wie wollen wir das auch unter diesen pandemiebedingten Umständen im täglichen Miteinander konkret leben?

Ein offen geführter Dialog im Unternehmen ist dafür unerlässlich. Bereits zu Beginn unseres Digitalisierungsprozesses haben wir ein umfassendes Cultural-Change-Programm etabliert, das sich genau mit diesen Themen befasst und den Dialog vorantreibt. Zudem gibt es neben den individuellen Weiterbildungsmöglichkeiten auch zahlreiche schwellenarme Informations- und Austauschformate. Als wir aber beispielsweise vor der Pandemie Einführungskurse zur Nutzung des Telefonie- und Videokonferenzsystems „Skype" angeboten haben, war die Resonanz gering, weil es keinen konkreten Bedarf gab. Einige fragten sich, wozu das gut sein soll; heute stellt sich diese Frage nicht mehr. In der Pandemie haben wir gesehen, dass es „voll digital" funktioniert. Aber es ist auch längst kein Geheimnis mehr: Wir alle vermissen den sozialen Kontakt und das kreative Miteinander in den Teams. Innovation und Inspiration entsteht eben doch im Miteinander.

4 Was haben Sie unternommen, um das Team zusammen und motiviert zu halten?

Herr Klaus: Zunächst haben wir alle notwendigen gesundheitlichen und arbeitsorganisatorischen Themen geregelt und unsere Mitarbeiter tagesaktuell im Intranet informiert. Da war es auch sehr wichtig, dass wir uns vom Vorstand regelmäßig mit Videobotschaften zur aktuellen Situation an das Team gewandt haben. Gleichzeitig hat die interne Kommunikation zahlreiche Formate mit Tipps und Tricks im Umgang mit der neuen Situation entwickelt.

Bei allem Ernst war es uns auch wichtig, das Zwischenmenschliche nicht zu verlieren. Wir kürten „neue Lockdown-Sportarten" und riefen mit der Aktion „Eine Runde um den Block" zu mehr Bewegung und virtuellem Kontakt auf. Abteilungsübergreifend haben sich Gruppen zusammengetan und ihre Lauf-Aktivitäten gezählt. So sind sie virtuell alle unsere Geschäftsstellen im In- und Ausland, von Berlin ausgehend, durch die Republik und über Paris, Amsterdam und Warschau „abgelaufen". Natürlich streifte auch der virtuelle Nikolaus durchs Intranet, und die Mitarbeiter bekamen 2020 ein Weihnachtspaket mit Punsch, Plätzchen und einem Gutschein für die „Ente to go" aus ihrem Stammlokal. Um dem Bedürfnis nach sozialen Begegnungen nachzukommen, haben sich in den Teams neben ihren „Teamrunden" eigene Formate etabliert, wie Skype-Lunches, „Zeiten des offenen Ohres" oder „Social Friday-Calls". Über das Culture Management wurden diese Ideen geteilt sowie auch weitere digitale Austauschformate angeboten.

5 Welche Erfahrungen hat Ihr Unternehmen mit der Führung auf Distanz gemacht?

Herr Klaus: Nicht nur für die Mitarbeiter, auch für die Führungskräfte ist diese Zeit eine große Herausforderung. Die Mehrzahl der Mitarbeiter kommt gut mit dem Arbeiten im Mobile Office zurecht, arbeitet selbstständig und strukturiert. Da der persönliche Kontakt fehlt, müssen Führungskräfte jetzt besonders sensibel sein. Die Auflösung von örtlichen und zeitlichen Grenzen bringt viel Freiheit, aber auch Unsicherheiten und Gefahren mit sich. Wann kann man jemanden ansprechen? Sind die gegenseitigen Erwartungshaltungen geklärt? Werden die gesetzlichen Arbeitszeiten eingehalten, wenn sich Eltern mit der Betreuung abwechseln? Gleichzeitig sind auch Führungskräfte sehr unterschiedlich. Für manche ist ein hoher Grad an Eigenverantwortung und Freiheit in ihren Teams selbstverständlich, andere haben Schwierigkeiten loszulassen und nicht alle sind gleichermaßen empathisch. Alle hatten deshalb in dieser Zeit ihre speziellen Bedürfnisse und Herausforderungen zu bewältigen. Die Personalabteilung bot für Führungskräfte beispielsweise Schulungen

in „Führung auf Distanz" und entsprechende Möglichkeiten der Unterstützung
sowie regelmäßige Austauschformate an.

6   Wie hat sich die Pandemie auf Ihr Geschäftsmodell ausgewirkt?

Herr Klaus: Wir sind in der glücklichen Lage, dass sich unser Geschäft und Ergebnis besser entwickelt hat als wir es Anfang/Mitte letzten Jahres erwartet hatten.
Die konservative Risikostrategie und die Fokussierung auf die Finanzierung besonders werthaltiger Immobilien sorgten in unserem Haus für eine hohe Stabilität.
Im Kreditportfolio hatten wir 2020 keine pandemiebedingten Zahlungsausfälle zu
verzeichnen und die Entwicklung von Neugeschäft und Ergebnis verlief positiver als
zunächst angenommen, gerade da zu Beginn der Pandemie viele Entscheidungen auf
Eis gelegt wurden. Ein niedriges Zinsniveau und ein anhaltend hoher Anlagedruck
prägten und prägen positive Rahmenbedingungen für den Immobilienmarkt. Da
dieser Markt allerdings zeitverzögert auf die allgemeine Wirtschaftsentwicklung
folgt, bedeutet das für uns, dass wir den Markt kontinuierlich und genau im Blick
behalten müssen.

Operativ technisch, wie eingangs erwähnt, funktionierte unser Geschäft reibungslos. Es ist eben das Zwischenmenschliche, das auf der Strecke bleibt. Nicht nur im
Kontakt unter den Kollegen, sondern auch im Kontakt mit unseren Kunden. Ad
hoc haben wir verschiedene digitale Formate entwickelt und aufgesetzt, um auch
weiterhin mit unseren Kunden in Kontakt zu bleiben: vom Podcast, über digitale
Marktbriefings bis hin zu Livestreams mit Käse und Wein, um zumindest ab und
zu ein bisschen Live-Event-Charakter und Abwechslung zu den üblichen „Kachel-
Digital-Meetings" zu schaffen. Da hat die Krise auch unheimlich viel kreatives
Potenzial freigesetzt. Und manches hat auch seine Vorteile, so haben wir früher
beispielsweise Medien-Round-Table durchgeführt. Heute haben wir das geöffnet,
digital und für alle Interessierten zugänglich, so können deutlich mehr Personen
ohne großen Aufwand an unseren Fachveranstaltungen teilnehmen. Das macht
uns transparenter und fördert die Vernetzung. Man muss eben die Chancen in der
Krise sehen und bestmöglich nutzen, um dann zu entscheiden: Was soll bleiben
und was wollen wir in einem „New Normal" anders haben?

7 *Ihre Geschäftsstrategie hat sich also in der Krise bewährt. Gab es dennoch An-*
passungen? Wenn ja, sind diese Anpassungen kurz- oder langfristig?

Herr Klaus: Unsere langfristige und konservative Risikostrategie sowie die Struktur
unseres Portfolios haben sich in jedem Fall bewährt, ebenso wie unsere Digitali-
sierungsstrategie. Die Schwerpunkte unserer Finanzierungen lagen bereits in der
Vergangenheit auf Büro- und Wohnimmobilien. Mit Corona hat sich das Segment
der Wohnimmobilien noch stärker entwickelt. Was die Segmente Einzelhandel
oder auch Hotels betrifft, so schlossen und schließen wir per se nichts aus. Wir
haben in der Vergangenheit alle Projekte sehr individuell auf ihre Zukunftsfähigkeit geprüft und tun das auch heute. Gleichzeitig sehen wir, dass die Bedeutung
von Nachhaltigkeit in der Branche und in der Öffentlichkeit signifikant zunimmt.
Ein positiver Effekt, nicht nur, weil wir uns selbst sehr ambitionierte Nachhaltigkeitsziele gesetzt haben.

8 *Derzeit entsteht eine neue Unternehmenszentrale: Wird diese noch in der Form*
benötigt wie ursprünglich projektiert? Ändern sich künftig Ihre Büroflächen-
bedarfe?

Herr Klaus: Gerade jetzt wird sie benötigt. Natürlich sehen wir, dass es auch mit
dem mobilen Arbeiten sehr gut funktioniert. Aber wir sehen eben auch, was uns
allen fehlt: die Kollegen und der Austausch. Für uns ist und bleibt das Büro der
kulturelle Ankerpunkt eines Unternehmens. Es ist ein Zentrum der sozialen Begegnungen und der kreativen Zusammenarbeit. Deshalb glauben wir auch an die
Zukunft des Büros, sowohl als Assetklasse als auch für uns als Team Berlin Hyp.
Sicherlich wird das mobile Arbeiten auch weiterhin Bestand haben. Die Zukunft des Büros wird hybrid sein, auch bei uns. Aber wie wird das hybride „New
Normal" sein? Mit Sicherheit anders als der präpandemische Zustand. Bezogen
auf die Flexibilisierung des Arbeitsortes haben wir viele neue Möglichkeiten ent-
deckt. Gleichzeitig brauchen wir das kreative Miteinander in den Teams und die
interdisziplinären informellen Begegnungen im Büro.
Büros von morgen sind Treffpunkte für Teams, deren Mitglieder flexibel heute
im kreativen Teamworkshop, morgen zum Meeting in der Firmenlounge und über-
morgen alleine zu Hause arbeiten. Das Büro der Zukunft muss vielen Anforderungen
gerecht werden. Wir befinden uns gerade in der sehr glücklichen Situation, dass
wir in dieser Zeit unser neues Büro nach unseren eigenen Wünschen gestalten und
anpassen können. Bis zur Fertigstellung des Neubaus testen die Mitarbeiter neue
Konzepte des Arbeitens und sind über einen breiten partizipativen Ansatz in die

Gestaltung mit eingebunden. Dabei ist es jetzt sicher kaum verwunderlich, dass sich vor zwei Jahren nur wenige Mitarbeiter Desk-Sharing vorstellen konnten. Heute sieht das ganz anders aus. Die Mehrheit will auch weiterhin teilweise mobil arbeiten.

Der Platzbedarf ändert sich aus unserer Sicht im Augenblick nicht, dafür aber die Aufteilung und die Ausgestaltung: weniger traditionelle Büroarbeitsplätze, stattdessen mehr Raum für Begegnungsflächen und Konferenzräume mit entsprechenden Hygienekonzepten. Unsere neue Unternehmenszentrale soll modernen Arbeitswelten entsprechen, und gleichzeitig wollen wir uns auch nach außen öffnen, beispielsweise für Ausstellungen. Diese Flexibilität haben wir von Anfang an mit eingeplant.

9   Wie schätzen Sie die Situation für das nächste Jahr ein?

Herr Klaus: Das laufende Jahr wird sicher weiterhin fordernd bleiben, zumal noch nicht klar ist, wann wir die Gefahr des Virus und die damit verbundenen Belastungen endgültig hinter uns lassen können. Aber wir sind vorbereitet und profitieren von der Grundlage, die wir uns erarbeitet haben: geschäftlich, technisch und im kulturellen Miteinander.

Neben dem Aspekt der Krise als Brennglas oder Beschleuniger kann die Herausforderung aber auch besondere Leistungen fördern. Der Philosoph Ibn Khaldun hat beispielsweise vor fast 700 Jahren die These postuliert, dass Gesellschaften dann die größten Leistungen hervorbringen, wenn die Herausforderungen am größten sind. Die Pandemie hat uns wieder einmal gelehrt, dass an dieser Sichtweise durchaus etwas dran ist.

Das Erleben von Gemeinschaft ist nicht durch den Bildschirm zu ersetzen

Interview mit Christian Schede

Zusammenfassung

Im Interview zeigt Dr. Christian Schede, Co-Chair Global Real Estate & Founding Chairman Germany von Greenberg Traurig, die Corona-bedingten Erfahrungen und Veränderungen im Arbeitsleben als auch die Auswirkungen auf die Unternehmenskultur und Büroflächenanforderungen auf.

1   *Greenberg Traurig ist im August 2020 in ein neues Bürogebäude gezogen – in das „The Westlight" in Berlin-Tiergarten. Die Planungen für die Räumlichkeiten haben schon lange vor der Corona-Pandemie begonnen. Würden Sie demnach aus heutiger Sicht etwas anders machen?*

Herr Dr. Schede: Eigentlich nicht. Der Grundriss für unsere Büroräume stammt aus dem Jahr 2017 und erfüllt die Anforderungen an zukunftsweisendes Arbeiten sehr gut. Gleichzeitig können wir durch die offenen Raumstrukturen auch den Ansprüchen an die aktuellen Abstands- und Hygienemaßnahmen gerecht werden. In unseren neuen Büros gibt es keine engen, schmalen Gänge mehr, in denen es unmöglich ist, einander auszuweichen. So war es aber an unserem bisherigen Standort: Wollte man den Mindestabstand einhalten, musste man die Bürogänge wie ein Einbahnstraßen-System benutzen. Jetzt verfügen wir im „The Westlight" über Flure, die in offene Team-Arbeitsbereiche münden. Da gibt es keine Engpässe mehr und man kann sich wieder viel freier und unbesorgter bewegen. Neben kleinen Einzelbüros gibt es zahlreiche große Team-Bereiche, die Besprechungen mit mehreren Mitarbeitern möglich machen, ohne dass sie dicht nebeneinander

251

© Der/die Autor(en), exklusiv lizenziert durch
Springer Fachmedien Wiesbaden GmbH, ein Teil von Springer Nature 2021
T. Just und F. Plößl (Hrsg.), *Die Europäische Stadt nach Corona*,
https://doi.org/10.1007/978-3-658-35431-2_19

sitzen müssen. Ursprünglich hatten wir die Räumlichkeiten zwar allein unter dem Aspekt besserer Kommunikationsmöglichkeiten geplant, aber jetzt stellen wir fest: Wir profitieren sogar doppelt, weil wir auch für Pandemie-Zeiten optimale Raumverhältnisse haben.

2   Wie gestaltet sich derzeit der Büro-Alltag?

Herr Dr. Schede: Anfangs haben wir es mit der Einteilung der Mitarbeiter in verschiedene Gruppen versucht, die nur an bestimmten Tagen im Büro sind und ansonsten im Homeoffice arbeiten. Wir mussten aber schnell feststellen, dass in Corona-Zeiten alles nicht so planbar ist, wie wir es uns wünschten. In der Praxis steht und fällt Vieles mit der Kinderbetreuung, die nun mal nicht immer gewährleistet ist. Also haben wir den Mitarbeitern im ersten Lockdown freigestellt, wo sie arbeiten möchten – allerdings mit dem deutlichen Appell: Bleibt zu Hause, wann immer es geht. In dieser Zeit war das Büro mit weniger als der Hälfte der Mitarbeiter besetzt. Das hat sich aber mit dem Umzug geändert. Durch die neuen Strukturen und Raumaufteilungen kamen wir zu Anfang wieder auf eine Büroauslastung von rund 95 %. Mit dem Start des Dauer-Lockdowns im Oktober 2020 blieben ungefähr zwei Drittel der Mitarbeitenden zu Hause und ein Drittel ist vor Ort.

3   Wie hat sich Ihr eigenes Arbeitsleben verändert?

Herr Dr. Schede: Ich stelle fest, dass meine Arbeitszeiten flexibler geworden sind. Statt mit meiner Familie nur zu frühstücken, kann ich jetzt häufiger auch zum Abendbrot zuhause sein. Dafür setze ich mich danach noch an meinen Schreibtisch. Ich habe mehr Freiheit bei der Einteilung meiner Arbeitszeit. Vielleicht ist das einer der wenigen positiven Aspekte des vergangenen Jahres: Für mich und auch viele meiner Mitarbeiter ist der Alltag familienfreundlicher geworden. Und das sollte auch unbedingt weiterentwickelt werden. Aus meiner Sicht wird es künftig noch viel stärker darum gehen, Homeoffice und Büroarbeit in Einklang zu bringen. Das ist ein Lernprozess, den wir gerade durchlaufen.

4   *Früher haben viele Leute vom Homeoffice geträumt und diejenigen beneidet, die es umsetzen konnten. Hat sich durch Ihre jüngsten Erfahrungen Ihre Einstellung zum Arbeiten im Büro verändert?*

Herr Dr. Schede: Im vergangenen Jahr haben wir nach meiner Wahrnehmung eines gelernt: Das Gemeinschaftsgefühl ist nicht durch den Bildschirm zu ersetzen. Man muss sicher nicht für jedes Meeting quer durch Deutschland reisen oder dreimal wöchentlich nach London fliegen, um etwas miteinander zu besprechen. Das wurde vor Corona teilweise zu exzessiv betrieben und wird in dieser Häufigkeit sicher auch in Zukunft nicht mehr stattfinden. Aber, wenn es um die Zusammenarbeit mit dem Team geht, bleibt es unerlässlich, sich auch physisch zu sehen und zu erleben. Es ist viel schwieriger, eine Team-Situation online herzustellen als analog: Alle Stimmungen mitzubekommen und Strategien zu entwickeln, kann man besser, wenn man sich gegenübersitzt und auch mal mitbekommt, dass jemand eine Idee im Kopf hat und vielleicht nur noch einen winzigen Anstoß braucht, um sie auszusprechen. Auch die Zusammenarbeit von älteren und jüngeren Kollegen als wichtiger Teil eines Integrationsprozesses gestaltet sich ohne das analoge Umfeld schwieriger. Denn gerade die Begegnungen motivieren beide Seiten, sich miteinander zu verständigen und eine gemeinsame Kanzleikultur zu schaffen – und auch zu leben.

5   *Inwieweit tragen die neuen Büros dazu bei, Unternehmenskultur und „agiles Arbeiten" zu fördern?*

Herr Dr. Schede: Wir haben uns das Credo des Architekten des „The Westlight" zu eigen gemacht: Raum schafft Bewusstsein. Das ist für uns keine Floskel. Wir haben das selbst so erlebt, als wir aus einem klassischen Bürogebäude in die neuen modernen Räume gezogen sind. Trotz Corona und aller damit zusammenhängenden Regeln hatten wir alle nach nur wenigen Wochen das Gefühl, uns noch besser zu kennen und mehr übereinander zu wissen als zuvor. Die offenen Räumlichkeiten, in denen man sich häufiger begegnet als früher; die Ad-hoc-Meetings, die jetzt möglich sind; das „GT-Forum", eine multifunktionale Eventfläche, auf der man sich zu Townhall-Meetings oder auch gemeinsam zum Lunch treffen kann – das alles führt zu mehr Austausch, stärkt das Gemeinschaftsgefühl und verbessert auch unsere Arbeitsergebnisse. Früher hat man eventuell gar nicht mitbekommen, dass ein Kollege im Büro nebenan schon vor zwei Wochen an genau derselben Problemstellung gearbeitet hat und man selbst nicht auch noch wertvolle Zeit investieren müsste, um eine Lösung zu finden. Durch die verbesserten Kommunikationsmöglichkeiten kann man solche Ineffizienzen vermeiden und dadurch noch bessere Ergebnisse erzielen. Denn eine hohe Beratungsqualität braucht Vernetzung, Austausch und auch kritische Auseinandersetzung. Und der beste Ort, gemeinsam optimale Ziele zu erreichen, ist nach wie vor ein gemeinsames Büro, dessen Zuschnitt wie bei uns die agile Zusammenarbeit fördert.

6   *Lässt sich für Sie daraus auch ein allgemein gültiges Konzept für eine moderne Arbeitswelt ableiten?*

Herr Dr. Schede: Beweglichkeit ist für uns in diesem Zusammenhang das wichtigste Stichwort. Wir müssen sowohl physisch als auch mental beweglicher werden. Das fängt schon damit an, nicht mehr acht Stunden am Tag an einem Ort, in einem kleinen Büro zu sitzen, sondern aufzustehen, sich vom eigenen Schreibtisch wegzubewegen und sich mindestens drei Mal täglich an andere Arbeitsorte mit anderen Menschen zu begeben. Vielleicht kehrt man nach einer Stunde Teambesprechung wieder in sein Büro zurück; vielleicht schließt sich aber auch gleich das nächste Meeting an. Den Laptop hat man immer dabei, sodass es kein Problem ist, schnell auf alle Daten zugreifen zu können. Auf diese Weise wird das gesammelte Wissen, über das jeder Einzelne verfügt, für alle einfacher zugänglich.

Zur modernen Arbeitswelt gehört aber auch, auf starre Regeln zu verzichten. „One-Size-Fits-All" wird künftig durch teamkompatible, individuelle Absprachen ersetzt werden. Auch feste Arbeitszeiten gehören der Vergangenheit an. Bei uns ist „Facetime" nicht entscheidend. Niemand erwartet Anwesenheit um der Anwesenheit willen. Das wird sich auch in anderen Unternehmen und Branchen durchsetzen – sofern es sich um Bürojobs handelt, die keinem Publikumsverkehr unterliegen. Bei uns kommt es auf das Ergebnis an. Mobiles Arbeiten an bestimmten Tagen oder – im Falle der Anwälte auch am Abend – bedarf keiner besonderen Rechtfertigung. Wichtig sind Team-Kompatibilität und Fairness, aber auch, dass sich unsere Mandanten gut versorgt fühlen. Das erreichen wir durch verantwortungsbewusste und zugleich offene Abstimmung in den jeweiligen Teams.

Teil V
Implikationen für Handels- und Logistikimmobilien: Cities to supply

Versorgung der Städte unter Veränderungsdruck

Tobias Just und Franziska Plößl

Zusammenfassung

Die Ergebnisse einer europaweiten Befragung von Immobilienmarktakteuren zeigen, dass für Einzelhandelsflächen im Zuge des erhöhten Wettbewerbsdrucks durch Online-Anbieter seit der Corona-Pandemie spürbare und dauerhafte Nachfragerückgänge erwartet werden. Von diesem Anpassungsdruck sind Lebensmittelhändler, Fachmarktzentren und Discounter weitgehend ausgenommen. Aus Sicht der Befragten muss sich der stationäre Handel künftig stärker auf den Dreiklang aus Erlebnis, sozialer Interaktion und Gastronomie ausrichten. Im Zuge der Pandemie wird ein großes Flächenwachstum für Logistikflächen in allen Regionstypen prognostiziert. Städte stehen vor der Herausforderung, den Flächenüberhang für Handelsflächen und die Flächenknappheit für Logistikflächen gleichzeitig zu managen.

257

© Der/die Autor(en), exklusiv lizenziert durch
Springer Fachmedien Wiesbaden GmbH, ein Teil von Springer Nature 2021
T. Just und F. Plößl (Hrsg.), *Die Europäische Stadt nach Corona*,
https://doi.org/10.1007/978-3-658-35431-2_20

1   Einführung

Der stationäre Einzelhandel sowie die Gastronomie gehörten neben der Hotellerie und dem Veranstaltungswesen zu jenen Branchen, die am stärksten durch die Corona-Pandemie beeinträchtigt wurden (Ehrentraut *et al.*, 2020; Goecke und Rusche, 2020; ifo Institut, 2021). Die Google Mobilitätsberichte (2021) illustrieren dies: Während der ersten Welle im Frühjahr 2020 brach das Mobilitätsverhalten in Einkaufszentren, Freizeitparks, Cafés, Museen und Kinos um 60 % (Berlin) bis über 90 % (Paris, Madrid oder Mailand) ein. Bislang konnte sich dieses in keiner der in Abbildung 1 dargestellten Städte auf das Referenzniveau vom Februar 2020 erholen. Lediglich für Läden des täglichen Bedarfs, also Supermärkte, Drogerien oder Apotheken, konnten 2020 und 2021 ähnlich hohe Bewegungswerte, teilweise sogar höhere Werte als vor der Krise, ausgewiesen werden.

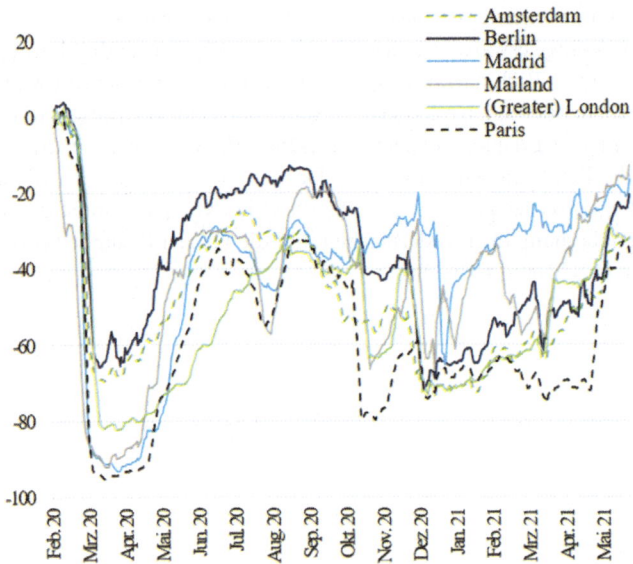

Abb. 1   Mobilitätsverhalten im Einzelhandel/Freizeit, in % ggü. Baseline geglättet
Quelle: Google (2021)

Fast spiegelbildlich ist das Mobilitätsverhalten indes in Wohngebäuden (siehe Abb. 2). Das gewohnte Leben wurde auf den Kopf gestellt, und wahrscheinlich wird dieser Mobilitätsvergleich der Eingriffsintensität nicht einmal gerecht, denn als Referenzpunkt wurde der Februar gewählt; ein Monat, in dem Einkäufe zielgerichteter erfolgen und das Flanieren ungünstigeren Witterungsbedingungen unterworfen ist als beispielsweise in den Sommermonaten.

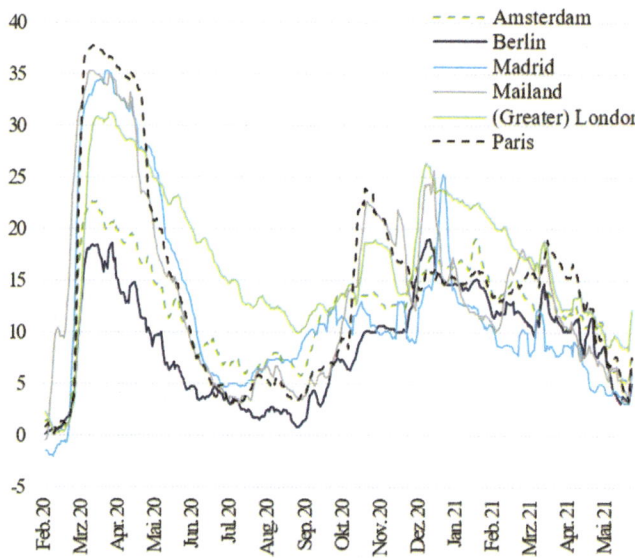

Abb. 2 Mobilitätsverhalten in Wohngebäuden, in % ggü. Baseline geglättet
Quelle: Google (2021)

Der stationäre Einzelhandel erlitt starke Umsatzeinbußen. In der ersten Lockdown-Phase brachen die europäischen Einzelhandelsumsätze um 20 % ein, in den Nonfood-Segmenten lagen die Rückgänge zum Teil bei knapp 50 % – die Online-Umsätze wurden hierbei bereits saldiert (Eurostat, 2021). Bis zum Frühjahr 2021 hat sich der gesamte Handelsumsatz zwar wieder nahezu auf das Vorkrisenniveau erholt, doch diese Tatsache verdeckt die massiven Verschiebungen innerhalb der Handelssegmente: Während der Internethandel in Europa im Zuge der Pandemie um über 40 % zulegen konnte, verzeichnen Warenhäuser noch immer knapp 15 % geringere Umsätze als vor der Krise (Eurostat, 2021).

Die Auswirkungen auf den europäischen stationären Einzelhandel dürften sogar noch gravierender sein als diese Veränderungsraten suggerieren, denn erstens litt der Einzelhandel vielerorts bereits vor der Pandemie unter der Online-Konkurrenz sowie dem hohen Margendruck innerhalb einer sehr wettbewerbsintensiven Branche und zweitens zwang die Alternativlosigkeit während der Lockdown-Phasen jene Bevölkerungsgruppen in den Online-Konsum, die sich bisher zurückgehalten hatten, v. a. viele ältere Menschen (siehe Abb. 3). Damit wurden Pfadabhängigkeiten geschaffen, die ansonsten deutlich langsamer eingegangen worden wären.

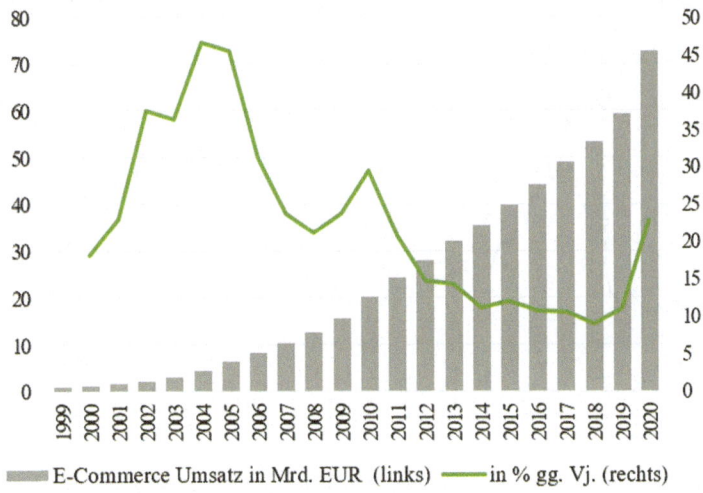

Abb. 3   E-Commerce-Umsätze in Deutschland
Quelle: HDE (2021)

Diese beschleunigte Verschiebung innerhalb der Konsumstrukturen begünstigte im Umkehrschluss Logistikflächen, denn die Versorgung der Bevölkerung musste sichergestellt werden. Dies betraf weniger die Industrielogistik und auch nicht die Logistik für Artikel des Tagesbedarfs, auf der häufig das Augenmerk in den

Nachrichten lag, sondern vor allem die Logistik der letzten Meile[1], die der Online-Handel erfordert (Banker, 2020; Seghezzi *et al.*, 2020; Srinivas und Marathe, 2021).

2   Einzelhandel

Die Befragungsteilnehmer[2] erwarten demnach nicht, dass die Anpassungslasten im Einzelhandel mit dem Ende der Pandemie überwunden wären. Nur eine Minderheit (rd. 15 % der Teilnehmer über alle Lagetypen) rechnet für die kommenden zehn Jahre mit Zuwächsen in der Flächennachfrage. Mit weiteren Rückgängen in der Flächennachfrage rechnen etwa zwei Drittel der Teilnehmer (siehe Abb. 4). Die Unterschiede zwischen den einzelnen Regionen sind zudem nicht sehr stark ausgeprägt; es gibt zwar mehr Teilnehmer, die für den ländlichen Raum sehr starke Rückgänge in der Flächennachfrage erwarten, doch bei Zusammenfassen der beiden Schrumpfungskategorien, ist der Unterschied zu vernachlässigen. Wird zudem berücksichtigt, dass der Konsolidierungsdruck im ländlichen Raum bereits in den letzten Jahrzehnten sehr hoch war und dass für Investoren die innerstädtisch gelegenen Immobilien bisher deutlich größere Bedeutung hatten, dürfte die größte absolute sowie relative Anpassungslast für Einzelhandelsinvestoren sowie -nutzer auf die Ballungszentren entfallen. Dies wird auch in den Freitextantworten der Befragungsteilnehmer deutlich: Von insgesamt 327 gegebenen Antworten zur „Normalität" von Handelsimmobilien nach der Pandemie thematisieren 64 ungestützte Antworten den Konsolidierungsdruck. Inwiefern dies zu einem Attraktivitätsverlust führt, scheint indes strittig zu sein: In den Antworten findet sich sowohl die Sorge vor einer Verödung der Innenstädte als auch die Entwarnung, die Innenstädte werden nicht veröden, bzw. nur, falls Planungsfehler gemacht würden.

---

1   Letzte Meile oder Last Mile beschreibt im Lieferkettenmanagement den Transport eines Gutes von einem Verkehrsknotenpunkt bis zum Zielort.

2   Gemeinsam mit den Product Councils des ULI Germany wurde ein umfangreicher Fragebogen auf Deutsch und Englisch erstellt, der von insgesamt 421 Teilnehmern in Europa im März und April 2021 beantwortet wurde.

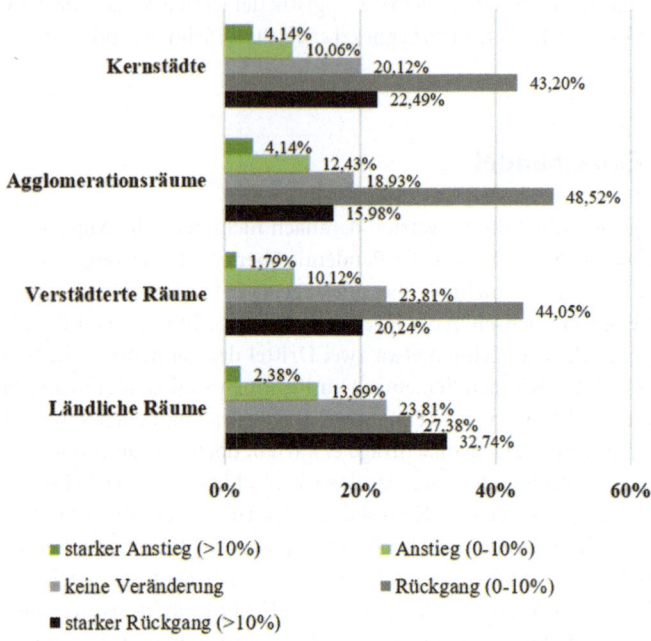

Abb. 4 Ausblick Handelsflächennachfrage für 10 Jahre

Anmerkungen: eigene Datenerhebung zur Frage „Bitte schätzen Sie je die Handelsflächennachfrage in den folgenden Regionen für die nächsten 10 Jahre."; 6,11 % / 6,11 % / 6,66 % / 6,66 % der Teilnehmer des Frageblocks zur Assetklasse Handel trafen keine Angabe; Abgrenzungskriterien entsprechend dem Bundesinstitut für Bau- Stadt- und Raumforschung (BBSR): Agglomerationsräume – Oberzentrum über 300.000 Einwohner, Verstädterte Räume – Oberzentrum über 100.000 Einwohner, Ländliche Räume – ohne Oberzentrum über 100.000 Einwohner.

Ausgenommen von diesem Anpassungsdruck dürften nach Einschätzung der Befragungsteilnehmer jene Einzelhandelssegmente sein, die während der Pandemie nicht schließen mussten, also der Lebensmitteleinzelhandel, Fachmarktzentren und Discounter (siehe Abb. 5). Auch hier müssten Investoren künftig umdenken, denn die über Jahrzehnte maßgebenden Anlageziele waren bisher Einkaufszentren, Handelsimmobilien in Einkaufsstraßen sowie Warenhäuser. Diese drei Kategorien galten bereits vor der Pandemie als strukturell belastet und dies wurde im Zuge der Pandemie verstärkt.

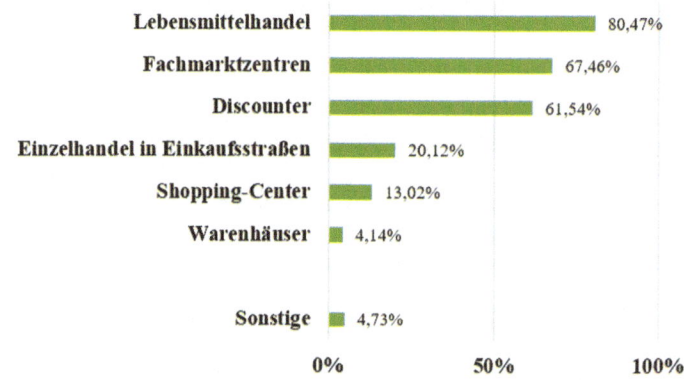

Abb. 5 Bevorzugte Betriebsformen

Anmerkungen: eigene Datenerhebung zur Frage „Welche Betriebstypen von Handelsimmobilien werden nach der Pandemie von Investoren bevorzugt?"; Mehrfachauswahl möglich; 6,11 % der Teilnehmer des Frageblocks zur Assetklasse Handel trafen keine Angabe; Häufigste Nennungen für Sonstige: Mixed-Use.

Eine ähnliche, letztlich damit verbundene, Strukturverlagerung zeigt sich in den Frequenzankern des Einzelhandels: Während der Textileinzelhandel sowie die Elektrosortimente wohl dauerhaft an Bedeutung verlieren, werden Lebensmittel regelrecht zum Frequenzanker (siehe Abb. 6).

Für die Zukunft erwarten die Befragungsteilnehmer, dass sich der Einzelhandel deutlich stärker auf einen Dreiklang aus Erlebnis, sozialer Interaktion und Gastronomie konzentrieren muss (siehe Abb. 7). Auf diesen Feldern hat der stationäre Einzelhandel dauerhaft Vorzüge gegenüber dem Internethandel, doch im Preis- sowie Sortimentswettbewerb werden viele kleinere stationäre Einzelhändler nicht mithalten können. Gerade für das Erlebnis ist Abwechslung wichtig, da sonst eine ausreichend hohe Frequenz nicht gewährleistet werden kann. Abwechslung erfordert Innovation, Kreativität und menschliche Interaktion. Hieraus könnten kürzere Vertragslaufzeiten resultieren, kleinere Durchschnittsflächen, und die Flexibilität könnte sich auch in der (Miet-)Vertragsgestaltung spiegeln.

In den Freitextantworten des Fragebogens wurde bei insgesamt 47 gegebenen Antworten betont, der stationäre Einzelhandel müsse serviceorientierter werden und soziale Aspekte stärken. Eine individuellere Ansprache könnte eine Folge daraus sein. Noch mehr Befragungsteilnehmer (61 Antworten) unterstrichen, dass es zu einer engeren Verzahnung zwischen Online- und Offlinehandelswelten kommen muss.

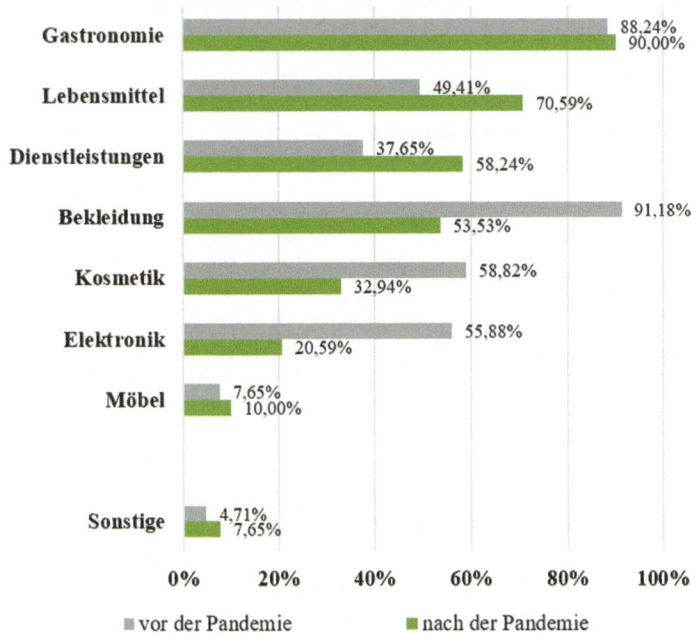

Abb. 6 Frequenzanker in Innenstädten

Anmerkungen: eigene Datenerhebung zur Frage „Welche Branchen bildeten/bilden die Frequenzanker in Innenstädten?"; Mehrfachauswahl möglich; 5,55 % der Teilnehmer des Frageblocks zur Assetklasse Handel trafen keine Angabe; häufigste Nennungen für Sonstige vor der Pandemie: Buchhandel, Warenhäuser; häufigste Nennungen für Sonstige nach der Pandemie: Buchhandel, Freizeit- & Sportartikel, produktives Gewerbe.

Insofern liegt die Zukunft des stationären Einzelhandels in kostenintensiven Dienstleistungen, einer ebenfalls kostenintensiven Warenpräsentation und/oder dem Schaffen von zum Teil quersubventionierten Erlebnissen. Auch der Aufbau einer digitalen Strategie impliziert zunächst Redundanzen und damit Kosten. Die Verbindung mit digitalen Aspekten (Click & Collect) oder vereinfachten Bezahlsystemen werden somit zwar als wichtig erkannt, sie sind jedoch für den Erfolg des stationären Einzelhandels weniger entscheidend als die haptischen Veränderungen in der Warenpräsentation und im Einkaufserlebnis.

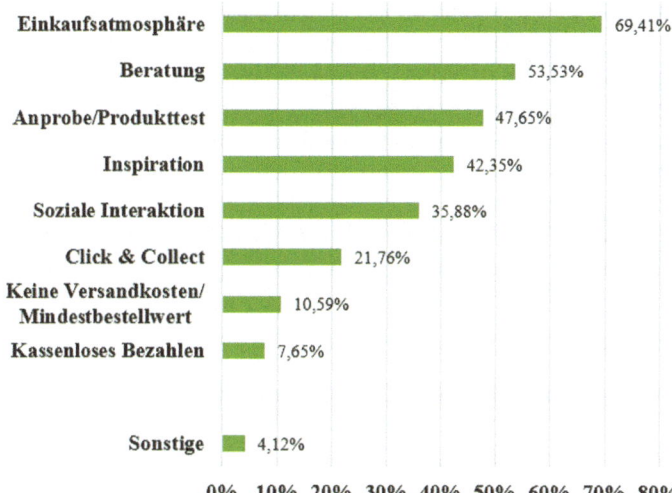

Abb. 7   Wichtige Aspekte für den stationären Handel

Anmerkungen: eigene Datenerhebung zur Frage „Bitte wählen Sie bis zu drei Aspekte, die für den stationären Handel nach der Pandemie besonders wichtig sind."; Mehrfachauswahl möglich; 5,55 % der Teilnehmer des Frageblocks zur Assetklasse Handel trafen keine Angabe; Häufigste Nennungen für Sonstige: Lagerung für Instant Delivery, Lage, Multi-Channel-Vertrieb.

Die logische Konsequenz aus diesen Entwicklungen dürfte eine weitere Polarisierung sein, bei der der Online-Handel überall dort, wo der Preis und die Tiefe des Sortiments die ausschlaggebenden Wettbewerbsparameter sind, weitere Marktanteile erobern wird und der stationäre Einzelhandel dort erfolgreich bleiben kann, wo auskömmliche Margen und damit attraktive Erlebnisse geboten werden können. Auch wenn die Transaktionskosten effizienter gestaltet werden könnten, wie durch längere Öffnungszeiten oder kürzere Warteschlagen an den Kassen, könnte der stationäre Einzelhandel mittels Automatisierungen wettbewerbsfähiger werden. Denn der Kunde trägt hier selbst die Kosten für die letzte Meile, und eine zunehmende Automatisierung könnte längere Öffnungszeiten ermöglichen.

Die Chance für den Einzelhandel liegt also gerade dort, wo der Kunde freiwillig die Logistik der Letzten Meile übernimmt und dem Handel damit einen Kostenvorteil einräumt. Damit der Kunde dies tut, braucht er einen hinreichend großen Anreiz, der ihn in die Läden lockt. So werden typische Einzelhandelsprodukte stärker zu einem Kuppelprodukt für Dienstleistungen, die der Kunde eben nicht oder nur unzureichend im Netz findet. Die Ansiedelungslogik im Handel wird dadurch geändert. Damit dies gelingt, muss mehr Augenmerk auf Kreatives gelegt werden; hier verschieben sich typische Frequenzanker.

Gerade für kleinere Einzelhändler könnte dies zu einer stärkeren Kollaboration führen, wie in den Business Improvement Districts Hamburgs[3] oder sogar in eine noch engere Zusammenarbeit, wie sie z. B. von Dascher und Daminger (2018) vorgeschlagen wird, bei der die Vorzüge einer zentralen Planung, Koordination und Verhandlungsmacht mittels Kooperation mehrerer Geschäfte erreicht werden soll.

3   Logistik wird neues Core-Segment

Für die europäische Logistikimmobilienbranche bedeutete die Pandemie bisher sowohl auf der Nutzer- als auch auf der Investorenseite einen kräftigen, positiven Impuls. Zwar kam es zunächst zu zahlreichen Beeinträchtigungen im internationalen Güterhandel, insbesondere bei den Importen von Vorleistungsprodukten (Destatis, 2021), doch blieb dieser erste Schock trotz anfänglicher Sorgen deutlich kleiner als während der Finanz- und Wirtschaftskrise, vielleicht gerade weil das Globalisierungstempo in den zurückliegenden zehn Jahren bereits gedrosselt wurde – zumindest mit Blick auf den hier relevanten Güterhandel (Felbermayr und Görg, 2020).

Die Befragungsteilnehmer erwarten auch für die kommenden zehn Jahre anhaltendes Flächennachfragewachstum – und zwar über alle Lagetypen hinweg (siehe Abb. 8). Anders als im Einzelhandel ist hier eine deutliche Unterscheidung erkennbar: Die Ballungsräume scheinen von dem Flächenwachstum am stärksten zu profitieren, die ländlichen Räume nur moderat. Dies zeigt sich auch in den Freitextantworten; von den insgesamt 192 Antworten entfallen 54 auf das Themenfeld Wachstum (zehn weitere thematisieren Stabilität). Am zweithäufigsten (insgesamt 27 Nennungen) lassen sich Antworten der Kategorie Last Mile zuordnen, gefolgt von Online-/Digital-Handel mit 22 Nennungen, was zumindest sehr enge Bezüge zur Bewältigung der letzten Meile aufweist. Dies unterstreicht die Perspektive für den

---

3   Siehe https://www.hamburg.de/bid-projekte/.

innerstädtischen stationären Einzelhandel, der Anteile in der reinen Versorgung abgeben und sich stärker auf das atmosphärische Erlebnis fokussieren muss, während Versorgungssortimente durch direkten Online-Konsum eher eine logistische als eine Einzelhandelsfrage werden. Auch sorgt die Wohnnutzung nach Ansicht der Befragungsteilnehmer künftig für mehr Spillover-Effekte für die Logistiknutzung, während der Handel geringfügig an Bedeutung verliert.

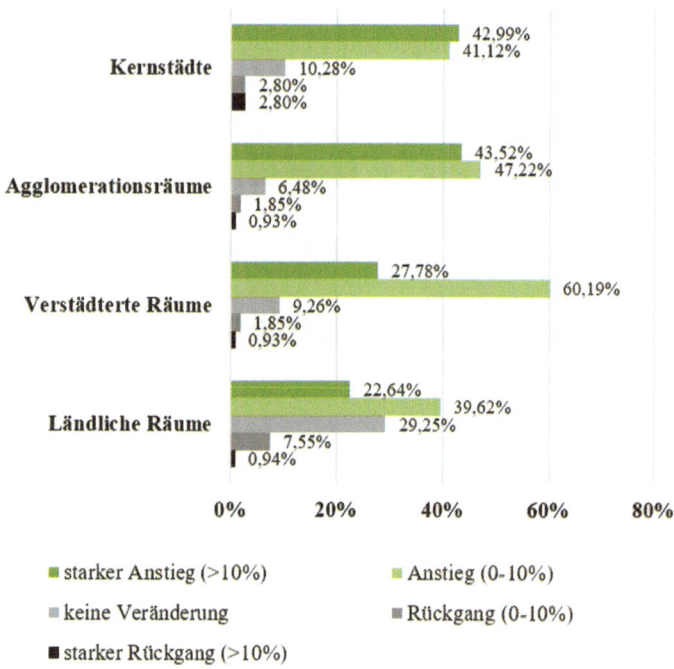

Abb. 8 Ausblick Logistikflächennachfrage für 10 Jahre

Anmerkungen: eigene Datenerhebung zur Frage „Bitte schätzen Sie je die Logistikflächennachfrage in den folgenden Regionen für die nächsten 10 Jahre."; 1,83 % / 0,92 % / 0,92 % / 2,72 % der Teilnehmer des Frageblocks zur Assetklasse Logistik trafen keine Angabe; Abgrenzungskriterien entsprechend dem BBSR: Agglomerationsräume – Oberzentrum über 300.000 Einwohner, Verstädterte Räume – Oberzentrum über 100.000 Einwohner, Ländliche Räume – ohne Oberzentrum über 100.000 Einwohner.

Zwar gibt es einen geringen Unterschied zwischen der Erwartung an innerstädtische Logistikentwicklung nach der Alterskohorte der Befragungsteilnehmer (jüngere Teilnehmer rechnen eher mit einem weiteren Anstieg als ältere Teilnehmer), doch diese Unterschiede sind nicht stark ausgeprägt (siehe Abb. 9). Dies könnte als Indiz gewertet werden, dass die Pandemie ältere Menschen stärker für den Online-Konsum geöffnet hat. Der Wandel in eine hybride Konsumwelt wurde durch die Pandemie beschleunigt; zuvor wurde argumentiert, dass dieser Prozess erst durch einen Kohortenübergang von überwiegend stationär einkaufenden (älteren) Konsumenten zu deutlich stärker online einkaufenden (jüngeren) Konsumenten allmählich über viele Jahre erfolgen wird (Just, 2012).

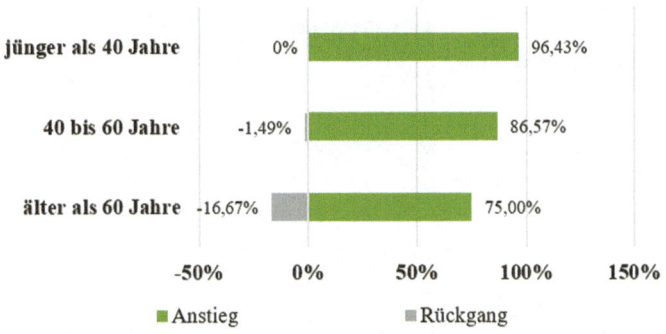

Abb. 9   Innerstädtische Logistik nach Alter

Anmerkungen: eigene Berechnungen; es besteht ein mittlerer Zusammenhang zwischen dem Alter der Befragten und der erwarteten Logistikflächennachfrage in verstädterten Räumen.; Chi-Quadrat-Test, $\alpha = 0{,}1$; $p = 0{,}023$; Cramer's V = 0,2307.

4   Schlussbemerkungen

Insgesamt verstärkt die Pandemie die Strukturprobleme vieler Einzelhändler und damit auch vieler Einzelhandelsformate. Dabei ist es weniger die Tatsache, dass es zu einer weiteren Konsolidierung im stationären Handel kommt, als vielmehr die Wucht, mit der dies 2020 und 2021 erfolgte, und vor allem die Unterschiedslosigkeit, mit der die Kaskade aus Lockdowns stabile und weniger stabile Formate gleichermaßen erfasste. Insofern ist die Sorge vor einem Sterben der Innenstädte zwar in dieser Diktion sicherlich ungerechtfertigt, aber ein Sterben in den Innenstädten (von Einzelhandelsunternehmen) dürfte unvermeidlich sein, und das eigentliche Problem erwächst daraus, dass es zu einem Sterben von eigentlich lebensfähigen Formaten kommen kann. Dies jedoch ex ante trennscharf zu erkennen, ist nicht einfach und dürfte auch rein nach Sortiment nicht möglich sein. Deswegen und weil rapide ansteigende Leerstände von aufgebenden Unternehmen negative Externalitäten in Form von reduzierter Aufenthaltsqualität für gesunde Unternehmen und die Städte insgesamt bedeuten können, wäre es nachvollziehbar, wenn der notwendigerweise einsetzende Anpassungsprozess durch öffentliche und private Unterstützung abgemildert wird (siehe Kap. 7 – Oberst, 2021).

Wichtiger sind aber die mittelfristigen Perspektiven: Erstens, der Umbau der Innenstadt, zweitens die Umstrukturierung von innenstädtischem Handel und drittens die Einbindung von mehr Nutzungsklassen in die Quartiere, was Handelsnutzungen dann ebenfalls begünstigen kann. Letzteres hätte positive Effekte für den städtischen Handel im Vergleich zum Internethandel, nicht aber für den Innenstadthandel. Hier bleibt ein Zielkonflikt, und Kommunen stehen vor der Herausforderung, dass jede Form der 15-Minuten-Stadt den Kern etwas schwächt. Daher ist es ähnlich wie bei anderen gesamtstädtischen Angeboten wichtig, dass neben der Stärkung der Quartiere die zentralen Funktionen der Innenstadt erhalten bleiben, dass es also eine Arbeitsteilung zwischen den Standorten gibt. Eine vollkommene 15-Minuten-Stadt ist letztlich nur eine Annäherung an eine sinnvolle Umsetzung. Auf der einen Seite wird eben ein Teil der Leistungen aus der Innenstadt in die Quartiere verschoben, wodurch die Aufenthaltshäufigkeit der Bewohner der Quartiere in diesen Vierteln zunimmt. Auf der anderen Seite muss die Innenstadt sowohl durch zusätzliche Bewohner gestärkt werden, also ein Stückweit selbst zum Quartier werden und zentrale Innenstadtfunktionen behalten, damit es keine Redundanzen für jene Funktionen gibt, die nun seltener in Anspruch genommen werden (müssen).

Die Hoffnung, dass Logistikunternehmen jedwede leerstehende Einzelhandelsfläche aufsaugen können, funktioniert wohl nur in Excel-Tabellen. Die Flächenanforderungen für Logistik- und Einzelhandelsflächen sind zu unterschiedlich als dass dies sehr häufig gelingen könnte, insbesondere, weil viele kleine Händler aufgeben dürften. Daher ist damit zu rechnen, dass dem Flächenüberhang im Handel über viele Jahre Flächenknappheiten für innerstädtische Logistik gegenüberstehen.

Literatur

Banker, S. (2020), What Will Last Mile Delivery Look Like Post-Coronavirus?, verfügbar unter https://www.forbes.com/sites/stevebanker/2020/07/24/what-will-last-mile-delivery-look-like-post-coronavirus/?sh=27472f673b22.

Dascher, K. und Daminger, A. (2018), Ensembles aus Einzelhandelsimmobilien – Bündelung, Versteigerung, Indexierung und Aufwertung, Fassung vom 24.07.2018.

Destatis (2021), Zusammenfassende Übersichten für den Außenhandel, verfügbar unter https://www.destatis.de/DE/Themen/Wirtschaft/Aussenhandel/_inhalt.html (Zugriff am 21. Juni 2021).

Ehrentraut, O., Koch, T. und Wankmüller, B. (2020), Auswirkungen des Lockdown auf die regionale Wirtschaft. Welche Branchen und Regionen trifft der Ausnahmezustand besonders?, *Prognos.*

Eurostat (2021), Turnover and volume of sales in wholesale and retail trade – monthly data, verfügbar unter https://ec.europa.eu/eurostat/databrowser/view/sts_trtu_m/default/table?lang=en.

Felbermayr, G. und Görg, H. (2020), Die Folgen von Covid-19 für die Globalisierung, *Perspektiven der Wirtschaftspolitik*, 21. Jg., Nr. 3, S. 263–272.

Goecke, H. und Rusche, C. (2020), Corona: Wie sehr leiden die Innenstädte?, *IW-Kurzbericht 123/2020, Institut der deutschen Wirtschaft.*

Google (2021), Mobilitätsberichte zur Corona-Krise, verfügbar unter https://www.google.com/covid19/mobility/ (Zugriff am 21. Juni 2021).

HDE (2021), Umsatz durch E-Commerce (B2C) in Deutschland in den Jahren 1999 bis 2020 (in Milliarden Euro), verfügbar unter https://de.statista.com/statistik/daten/studie/3979/umfrage/e-commerce-umsatz-in-deutschland-seit-1999/ (Zugriff am 21. Juni 2021).

ifo Institut (2021), Branchenatlas Großhandel, verfügbar unter https://www.ifo.de/branchenatlas/grosshandel.

Just, T. (2012), Einzelhändler müssen die Konkurrenz im Netz sehr ernst nehmen, IRE|BS Standpunkt 12, verfügbar unter https://www.irebs-immobilienakademie.de/aktuelles-bei-irebs/irebs-standpunkt/irebs-standpunkt-nr-12/.

Seghezzi, A., Mangiaracina, R., Tumino, A. und Perego, A. (2020), 'Pony express' crowdsourcing logistics for last-mile delivery in B2C e-commerce: an economic analysis, *International Journal of Logistics Research and Applications*, S. 1–17.

Srinivas, S. S. und Marathe, R. R. (2021), Moving towards mobile warehouse: Last-mile logistics during COVID-19 and beyond, *Transportation Research Interdisciplinary Perspectives*, 10. Jg., S. 100339.

Die Rolle des Lebensmittelhandels für die Städte nach Corona

Interview mit Angelus Bernreuther

Zusammenfassung

Dr. Angelus Bernreuther, Leiter Investor Relationship Management Kaufland, beschreibt im Interview die Auswirkungen der Corona-Pandemie auf die innerstädtischen Handelslagen sowie den Lebensmittelhandel in der Versorgerfunktion und diskutiert neue Lösungen und Konzepte für den Einzelhandel.

1   Die Pandemie wirkt sich unterschiedlich auf die einzelnen Branchen aus. Wie sehen Sie dies als Lebensmittelhändler?

Herr Dr. Bernreuther: Vieles hat sich durch die Pandemie verändert. Der Handel war immer prägend für unsere Stadtstrukturen. Und in Zukunft? Darauf gibt es keine leichte Antwort.

Zunächst einmal hat Corona viele Verhaltensweisen auf den Prüfstand gestellt. Man muss dabei aber zwischen kurzfristigen Maßnahmen und langfristigen Trends unterscheiden. Corona hat einige langfristige Trends allenfalls vorübergehend zurückgedrängt, manche eher beschleunigt. Zu den Megatrends wie Nachhaltigkeit, Urbanität, Mobilität und Digitalisierung haben sich neue Verhaltensweisen unter dem Dach des Social-Distancing ergeben, darunter zwangsläufig auch das Home-Shopping. Insbesondere dieses Thema hat den Handel und die einzelnen Branchen bereits vorher intensiv beschäftigt. Mit der Pandemie sind viele Non-Food-Bereiche wie Mode noch stärker unter Druck geraten, nicht zuletzt aufgrund der Schließungen während der Lockdowns. Die Online-Marktanteile sind in diesem Zeitraum fast zwangsläufig gestiegen. Bei der Nahversorgung sieht dies jedoch anders aus. Trotz nicht

© Der/die Autor(en), exklusiv lizenziert durch
Springer Fachmedien Wiesbaden GmbH, ein Teil von Springer Nature 2021
T. Just und F. Plößl (Hrsg.), *Die Europäische Stadt nach Corona*,
https://doi.org/10.1007/978-3-658-35431-2_21

271

zu leugnender Online-Zuwächse bleibt hier der überwiegende Anteil auch auf absehbare Zeit stationär. Allenfalls in Metropolen dürfte der Online-Handel eine stärkere Rolle spielen. Für die einzelnen Handelslagen, allen voran in unseren Innenstädten sowie in den klassischen, großen Handelsimmobilien, bedeutet dies natürlich ein starkes Umdenken. Viele Kommunen, Investoren und Projektentwickler fragen sich zurecht, wer in Zukunft noch ein Frequenzanker für die einzelnen Lagen sein wird.

2   *Wird sich in unseren Städten demnach die Handelslandschaft und damit auch das Erscheinungsbild ändern?*

Herr Dr. Bernreuther: Selbstverständlich wird sich unsere Handelslandschaft anpassen. Wir sind jedoch davon überzeugt, dass der Handel weiterhin eine bedeutende Rolle spielen wird. Es gibt gerade in den klassischen Lagen wie unseren Innenstädten, den Stadtteilzentren aber auch bei größeren Handelsimmobilien einen deutlich höheren Revitalisierungsbedarf. Nicht alle Handelsimmobilien werden dabei gleichermaßen betroffen sein. Bei innerstädtischen Immobilien wie Warenhäusern muss oft über eine andere Nutzung, zumindest in den Obergeschossen, nachgedacht werden. Für einen neu ausgerichteten Mehrwert werden vor allem sehr modelastige Einkaufszentren ihren Nutzungsmix überdenken müssen. Handelsimmobilien müssen flexibler in den Nutzungsarten werden, viele Objekte wurden in der Vergangenheit bereits aufgewertet. Daraus ergeben sich für unsere Städte durchaus Chancen, etwa weg von der Monotonie hin zu mehr Durchmischung im Handel, auch mit neuen integrierten Konzepten wie z. B. Gastronomie, Dienstleistungen, Wohnen, Büro und Hotel. Das war schon immer der Kerngedanke der europäischen Stadt. Die Nahversorgung kann vor allem dort einen Beitrag leisten, wo dies bisher aufgrund mangelnder Flächen sowie einem branchenbedingt niedrigeren Mietniveau im Lebensmittelhandel oft nicht möglich war, wie in Innenstadtlagen. Gerade dort ergeben sich jetzt neue Ansiedlungschancen.

3   *Schon länger werden im Rahmen dichterer Bebauung und mehr Durchmischung auch verstärkt sogenannte Mixed-Use-Immobilien bis hin zu ganz neuen Quartiersentwicklungen diskutiert. Wie stehen Sie als Lebensmittelhändler dazu?*

Herr Dr. Bernreuther: Mixed-Use ist sicherlich eine der Schlussfolgerungen für viele Immobilien und Quartiere der Zukunft. Es ist eine logische Konsequenz aus den langfristigen Rahmenbedingungen. Ein Patentrezept gibt es dafür jedoch nicht. Jeder Standort muss mit lokaler Kreativität neu gedacht werden. Dabei gilt es, möglichst sinnvolle Nutzungsarten miteinander zu kombinieren. Zum Beispiel lassen sich Synergien zwischen Supermärkten und Hotels bei der Ausnutzung von Parkplätzen von gastronomischen Einheiten heben. Nutzungskonflikte, etwa zwischen Wohnen und Einzelhandel in Bezug auf Lärmemissionen, sollten minimiert werden. Flexibles Bauen ist dabei für uns als Lebensmittelhändler seit jeher eine Selbstverständlichkeit. Natürlich gibt es ebenerdige sogenannte Stand-alone-Standorte; diese wird es auch in Zukunft geben. Daneben entstehen aber auch flächeneffiziente aufgeständerte Lösungen mit ebenerdigen Parkflächen und dem Verkauf darüber. Bei weiteren Lösungen in den oberen Geschossen wird man offen sein müssen, ob Wohnen, Büro, Sportanlagen oder sonstige Nutzungen am sinnvollsten sind (siehe Abb. 1). Es kommt auf die gemeinsame, langfristig beste Lösung für den Standort an.

Abb. 1 Mixed-Use mit Sportanlage in Erfurt
Quelle: Kaufland/Tom Bauer

4 Es gibt also keine Blaupause für diesen Weg?

Herr Dr. Bernreuther: Nein, die gibt es sicherlich nicht. Es kommt auf den konkreten Standort an. Weiterhin müssen die unterschiedlichen Branchen einzeln analysiert werden, und nach der Pandemie wahrscheinlich neu bewertet werden. Nehmen wir die

Beziehung zwischen Nahversorgung und Innenstadt: Insbesondere der Lebensmittel-handel kann hier eine neue Rolle spielen. Wichtig ist, dass jedes Einzelhandelssegment mit seinen Besonderheiten verstanden wird. Hierzu ein einfaches Beispiel: Anders als etwa der Textileinzelhandel lebt der Lebensmitteleinzelhandel (LEH) zumeist nicht nur von der Passantenfrequenz, sondern von einem originären Einzugsgebiet. Für die Innenstädte gilt es also, entweder nur kleinere, oft Convenience-orientierte Anbieter anzusiedeln, oder wirklich größere Supermärkte als Frequenzanker für die ganze Lage oder sogar Stadt. Dann müssen jedoch auch die Erschließung, Anlieferung und das Parken ermöglicht werden. Auch unsere Mobilität wird sich sicherlich verändern. Aber allenfalls in Metropolen kann der LEH in solchen Lagen von Laufkundschaft, also Kunden mit einem signifikant niedrigerem Durchschnittseinkauf, leben. Eine ausschließliche Fokussierung auf eine oft rein fußläufige, aus der Passantenfrequenz gespeiste Kundengruppe in Kleinflächen geht aber zwangsläufig auf Kosten der Aus-wahl, die dann zunehmend im Internet angeboten wird.

5   *Impliziert dies, dass wir je nach Stadtgröße angepasste Lösungen brauchen?*

Herr Dr. Bernreuther: Absolut. Vom Grundsatz und vor allem für alle poly-zentrisch organisierten Länder bedeutet dies aus Sicht des LEH: Je kleiner die Stadt, desto größer die Bedeutung der Nahversorgung als Frequenzanker. Viele Branchen werden sich gerade im Non-Food-Bereich nicht mehr, jedenfalls nicht mehr flächendeckend und mit der ursprünglichen Bedeutung wie früher, in den Klein- und Mittelstädten ansiedeln können. Die Entwicklung im Online-Handel ist für diese Marktsegmente einfach zu stark. Umso mehr wird hier die Nahver-sorgung zum Kristallisationspunkt und auch zum sozialen Treffpunkt. Aus der Grundfrequenz profitieren auch weitere wichtige Geschäfte: Bäcker, Metzger, Lotto/Toto, Reinigung und auch die Gastronomie. Essenziell wird ein auf die Stadtgröße angepasstes, umfassendes Einkaufserlebnis. Übrigens gilt dies dann z. B. auch für unsere Stadtteilzentren und Nebenlagen in den größeren Städten. Auch das zuvor genannte Thema Mixed-Use wird zwar langfristig immer mehr tragfähige Nutzungen finden, aber nicht in jeder Stadtgröße.

6   *Die Digitalisierung wird unsere Städte noch stärker beeinflussen. Ergeben sich daraus auch Chancen für den Lebensmittelhandel?*

Herr Dr. Bernreuther: Digitalisierung ist einer der Megatrends und die Pandemie hat dies in ihrer Vielschichtigkeit unterstrichen. Die Digitalisierung bietet vielfältige neue Absatz- aber auch Kommunikationswege. Diese gilt es, gerade im Sinne der stationären Lagen, stärker zu kombinieren. Der Kunde kommt dann persönlich in das Geschäft, wenn ihn ein Einkaufserlebnis dorthin lockt, oder er kommt, weil es um einen zeitkritischen Kauf geht. In Deutschland können 93 % der Bevölkerung einen Lebensmittelhändler in fünf Minuten Fahrzeit erreichen. Unter anderem ist diese Branche aufgrund der stationären Netzabdeckung, trotz aller aktuellen Online-Aktivitäten, derzeit so Online-resistent. Derzeit wachsen aber auch, wenngleich von einem sehr niedrigen Niveau kommend, Online-Lieferdienste; bei genauerer Betrachtung bisher in wenigen Metropolen. Dies liegt vor allem an der logistischen Herausforderung insbesondere im Umgang mit frischen Lebensmitteln. Die letzte Meile ist deshalb oft nur hier, wenn überhaupt, logistisch annähernd kostendeckend anzubieten. In einem polyzentrischen Land wie Deutschland, mit einem hohen Anteil an ländlichen Räumen und starken Klein- und Mittelstädten sind flächendeckende Online-Lieferdienste deshalb nur schwer vorstellbar.

7 Wird die Nahversorgung damit zum wichtigsten Frequenzanker für unsere Städte?

Herr Dr. Bernreuther: Die Nahversorgung wird in den Handelslagen weiterhin eine bedeutende Rolle spielen. Aber nicht jeder Standort, egal ob dies eine Innenstadtlage oder ein Shopping-Center betrifft, kann allein durch die Nahversorgung erhalten bleiben. Dennoch bieten sich in diesen Lagen neue Chancen, um z. B. neue Frequenzanker im Lebensmitteleinzelhandel zu schaffen, wenn die entsprechende Passantenfrequenz und ein originäres Einzugsgebiet im Umfeld gegeben sind. Insbesondere für kleinere Kommunen und Stadtteilzentren generiert die Nahversorgung die wichtige Grundfrequenz. Bei Fachmarktlagen ist es noch eindeutiger: Ohne Nahversorgung ergibt sich kein gut positionierter Standort. Die Nahversorgung stellt somit im Versorgungs- und Betriebstypenmix eine elementare Säule dar.

8 Wird der Betriebstyp Lebensmittelhandel aufgrund der Versorgerfunktion bei Investoren beliebter?

Herr Dr. Bernreuther: Ohne Zweifel. Die Pandemie hat insbesondere gezeigt, dass der Lebensmittelhandel eine wichtige Grundfrequenz herstellt, ja sogar systemrelevant ist. Als Hintergrund hierfür ist auch zu nennen, dass jeder Bürger im Schnitt mehr als die Hälfte seines verfügbaren Einkommens für den Handel, für die Nahversorgung ausgibt. Zusammen mit der hohen Online-Resilienz ist dies sicherlich einer der Hauptgründe, weshalb der LEH derzeit bei Investoren hoch

im Kurs steht. Der LEH und Lebensmittel-geankerte Betriebstypen wie Fachmarktzentren, aber auch Mixed-Use-Immobilien gelten deshalb zunehmend als
sogenannte Core-Investitionsprodukte.

9   *Sind folglich auch neue Planungs- und Kooperationskonzepte für unsere Städte
     notwendig?*

Herr Dr. Bernreuther: Alle unsere Planungs- und Steuerungsinstrumente stammen
aus der Zeit vor der Pandemie. Für den Handel bedeutet dies, dass vor allem die
Regelungen zu Einzelhandelsprojekten überdacht werden müssen. Auch die Zuord-
nung, was als zentraler Versorgungsbereich gilt, wie er abgegrenzt wird und was er
für eine Rolle haben soll, muss angepasst werden. Lagen müssen mit einem neuen
Realismus bewertet werden. Ein reines „Schützen um des Schützens willen" erhält
nicht marktfähige Strukturen, sondern stärkt eher den Online-Handel, als dass
es ihn schwächt. Händler ohne Veränderungsbereitschaft oder -fähigkeit werden
verlieren, wenn neue Konzepte noch nicht in ausreichender Quantität vorhanden
sind. Als großer Supermarktbetreiber sind wir dafür bereit, flexibel und im Dialog
mit allen an der Stadtgestaltung involvierten Gruppen, die beste Lösung für den
jeweiligen Standort zu finden (siehe Abb. 2).

Abb. 2   Urbane Supermarktkonzepte
Quelle: Kaufland

Die Zukunft urbaner Logistik

Interview mit Mathias Leidgeb

Zusammenfassung

Im Interview mit Mathias Leidgeb, Managing Partner bei Palmira Capital Partners, wird die Entwicklung der Logistikbranche und -immobilien im Zuge der Corona-Pandemie beschrieben und wie sich die Versorgung von Städten künftig verändert. Die Verschiebungen im stationären- und Online-Handel sind dabei von entscheidender Bedeutung.

1   Gilt die Assetklasse Logistik als Gewinner der Corona-Krise?

Herr Leidgeb: Die Logistikbranche ist eine resiliente Branche, da sie die gesamte Wirtschaft logistisch begleitet. Logistikunternehmen verfügen über ausreichend Erfahrung sowohl mit positiven als auch negativen Entwicklungen in allen Industrien. Optimistisch stimmt sicher der stärkere Ausbau des Online-Handels, pessimistisch blickt man jedoch auf die damit einhergehende Schwäche des stationären Handels, für den die Logistik ebenso arbeitet.

Gleichzeitig wurden durch die Pandemie wichtige Lieferketten unterbrochen und letztlich auch die Logistikbranche gebremst. Zwischenzeitlich erfolgt dennoch wieder eine Aufholjagd, gerade in der Seefracht, getrieben durch die teilweise schnelle Erholung der Wirtschaft, insbesondere jener in China.

© Der/die Autor(en), exklusiv lizenziert durch
Springer Fachmedien Wiesbaden GmbH, ein Teil von Springer Nature 2021
T. Just und F. Plößl (Hrsg.), *Die Europäische Stadt nach Corona*,
https://doi.org/10.1007/978-3-658-35431-2_22

2 Welchen Einfluss hat die Pandemie auf den Online-Handel und den stationären Handel?

Herr Leidgeb: Der Umsatz im Einzelhandel hat seit fast 20 Jahren nominal weniger als 1 % p. a. zugenommen, aber zwischenzeitlich ist der Anteil des Online-Handels stark gestiegen und steigt weiter.

Parallel haben die Einzelhändler ihre stationären Ladenflächen während dieser wachstumsschwachen Jahre trotzdem kontinuierlich erweitert. Diese gegenläufigen Entwicklungen sind kritisch. "Corona beschleunigt den Strukturwandel und bis zu 80.000 Einzelhändler könnten vom Markt verschwinden", so eine aktuelle Studie des Instituts für Handelsforschung.[1]

3 Wie werden sich Städte nach Corona logistisch verändern?

Herr Leidgeb: Die Städte werden unserer Einschätzung nach, mehr als in der Vergangenheit, auf die wachsenden Bedarfe der Online-Zusteller eingehen müssen und gleichzeitig wird der ökologische Umbau unserer Städte nach Corona weiter massiv vorangetrieben werden.

Um sich auf das Wachstum des Online-Handels vorzubereiten, sollten die Städte bauliche Ausweisungen für Last-Mile-Konzepte[2] in Randlagen fördern und Zusteller nicht mehr aus der Innenstadt verbannen, zumal nach einer Verkehrsstudie Wiens nur 0,8 % der Gesamtverkehre Zulieferautos sind (Kummer *et al.*, 2019). Infrastruktur finanziert sich über Steuergelder und steht damit auch für den Online-Handel und -kunden zur Verfügung. Entlang der Kreuzungen von verdichteten Wohngebieten sollten Kurzparkzonen eingerichtet und Pickup Points in der Nachbarschaft geschaffen werden.

Die Städte müssen zudem „online-freundlicher" werden, wie durch City-Apps. Diese werden umso stärker genutzt, je leichter sie Versorgungsleistungen zugänglich machen. Dazu zählen auch Einkaufs-Apps, über die die Angebote der lokalen

---

1 Unter dem Titel „Handel in Coronazeiten – Status quo und Perspektiven" haben Werner Reinartz, Universität zu Köln, und das IFH Köln relevante Zahlen zu Markt, Wettbewerb und Konsumverhalten für den Handel der Zukunft zusammengetragen. Die neu berechneten Daten zur Handelsentwicklung unter dem Einfluss der aktuellen Pandemie gehen von den Berechnungen der IFH-Experten für das „Handelsszenario 2030" aus und wurden mithilfe bewährter IFH-Methodik und auf Basis des IFH-Brancheninformationssystems aktualisiert.

2 Last Mile oder letzte Meile beschreibt im Lieferkettenmanagement den Transport eines Gutes von einem Verkehrsknotenpunkt bis zum Zielort.

Händler zusätzlich präsentiert und erwerbbar werden. Waren können darüber reserviert oder durch Fahrradzusteller, welche meist ohnehin erst abends mit den Essenszustellungen ausgelastet sind, ökologisch nachhaltig zum Kunden geliefert werden. Immer mehr Highstreet-Lagen werden zudem, mangels Vermietbarkeit, ihr hohes Mietniveau senken müssen und dies bietet neue Chancen für kleinere Einzelhändler sowie Bars und Cafés, um die „Aufenthaltsqualität" in die Innenstädte zurückzubringen.

Für die zunehmende Zahl von Fahrradfahrern und auch die wachsende Zahl von Fahrradzustellern, gerade während der Krise, sollten vermehrt Fahrradwege ausgewiesen und damit der Individualverkehr zurückgedrängt werden. Man wird in Städten Prioritäten setzen: Lieferverkehr, insbesondere für kritische Güter wie Medizinprodukte, Fahrräder sowie der ÖPNV werden zukünftig entgegen dem motorisierten Individualverkehr priorisiert. 40 % der Pendler haben ohnehin nur einen Arbeitsweg von unter 3 km und könnten problemlos auf den ÖPNV oder das Fahrrad umsteigen. Vor allem der ÖPNV sollte massiv ausgebaut werden und das erschwingliche Hauptfortbewegungsmittel darstellen. Dies würde die aktuelle Konkurrenzsituation zwischen Liefer- und Individualverkehr entspannen und brächte gleichzeitig ökologische Vorteile.

4 Wie wirkt sich die Pandemie auf die Städte und die Last-Mile-Logistik aus?

Herr Leidgeb: Die Pandemie bedeutet für viele städtische Einzelhandelslagen eine Beschleunigung des Niedergangs, besonders regionale Oberzentren sind hiervon betroffen. Die Existenz konzeptloser Großkaufhäuser, die Tristesse in Innenstädten sowie die Eintönigkeit des Angebots immer gleicher Ladenketten haben bereits vor der Pandemie zahlreiche Standorte belastet.

Ausnahme von alledem ist der Lebensmitteleinzelhandel. Durch die hohe Zahl von Lebensmittelgeschäften, bedingt durch ein offensichtlich beständiges Einkaufsverhalten der Verbraucher, und nicht zuletzt die Preissensibilität gerade der deutschen Verbraucher, erweist sich der Lebensmitteleinzelhandel in Zeiten von Corona als stabil.

Dass Last Mile oder duale Konzepte der Online-Händler den stationären Handel ergänzen ist unbenommen; doch dass dies allein den stationären Einzelhandel wiederbeleben könnte, halten wir für ausgeschlossen: Derzeit sind bereits drei, in naher Zukunft vier Mrd. Paketzustellungen pro Jahr in Deutschland durch die Logistiker zu leisten. Hierbei sehen wir nicht, dass dazu die meist ineffiziente

Intralogistik[3] in oftmals zu teuren Kaufhausflächen sinnvoll nutzbar wäre. Last-Mile-Logistik bewährt sich hingegen in hocheffizienten Cross-Docks[4] in peripheren Lagen von Ballungsräumen.

5   *Es zeichnen sich Gewinner und Verlierer der Krise ab: Der Online-Handel und die Pharmalogistik boomen beispielsweise, während der Maschinenbau und die Autoindustrie schwächeln. Was bedeutet das für Entwickler, Eigentümer und Investoren?*

Herr Leidgeb: Das Bild ist unseres Erachtens weniger klar: Der Online-Handel litt einerseits, genau wie die Pharmaindustrie, unter unterbrochenen Versorgungsketten. Andererseits sind positive Entwicklungen teils überraschend: So erholt sich derzeit die Automobilbranche und auch der Maschinenbau, gerade dank der starken Nachfrage aus den sich schneller wirtschaftlich erholenden wichtigen Absatzmärkten China und den Vereinigten Staaten.

Allerdings droht eine langfristige Verschiebung der Marktanteile zugunsten der USA, Chinas und Südostasiens, die durch einheitliche und konsequente Corona-Maßnahmen und hohe Impfquoten schneller auf den Weltmärkten wachsen können. So könnten z. B. europäische Häfen und Flughäfen und viele Produktionsstandorte weiter an Bedeutung für die Weltwirtschaft verlieren.

6   *Einige Unternehmen wollen ihre Puffer- und Lagerkapazitäten erhöhen, um von ausländischen Zulieferern – etwa aus China – unabhängiger zu sein. Wird die Industrie jetzt mehr Lager in Deutschland bauen?*

Herr Leidgeb: Unabhängiger werden Industrien von Versorgungsketten außerhalb der Europäischen Union durch Nearshoring[5] oder Pufferung: Beides ist teuer. Da Märkte auch weiter konkurrieren, bleibt der Spielraum für solche kostspieligen Pufferungen begrenzt. Daraus folgt aus unserer Sicht, dass sich sowohl Nearshoring als auch Pufferung nur einstellen werden, wenn es wirtschaftlich nicht anders

---

3   Intralogistik beschreibt den Warentransport innerhalb des Lager- oder Betriebsgeländes.
4   Kreuzverkupplung (Cross-Docking) ist eine Warenumschlagsart und verfolgt das Ziel, die Ware nicht mehr zu lagern, sondern direkt umzuschlagen und an den Kunden zu senden.
5   Nearshoring beschreibt als Sonderform des Offshoring die Verlagerung betrieblicher Aktivitäten ins nahegelegene Ausland.

darstellbar ist oder aber gesetzlich vorgeschrieben wird. Eine „Rückabwicklung der Globalisierung", wie es die WELT im April 2020 schrieb, wird nicht eintreten (Stocker, 2020).

7 Werden Logistikimmobilien aufgrund ihrer Systemrelevanz und Versorgerfunktion im Zuge der Corona-Krise bei Investoren beliebter?

Herr Leidgeb: Logistikimmobilien sind in den Vereinigten Staaten und dem Vereinigten Königreich schon seit den 80er Jahren beliebte und stets institutionelle Investitionsobjekte und diese Entwicklung hat auch vor ca. 10 Jahren verstärkt in Deutschland eingesetzt. Die verspätete Wahrnehmung dieser Assetklasse ist umso erstaunlicher, als die deutsche Logistikbranche in Deutschland den größten Wirtschaftsbereich mit einer Beschäftigtenzahl von ca. 3 Mio. darstellt und überdies überproportional wächst (Listenchampion, 2020).

Eine weiter steigende Beliebtheit von Logistikimmobilien in der Corona-Krise ist auf zwei Aspekte zurückzuführen:

Erstens hat die Logistikbranche selbst ihre Bedeutung für die Versorgung Deutschlands mit weltweiten Gütern, auch in der Krise, eindrucksvoll bewiesen und damit auch den lang unterstellten Irrtum widerlegt, dass Logistik nur so lange tauge, wie die Wirtschaft gut funktioniere. Gerade in der Krise wird Logistik noch wichtiger. Zukünftig liegt das größte Wachstumspotenzial für die Logistikbranche darin, die Logistik für weltweite Industrieunternehmen günstiger (als inhouse) und zudem auch noch effektiver zu übernehmen. Dadurch sind die Mieter von Logistikimmobilien sehr krisenresistent.

Der zweite Aspekt für die steigende Beliebtheit der Logistikimmobilien liegt in ihrer besonderen Bedeutung für den wachsenden Online-Handel, der ca. 25 % der logistischen Dienstleistungen ausmacht und während der Corona-Krise weiter zunimmt. Diese Last-Mile-Immobilien sind in peripheren Lagen von Einzugsgebieten gelegen und im Zuschnitt allein zur schnellen Umverteilung von Waren konzipiert, um die Versendung von Waren bis zur Haustüre der Verbraucher effektiv „Day to Day" oder „Next Day" zu ermöglichen. Überdies wächst gleichzeitig der Bedarf an üblichen Logistikimmobilien für die Pufferlagerungen von Online-Händlern deutschlandweit an verkehrsgünstigen Lagen.

*8   Welche Trends werden den Markt für Logistikimmobilien künftig prägen und
was bedeutet dies für die einzelnen Marktakteure?*

Herr Leidgeb: Die Digitalisierung wird neue Konzepte für Logistikimmobilien ermöglichen; Blockchain-Technologien werden zum einen die Transporte von Waren sichern und neue Sorter- und Lagersysteme werden die Effizienz von Logistikflächen erhöhen und helfen, den weiterhin hohen Bedarf an Neuflächen abzumildern. Zum anderen werden gemischte Nutzungen, wie Büro und sogar Wohnen mit Logistik und Last Mile, künftig das Angebot zu reinen Logistikimmobilien in teuren Ballungsraumlagen ergänzen.

Zudem wird die „Ökologisierung" die Entwicklung von Logistikimmobilien prägen, denn Logistik- und Industrieimmobilien lassen sich eher als andere Assetklassen CO_2-neutral betreiben. Die dazu erforderlichen Transformationen erfolgen in erster Linie über CO_2-Kompensation in Form von Solarenergie und deren Speicherung vor Ort, Geothermie und natürlich auch durch CO_2-Einsparungen mittels Optimierung von Gebäudeanlagen.

Literatur

Kummer, S., Dobrovnik, M., Herold, D., Hribernik, M. und Mikl, J. (2019), Citylogistik Wien: Der Einfluss von Paketdienstleistern auf den Gesamtverkehr, verfügbar unter https://epub.wu.ac.at/7432/.
Listenchampion (2020), Listenchampion Branchen Reports (Teil 4). Die Logistik Industrie in Deutschland: Umsätze, Statistiken, Hintergründe, 20.11.2021, verfügbar unter https://www.listenchampion.de/2020/11/20/logistik-industrie-in-deutschland-unser-branchen-report/ (Zugriff am 12.04.2021).
Stocker, F. (2020), Rückabwicklung der Globalisierung beginnt, WELT, 07.04.2020, verfügbar unter https://www.welt.de/print/die_welt/wirtschaft/article207079827/Rueckabwicklung-der-Globalisierung-beginnt.html (Zugriff am 12.04.2021).

Teil VI
Zehn Kernbotschaften
für resiliente Städte und Immobilien

Schlussbemerkungen: Zehn Kernbotschaften

Tobias Just und Franziska Plößl

Zusammenfassung

Dieses Kapitel leitet aus den einzelnen Beiträgen dieses Sammelbandes zehn Kernbotschaften für resiliente Städte und Immobilien nach der Corona-Pandemie ab. Unter Vorbehalt der anhaltenden Unsicherheit werden die direkten Implikationen der Pandemie für die Städte und ihre einzelnen Nutzungen und Funktionen aufgezeigt und anschließend mögliche Maßnahmen gefolgert.

Ziel dieser Studie war es, eine erste Annäherung zu wagen, welche möglichen direkten und mittelbaren Auswirkungen die Corona-Pandemie für europäische Städte haben könnte und welche Anpassungsmaßnahmen hierauf sinnvoll sind. Während wir diese Schlussbemerkungen schreiben, nehmen die Infektionszahlen in vielen europäischen Ländern wieder rasant zu, und es ist unklar, ob hieraus eine vierte Welle schwerer Krankheits- oder sogar Todesfälle hervorgehen wird. Insofern stehen die Ergebnisse dieser Studie unter dem Vorbehalt, der allen frühen Interpretationen mit unzureichenden Daten anhaftet, dass die Unsicherheit vergleichsweise hoch ist und dass neue Informationen im Sinne von Tetlock und Gardner (2015) auch eine Überprüfung der Kernbotschaften notwendig machen.

Gleichwohl erachten wir die zentralen Thesen und Botschaften in dieser Studie für belastbar, denn in vielen Fällen wurden Entwicklungen, die bereits vor der Pandemie beobachtet wurden, in den letzten 18 Monaten in erster Linie beschleunigt und nicht neu angestoßen. Dies wird zusätzlich dadurch unterstrichen, dass unsere Kernbotschaften auf den Analysen vieler Experten aus unterschiedlichen Fachdisziplinen, sowie einer umfangreichen Befragung und auf Praxisberichten

© Der/die Autor(en), exklusiv lizenziert durch
Springer Fachmedien Wiesbaden GmbH, ein Teil von Springer Nature 2021
T. Just und F. Plößl (Hrsg.), *Die Europäische Stadt nach Corona*,
https://doi.org/10.1007/978-3-658-35431-2_23

fußen. Die anhaltende Unsicherheit hinsichtlich der zukünftigen Entwicklung zeigt sich zwar gerade in zahlreichen uneinheitlichen Bewertungen, Einschätzungen und Prognosen, doch im Folgenden möchten wir auf das Verbindende abheben. Für das Trennende – und auch das gibt es durchaus zwischen den einzelnen Beiträgen – sei auf die einzelnen Kapitel verwiesen.

Gerade, weil Anpassungsprozesse in Städten durch die Pandemie beschleunigt wurden, sollte nicht zu viel Zeit mit dem Warten auf das Abklingen der letzten Welle verloren werden. Bereits heute sind Verwerfungen vor allem in Innenstädten zu erkennen, da beispielsweise Einzelhändler oder Gastronomen ihre Geschäfte aufgeben müssen. Würde zu lange gewartet, um über hinreichend viele Daten für das Erreichen eines möglichen langfristigen First-best zu verfügen, könnten Unternehmen, Haushalte und Kommunen Entscheidungen treffen müssen und damit neue Pfadabhängigkeiten schaffen, die kurzfristig eine sinnvolle Anpassung darstellen mögen, aber verhindern, dass ein erreichbares langfristiges Second-best erreicht wird. Dies könnte zum Beispiel dann geschehen, wenn Verkehrsinfrastrukturen oder Gebäudenutzungen verändert werden sollen und dafür planungsrechtliche Maßnahmen erforderlich würden. Der Preis des Wartens ist nicht Null.

Die Pandemie stellt einen massiven Schock für Städte und Immobilienmärkte dar (siehe Abb. 1). Da Immobilienmärkte in der Regel mit großer zeitlicher Verzögerung sowohl als Vermietungs- als auch Investmentmärkte reagieren, und weil es richtigerweise massive Stabilisierungsmaßnahmen der öffentlichen Hand gegeben hat, sind noch nicht alle Reaktionen eingetreten. Dieses Schlusskapitel ist in zwei Teile untergliedert: Zunächst werden die direkten Implikationen der Pandemie für die Städte und ihre Nutzungen skizziert, um im darauffolgenden Teil auf mögliche Maßnahmen einzugehen.

1 Direkte Auswirkungen auf Städte und Immobilienmärkte

1. Im Zuge der Pandemie investierten viele Unternehmen (und Haushalte) in Informations- und Kommunikationstechnologie. Wichtiger als die Ausgaben für Hard- und Software dürften hierbei die Erfahrungen der Mitarbeiter sein, also Investitionen in Humankapital. Dies schuf Pfadabhängigkeiten, die zum Teil irreversibel sein dürften. Mit dem Internet, sozialen Medien und Konsum- und Kommunikationsplattformen hat sich seit Jahrzehnten eine neue digitale Infrastruktur unter die Städte gelegt. Im Zuge der Pandemie hat diese „zweite

Stadt" unter der Stadt einige klassische Funktionen von Städten übernommen. Tatsächlich fungiert das Internet aufgrund seiner Größenvorteile sogar als Mega-Städtenetzwerk. Dies betrifft sowohl die Produktion als auch den Konsum. Insgesamt sind die komparativen Vorteile von immer größeren Städten dadurch in Europa (etwas) gesenkt worden. Für den Einzelhandel ist dies besonders deutlich geworden, doch Ähnliches gilt für Konferenzen, Messen oder Besprechungen. In vielen, aber keineswegs allen, Fällen zeigte sich die virtuelle Datenwelt sogar als überlegener Ersatz für reale Treffen.

2. Städte werden sich in Zukunft viel stärker auf ihre Konsumvorteile jenseits der reinen Versorgung konzentrieren müssen als in der Vergangenheit sowie die sozialen, interaktiven Aspekte in der Gütererstellung stärken müssen. Möglich ist dies zunächst durch die erreichten Versorgungsniveaus und nun durch das gelernte Nutzen unterschiedlicher Versorgungswege.

3. Dieser Schock belastet die einzelnen Immobilien-Anlageklassen sehr unterschiedlich. Während die Wohnungsnachfrage zunimmt, da viele Haushalte zusätzliche Innen- und Außenfläche nachfragen, wird es im Einzelhandel zu dauerhaften und signifikanten Rückgängen in der Flächenbelegung kommen. Auch wenn der Bedarf an Logistikflächen während der Pandemie gestiegen ist und dieser Bedarf auch auf innerstädtische Last-Mile-Logistik fällt, ist ein einfaches Ersetzen von früheren Einzelhandels- in Logistikflächen in vielen Fällen nicht möglich. Inwiefern Hotels umgewidmet werden können und damit die gestiegene Flächennachfrage anderer Nutzungen aufgefangen werden könnte, wird auch durch den künftigen planungsrechtlichen Rahmen vorgegeben. Für Büroimmobilien sind die Ergebnisse weniger eindeutig: Einerseits werden mehr Menschen auch dauerhaft einen Teil ihrer Tätigkeit von zu Hause erledigen (wollen), und dies senkt den Bedarf an festen Büroarbeitsplätzen in den Ballungsräumen. Andererseits könnte ein neues Netz an dezentralen Co-Working-Angeboten als Ersatz- oder Zusatzbüro entstehen. Es ist damit zu rechnen, dass sich die Büroarbeitsplätze selbst verändern, indem mehr Wert auf Kollaboration und ein Anreiz für Teamarbeit gesetzt wird. Beides würde mehr Flächen erfordern. Der Nettoeffekt für die Büroflächenabsorption ist also nicht zwingend negativ. Allerdings könnte sich die Produktivität einiger innenstädtischer Flächen ändern, und dies könnte negativ mit der Flexibilität und/oder dem Alter der Gebäude zusammenhängen.

4. Insgesamt könnten die innenstädtischen Flächenbedarfe sogar zunehmen. Dies gilt insbesondere dann, wenn es nicht gelingt, entstandene Leerstände zügig zu reaktivieren. Dann würde die Wachstumsdynamik insbesondere in der Wohnungswirtschaft nach außen gerichtet sein, weil gerade für die Wohnungsnachfrage der Wunsch nach mehr Innen- und Außenfläche angesichts

steigender Wohnungsmieten und -preise, vor allem in den Kernstädten, für viele Haushalte nicht erfüllt werden kann.

5. Dieser zusätzliche Flächenbedarf resultiert auch aus einem gewünschtem Mehr an öffentlichem Raum für gemeinschaftliche Erlebnisse und Zusammenkünfte. Effizientes Flächenmanagement dieser knappen Flächen führt zu Multicodierung dieser Räume, also die Mehrfachnutzung bestimmter Räume, mal als Handels-, mal als Begegnungs-, mal als Verkehrsfläche (Bundesstiftung Baukultur, 2020).

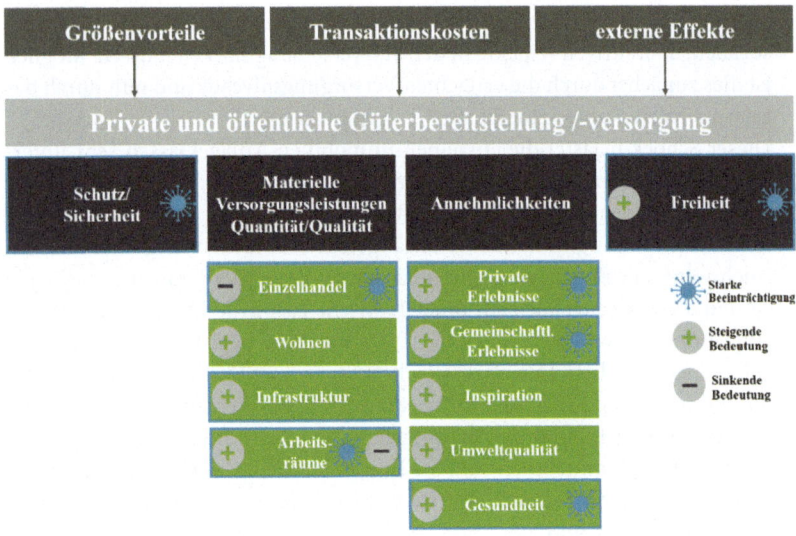

Abb. 1   Versorgungsvorteile in Städten (post Corona)
Quelle: eigene Darstellung in Anlehnung an (Glaeser, 1998; Quigley, 1998)

2   Verschiebungen in und zwischen Städten

6. Die Asymmetrien, die durch die Pandemie entstehen, werden unterschiedliche Akteure der Städte und der Immobilienwirtschaft uneinheitlich treffen. Es wird Gewinner und Verlierer geben. Damit notwendige Veränderungen frühzeitig und koordiniert angestoßen werden können, ist eine Zusammenarbeit zwischen privaten und öffentlichen Akteuren unabdingbar. Öffentlichen Vertretern der Städte kommt hier zwar eine zentrale Rolle bei Veränderungen im Planungs-

recht zu, doch für die konkrete Umsetzung sind privates Wissen und Kapital notwendig. Nachverdichtung durch Wachstum in die Höhe könnte überall dort einen Teil der Lösung darstellen, wo erdgeschossige Einzelhandelsflächen an Wert einbüßen und die privaten Investoren einen Anreiz zur Investition (in zusätzliche Flächen in oberen Stockwerken) benötigen.

7. Dies impliziert eine größere Mischung von Nutzungen in Gebäuden. Die starke Trennung von Nutzungen war letztlich ein Ausdruck einer geradezu industrialisierten Arbeitsteilung von Städten. Dies könnte nun zumindest etwas rückabgewickelt werden, indem die Gebäude durchlässiger, amorpher in ihrer Nutzung werden. Mixed-Use Gebäude waren bei Investoren bisher wenig beliebt, da sie bei Direktinvestitionen häufig eine klare Strategie umsetzen und nicht im Objekt selbst diversifizieren möchten und weil Mixed-Use Gebäude trotz mitunter positiver ökonomischer Faktoren für Einzelnutzungen erhebliche Komplexitäten erzwingen (Nakamura *et al.*, 2018). Die Pandemie verändert nun die relativen finanziellen Bedingungen zugunsten der Mixed-Use Gebäude, und die öffentliche Hand kann durch Planungsvorgaben diese relativen Vorteile unterstützen. Flexible Gebäudetypologien, die auch einen schnelleren Umbau unterstützen, würden dadurch gestützt.

8. Diese Nutzungsmischung sollte sich nicht nur auf Einzelgebäude beschränken. Es ist sogar wichtiger, dass mehr Mischung in den Quartieren/Stadtteilen entsteht, um Städte insgesamt um Verkehrsflächen zu bereinigen. Eine Stärkung von kurzen Wegstrecken (innerhalb von Quartieren) erzwingt mehr Nutzungsmischungen in mehr Quartieren. Das Bild der 15-Minuten-Stadt ist hier eine Vereinfachung für das, was möglich und geboten scheint. Letztlich geht es um eine stärkere Verlagerung zentraler Stadtfunktionen (sowohl von Produktion als auch Konsum) aus wenigen zentralen Standorten in mehrere Standorte, um so gleichzeitig Verkehr und Flächenknappheit in den nicht vermehrbaren Lagen zu reduzieren. Es geht um eine Bewegung von einer stärker monozentrierten Stadt hin zu stärker polyzentrischen Städten. Dieser Prozess vollzieht sich in Europa seit Jahrzehnten (Ahlfeldt und Wendland, 2010), und auch die Forderung nach einer stärkeren politischen Unterstützung von polyzentrischen Strukturen ist nicht neu (Gordon *et al.*, 1986; Ortiz, 2014; Yin *et al.*, 2013), doch durch die Pandemie dürfte eine zusätzliche Beschleunigung einsetzen. Dies widerspricht nicht der Idee, dass Innenstädte Kernfunktionen für die Gesamtstadt – sowohl in der Produktion als auch im Konsum – behalten müssen.

9. Diese Stärkung der Quartiere kann – wenn wettbewerblicher Freiraum geschaffen wird – innovative Dynamiken freisetzen, wenn die Quartiere auch als Labore für Neuerungen verstanden werden. Damit diese Dynamik schnelle Spillover-Effekte entfalten kann, muss eine städtische Plattform geschaffen werden, die die

Lernerfahrungen bündelt und kanalisieren kann. Im Sinne des zuvor Gesagten sind hier alle Stakeholder der Stadt vertreten. Es gibt auch keinen Grund diesen Lernprozess an den jeweiligen Stadtgrenzen zu halten. So wie das Internet, wie ein zweites Städtenetzwerk unterhalb der Städte eingezogen ist, sollten sich auch die Städte für diese Laborerfahrungen selbst stärker vernetzen.

10. Damit diese Vernetzung gelingt, bedarf es einer Aktualisierung innerstädtischer verkehrlicher und technischer Infrastruktur. Die Smart City entsteht auf Gebäude-, Quartiers-, Stadt- und vermutlich auch Städtenetzwerkebene. Die Pandemie hat unter anderem dazu geführt, dass der motorisierte Individualverkehr wieder gestärkt wurde. Damit entstand ein neuer Zielkonflikt zwischen Klima- und Gesundheitszielen. Auch damit dieser wieder abebbt, ist die Stärkung der Quartiere und eine technisch gestützte Verkehrsführung und die Förderung aktiver Bewegung als Form resilienter Mobilität hilfreich. Auch dies ist einer nahräumlichen, also stärker auf das Quartier ausgerichteten, Stadt leichter umzusetzen als in einer monozentrisch organisierten Stadt.

Viele dieser Punkte weisen in dieselbe Richtung, die auch schon die Leipzig-Charta vorgegeben hat (Bundesministerium des Inneren, für Bau und Heimat, 2020). Die Pandemie führt keineswegs zu einem Sterben der Städte und auch nicht zum Ende der Innenstädte. Die Städte erneuern sich wieder einmal, und dieser Erneuerungsprozess wurde durch die Pandemie beschleunigt. Immobilienmarktakteure können diesen Prozess aktiv mitgestalten. Am Ende könnten stärker auf Erlebnisse, soziale Interaktion und weniger auf arbeitsteilige Strukturen ausgerichtete Städte stehen. Dieser Prozess wird eher Jahrzehnte als Jahre in Anspruch nehmen. Je mehr sich dieser Entwicklung entgegengestellt wird, desto eher könnten Städte zentrifugal auseinanderdriften.

Literatur

Ahlfeldt, G. M. und Wendland, N. (2013), How Polycentric is a Monocentric City? Centers, spillovers and hysteresis, *Journal of Economic Geography*, 13. Jg., Nr. 1, S. 53–83.

Bundesministerium des Inneren, für Bau und Heimat (2020), Neue Leipzig-Charta. Die transformative Kraft der Städte für das Gemeinwohl, verfügbar unter https://www.bmi. bund.de/SharedDocs/downloads/DE/veroeffentlichungen/2020/eu-rp/gemeinsame-erklaerungen/neue-leipzig-charta-2020.pdf;jsessionid=B087341C917164B8B1C2456F5 896CBD5.1_cid373?__blob=publicationFile&v=6 (Zugriff am 16. Juli 2021).

Bundesstiftung Baukultur (2020), Baukulturbericht Öffentliche Räume 2020/21, verfügbar unter https://www.bundesstiftung-baukultur.de/sites/default/files/medien/8349/downloads/bsbk_bkb_2021_0.pdf (Zugriff am 16. Juli 2021).

Glaeser, E. (1998), Are Cities Dying?, *Journal of Economic Perspectives*, 12. Jg., Nr. 2, S. 139–160.

Gordon, P., Richardson, H. W. und Wong, H. L. (1986), The Distribution of Population and Employment in a Polycentric City: The Case of Los Angeles, *Environment and Planning A: Economy and Space*, 18. Jg., Nr. 2, S. 161–173.

Nakamura, S., Peiser, R. und Torto, R. (2018), Are There Investment Premiums for Mixed-Use Properties?, *Journal of Real Estate Research*, 40. Jg., Nr. 1, S. 1–40.

Ortiz, P. B. (2014), *The Art of Shaping the Metropolis*, McGraw-Hill Education, New York.

Quigley, J. M. (1998), Urban Diversity and Economic Growth, *Journal of Economic Perspectives*, 12. Jg., Nr. 2, S. 127–138.

Tetlock, P. und Gardner, D. (2015), *Superforecasting: The art and science of prediction*, Crown Publishers, New York.

Yin, J., Wong, S. C., Sze, N. N. und Ho, H. W. (2013), A Continuum Model for Housing Allocation and Transportation Emission Problems in a Polycentric City, *International Journal of Sustainable Transportation*, 7. Jg., Nr. 4, S. 275–298.

The manufacturer's authorised representative in the EU is Springer
Nature Customer Service Centre GmbH, Europaplatz 3, 69115 Heidelberg,
Germany. If you have any concerns regarding our products, please
contact ProductSafety@springernature.com

Printed and bound by CPI Group (UK) Ltd, Croydon, CR0 4YY
24/04/2026
02096340-0004